Foto: © Anneliese v. Samson

Paul Grote, geb. 1946 in Celle/Niedersachsen. Nach kaufmännischer Lehre mehrjährige Tätigkeit in Werbung und Marketing. 1972 Studium der Soziologie und der Politischen Wissenschaften, Spezialisierung auf Südamerika. Seit 1979 regelmäßige Reisen nach Mittelamerika; insgesamt sieben Jahre Aufenthalt in Südamerika, davon fünf Jahre im brasilianischen Amazonasgebiet. Bereiste Länder: Brasilien, Französisch-Guyana, Venezuela, Mexiko, Nicaragua, Guatemala, El Salvador, Bolivien, Uruguay. Seit 1983 freiberuflich als Journalist und Reporter. Reportagen für *Geo, Die Zeit, FAZ* und Rundfunkreportagen für den *NDR*. Fotoreportagen u. a. für die Zeitschrift *abenteuer & reisen*. Paul Grote lebt heute in Hamburg und Südamerika.

Paul Grote

In Amazonien

Abenteuer Regenwald

rororo

Rowohlt

Originalausgabe
Veröffentlicht im Rowohlt Taschenbuch Verlag GmbH,
Reinbek bei Hamburg, Oktober 1994

Umschlaggestaltung Walter Hellmann
(Foto: Paul Grote)
Satz Sabon (Linotronic 500)
Gesamtherstellung Clausen & Bosse, Leck
Printed in Germany
1490-ISBN 3 499 13456 x

Alles beginnt mit Exú
Xangô – Gott der Gerechtigkeit und des Blitzes
Oxum – Göttin der Flüsse und des Goldes
Oxôssi – Gott der Wälder und der Jagd
Alles endet mit Exú

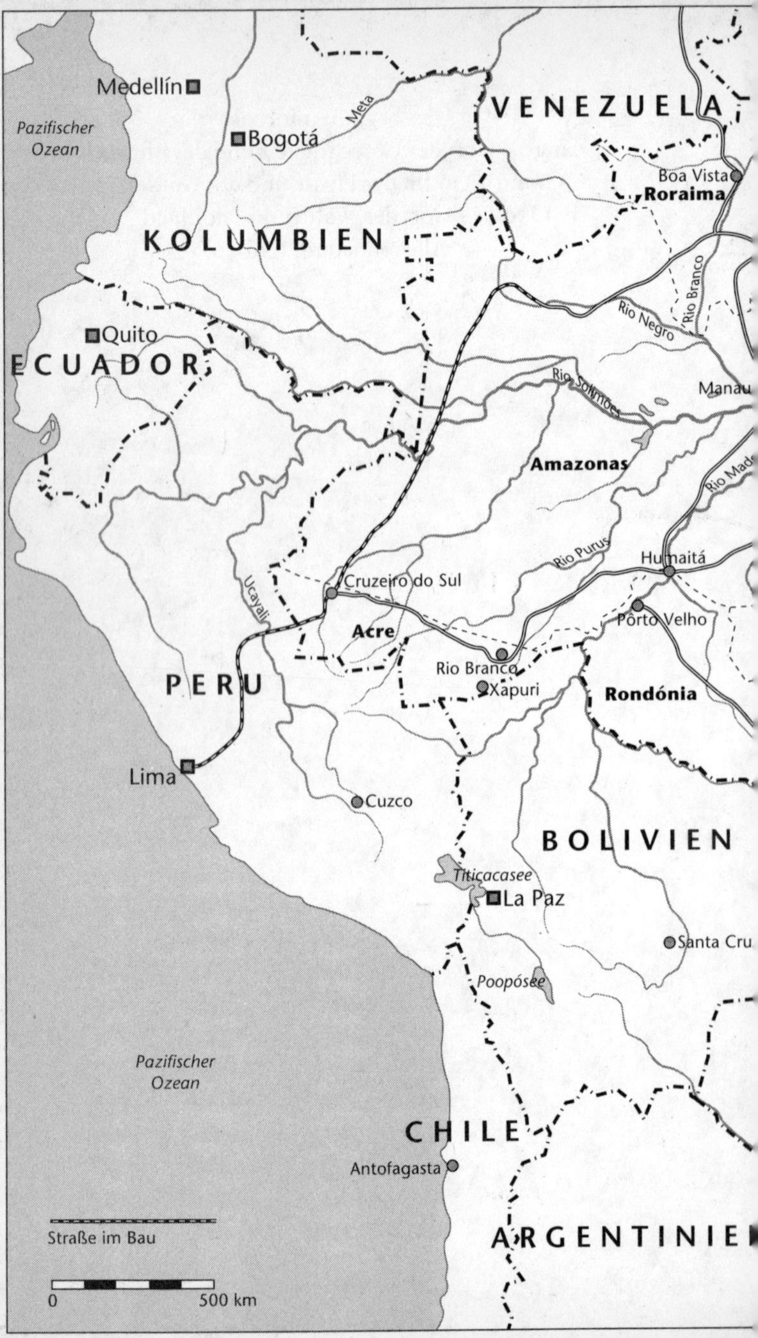

Medellín
Pazifischer Ozean
Bogotá
Meta
VENEZUELA
Boa Vista
Roraima
KOLUMBIEN
Rio Branco
Rio Negro
Quito
ECUADOR
Rio Solimões
Manau
Amazonas
Rio Mad
Rio Purus
Humaitá
Cruzeiro do Sul
Ucayali
Acre
Pôrto Velho
Rio Branco
Xapuri
Rondônia
PERU
Lima
Cuzco
BOLIVIEN
Titicacasee
La Paz
Santa Cru
Poopósee
Pazifischer Ozean
CHILE
Antofagasta
Straße im Bau
ARGENTINIE
0
500 km

UYANA
Georgetown
Paramaribo
FRZ. GUYANA
Cayenne
SURINAM
Atlantischer Ozean
Macapá
Ilha de Marajó
Belém
Obidos
Pacoval
Amazonas
Santarém
Atlamira
São Luís
Tucuruí
Itaituba
Pará
Maranhão
Fortaleza
Ceará
Jacareacanga
BRASILIEN
Xingu
São Francisco
Tocantins
Bahia
Araguaia
Mato Grosso
Goiás
Salvador
Cuiabá
Brasília
Goiânia
Minas Gerais
Campo Grande
Belo Horizonte
Vitória
São Paulo
Rio de Janeiro
São Paulo
ARAGUAY
Paraná
Asunción
Curitiba
Atlantischer Ozean
Santa Catarina

Inhalt

1. Die Nacht auf dem Strom

Das Schiff erzitterte unter dem Stoß. Dumpf und hart dröhnte das Echo im Laderaum. Stille folgte, kein Knirschen, kein Splittern von Holz. Der Rumpf hob sich nicht wie beim Auflaufen auf eine Sandbank. Niemand schrie, keine trappelnden Füße an Deck. Ruhig blieb die *Fé em Deus* auf Kurs. Die Stille war beunruhigender als jede Panik.

Ich riß mir das Laken vom Körper. Die Bewegung versetzte die Hängematte in wildes Schlingern; hart stieß ich mit der Hüfte gegen die Reling. Mit einer Hand hielt ich mich daran fest, setzte mich auf und starrte ins Wasser. Schäumend leuchtete die Bugwelle. Ihr gleichmäßiges Rauschen, nur kurz unterbrochen von den klatschenden Wellen eines in der Nähe vorüberfahrenden Schiffes, hatte mich in den Schlaf begleitet. Ich tastete nach der kleinen Tasche an den Sparren über mir. Sie zogen sich unter dem Oberdeck entlang, dazwischen steckten Schwimmwesten. Vor dem Ablegen hatte ich mir einen dieser stockfleckigen, mit Kork gefüllten Leinensäcke ausgesucht, zu dem ich einigermaßen Vertrauen haben konnte. In der Tasche, in einem wasserdichten Plastiksack, waren Notizbuch und Paß, Kamera, Filme und das Tonbandgerät, Cruzeiros und die Ersatzbrille verstaut. Mit dem Sack, so bildete ich mir zumindest ein, hätte ich schwimmend das Ufer erreichen können.

Das Wasser schimmerte schwarz, keine zwei Meter entfernt. Die Sterne reichten vom Horizont bis zum Rand des Oberdecks. Dazwischen dümpelte die hier am Äquator auf dem Rücken liegende Mondsichel wie eine altägyptische Barke. Kühler Wind trieb mir eine Gänsehaut auf die Arme. Es war sofort windstill, als die Maschine gestoppt und auf der Brücke der Suchscheinwerfer eingeschaltet wurde. Sein Schein tastete als Finger in die Dunkelheit, zitterte unentschlossen, glitt neben dem Rumpf suchend über die

Wellen, wanderte nach achtern und erleuchtete das Schraubenwasser. Schließlich verschwand der helle Lichtkegel hinter den Kabinen des Vorschiffs und der Ladung aus meinem Blickfeld. Kistenstapel und Kartons türmten sich auf, Säcke mit Zwiebeln und Orangen, deren Duft die Hitze im Unterdeck anfüllen sollte, sobald wir den Amazonas erreicht und den Passat vom Atlantik im Rücken haben würden. Bis nach Santarém würde uns dieser Duft in einem dämmrigen Zustand belassen, in einer Kopf und Körper erfassenden Gleichgültigkeit, ein süßliches, schläfrig machendes Gift. Der Scheinwerferkegel kam auf meine Seite zurück.

«*Que passou*», fragte eine rauchige Stimme unter mir, «was ist passiert?» Dionisio stemmte sich von seinem Lager auf einem Pakken Luftballons hoch und rammte mir den Kopf ins Steißbein. «Keine Ahnung.» Ich schlug die Beine über den Rand des weiten Tuchs und trat Dionisio auf den Kopf. Sein Haar fühlte sich an wie feiner Draht. Dionisio dirigierte meine Füße in die Richtung, in der er meine Gummilatschen vermutete. Jetzt war es ein Handicap, daß ich die Neonröhre der Notbeleuchtung über unseren Köpfen herausgedreht hatte, um besser schlafen zu können. Rasch zog ich mir ein Hemd über. Ich stützte mich auf ein Holzgestell, das zur Verpakkung eines Kühlschranks gehörte, und ließ mich zu Boden gleiten. Die Beleuchtung flackerte.

«Was war das für ein Stoß?» Dionisio blickte vorsichtig über die Reling.

«Hier war das nicht. Komm mit.» Ich zog ihn zum Bug.

An Steuerbord standen zwei Besatzungsmitglieder. Wir sahen nur ihre Beine und Hüften, die Oberkörper waren weit vornübergebeugt. Einen dritten hatten sie am Gürtel gepackt und hielten ihn mit dem Kopf nach unten über die Reling. Es schien, als wäre er bei einem Kopfsprung in der Luft erstarrt. Er leuchtete mit einer Taschenlampe die Bordwand ab. Von der Kommandobrücke ragten Oberkörper wie abgeschnitten über die Reling des Oberdecks.

Der Lichtstrahl des Scheinwerfers geisterte weit voraus über die Wellen und machte jede Bewegung des Schiffes mit. Die Zahl der Oberkörper nahm zu; helle Augen starrten nach unten, ohne zu wissen, was sie suchten, und auch um uns herum hatten sich tuschelnd Passagiere versammelt. Die meisten waren nur notdürftig angezogen, trugen kurze Hosen, T-Shirts; Frauen mit wirrem Haar hatten sich in Tücher eingewickelt, die auch als Bettzeug dienten. Einige Männer setzten sich rittlings auf die Reling.

«Könnt ihr was sehen?» fragte der Kommandant von oben. «Nur Schrammen», gurgelte der Matrose, der über Bord hing, halb erstickt. «Wir kommen nicht nah genug ran.» Er wurde heraufgezogen und dann in einer Seilschlinge sitzend bis zur Hüfte wieder ins Wasser gelassen. Mit der Taschenlampe im Mund, ihr Schein verzerrte sein Gesicht zur grotesken Fratze, tastete er unter Wasser die Bordwand ab. Dann nahm er die Taschenlampe aus dem Mund und spuckte aus. «Hier ist das Leck. Ich fühle den Sog.»

«Zieht ihn hoch, und seht im Laderaum nach!» befahl die Stimme von oben.

Verängstigt drängten sich die Passagiere um den Matrosen.

«Es ist nichts, Leute. Nur ein klitzekleines Löchlein. Niemand bekommt nasse Füße. Geht schlafen!»

Ich hielt ihn fest. «Sind wir auf ein Wrack gelaufen?»

Unwirsch machte er sich los. «Wahrscheinlich ein treibender Baumstamm. Nichts Besonderes.»

«So ein Baumstamm kann ein Schiff versenken», meinte ein Passagier und genoß es sichtlich, seine Mitreisenden nervös zu machen. «Dann schwimmen wir eben», grunzte ein anderer, das Gesicht im Schatten einer Strebe verborgen. Nur wenige lachten – gekünstelt und müde. Als sich die Gruppe auf die Hängematten zubewegte, berichteten die ersten bereits von anderen Unglücken, die sie selbst erlebt hatten oder von denen sie aus ganz zuverlässiger Quelle wußten: «Als die *Milagre de Deus* kenterte, sind 37 Passagiere ertrunken.» – «Bei der *Sobral Santos* waren es über hundert!» Eine Frau erzählte von der *Ternura*, aber mit nur 19 Toten konnte sie nicht mithalten. Die braunen oder schwarzen Gesichter der Passagiere wirkten fahl im kalten Neonlicht. Eine Röhre flackerte wie ein Stroboskoplicht und verlieh den Bewegungen der Passagiere ein roboterhaftes Aussehen.

Die *Fé em Deus* lag quer zu den Wellen, rollte leicht. Mit einiger Anstrengung ließ sich das Ufer erahnen, eine weit entfernte Linie am unteren Rand des sternenübersäten Himmels. Vielleicht ließ es sich mit etwas Glück und der richtigen Strömung schwimmend erreichen? Ich wußte nicht genau, wo wir uns befanden. Wahrscheinlich hatten wir die Bucht von Marajó schon überquert und waren auf dem Rio Pará. Hier, nahe am Atlantik, war der Gezeitenstrom stark. Die Wassermassen der Flüsse, die südlich vom Amazonas dem Ozean zuströmten, drängten mit Macht aus dem Delta ins Meer und wurden von der Flut wieder zurückgeworfen. Ich sah zum erstenmal auf die Uhr. Es war Viertel nach zwei.

Die *Fé em Deus* hatte zuvor bei Sonnenuntergang von der kleinen Pier am Condorviertel in Belém abgelegt. Wir waren den Rio Guama hinuntergeglitten, begleitet von Kanus, vorbei an den windschiefen und verwitterten Anlegern, Treppen und Lagerhallen der Stadt, an den Bars am Ufer, die mit bunten Lichtern und dröhnenden Lautsprechern die erlebnishungrigen Flußschiffer oder Bauern lockten, die Maniok oder die kleinen Früchte der Açaípalmen in die Stadt gebracht hatten. Vor der leuchtenden Skyline fuhren schaukelnde Kähne mit kastenförmigen Aufbauten. Je weiter wir uns von der Stadt entfernten, desto mehr schmolzen die Lichter der Hochhäuser zu einem schimmernden Klotz zusammen. Noch lange war der Widerschein Beléms am Himmel zu sehen. Zwischen den Inseln hatte die *Fé em Deus* an einem Kreuzer der Hafenbehörde längsseits gehen müssen, Passagierlisten und Ladung waren kontrolliert worden, nicht allzu aufmerksam – die Marinesoldaten hätten etwas finden können, und das hätte Arbeit gemacht. Sie waren mehr an kleinen Booten interessiert, an den *lanchas*, die sich im Schutz der Nacht an ihnen vorbeistahlen und Parfum, Disketten oder Videorecorder aus Französisch Guayana nach Brasilien schmuggelten, oder an Fracht ohne Begleitpapiere und Steuerbelege. Mit Schmugglern ließen sich Geschäfte machen, und nur wer nicht kooperierte, wurde von den Marinesoldaten hart angepackt. Es war ein leichtes, die Kontrollen zu umfahren und einen versteckten Weg zwischen den Inseln um Belém zu suchen. Der Lichtschein der Stadt war noch immer zu sehen, als wir die Kaimauern des Aluminiumhafens Vila do Conde passierten, wo ein japanischer Frachter im gleißenden Flutlicht mit Aluminiumbarren beladen wurde. Danach hatte ich mich in die Hängematte gelegt, auf dem Unterdeck neben der Reling, obwohl meine Passage erster Klasse zum Schlafen auf dem Oberdeck berechtigte. Doch mich hatte das Gewimmel der

Menschen, die auf Tuchfühlung zwischen Gepäckstücken, Provianttaschen, Apfelsinenschalen und Radiogeräten in ihren Hängematten baumelten, abgeschreckt. Der kleine Dionisio war erst im letzten Moment vor dem Ablegen, mit einem riesigen Ballen Luftballons auf dem Rücken, keuchend an Bord gekommen und hatte sich unter mir, im Windschutz zwischen Kühlschrank und Tomatenkisten, sein Lager auf den Ballons hergerichtet.

Mittlerweile räumte die Mannschaft ohne jede Hektik die vordere Ladeluke frei, um sich Zugang zum Laderaum zu verschaffen. Ihre Gelassenheit hatte etwas Beruhigendes – oder war es Gleichgültigkeit? Kapitän Antônio Furtado, der an Bord nur *commandante* genannt wurde, kam über die vordere Treppe von der Brücke herunter, setzte sich auf die Reling, lehnte sich gegen einen Stützbalken und sah den Matrosen zu. Furtado hatte eine athletische Figur, obwohl er mit knapp fünfunddreißig Jahren das Alter erreicht hatte, in dem die meisten Brasilianer sich allmählich einen Bauch wachsen lassen. Sein Gesicht war schmal und energisch, und die Mundwinkel waren in immerwährendem Lächeln nach oben gezogen – eine Frohnatur. Er gab Anweisungen, wo Zwiebelsäcke, Milchpulver und Tomatenkisten gestapelt werden sollten, und sah den Zusammenstoß als etwas Alltägliches, eine willkommene Abwechslung auf der immer gleichen Strecke zwischen Santarém und Belém. Die Mannschaft war gut aufeinander eingespielt, jeder Handgriff saß.

Hängematten mußten aus dem Weg geräumt werden, und ihre Besitzer standen mit dem Bündel vor der Brust fröstelnd an der Reling. Die Kinder starrten halbwach mit weit aufgerissenen Augen auf das unheimliche Geschehen, klammerten sich an die Beine ihrer Eltern oder wurden auf Kisten abgelegt, wo sie weiterschliefen oder zu quengeln begannen. Eines schrie, und seine Mutter knöpfte sich unter den Blicken aller das Kleid auf und legte sich das Kind an die Brust – bis eine Alte mit langem, grauem Haar sie im Schatten der Kisten vor fremden Blicken verbarg.

Der Zwiebelberg wurde abgetragen. Es fand sich immer noch Platz für die Säcke, obwohl es mich bereits Mühe gekostet hatte, die Hängematte dort aufzuhängen, wo ich bei Seegang weder mit möglichen Nachbarn noch mit harten Teilen der Ladung zusammenstoßen konnte. Die dunklen Körper der Männer, die sich unter dem

Gewicht der Säcke aufbäumten, glänzten. Wenn einer der Matrosen über die Bordwand spuckte und ruckartig den Kopf schüttelte, flogen die Schweißtropfen wie bei einem Hund, der aus dem Wasser kommt und sich schüttelt.

«*Que barra pesada*», Dionisio setzte sich auf eine Kiste und drehte sich eine Zigarette, «was für 'ne Schweinearbeit.» «Als du mit den Ballons an Bord gekommen bist, hast du auch nicht anders ausgesehen», erinnerte ich ihn und wich einer Kiste aus. «Und dazu hing noch eine Reisetasche an deinem Hals.» Ich gab Dionisio Feuer. Das Licht ließ seine Sorgenfalten noch tiefer erscheinen als am Abend zuvor.

Die Planken über der Ladeluke waren beiseite geräumt. Sofort drängten sich Passagiere bis an den Rand des schwarzen Vierecks. Der *commandante* ließ sich eine Lampe bringen, nahm sie zwischen die Zähne und kletterte nach unten. Viele, deren Angst oder Neugier größer war als der Wunsch nach Rückkehr in die Hängematte, wären ihm am liebsten gefolgt. Der Lichtschein geisterte über Kistenberge und warf unheimliche Schatten an rohe Spanten und Planken. Die Zuschauer stierten mit offenen Mündern ins Dunkel. Stand das Wasser schon bis zu den Bodenbrettern?

«Es sind genug Schwimmwesten für alle da», sagte der Passagier zu meiner Linken, «und die beiden Rettungsflöße auf dem Dach sehen auch ganz vertrauenerweckend aus.»

«Die Schwimmwesten taugen nichts», war ein anderer Kommentar, «da rutscht man nach unten durch oder kippt vornüber und ersäuft.»

Als der Kopf des Kommandanten wieder am Lukenrand erschien, schauten ihn alle mit fragenden Blicken an. Furtado sah sich zu einer Erklärung veranlaßt. «Es ist nichts. Kein richtiges Leck. Eine Planke ist nach innen gedrückt worden. Nur eine kleine Reparatur, das können wir selber machen. Also kein Grund zur Sorge.»

Aber das Mißtrauen blieb. Wir gaben ihm den Weg frei. Furtado beugte sich über die Reling. «Leichte Fahrt voraus!» rief er zur Kommandobrücke. «Halte aufs Ufer zu, und schalte das Echolot ein – und die Pumpe.»

Er wandte sich leise an den Zahlmeister: «Die Risse liegen unter der Wasserlinie. Wenn sich der Druck auf die Bordwand erhöht, könnte die Planke weiter nach innen gedrückt werden. Schick einen zur Beobachtung runter.» Der Duft von frischem Kaffee zog uns in Richtung Kombüse zum Achterschiff.

Der Maschinentelegraph klingelte, die *Fé em Deus* nahm Fahrt auf und hielt auf das schemenhafte Ufer zu. Das Kielwasser blieb als heller Schweif achteraus, das Ufer gewann Konturen. Jetzt polterte es im Laderaum, auch unten wurde die Ladung nach achtern versetzt, um den Druck auf den Bug zu vermindern. Über die hintere Treppe stieg ich zum Oberdeck. Zwei Reihen dicht neben- und übereinander gespannter Hängematten versperrten den Weg. Mühsam schlängelte ich mich zur Kommandobrücke durch. Mit Hilfe des Echolots gelangten wir bis dicht unter Land. Morcego, der Bootsmann, den man wegen seiner spitzen Ohren und der vorstehenden Zähne Fledermaus nannte, verließ sich lieber auf das Lot. In die linke Hand nahm er die Leine, Part für Part fein säuberlich nebeneinander, holte mit der rechten aus, warf und ließ das Lot seitlich vom Bug ins Wasser tauchen, und die Knoten der Schnur rutschten über die Fingerspitzen. Als das Lot den Grund berührte, rief er dem Steuermann die Wassertiefe zu. Morcego holte die Leine ein, betrachtete die Erde in den Rillen des Lots, zerrieb sie und warf erneut. Der Kommandant leuchtete das Ufer ab. Der Lichtkegel des Scheinwerfers warf eine kreisrunde Scheibe auf die Uferböschung, streifte davor eine felsige Kuppe, strich über die Wellen und kehrte an einer anderen Stelle zum Ufer zurück, berührte Bäume, schreckte einen Schwarm Vögel auf und blieb schließlich am schlammigen Strand hängen.

«Weiter nach Steuerbord! Hier ist der Grund zu weich», befahl Furtado. «Und an Backbord gibt es ein Hindernis.» Das Landemanöver wurde wiederholt.

Dionisio machte es sich wieder auf den Luftballons bequem und zog Turnschuhe an, die billigsten, vom Waschen zerschlissen. «Ich kann nicht schwimmen», murmelte er tonlos. «Jetzt habe ich mich einem Schiff anvertraut, das ‹Gottvertrauen› heißt, und dann passiert so was.»

Ich war nicht sicher, ob das der Grund seiner Verzweiflung war oder die Knoten in seinen Schnürbändern.

«Meinst du, ich schaffe es zum Ufer? Kannst du schwimmen?

Vielleicht kannst du mir helfen! Du kannst doch schwimmen, oder?»

«Blas die Luftballons auf, und häng dich dran», riet ein Nachbar. «Die tragen dich in den Sertão zurück, Junge, in deine Wüstenheimat, wo sie alle verdursten.»

Dionisio hörte nicht hin. Er fühlte sich elend und bemühte sich krampfhaft, sein Zittern zu verbergen. Für das Schiff bestand keine Gefahr mehr, außer, wir würden auf einen Felsen auflaufen. Aber wir waren dicht unter Land, und das Sirren von Zikaden brach über uns herein. Insekten umschwirrten die Lampen, fielen zu Boden oder auf die Schlafenden in den Hängematten, Heuschrecken landeten an Deck. Im Ruderhaus hing ein Funkgerät. Damit könnte man notfalls ein anderes Schiff rufen. Das Funkgerät war keine Attrappe. Furtado hatte bereits kurz nach der Abfahrt damit hantiert, und eine verzerrte Stimme aus dem Lautsprecher hatte geantwortet. Möglich, daß es inzwischen ausgefallen war. In Amazonien war alles denkbar und nichts sicher. Irgend etwas Unvorhergesehenes konnte immer passieren. Man brauchte lange, um sich an dieses Land der endlosen Ströme und Wälder zu gewöhnen, in dem genaue Planung sinnlos war, wo gleichgültiges Schulterzucken zu den normalen Reaktionen gehörte und man sich am besten das Fragen nach dem Warum abgewöhnen sollte. Ein anderer Baumstamm konnte sich vom Ufer losreißen – warum? Die Schiffsmaschine zu Bruch gehen – warum? Ein Hafenmeister die Weiterfahrt verhindern... Wer wußte schon warum? Wer wußte überhaupt etwas? Daß die Reise sich verzögerte oder ganz scheiterte, war genauso wahrscheinlich wie die Aussicht auf eine angenehme Fahrt in angenehmer Gesellschaft.

Dionisio gelang es schließlich, die Schnürbänder zu entknoten und in die Turnschuhe zu schlüpfen. Er streckte die Beine, betrachtete seine Füße, drehte sie und lief dann über das Deck, als ob er neue Schuhe anprobieren würde. «Bis Manaus müssen sie halten. Da werde ich mir neue kaufen.» Das Ufer rückte in greifbare Nähe. «Ich hätte nicht mit diesem verdammten Schiff fahren sollen. Ich habe es geahnt, aber die Fähre der ENASA legt nicht in Gurupá an, und da will ich zuerst hin.»

Sicherlich würden wir der Fähre der ENASA auf dem Amazonas

begegnen. Sie war nicht zu übersehen. Sie war kein Schiff, sondern eine riesige Blechkiste auf zwei Rümpfen mit mehreren Decks – häßlich, verbaut und viel zu groß. Sie war schneller als die anderen Schiffe, die den Amazonas und die Nebenflüsse befuhren. Die Dauer der Reise hing vom Wasserstand ab, von der Jahreszeit. Stromabwärts, von Manaus nach Belém, brauchten alle Schiffe statt sechs nur fünf Tage. Wer ängstlich war oder als Beamter auf der staatlichen Fähre umsonst mitfuhr, um einmal im Jahr die Familie im Heimatort zu besuchen, reiste mit der ENASA.Von einem Baumstamm ließ sie sich nicht in den Grund bohren.

Das Risiko auf hölzernen *gaiolas* wie der *Fé em Deus* war sicherlich größer. Das bunt bemalte Schiff war für die ruhigen Flüsse und *furos* Amazoniens, die Kanäle zwischen den Inseln, gebaut. Mit der leicht geschwungenen Linie vom Bug zum Heck, der etwas gedrungenen Form des dreißig Meter langen Rumpfes und den nach allen Seiten hin offenen Decks, paßte sie ideal in die tropische Wasserwelt. Die Zahl der Passagiere blieb außerhalb der Ferien überschaubar, so daß man seine Mitreisenden kennenlernen konnte; und nur wer schweigsam oder grob unhöflich war, blieb allein.

Ein schwerer, warmer Lufthauch kam vom Ufer, der Geruch von Holz, vermoderndem Laub und Erde. Die Maschine dröhnte, ließ den Rumpf erzittern, und die *Fé em Deus* schob den Bug auf das morastige Ufer – wir saßen fest! Vögel flatterten am Waldrand entlang und suchten sich ein anderes Versteck.

Dionisio atmete auf. «Endlich Land!» Sehnsüchtig blickte er zur Böschung, wollte sich gerade entspannt auf den Ballonberg fallen lassen, als die Angst wiederkam: «Besser nicht an Land gehen, wer weiß, was da für Getier rumläuft», sagte er und zog das Netz um die Ballons straff. Die großen weißen Luftballons mit bunten Schlieren waren sein Leben, sein Kapital, sein Bett und das Kreuz, das er durch Brasilien trug. Er war der ewige Wanderer, nur einer von Millionen anderer, die genauso lebten, getrieben von einer Hoffnung, die immer nur Hoffnung bleiben würde, der Hoffnung auf ein besseres Leben. Es war kaum anzunehmen, daß Dionisio durch sein Ballongeschäft jemals zu bescheidenem Wohlstand gelangen würde. Aber er hoffte, bedingungslos. Es war der Motor, der ihm die Kraft zum Weiterleben gab.

Dionisio stammte aus Pernambuco im Sertão, einem wüstenhaften Landstrich im Nordosten, und seine Heimatstadt war Caruaru. «Der Nordosten hat Kultur», ereiferte er sich, «es ist nicht so einsam und trostlos wie hier. Amazonien ist öde, alles Grün, dieser traurige Wald und dazwischen nur Wasser. Das kann ja kein Mensch aushalten. Und diese langweiligen *caboclos* und Indianer. Keine Kultur!» Er sah in die Runde. «Mein Land ist offen und weit, mußt du wissen, es gibt Berge – da kann man frei atmen – aber hier? Oh, mein Gott – und es regnet nicht wochenlang. Bei dem ganzen Wald wird man ja stumpfsinnig und krank. Wir haben unsere Feste, die *quadrilla* an São João. Irgendwo ist immer was los. Auch die Passionsspiele in Nova Jerusalém..., warst du mal da? Ist das nicht großartig?»

Dionisio wartete meine Antwort nicht ab. Mit seinen Schwärmereien floh er vom Schiff, vor dem unheimlichen Urwald; Wasser war nicht sein Element. Wie alle Brasilianer war er Lokalpatriot. Jeder klammert sich an seine Region, an den jeweiligen Bundesstaat, an den Landkreis, die Stadt, das Dorf, wo er geboren ist, und ist es auch noch so verloren in der Weite dieses kontinentalen Landes. Nur das kontemplative Wesen der Indigenas, der Indianer, und der *caboclos*, ihren Nachkommen aus der Verbindung mit Weißen, nur sie, die an den Flußufern leben, sind der Stille und Einsamkeit der Wälder Amazoniens gewachsen.

«Irgendwo ist immer Jahrmarkt», plapperte Dionisio weiter. «Die Leute kaufen gerne Ballons – na ja, wenn sie Geld haben. Aber – glaub mir», er sah meinen skeptischen Blick, «die Kinder kaufen sie, und wir haben im Nordosten das beste Zuckerrohr und die beste *cachaça*, den besten Zuckerrohrschnaps, von ganz Brasilien.» Ich war nicht seiner Meinung.

«Mein Vater und meine Brüder arbeiten in Caruaru als Töpfer und Kunsthandwerker. Sie stellen Geschirr her und Vasen und kleine Tonfiguren, Musikanten mit Akkordeon und Hirten, meine Schwestern bemalen sie – und *cangaceros* mit breitkrempigen Hüten und Patronengurten über der Brust.» Ich kannte die Figürchen der Banditen des Sertão aus den dreißiger Jahren, ihre Führer Lampião und Maria Bonita, die brasilianische Version von Bonnie and Clyde. Zu Hunderten füllten sie die Andenkenläden in Recife, in Campina Grande oder Caruaru und staubten unverkauft ein.

«Wie bist du an die Ballons gekommen?» fragte ich und sah, wie der Kommandant in Badehose über die Bordwand kletterte. Der junge Matrose stocherte mit einem Bootshaken im Schlick, um Rochen zu verscheuchen, die Furtado schwer verletzen konnten. «Einer hatte Schulden bei meinem Vater, aber kein Geld, um sie zu bezahlen. Da hat er uns die Ballons überlassen – die könnten wir ja verkaufen –, mein Vater hat sie genommen. Besser als nichts. Außerdem, wenn du Ware hast, dann kann dir die Inflation nichts anhaben. Ich kann den Preis immer höher machen. Das Geld, das verliert seinen Wert.»

Was kam jetzt? Die ökonomischen Theorien eines Ballonverkäufers? Die Inflation war so etwas wie eine Naturgewalt, unabänderlich und zerstörerisch, fortgesetzter Terror monatlicher Preiserhöhungen von 30 bis 40 Prozent, der die Menschen in einen fortwährenden Schockzustand versetzte. Jeder Politiker versprach, die Inflation zu senken; keiner tat es, aber das Volk hoffte weiter und arrangierte sich bis dahin mit der Armut. Ich ließ Dionisio keine Chance, seine Theorie zu entwickeln. «Erzähl mir das später. Ich will sehen, wie sie das Leck reparieren!» Dionisio brummte, lehnte sich zurück und legte sich ein Handtuch über die Augen. Irgend jemand hatte die Neonröhre über uns wieder in die Fassung gedreht.

Furtado tauchte auf, holte Luft und strampelte mit den Beinen, um wieder unter Wasser zu kommen. Schlammige Wolken stiegen auf, als bade er in Milchkaffee. Weiter achtern tauchte er auf. «Bring Werg, Beitel und einen vernünftigen Hammer», prustete er. «Und du bleibst oben», blaffte er den Matrosen an, der sich neben ihm an einen Tampen klammerte. «Das mache ich lieber selbst.» Furtado nahm seine Verantwortung ernst. Und nur, wenn er die Reparatur selbst ausführte, konnte er sicher sein, daß das Leck sorgfältig abgedichtet war. Morcego hielt die Lampe über die Bordwand. Das Leck lag noch immer unter der Wasserlinie, obwohl der Bug hoch und trocken lag. Eine der schweren Planken, zwei Meter hinter dem Vordersteven, war tatsächlich nach innen gedrückt, und zwischen den Planken zog sich ein schmaler werdender Spalt nach achtern. Aus dem Laderaum dröhnten Hammerschläge, mit denen ein stiernackiger Seemann die Planken wieder nach außen trieb. Bei jedem Schlag vibrierte das Deck, und die Reling zitterte. Die männlichen Passagiere begleiteten die Arbeit mit wenig hilfreichen Kommentaren.

«Sie kommt», prustete Furtado nach einem erneuten Tauchgang. «Halt die Lampe tiefer!» Der Stiernackige kletterte aus dem Laderaum und reichte einen Bootshaken nach unten. Die graue, von der Sonne ausgeblichene Stange wirkte in seinen prankenartigen Händen wie eine Angelrute. Seine Oberarme hatten den Umfang eines Männerbeins, und verstohlen verglichen wir seine Muskeln mit den eigenen. Seine Schultermuskulatur setzte direkt am Hinterkopf an. Neben der Wirbelsäule liefen dicke Muskelstränge hinunter zur Taille. Mit eingezogenem Kopf hätte er jede Wand an Bord durchbrechen können. Seine Kraft rief Bewunderung und Abscheu hervor. Als er sich beobachtet fühlte, blickte er nur kurz zur Seite, zuckte mit den Brauen – und die Reihe der Zuschauer zog sich merklich zurück.

Die Lampe baumelte vor Furtados Gesicht. Er spie einen Wasserstrahl aus. Das schlammige Wasser verdeckte seinen Körper, so daß es aussah, als ob sein Kopf lose auf der Oberfläche schwamm. Der Stiernackige, sie nannten ihn Guincho, den Kran, gab Werg und Beitel nach unten. Furtado klemmte den Hammer zwischen die Zähne, drehte den Werg zu einem Wulst und trieb ihn zwischen die Planken. Als er im Tiefen arbeiten mußte, ließ er den Matrosen sich auf seine Schultern setzen und sich unter Wasser drücken. Er arbeitete verbissen.

Den Zuschauern wurde es langweilig. Sie rollten sich wieder in den Hängematten zusammen, und nur die Köpfe lugten über den Rand. Das Unterdeck glich dem Bau von gigantischen Raupen, die in Kokons eingesponnen auf ihre Entpuppung warteten. Der Zahlmeister, ein kleiner, weißhäutiger Mann mit schütterem Haar, dessen männliche Vorfahren es in der Zeit der Sklaverei anscheinend nie gewagt hatten, eine der stattlichen Angolanerinnen oder eine zarte Frau aus Mali anzusprechen, geschweige denn zu heiraten, verfolgte vom Schreibtisch aus die Reparatur. Die Tür zu seiner Kajüte auf Steuerbord stand offen. Wie während der ganzen Reise wühlte er in Papieren, schichtete sie zu immer neuen Häufchen um, heftete sie mit Büroklammern zusammen und legte sie in die

Schreibtischschublade zurück. Sonst saß er wie am Vorabend, nachdem sich die Erregung der Abfahrt gelegt hatte, mit ausgestreckten Beinen auf einem Hocker auf der Kommandobrücke und trank Kaffee. Nur als am nächsten Tag die Schlägerei ausbrach, sollte man ihn mitten zwischen den Passagieren sehen. In seiner Schreibtischschublade bewahrte Senhor Plácido einen Taschenrechner mit Solarzellen auf, der ihn immer wieder begeisterte. Überschwenglich lobte er die japanische Technologie und wollte sich nicht überzeugen lassen, daß es ein nordamerikanisches Fabrikat war. Mißtrauisch beobachtete ich den Fortgang der Reparatur. Vertrauen hatte ich mir bis zu einem gewissen Grad abgewöhnen müssen – aber ich konnte nicht vor jeder Schiffsreise jeden Laderaum nach morschen Planken absuchen. Ich hatte lernen müssen, mich gänzlich auf meinen Instinkt zu verlassen, viel stärker, als ich es jemals in Europa gewagt hätte. In Brasilien, diesem Land der hitzig aufflammenden Gefühle, half der Instinkt besser als der Verstand, und Erfahrung konnte beide in ein ausgewogenes Verhältnis zueinander setzen. Mich beruhigte die Tatsache, daß der Kapitän selbst die Reparatur ausführte. Das gab mir das Gefühl, die Reise genießen zu können ohne die Sorge, ob das Leck wieder aufreißen würde, wenn wir auf dem Amazonas Wind und Wellen ausgesetzt sein würden. Es passierte oft, daß jemand vorgab, von einer Sache etwas zu verstehen, was sich dann letztlich als Stümperarbeit herausstellte. *Trabalho de preto* nannten es die Brasilianer abfällig – eine Negerarbeit –, eines der vielen offenen und versteckten Überbleibsel der Sklavenzeit.

Ich setzte mich an den Bug und betrachtete den Strand. Die Dekkenbeleuchtung erhellte nur einen schmalen Streifen und den dahinterliegenden Waldrand – unsere augenblickliche Welt. Wenn ich Zweifel an der sachgemäßen Reparatur gehabt hätte, wäre ich hier an Land gegangen. Siedler, die einem weiterhalfen, gab es immer irgendwo. Lieber den Weg ins Ungewisse einschlagen, als sich in Obhut offenkundig verantwortungsloser Menschen zu begeben, die später die Folgen ihres Leichtsinns als göttliche Fügung ausgaben. Aus diesem Grund hatte ich einmal in einem erbärmlichen Dorf Maranhãos einen Überlandbus verlassen: Der anscheinend verrückte Fahrer hatte uns in einen kollektiven Selbstmord mitreißen wollen. Er kicherte nur verständnislos, als ich ihn zum Anhalten aufforderte und mein Gepäck verlangte. Die Brasilianer beschwerten sich zwar, aber es war nutzlos, und es hörte sowieso niemand zu. Ein Risiko war das Reisen in Amazonien immer, besonders auf den kleineren Flüssen. Ein kleineres Schiff als die *Fé em Deus*, ein kleiner Frachter vielleicht, eine Iate, wäre von einem treibenden Baumstamm sofort versenkt worden. Deshalb hielten sich diese Schiffe meist in Ufernähe. Selbst größere Schiffe wechselten von einer Seite des Stroms auf die andere, um jederzeit anlegen und die Strömung ausnutzen zu können. Auch beim Schwimmen hielten sich alle ängstlich am Ufer, obwohl sie ausgezeichnete Schwimmer waren. Vielleicht war das auch eine Angewohnheit, die man von den Indigenas übernommen hatte, denn im flachen Wasser war man vor Kaimanen einigermaßen sicher. Weite, offene Gewässer, wie die Bucht von Marajó, die in die trichterförmige Mündung des Rio Pará überging, wurden deshalb in der Windstille der Nacht überquert.

Vom Bug der *Fé em Deus* zum Strand waren es nur zwei Meter und von da zum Wald nur wenige Schritte, eine kurze, steile Böschung hinauf. Ich überlegte, wie weit es wohl bis zur nächsten Hütte sei, zum nächsten Bauern oder Fischer, als sich Dionisio zu mir setzte. Er konnte nicht schlafen.

«Wenn endlich der Morgen da wäre», seufzte er, «scheiß Amazonien, *puta merda*», und schaute auf meine Armbanduhr. «Noch drei Stunden bis Sonnenaufgang.» Dionisio hatte Angst, aber das durfte er nicht zugeben, sogar nicht vor sich selbst und als Mann erst recht nicht. Er drehte eine Zigarette, sie zerbrach. Die zweite fiel auf die Planken. «Ich weiß gar nicht, was mit mir los ist. Wahrscheinlich habe ich zuwenig geschlafen.» «Das wird es sein», beruhigte ich ihn und suchte die Zigarette. Ich wollte gar nicht rauchen, aber ich dachte, ich tu ihm einen Gefallen; der Tabak schmeckte billig und brannte auf der Zunge.

«Morgen, nein, übermorgen sind wir in Gurupá. Da war ich schon mal. Ich hab viele Ballons verkauft. Jetzt weihen sie dort ein Gesundheitszentrum ein und eine Landwirtschaftsschule. Die ist seit einem Jahr fertig. Die haben damit gewartet, bis das andere Gebäude auch fertig war, damit der Bürgermeister die Lorbeeren ernten kann. Auch der Gouverneur von Pará soll zur Einweihung kommen.»

«Und wo willst du danach hin?»

«Nach Monte Alegre. Da war ich schon zweimal, die Stadt gefällt mir – und auch die Mädchen.»

Seit zwei Jahren zog Dionisio mit den Ballons durch den ganzen Norden und Nordosten Brasiliens. Er schleppte sie von Jahrmarkt zu Jahrmarkt, und in Belém hatte er auf eine neue Sendung gewartet. Sie wurden in Sâo Paulo hergestellt, dreitausend Kilometer entfernt. «Alles, was ich besitze», fuhr Dionisio fort, «ist in meiner grünen Plastiktasche.» Die Nähte waren ausgerissen, er hielt sie mit einem alten Gürtel zusammen. Ein Handtuch war in der Tasche, abgegriffene Familienfotos, sein Rasierzeug – er brauchte es nicht oft, sein Bart sproß nur spärlich –, Seife, ein zweites Hemd, Unterwäsche, eine Hose und eine durchscheinende Hängematte. «Wo ich Station mache, suche ich mir einen *dormitorio*. Du kennst die Schlafsäle, diese Bruchbuden, wo man nachts seine Tasche am Körper festbinden muß, damit einem niemand was klaut? Aber eines Tages werde ich mir in Caruaru ein Haus bauen, heiraten, viele Kinder haben und jeden Tag gut essen. Wenn ich diesmal genügend verdiene, dann kaufe ich mir Land. Zuerst baue ich die Hütte aus Holz, meine Brüder helfen mir bestimmt dabei, und später ersetze ich die Bretterwände durch Ziegel.» Dionisio spielte versonnen mit den Maschen des Netzes. «Ich habe wieder eine verdammt lange Tour hinter mir. Manchmal glaube ich, die Ballons bringen mich um. Manchmal hasse ich sie. Aber – was soll ich sonst machen? Zuerst bin ich nach Recife gefahren, dann an der Küste lang über João Pessoa, durch Paraiba, über Natal nach Fortaleza. Drei Wochen war ich in Teresina. Das ist eine komische Stadt, da ist gar nichts, ich weiß überhaupt nicht, warum es sie gibt. São Luís ist viel besser, mit den schönen alten Häusern, und die Leute sind nett. Und von da bin ich nach Belém. Jetzt fahre ich diesen Scheißfluß rauf.» Dionisio seufzte und holte tief Luft, «bis Manaus, und wenn die Straße passierbar ist, nehme ich einen Lastwagen nach Porto Velho bis an die bolivianische Grenze. Lastwagen sind billiger als der Bus. Unter der Ladefläche spanne ich die Hängematte auf, so spare ich den *dormitorio*. Und über Cuiabá fahre ich zurück, und wenn in

Brasilia was los ist, verkaufe ich da auch was, und dann, ja dann…» Dionisio strahlte mich an, «dann geht's wieder in den Sertão.» Plötzlich kniff er die Augen zusammen und sah mich mißtrauisch an. «Andere Leute machen so was aus Spaß, solche wie du – die müssen verrückt sein.»

«Wie hebst du dein Geld auf? Wirst du nicht beklaut?» Die Frage hatte ich arglos gestellt.

Dionisio wich zurück und machte sich in den Schultern breit. «Das schicke ich immer gleich nach Hause! Damit ich es nicht ausgeben kann. Ab und an braucht der Mensch ein Mädchen, so was braucht ein Mann einfach – nur zum Vergnügen, für eine halbe Stunde oder auch mal die ganze Nacht. Diese Mädchen taugen nichts, sie klauen und spielen einem Liebe vor. Lieben tun sie nur Geld, wollen sich amüsieren, wollen ausgeführt werden. Wenn ein anderer ein paar Scheine mehr bietet, sind sie weg. Vielleicht finde ich unterwegs eine zum Heiraten, eine, die mir treu bleibt, wenn ich unterwegs bin, und die das Haus in Ordnung hält. Ich hab das Gefühl, auf dieser Reise klappt's. Man darf die Hoffnung nie aufgeben.»

Hoffnung war das einzige, was Dionisio vorantrieb, sie war der Motor ganz Brasiliens, eine vage Vorstellung vom Glück. Dabei verschlechterte sich alles zusehends. Doch je schlimmer die Verhältnisse wurden, desto ausgelassener und hysterischer geriet die Fröhlichkeit, um nicht am Straßenrand zu hocken und sich die Seele aus dem Leib zu heulen. Jedes Jahr, wenn Dionisio auf Tour ging, hoffte er, daß es die letzte sein würde. «Diesmal klappt's bestimmt, Gott wird mir helfen.»

Furtado kletterte fröstelnd über die Bordwand. Guincho zog den vor Kälte schlotternden Matrosen mit einer Hand an Deck: «Der zittert, als wäre er der *cobra grande* begegnet.» – «Schon möglich», grinste der Zahlmeister und sah ihm aus der Tür seines Wohnbüros nach. «Von Schlangen soll es auf Marajó nur so wimmeln. Gebt ihm einen Schnaps. Aber nur einen.»

Ein Passagier betrat das Büro des Zahlmeisters. «Ist das hier Marajó?» Seinem Akzent nach kam er aus Südbrasilien.

«Genau, Senhor, das ist die Insel Marajó, mein Herr, so groß wie die Schweiz, nur hat sie keine Berge. Der Amazonas mündet nördlich von ihr in den Atlantik. Wir sind im Westen, auf dem Rio Pará. Die *furos* erreichen wir im Laufe des Tages, und morgen sind wir auf dem Amazonas – wenn alles gutgeht. Klar? Gehen Sie mal wieder schlafen.»

Die Flut hatte die *Fé em Deus* angehoben. Die Maschine dröhnte, ein Rütteln lief durch den Schiffskörper, langsam löste er sich vom Ufer. Die Kerbe, die der Bug in den Schlick gedrückt hatte, würde bald von der Flut überspült sein, und nichts würde daran erinnern, daß wir hier gelegen hatten. Im freien Wasser drehte unser Schiff. Marajó blieb in der Dunkelheit zurück.

2. *Die Augen des Jacaré*

Kaufen Sie 50 Schuß Kaliber 22 und zwei Schachteln Schrotpatronen», hatte Fernando da Costa am Telefon gesagt. «Und nehmen Sie Regenzeug mit, es kann naß werden – und Gummistiefel wegen der Schlangen.» Wir verabredeten uns für vier Uhr morgens am Denkmal von Oskar Niemeyer in Belém. «Sie können doch reiten – oder?»

In der Regenzeit gelangte man nur auf dem Pferd zu da Costas Fazenda auf Marajó. Was blieb mir anderes übrig? Ich dachte lieber nicht darüber nach, wie lange wir reiten müßten. Jetzt, im März bei Neumond, war ein großer Teil der Insel überschwemmt. In manchen Jahren stand die Hälfte des Landes unter Wasser. Die Fazenda von da Costa war von Urwald umgeben. Dort wollten wir jagen. Ich würde endlich Gelegenheit haben, den Urwald von innen kennenzulernen. Bisher war ich nur im Kanu an den Mauern der Uferwälder entlanggepaddelt, hatte mich von der Strömung durch schmale *igarapés* treiben lasen, die wie Priele im Watt in den Urwald führten, unter das dichte Blätterdach der Bäume, durch grüne, schummrige Tunnel. Die Pfahlbauten der *caboclos* am Ufer kannte ich, die Pflanzungen hinter den Hütten, einmal war ich auch einem Pfad ins Dämmerlicht und die Stille der Waldungen gefolgt. Da Costa kam pünktlich zum Cabanagem-Denkmal, einem häßlichen Zementklotz zur Erinnerung an einen Volksaufstand im Jahr 1835. Der *fazendeiro* war während der Militärdiktatur von 1964 bis 1965 Offizier gewesen, Militärarzt. Seit seinem Abschied lehrte er an der medizinischen Fakultät der Universität von Belém als Internist. Ich stieg in den Wagen, und schweigend fuhren wir die zwanzig Kilometer nach Icoarací, wo da Costa seinen Vetter an der Pier des Schlachthofs treffen wollte. Da Costa hätte in jeder europäischen Stadt zu Hause sein können. Er war klein und schlank, das Haar an den Schläfen ergraut, seine Haut blaß, die Lippen waren schmal und sein Gesicht verschlossen. Er machte eher den Eindruck eines Büroangestellten als den eines Arztes oder Viehzüchters. Da Costa war müde und ärgerte sich über das schlechte Wetter. Die Wolken jagten schwarz und tief über die vierspurige Straße. Ein schwerer Schauer ging nieder. Erst als wir an der Kaimauer des Schlachthofs hielten, wo sonst Viehtransporter anlegten und sich jetzt nur die gedrungene, zehn Meter lange *iate* des Vetters befand, hörte der Regen auf. Die Bucht von Guajará lag in tiefer Finsternis, und Belém, zehn Kilometer stromauf am selben Ufer, blieb hinter Regenwolken verborgen.

Ein schwarzer Bootsmann mit einem Onkel-Toms-Hütte-Lachen kam barfuß von der Iate herauf, holte das Gepäck und in Plastiksäcke verpackte Geräte aus dem Kofferraum: Neonröhren, einen Transformator, einen zerlegten Sonnenkollektor und eine Antenne für ein Funktelefon. An Deck umarmte da Costa seinen Vetter, beide Männer klopften sich gegenseitig auf Schultern und Rücken, ein häufiges Ritual, mit dem man sein Gegenüber auch diskret nach Waffen abtasten konnte. Da Costa stellte mich vor: «Er soll mal eine richtige Jagd kennenlernen. So was ist bei ihm in Europa verboten. Da gibt es kein Wild mehr, und ihre Wälder haben sie seit langem abgeholzt», frotzelte er. «Sie demonstrieren schon, wenn einer nur einen Baum fällt.»

Sein Ton machte mich stutzig. Brauchte er jemanden zum Provozieren? War das ein Test, oder kam hier ein Minderwertigkeitskomplex zum Vorschein, wie er so typisch für viele mittelständische Brasilianer den Europäern gegenüber war. Sie orientierten sich an europäischen Werten und hielten das eigene Land, die eigene Kultur für rückständig, für eine Dritte Welt eben. Ich machte mich auf unangenehme Diskussionen gefaßt.

Der Vetter sah mich aus offenen blauen Augen an, drückte mir lächelnd die Hand und klopfte mich ebenfalls ab. «Machen Sie es sich bequem an Bord. Das Schiff gehört Ihnen.» Er wies auf das mannshohe Halbrund der Achterkajüte auf dem Heck. Da Costa hangelte sich im schmalen Niedergang nach innen und setzte Kaffeewasser auf.

«Jerônimo!» schrie der Vetter, «wirf den Motor an.»

Der Bootsmann warf die Leinen los, sprang zurück an Deck und tauchte mit einer Kurbel hinter die Maschine. Nach dem zweiten Anwerfen lief der Diesel laut und gleichmäßig. Der Vetter verschwand im Ruderhäuschen am Bug, das Boot nahm Fahrt auf und entfernte sich vom Ufer. Es herrschte heftiger Seegang, und da Costa verkeilte sich in einer Koje. Aber an Schlaf war nicht zu denken. Nur Jerônimo machte das Schlingern nichts aus. Seine Hängematte pendelte wie eine Schiffschaukel und quietschte bei jedem Ausschlag herzzerreißend in ihrer Aufhängung.

«Nicht auszuhalten», schimpfte da Costa. «In der Regenzeit haben wir nur Dreckwetter, der März ist am schlimmsten.» Er setzte sich an eine Luke und starrte in die regengepeitschte Nacht. Zerfetzte Wolken, die der Wind vom Atlantik her über die Bucht von Marajó schob, hoben sich erst kurz vor dem Boot von der Wasserfläche. Mühsam nach Halt suchend, torkelte ich zum Bug und zwängte mich neben den Vetter ins Ruderhaus, das nur wenig größer war als eine Telefonzelle. Der Vetter saß gekrümmt auf einem Hocker hinter dem abgegriffenen Ruder und stützte sich mit den Beinen in den Ecken ab. Das Haar hing ihm wirr in die Stirn. Von der Decke fielen Wassertropfen auf Kopf und Schultern. Und immer, wenn er sich einen Tropfen aus dem Gesicht gewischt hatte, fiel der nächste.

Nach zwei Stunden kündigte ein flacher Strich im Grau des Morgens die Insel an. «Marajó!» sagte der Vetter. Es war Feststellung und Seufzer in einem. Als ob er die Insel haßte und gleichzeitig wußte, daß er nie von ihr loskommen würde.

Die Insel lag wie eine flache Schüssel am Rand der Amazonasmündung. Vom Zentrum mit dem Lago Ararí in der Mitte stieg das Land zu den Küsten hin an. Der nördliche Teil Marajós unter dem Äquator war bewaldet. Bäume wuchsen auch noch entlang der schmalen Flußläufe und *furos* im Westen. Wo Flüsse den Zugang ermöglichten, war der Urwald abgeholzt worden und Sekundärwald nachgewachsen. Von Osten her, von der Atlantikküste mit weißen Sandstränden und Dünen, fiel das Land in flachen Wellen zum Lago Ararí hin ab. Wenn im Januar die Regenzeit begann, «fiel Wasser», wie die *caboclos* sagten, tagelang, wochenlang ohne Unterbrechung, und die großen Ströme des Deltas, der Amazonas, der

Rio Tocantins und der Rio Guama, drückten ihre anschwellenden Wassermassen in die Insel hinein.

Vor uns lag die trichterförmige Mündung des Rio Ararí, der seinen Anfang am Lago Ararí nahm. Dort lag Genipapo. Es wird auch das Venedig Amazoniens genannt, denn einen großen Teil des Jahres stehen die Pfahlbauten des Dorfes im Wasser, und alle Wege werden mit dem Kanu erledigt. In der Nähe bewirtschafteten der Vetter und seine Frau mit zwei Viehhirten, seinen *vaqueiros*, eine Fazenda. «Sie ist kleiner als die Fazenda Irateua von da Costa», jammerte er. «Ich habe Land verkaufen müssen, um das Schulgeld für meine Kinder aufzubringen.» Einen anderen Teil seines Landes hatte ihm einer der großen *fazendeiros* mit irgendwelchen juristischen Winkelzügen abgejagt.

Der Wind erstarb dicht unter Land. Sonnenstrahlen brachen durch die Wolken und brachten die Wassertropfen an den Zweigen des Bambusdickichts, das den langsam und trübe dahinströmenden Fluß einrahmte, zum Glitzern. Die Luft wurde so warm wie in einem geheizten Treibhaus im Winter, in dem beim Eintreten die Brillengläser beschlagen. Enten flogen über den Fluß, knallig gelbe Eisvögel und *maguarís* folgten ihnen, den Hals weit vorgestreckt, während die rotbraun gefiederten *soccos*, ein wenig größer als Fasane, tiefer ins Gebüsch hüpften. «*Soccos* schmecken nicht», sagte der Vetter und unterbrach seine Erzählung von den Aruá-Indigenas auf Marajó, die die ersten portugiesischen Missionare getötet hatten, die sie zum Christentum hatten bekehren wollen. Da Costa, der sich zu uns gesellt hatte, nickte. «Die Vögel sind tranig. Schade um den Schrot.»

Mir war nicht nach Jagen zumute. Die morgendliche Urlandschaft im Regen, die Vögel an den glitzernden Ufern und die umgestürzten Bäume waren ein Kunstwerk, an dem ich nichts zu verändern hatte. Daß es ein mörderisches Paradies war, erfuhr ich später, aber jetzt faszinierten mich die Silberreiher; hoch aufgerichtet und langbeinig standen sie im Schlick zwischen den dicken grünen Trieben der *ingás*, die alle flachen Ufer Amazoniens säumen. Erst wenn das Boot vorbei war, breiteten die Reiher die Schwingen aus und segelten wie von einer unsichtbaren Schnur gezogen über den Fluß.

Dichter Laubwald schob sich heran, wuchs in den Fluß hinein

und auf der anderen Seite wieder hinaus, wand sich über eine Landzunge, wich zurück und gab den Blick auf eine Holzhütte frei. Aus der Tür starrte ein *caboclo* regungslos zu uns herüber. An der Plattform vor der Hütte dümpelte ein Kanu, das sich mit der Strömung drehte, die uns jetzt ins Innere der Insel trug. Da Costas Vetter hatte den richtigen Zeitpunkt abgepaßt, um die einsetzende Flut auszunutzen.

Der Rio Ararí wand sich wie eine Schlange. Hinter einer weiten Biegung machten die hohen Bäume einer überfluteten Weidelandschaft Platz. Auf einer Warf inmitten sumpfiger Wiesen stand ein weit ausladendes Holzhaus, und ein Steg führte zu einem morschen Anleger. Auch wenn das Wasser weiter steigen würde, kämen wir trockenen Fußes ins Haus. *Vaqueiros* sahen uns entgegen. Ihre Pferde warteten neben dem Haus und etwas weiter entfernt die Wasserbüffel: massig, schwarz, die Flanken voller Schlamm, die hölzernen Sättel waren denen ähnlich, die bei mittelalterlichen Ritterturnieren benutzt worden waren.

«Büffel sind widerstandsfähiger als Pferde», erklärte da Costa – noch immer schlechter Laune, doch seine Augen begannen zu leuchten. «*Die vaqueiros* reiten in der Regenzeit auf ihnen. Die breiten Hufe sinken nicht so tief in den Schlamm ein, außerdem sind Büffel stärker als Pferde. Die *vaqueiros* veranstalten Wettrennen damit. Ein gutes Gespann kann auch einen beladenen Kahn durch den Sumpf ziehen.»

«Und *jacarés* greifen sie nicht an, auch die *açús* nicht, die großen Kaimane», fügte der Vetter hinzu.

Die *vaqueiros* kamen zum Anleger und legten ihre Regenumhänge, Plastiksäcke mit Löchern für Kopf und Arme, über das Geländer. Jerônimo drosselte die Maschine. Sacht trieb das Boot ans Ufer. Dann löste er die Persenning über der Ladeluke und wuchtete Säcke nach oben. Salz, Maniok und Zement verließen das Schiff, wurden zu den Pferden geschleppt und darauf festgebunden. Es wurde unerträglich schwül, die Wolken lösten sich auf in diesige Schleier vor einer blassen Sonne.

«*Que tal,* Seu Zezé», rief da Costa einem Alten in kurzen Hosen zu. «Wie geht's?» Der Angesprochene trat näher. Er war bartlos, hatte ein offenes, faltiges Gesicht, in das ein Strohhut seinen Schatten warf. Die Beine des Mannes steckten in Gummistiefeln, die nur knapp über die Knöchel ragten.

«*Tudo bem,* Senhor Fernando. *Como vai o Senhor?*» erwiderte er artig die Begrüßung und nahm den Hut ab.

«Ist das dein Büffel?» Da Costa deutete mit dem Kopf auf ein schwarzes, massiges Tier, das an einem Pfahl angebunden war.

«*Sim*, Senhor.»

«Ist er gut zu reiten und kräftig?»

«*Sim*, Senhor. Sehr gut und sehr kräftig.»

«Und wie geht es deiner Frau, den Kindern, deinen Enkeln?»

«*Tudo bem*, Senhor. Vielen Dank. Alle sind gesund und haben zu essen.» Der Alte deutete eine Verbeugung an.

Da Costa wandte sich zu mir: «Schauen Sie sich seine Beine an.» Vom rechten Oberschenkel des Alten bis zum Knöchel zog sich ein Geflecht verwachsener Narben. Die dunkle, unverletzte Haut ließ sie wie rohes Fleisch leuchten.

«Die stammen von einem *jacaré-açú*», sagte der Vetter, und zu dem Alten gewandt rief er: «Wie war das mit dem *jacaré*, Seu Zezé? Erzähl mal. *Como foi?*» Die *vaqueiros*, die Zezés Geschichte nicht kannten, kamen näher.

«Das war da oben», der Alte zeigte stromaufwärts und trat schüchtern ans Boot. «Wir haben Holz aus dem Fluß gezogen. Ich stand im Flachen, da hat mich die Bestie angefallen und unter Wasser gezogen. Ich dachte, ich müßte sterben, das Biest würde mich fressen. Aber meine Kameraden haben mich festgehalten. Unten zog der *jacaré*, oben zogen die Kameraden und haben dem Teufel ihre Holzhaken in den Leib gehauen, ihre Messer, alles was sie hatten. Da hat er mich losgelassen. Die Kameraden haben mich gerettet. Hoffentlich haben ihn seine *compadres*, seine Vettern gefressen oder die Piranhas. So war es, Senhores, so wie ich es erzählt habe. Und der Doktor aus Cachoeira hat mein Bein zusammengenäht. Aber ich bin fast gestorben.» Der Alte lachte.

Wir fuhren weiter, vorbei an Cachoeira, wo vor Jahren ein Junge vom Steg des kleinen Hafens gefallen und vor den Augen seiner Eltern von Piranhas zerfleischt worden war. Eine Stunde später erreichten wir den Treffpunkt, wo uns da Costas *vaqueiros* erwarteten.

Oberhalb der Böschung wuchs dickes, hohes Gras. Da Costa sprang an Land und schlug der Länge nach hin. «*Puta merda*!» fluchte er und wischte den Schlamm von den Jeans. Der Ausrutscher war nicht dazu angetan, seine Laune zu bessern. Nicht weit vom Ufer stand ein Schuppen, zwei Männer traten aus der Tür und gingen zu den Pferden unter dem Vordach. Einer von ihnen, ungefähr vierzig Jahre alt, hatte ein breites Gesicht mit hochstehenden Jochbeinen und fleischigen Lippen. Die Augenbrauen waren zusammengewachsen. Er trug einen olivfarbenen Regenmantel, dessen vorderer Teil an der Hüfte abgeschnitten war, um ihn beim Reiten nicht zu behindern. Der Rückenteil schlabberte wie die Schöße eines Fracks. Der Mann band ein Pferd los und kam uns entgegen.

«Mein *capataz*, der Vormann Jarico», stellte ihn da Costa vor und sah mir schadenfroh zu, wie ich auf dem einzigen Stück trockener Erde gegen Feuerameisen kämpfte, die sich in meine Waden verbissen.

«Bleiben Sie in den Pfützen, da gehen die Ameisen nicht hin», riet der Vormann.

Der zweite *vaqueiro* führte einen Falben zum Ufer, der anstelle eines Sattels ein hölzernes Gestell trug, auf dem die Elektrogeräte festgebunden wurden. Jarico gab mir die Zügel einer braunen Stute. «Die ist für Sie. Die Steigbügel müssen Sie noch auf die richtige Länge bringen.»

Jarico war einen Kopf kleiner als ich und beobachtete mich genau, während ich das spröde Zaumzeug prüfte und den Sattelgurt nachzog. Die Stute war mir sympathisch, ein kleines, stämmiges Arbeitspferd, das nur auf den Weiden lebte; wir würden uns verstehen. Der *vaqueiro* Joaquím, da Costa hatte ihm nur zugenickt, hielt sich schüchtern abseits. Der Abschied vom Vetter war kurz. Er winkte noch einmal, und Jerônimo stieß das Boot zurück in den Fluß. Als wir in den Sätteln saßen, war es bereits außer Sicht.

Vor uns lag ein dreidimensionales Aquarell, eine endlose Fläche wogender Gräser, die Feuchtigkeit der Luft ließ alle Farben ineinander verlaufen. Die stechende Sonne ließ die Augen schmerzen. Links am Waldrand erhob sich ein flacher Hügel, und im Trab folgten wir einem ausgetretenen Weg zur Kuppe, ritten eine Weile am Saum des Waldes durch niedriges Buschwerk. Pfade zogen sich durch das

Grasland, dazwischen glänzten große Pfützen und schmale Wasserläufe. An den trockenen Stellen grasten hellgraue Zeburinder. Reiher segelten über die Ebene und ließen sich zwischen den Zebus nieder. Der Wald wich zurück, bis von ihm nur noch ein Strich am Horizont übrigblieb. Kein Baum, kein noch so kleiner Hügel verstellte die Sicht, kein Zaun, nicht ein einziges Gebäude.

«Wie lange werden wir reiten?» fragte ich den *vaqueiro* Joaquím.

«Wohl eine Stunde länger, als wir für den Hinweg gebraucht haben, jetzt, wo die Pferde beladen sind.» Joaquím führte das Packpferd. Das Tier riß ihm fast den Arm aus, es wollte genausowenig weiter wie meine Stute. Ohne die Peitsche, mit der ich die Bremsen von den Beinen schlug, wäre sie stehengeblieben. Am Morgen hatte sie den Weg bereits einmal gemacht.

Die Sonne stand senkrecht, und wir quälten uns durch knietiefes Wasser. Da Costa hatte es sich im Sattel bequem gemacht, ein Bein über das andere geschlagen, und unterhielt sich mit Jarico. Der Vormann ritt ohne Schuhe und hakte nur die großen Zehen in den Steigbügeln fest. Am Sattelknauf hing ein ledernes Lasso und darüber eine große Machete.

An einem Fluß wartete da Costa auf uns, und Jarico trieb sein Pferd als erster ins tiefe Wasser. Der *fazendeiro* folgte ihm und zog die Beine, so hoch es ging. Ich tat es ihm nach. Das Wasser stieg bis zum Sattel. In der Mitte des Flusses fühlte mein Pferd plötzlich Widerstand am Grund, strauchelte und machte einen panischen Satz nach vorn. Hitze schoß mir in den Kopf. Das Gepäck! Ich hatte es ohne wasserdichte Hülle hinter dem Sattel festgebunden. Mir fiel der Alte vom Rio Ararí mit seinen Narben an den Beinen ein... Einen Moment lang fürchtete ich, mitsamt dem Pferd im Fluß zu versinken. Die Stute fing sich, und ich wurde nur bis zur Hüfte naß.

Niemand dachte an Rast. Ich wollte mir nicht noch einmal die Blöße geben zu fragen, wie lange wir noch reiten müßten. Was hätte es genutzt, es zu wissen? Selbst als wir an eine Farm gelangten und eine Magd mit wirrem Haar und einer verwaschenen Kittelschürze uns Wasser reichte, zuerst dem *fazendeiro*, dann mir, danach Jarico und zuletzt Joaquím, blieben alle im Sattel.

«Senhor Guillerme ist nicht da?» fragte da Costa die Magd im Ton eines Mannes, der das Befehlen gewohnt war. Die Magd blickte demütig zu ihm auf.

«Nein, Senhor, er ist weggeritten.»

«Wann kommt er zurück?»

«Ich weiß es nicht, Senhor, er hat nichts gesagt.»

«Ist er bei der Herde?»

«Nein, Senhor. Die Männer sind alle weg – wegen des Jaguars.»

«Habt ihr einen Jaguar hier?»

«Ja, Senhor. Er hat heute nacht wieder ein Kalb gerissen.»

Da Costa drehte sich zu mir um: «Vielleicht erwischen Sie ihn ja!» Er lächelte zum ersten Mal.

«Stehen Jaguare nicht unter Naturschutz?» fragte ich.

«Bei euch vielleicht», antwortete da Costa. Er wandte sein Pferd dem offenen Land zu. «Hier auf Marajó machen wir unsere eigenen Gesetze. Wir müssen unsere Herden schützen. Die Jaguare schlagen unsere Kälber. Das ist hier kein Zoo, hier wird gearbeitet!»

Seit die Jesuiten im 17. Jahrhundert die Viehzucht auf Marajó eingeführt hatten, wuchsen die Herden und schränkten den Bewegungsraum der Wildkatzen immer weiter ein. Der Urwald wurde gerodet, damit ging der Wildbestand zurück; also mußten sich die Jaguare von den Weiden holen, was sie brauchten. Doch von Argumenten wollte da Costa nichts wissen. Wo Tiere seine Unternehmungen behinderten, kannte er nur eine Lösung.

Wir hielten uns in einer Reihe hinter Jarico. In der feuchtheißen Stille spürten die Sinne begierig jedem Geräusch nach, und bald lernte ich, die Pferde am Schnauben auseinanderzuhalten. Der Blick auf die Uhr zeigte mir, daß wir seit vier Stunden im Sattel saßen. Doch Stunden oder Tage waren hier kein Maß, das diesem Augenblick der Unendlichkeit hätte gerecht werden können. Es war ein Gefühl der Grenzenlosigkeit, das mich überkam in dieser Welt, in der es keine Zeit gab und jede Uhr entbehrlich war. Dieses Gefühl ließ sich einatmen, breitete sich in mir aus wie eine Droge. Die Hitze, die schmerzenden Glieder spürte ich nicht mehr. Im Gleichmaß sich wiederholender Bewegungen, im Wachsen von Landschaften, die sich nur geringfügig wandelten, je weiter man in sie eindrang und dabei sacht die eigene Perspektive veränderte, im Zusammensein mit Menschen, das nicht von überflüssigen Worten ausgehöhlt wurde – in alldem zeigte sich auf Marajó die amazonische Ewigkeit. Ihr war ich bisher nur auf den Flüssen zwischen stillen Wäldern begegnet. Meine Begleiter sah ich mal von vorn, mal von hinten, sah gebeugte Rücken über den Sätteln, eine dunkelbraune Hand auf den Oberschenkel gelegt, das gewölbte Profil von Jarico mit stark gewölbten Augenbraunen oder das sich langsam entspannende Gesicht des kleinen *fazendeiro*, das sich mit jeder Meile, die wir zurücklegten, verjüngte. Es waren Reiter, die ich schon ein Leben lang begleitete und zu kennen glaubte wie gute Freunde, in diesem Universum, in dem es nichts weiter gab als das lange, sich in sanftem Windhauch wiegende Gras und das Wasser, dessen Oberfläche sich wieder schloß, wenn das Pferd seine Hufe herauszog, wo es kein Morgen zu geben schien, nur diesen Moment. Die fortgesetzte Wiederholung von Wiederholungen, das andauernde Déjà-vu-Erlebnis brachte ein Gefühl der Leere hervor, das mich dazu bewegen wollte, still zu stehen, mich von allem zu trennen, die Zügel fahrenzulassen. Die Indigenas sagen, daß ein Mensch sich in den Jaguar verwandeln kann – *homem vira onça* – oder gar in einen Grashalm, der den Wind liebt, der ihn wiegt und beugt und wieder aufrichtet, diesen Wind, der keine Wünsche erfüllt, ja sie noch nicht einmal kennt, der alles durcheinanderwirbelt und schließlich verweht.

Irgendwann erreichten wir einen Zaun, der sich in dieser Weite verlor, und wir mußten unter einem niedrigen Tor hindurch. Dahinter zerlief die Ebene in feuchtheißen Schwaden. Vor uns lag ein See. Am gegenüberliegenden Ufer stieg der Boden leicht an, und auf dem höchsten Punkt lag die Fazenda, von Palmen eingefaßt.

«Mein Land!» Da Costa warf den Kopf in den Nacken und breitete die Arme aus: «Irateua.»

Der Weg dorthin war länger als erwartet. Ich war müde und war es leid, auf das Pferd einzuschlagen. Die Hufe sanken bei jedem Schritt tiefer in den Morast, und so blieb ich weit hinter den anderen zurück und genoß das Schauspiel der Silberreiher und Störche. Sie stolzierten durch das flache Gewässer, fingen hier ein Fischchen, pickten dort nach einem Frosch, schwangen sich leicht in die Luft und segelten über die Ebene.

Um das Haupthaus der Fazenda kreisten Geier. Meine Begleiter hatten bereits abgesattelt und ließen ihre Pferde frei. Man hatte das Gatter der Umzäunung offengelassen, so daß ich bis zur Treppe reiten konnte, die zu einer Veranda führte. Von oben sah mir die Mannschaft der Fazenda entgegen. Fast alle trugen Hüte oder nach hinten gedrehte Baseballmützen. Nur einer war älter als Jarico. Er war kleiner als die anderen und hatte weißes, streng zurückgekämmtes Haar. Einige trugen kurze Hosen und Stiefel oder Gummilatschen. Ein großer Schwarzer hielt eine Decke im Arm, abgewetzte Leggins aus Leder schlabberten an seinen Beinen. Er war der einzige mit einem Schnurrbart, und nur ihm gab der verbeulte Filzhut das Aussehen des typischen Viehtreibers. So sahen sie aus, wenn sie in die Stadt ritten, lachten, grölten, Geld hatten und von Frauen ausgenommen wurden, die sie mit schlechtem Schnaps betrunken machten.

Mein Pferd stand still, und mit Schwung wollte ich das rechte Bein über den Pferderücken heben. Es rührte sich nicht. Ich beugte mich nach vorn, um das Bein leichter nach hinten ziehen zu können – es gehorchte nicht. Von der Veranda kam ein gemeinschaftliches Grinsen. «Das ist also der Gringo, der hier jagen will und noch nicht einmal vom Pferd herunterkommt», mögen sie gedacht haben. Jarico erzählte mir später, daß es sie Mühe gekostet hatte, nicht laut loszuprusten. Ich versuchte es wieder, ich wollte mich auf dem verdammten Pferd nicht zum Gespött machen. In den Kneipen von Cachoeira und Genipapo würde man sich darüber noch in zwei Jahren kaputtlachen. Da Costa gab einem Jungen, der an der Treppe lehnte und erwartungsvoll zu ihm aufsah, als hätte er so was schon erwartet, einen Wink. Der Junge ging auf das Pferd zu, hatte bereits den Arm nach dem Halfter ausgestreckt, als der Wille die Beine belebte und mir die Schande ersparte, mir aus dem Sattel helfen lassen zu müssen. Auf dem Boden angekommen, überreichte ich dem Jungen die Zügel. Breitbeinig band ich das Gepäck los und schlingerte auf die Veranda zu. Das Grinsen der *vaqueiros* verwandelte sich in Neugier.

Da Costa erwartete mich am oberen Ende der Treppe. «Im Badezimmer liegt eine Salbe, falls Sie sich die eine oder andere wunde Stelle geholt haben sollten. Wollen Sie einen *cafezinho*?»

Ich nickte. Anscheinend hatte mir der Ritt auch die Sprache verschlagen. Gesäß und Beine waren fast taub, nur langsam kehrte das Gefühl in sie zurück.

«Marcelo! Hol Kaffee für unseren Gast!» Der Koch verschwand, und da Costa stellte mir die *vaqueiros* vor. Ich schüttelte rissige Hände. Der *cafezinho* wurde gebracht, heiß und süß. Er wirkte wie Schmieröl für die steifen Gelenke.

Die Fazenda lag eingezäunt inmitten von Kokospalmen. Auf den Zaunpfählen hockten Geier mit ausgebreiteten Schwingen. Grobe Pfähle trugen das einstöckige Hauptgebäude, unter dem ich mit eingezogenem Kopf durchgehen konnte. An der Längsseite vor der Veranda breitete sich ein Gemüsegarten mit Bäumen, Büschen und einem Ananasfeld aus. Da Costa hatte Guaven, Limonen und Orangenbäume pflanzen lassen, *jambús* mit lilafarbenen Blüten und Maracujásträucher. Dort war auch der Brunnen mit dem Wassertank. Bananenstauden schirmten das Häuschen mit dem Generator ab. Jenseits vom Haupthaus stand ein kleineres, flaches Gebäude außerhalb der Umzäunung, das Wohnhaus der *vaqueiros*. Holz war der einzige Baustoff. Alle Fenster waren mit Fliegendraht abgedichtet, und statt Glasscheiben gab es Fensterläden. Wo der Zaun an einem Teich endete, rottete ein Schuppen mit Ölfässern, einem kleinen Traktor und einem Ochsenkarren mit Scheibenrädern.

Ich hatte meinen Kaffee noch nicht ausgetrunken, als da Costa fragte: «Haben Sie die Munition?» Ich holte sie. Jarico rieb eine Flinte mit einem Tuch ab. Der Junge sprang die Treppe hinunter und stellte eine Blechdose auf den Zaunpfahl, da Costa lud das Gewehr. Eine Viertelstunde hatten sie mir zum Ausruhen gegeben. Nach dem Ritt stand die nächste Prüfung an. Ich wußte nicht, ob das Gewehr verzog und rechnete mit einem Fehlschuß.

«Halten Sie nach rechts, gestrichenes Korn», riet Jarico. Wie weggeschnippt flog die Dose vom Pfahl. Die Geier suchten das Weite. Auch der nächste Schuß gelang, nur der dritte ging daneben, dafür war der vierte wieder ein Treffer. Da Costa schoß auch, traf, war zufrieden, und die *vaqueiros* trollten sich. Wir setzten uns an den Küchentisch. Der rotgesichtige Koch Marcelo nahm den Gürteltierbraten aus dem Ofen.

«Der Hund hat es gestern aufgestöbert. Wir hätten beinahe noch eines erlegt, aber da hat ihn eine Klapperschlange gebissen. Sie hatte wenig Gift, sonst wäre er jetzt hin.» Marcelo tätschelte den Hund unter dem Ofen.

«Glück gehabt», sagte da Costa kauend und schob mir Bohnen und Reis zu. «Es ist auch noch Rindfleisch da. Ab morgen müssen Sie für die Ernährung sorgen.»

Verblüfft sah ich auf: «Jagen wir nicht zusammen?»

«Nein, ich mache mir nichts mehr daraus. Ich muß den Sonnenkollektor anbringen. Die elektrische Anlage muß überholt werden, außerdem muß ich mir den Zustand der Herde ansehen – ich will einige Tiere verkaufen. Sie werden allein gehen.»

Da Costa sah mir die Überraschung an. «Keine Sorge, Sie bekommen Teixera mit. Das ist der mit dem Schnauzbart. Er ist nach Jarico der beste Schütze.»

Mir gefiel das nicht. Ich hatte da Costa nur begleiten und vielleicht auch mal schießen wollen, die Munition hatte ich eher als Beitrag zu unserem Ausflug verstanden, sozusagen als Einstand. Es herrschte allgemeines Jagdverbot, nur die Indigenas hatten in ihren Reservaten Jagdrecht, aber auf dem Land besaß jeder eine Flinte. Alle jagten, und ein junger *fazendeiro* hatte mir bei einer Party stolz das Fell eines Jaguars gezeigt, den er auf seiner Fazenda erlegt hatte. Das Fell ließ er als geheime Trophäe zusammengerollt in seinem Waffenschrank, zusammen mit dem Marihuana für die Partygäste.

«Gewöhnen Sie sich erst mal ein. Das Haus», und da war wieder die weit ausholende Handbewegung, «und alles hier steht zu Ihrer Verfügung.» Da Costa stand auf: «Ich zeige Ihnen das Zimmer, wo Sie die Hängematte aufhängen können. Ein Moskitonetz haben Sie?» Kurz darauf sah ich ihn fortreiten.

Es wurde früh dunkel. Der Himmel verdunkelte sich, schwere Regenwolken drängten von Osten über die Prärie. Nach dem Abendessen, das die *vaqueiros* erst eingenommen hatten, nachdem da Costa und ich den Küchentisch geräumt hatten, versammelten sich alle vor dem Fernsehgerät im Wohnraum. Nur wenn der Chef da war, wurde es hervorgeholt. Es brachte den *vaqueiros* ein wenig Abwechslung in ihr Leben zwischen Rindern und Pferden, in die lichtlosen Nächte, ohne Frau neben sich, die zwölf lange Stunden dauerten.

«Wo ist der Vormann, Jarico?»

«Der reitet bei Sonnenuntergang nach Hause. Ich habe ihm eine halbe Stunde von hier ein Haus bauen lassen», erklärte der *fazendeiro*. «Er ist als einziger verheiratet. Wegen seiner Frau gab es ständig Streit unter den Männern. Wenn er morgens später kam, haben sie ihn aufgezogen – als wenn man jede Nacht Lust auf seine Ehefrau hätte –, und wenn sich Jaricos Frau mit den anderen unterhalten hat, haben sie es als Aufforderung verstanden. Jarico ist sehr schnell mit dem Messer...»

Die *vaqueiros* starrten gebannt auf den Bildschirm. Der Fernsehsender «Rede Globo» zeigte die Sieben-Uhr-*novela*, die Seifenoper ohne Ende, den täglichen Lehrgang in Sachen Niedertracht, Geldgier und Betrug: Hysterische Damen gifteten sich in einem sterilen Wohnzimmer gegenseitig an und stritten darüber, welcher ihrer Ehemänner die bessere Position habe. Eine andere erzählte, daß sie sich einen reichen Erben geangelt hatte, was ihren Zuhörerinnen den blanken Neid ins Gesicht trieb. Solche Frauen würden die *vaqueiros* nie zu Gesicht bekommen. Die Fernsehwelt lag 3000 Kilometer weit weg.

Da Costa brachte Kaffee. «Meine Frau war nur ein einziges Mal hier. Es ist ihr alles zu primitiv. So habe ich meine Ruhe.» Der *fazendeiro* breitete vor sich die Einzelteile eines Spannungsreglers aus. «Sie ist der felsenfesten Überzeugung, daß ich hier eine Frau habe. Soll sie sich doch vom Gegenteil überzeugen. Aber sie will nicht. Ihr hat eine Tour mit dem Ochsenkarren gereicht.»

«Und Ihre Kinder?» fragte ich.

«Die Jungs wollen gar nicht mehr in die Stadt zurück. So ging es mir früher auch.» Da Costa legte den Schraubenzieher beiseite. «Mein Vater hat mich immer mitgenommen. Von ihm habe ich alles über Viehzucht gelernt. Wir haben zusammen gejagt, gefischt, *jacarés* getötet, und er hat mir das Reiten beigebracht. Ich habe ihn sehr geliebt.» Da Costa deutete auf ein fleckiges Ölbild an der Bretterwand des Wohnraums. Es stellte in naiver Manier die Fazenda dar, statt der Kokospalmen wuchs Wald neben dem Haus. «Es hat mich immer an meinen Jugendtraum erinnert, nachdem mein Vater die Fazenda verkaufen mußte. Vor zehn Jahren habe ich sie zurückgekauft – für das Dreifache des alten Preises. Ich bin nur ein kleiner

Viehzüchter», klagte er. «Tausend Zebus besitze ich, vielleicht 300 Pferde und 300 Wasserbüffel. Das ist nichts im Vergleich zu den Großen auf Marajó, zu den Beltrans oder den Penas. Die haben bis zu 50000 Stück Vieh, Flugzeuge und eigene Viehtransporter. Die Fleischpreise sind zu niedrig, als daß ich mit meiner Herde ein Geschäft machen könnte. Die Regierung hält die Preise künstlich unten. Wir Produzenten zahlen letztlich die Rechnung.»

Da Costa jammerte wie alle Unternehmer: Die Politiker waren schuld an ihrem Elend, der Bevölkerung ging es viel zu gut, die Arbeiter waren faul, streikten oder bestahlen ihre Arbeitgeber. Neben Irateua besaß da Costa noch eine Fazenda am Ufer des Lago Ararí, wo wir uns kennengelernt hatten. In Belém bewohnte er ein Hochhausappartement, das sich über die gesamte Etage erstreckte und in dem sich drei Angestellte um den Haushalt kümmerten. Da Costas Frau war auch berufstätig. Das alles aber war nicht genug, gemessen an den großen Familien Marajós. Ihre Namen fanden sich in alten Chroniken, denn nach der Enteignung der Jesuiten durch die portugiesische Krone hatten sie deren Fazendas verwaltet. Wenig später erschienen Penas und Beltrans bereits als Besitzer in den Grundbüchern. Wer sich der Krone gegenüber Verdienste erworben hatte, war mit Land belohnt worden. Auch da Costas Vorfahren gehörten dazu.

Die Indigenas, unter den Jesuiten noch frei, mußten von da an mit schwarzen Sklaven für die neuen *fazendeiros* arbeiten. Das System der Abhängigkeit hatte sich seit damals zwar gewandelt, die *vaqueiros* waren frei, aber dem *fazendeiro* verpflichtet. Die Entlohnung war überall einheitlich. Da Costa zahlte einen Mindestlohn von 80 Mark im Monat, die eine Hälfte in bar, die andere in Form von Naturalien: Rindfleisch, Seife, Reis, Zucker, Bohnen und Kaffee. Gleichzeitig war er für das Wohl seiner Leute verantwortlich.

«Sehen Sie sich Marcelo an», flüsterte da Costa. Der Koch folgte gespannt dem Geschehen auf dem Bildschirm. «Zum Kochen taugt er nicht. Die Männern meutern über das schlechte Essen. Als *vaqueiro* ist er zu alt, und eine Rente bekommt er auch nicht. Außerdem könnte er davon nicht leben. Geld darf ich ihm nicht geben, er würde sich betrinken. Wenn ich ihn rausschmeiße, gibt ihm kein anderer jemals wieder Arbeit. Also bleibt er hier und macht sich irgendwie nützlich.» Da Costa hielt inne. «Das Leben auf einer Fazenda ist sehr angenehm. Es gibt einen Platz zum Schlafen, keiner hungert, und wenn ich nicht da bin, wird auch nicht viel gearbeitet. Trotzdem wandert die Jugend Marajós nach Belém ab. Gott weiß, was sie sich in der Stadt erhoffen. Die Elendsviertel machen sie zu Kriminellen.»

Ich sah zum Fernseher. Auf der Mattscheibe tummelte sich ein verliebtes Pärchen im Swimmingpool. «Wahrscheinlich ist es das, was sie suchen...»

«Mag sein. Das Fernsehen macht alle krank im Kopf. Aber es ist die einzige Abwechslung, die ich den *vaqueiros* bieten kann.»

Die Abendnachrichten begannen: Flugzeugabsturz, Korruption in der Regierung, Überschwemmung in Rio de Janeiro, Preiserhöhungen für Rindfleisch. In Fortaleza war ein Priester auf den Stufen der Kirche erschossen worden. Der Gouverneur bedauerte den Zwischenfall, und wie immer gab es weder auf den Mörder noch auf die Hintermänner irgendeinen Hinweis.

«In zehn Minuten stellt Marcelo den Generator ab. Dann müssen Sie sich im Dunkeln zurechtfinden.» Da Costa stand auf. Es war das Zeichen, daß der Fernsehabend beendet war. Der Generator bäumte sich noch einmal auf und war still. Dafür drang der Lärm der Nacht durch die Ritzen der Bretterwände: das feine helle Zirpen der Grillen auf der Suche nach einem trockenen Platz, das Gequake von Fröschen unter einem sternlosen Himmel, das Brüllen der Rinder in der Ferne, und das Stampfen der Büffel im Morast vor dem Haus.

Als das Morgengrauen die Dunkelheit durchbrach, trommelte Regen auf das Zinkdach. Mein Rücken juckte fürchterlich. Das Moskitonetz hatte zwar die großen blutsaugenden Insekten wie Moskitos, *carapanás* und *murisocas* von mir ferngehalten, doch die punktgroßen *piuns* stachen durch die Maschen der Hängematte. Da Costa starrte in den Regen. Das Wasser war gestiegen. Bleierne Wolken zogen den Himmel tief auf das Grasland herunter und verbreiteten ein Gefühl von Hoffnungslosigkeit.

«Heute werden Sie kaum etwas schießen können.» Da Costa gähnte mit offenem Mund. «Wildenten – vielleicht, aber die fliegen so tief, daß man sie zu spät sieht.»

Ich war neugierig, die dumpfe Stimmung reizte mich, ich zog Gummistiefel an und warf den Regenponcho über. Jarico gab mir eine Schrotflinte. «Vorsicht auf dem Trockenen, dahin ziehen sich die Schlangen zurück! Die Klapperschlange hört man, die *jararaca* nicht. Sie ist klein und schwarz.»

«Notfalls habe ich Serum im Kühlschrank», rief mir da Costa nach, «aber bei der *jararaca* hilft das nicht.»

Ich suchte einen Pfad zum Teich und bog am Ufer nach rechts auf eine Anhöhe zu. Lichtes Buschwerk umschloß eine Baumgruppe, die einem Schwarm blauschwarz glänzender *corocas* als Unterschlupf diente. Sie stoben davon, hatten sich aber bald an meine Anwesenheit gewöhnt. Die Störche und Reiher hatten die Ebene den Wasserbüffeln überlassen. Der Vormittag zerfloß im Regen. Er fiel leise und gleichmäßig, rann von den Blättern und tropfte von ihren Spitzen auf den Boden. Die Erde saugte den Regen auf, die Geräusche, das Licht.

In Bewegungslosigkeit und Stille fühlte ich mich mit der Erde verbunden, als wenn die Füße Wurzeln trieben und festwuchsen. Die Augen suchten Halt, glitten über Gras, Blüten und Sträucher, über Bäume hin zu einer Astgabel, in der klein und zierlich eine grüngelbe Schlange lag. Den Kopf streckte sie über ihre Windungen spitz nach oben, als wittere sie etwas mit der beweglichen Zunge. Ich verlor sie für einen Moment aus den Augen und fand sie nicht wieder. Dafür fesselten die *cupim* meine Aufmerksamkeit. Die Termiten legten an einem morschen Stamm überdachte Wege an, schafften aus bereits fertigen Gängen das Baumaterial heran. Es klarte auf und wurde wärmer. Ich schlug einen Bogen um den Teich, wich den Büffeln aus, Ungeheuern, die sich mit Entengrütze und Schilf behangen aus Tümpeln erhoben, und hockte mich an den Fuß eines Walls. Nach kurzer Zeit – oder waren schon wieder Stunden vergangen? – stiegen zwei Punkte über dem fernen Waldrand auf und kamen auf den Teich zu. Weite Schwingen bewegten sich gleichmäßig, und die an den Flügelspitzen gespreizten Federn waren typisch für den *gavião*. Die großen braunen Greifvögel ließen sich auf einem abgestorbenen Baum am jenseitigen Ufer des Teiches nieder. Ich kroch, hinter Büschen verborgen, zum Teich, spannte den Hahn, hielt das Gewehr schußbereit. Die *gaviões* sahen mich – flogen auf und drehten kurz vor mir ab. Ich riß das Gewehr hoch, hielt etwas vor und schoß. Die *gaviões* flogen ruhig weiter.

Das war es für heute. Der Schuß wird alles Wild verscheucht haben, dachte ich und versank in der Natur, fühlte mich selbst wie ein Tier auf der Lauer, dachte an nichts, dafür öffneten sich die Sinne für jede Bewegung und jeden Laut. Einer der *gaviões* kam zurück und setzte sich wieder auf den abgestorbenen Baum. Mein Ziel stand still, ich zielte – der Hall des Schusses rollte über die Ebene, brach ein Stück aus der Welt ringsum, und wie ein Stein fiel der *gavião* zu Boden.

Der Junge kam, rannte durch Pfützen, daß das Wasser aufspritzte und holte die Beute. Nichts war geschehen, alles war wie vorher. Ich wartete auf Reue oder Befriedigung in mir, aber da war nichts als Erstaunen, eine Verwunderung über mich selbst. Hatte Marajó mich schon so weit verändert, daß ich den *gavião* nur noch als Beute sah? War am zweiten Tag in der Prärie das Töten ein normaler Vorgang?

Marcelo war tatsächlich ein schlechter Koch. Das gebratene Fleisch war zäh – gedünstet wäre es zarter gewesen. Er ließ den Vogel nicht abhängen. Für Marcelo war alles wie Rindfleisch – er briet und schmorte.

«Ich habe den Gemüsegarten anlegen lassen und die Obstbäume gepflanzt, damit die *vaqueiros* Vitamine bekommen, und sie verlangen Vitamintabletten», verteidigte sich da Costa und riß mit den Zähnen ein Stück Fleisch vom Knochen. «Hauptsache, der Bauch ist voll. Dazu kommen Unmengen von Maniok.» Eine Dose mit dem grobkörnig gelben Mehl der Maniokwurzel stand auf dem Tisch, und auch wir streuten es über das Essen. Die Abneigung der *vaqueiros* gegen Obst hatte den Vorteil, daß uns die Guavenspeise mit frischer Sahne von Zebumilch vorbehalten blieb. Später setzten wir uns abseits vom Fernseher, um uns die Unterhaltung nicht von der Sieben-Uhr-*novela* verderben zu lassen. Heute stritten zwei feindliche Schwestern um eine Erbschaft. Da Costa rauchte nervös.

«Sie haben von der Agrarreform gehört», schimpfte er und bekam schmale Lippen. «Die Regierung will uns das Land wegnehmen und es unter den Habenichtsen aufteilen. Das wird dann so was wie Kommunismus in Rußland.»

«Aber es gibt Millionen Bauern ohne Land...»

«Für uns nicht!» unterbrach mich da Costa. «Mit solchen Vorschlägen gehen Politiker auf Stimmenfang. Nach der Wahl reißen sie sich das Land selbst unter den Nagel. Dafür haben wir die Revolution von 1964 nicht gemacht.» «Revolution» hatten die Militärs ihren Staatsstreich genannt.

Er schloß einen Schrank auf, nahm zwei Winchester und eine schwere Büchse heraus. «Damit schießen wir wildgewordene Büffel. Und damit», er hielt mir eine der Winchester vors Gesicht, «bewaffne ich meine Männer, wenn Wilderer sich an der Herde vergreifen.» Die *vaqueiros* blickten neugierig auf. «Wir haben das Land mit unserem Blut erkämpft, und das gibt uns das Recht, es mit unserem Blut zu verteidigen. Wenn die Armee sich 1985 nicht in die Kasernen zurückgezogen hätte, würden die Politiker noch immer in den Kanzleien über Menschenrechte lamentieren, statt das Land zu ruinieren.» Da Costa stellte die Waffen zurück in den Schrank. «Mit Menschenrechten meinen sie nur ihre eigene Brieftasche. Eine Agrarreform wird es auf Marajó nicht geben. Niemals!»

Ich stand auf, wünschte allen gute Nacht und ging schlafen.

Ich wachte auf, weil es plötzlich so still war. Kein Trommeln mehr auf dem Zinkdach. Die Sonne schien ins Zimmer und spiegelte sich im See. Das Gefühl kehrte zurück, daß es außer uns auf der Welt noch andere Menschen geben müßte. Und die Unterlage aus Zeitungspapier in der Hängematte hatte die *piuns* gehindert, mir den Rücken zu zerstechen. Teixera ritt aus und fing ein Pferd für mich. In wilden Sprüngen und mit wirbelndem Lasso setzte er ihm nach. Außer Atem kam er zurück und band mein Reittier an den Ochsenkarren. Es ließ sich willig satteln. Wir saßen auf, legten die Gewehre quer über die Beine und wandten uns dem Waldrand zu. Auch da Costa verließ mit Jarico und zwei anderen *vaqueiros* die Fazenda.

«Heute nacht kriegen Sie Ihren *jacaré*», versprach er drohend zum Abschied. «Aber dann reiten Sie mit Jarico.» Der lächelte freundlich wie immer.

Das Wasser war gefallen, die Sonne ließ die Weiden dampfen, und die Pferde wußten, wohin wir wollten. Sie reagierten schon, wenn man den Zügel, der mit einer Hand gefaßt wurde, von einer Seite auf die andere schlug. Nach einer Dreiviertelstunde stieg das

Land sacht an, Laubbäume und Büsche fügten sich zu Inseln in der überfluteten Steppe. Am Waldrand ließen wir die Pferde unter einem Baum angebunden zurück.

«Und die Jaguare?»

«Die kommen nur nachts», beruhigte mich Teixera.

Der Urwald glich einer Wand. Einem von Rindern getrampelten Pfad folgten wir ins dunkle Dickicht. Der Boden war morastig, und obwohl es nicht mehr regnete, fielen unablässig große Tropfen. Tief gebückt wanden wir uns um riesige Bäume, krochen am Boden unter Farnen und vermodernden Stämmen hindurch, in vorsichtigem Abstand von unsichtbaren Stacheln. Selten blickte ich zu den Baumkronen hoch über uns auf. Ihre mit Epiphyten und langbärtigen Flechten bewachsenen Äste ließen nur wenig Licht auf den Urwaldboden fallen. Lianen wanden sich an den Urwaldriesen empor oder krochen verdreht über ineinander verschlungene Wurzeln. Wir wichen Schlingpflanzen und Palmwedeln aus und mußten Äste zur Seite biegen, um voranzukommen. Die Füße blieben im Morast stecken. Jede Wurzel glich einer Schlange. Braun und gelb gefleckte Blätter bedeckten den Boden – ihre Farbe glich der Haut der Boa –, Äste so schwarz wie die giftige *jararaca*. Im Tümpel war vielleicht eine knochenbrechende *sucuriju*, die gefürchtete Anaconda, oder zwischen den Wedeln der Palmen eine Papageienschlange – nicht ganz so tödlich wie die Korallenschlange. Fallende Blätter raschelten, ich erschrak, junge Triebe strebten auf oder verfaulten, verdeckten die Sicht, schlugen ins Gesicht. Im Halbdunkel kämpften sie um jeden Lichtstrahl, und wen die Kraft verließ, der diente den anderen als Humus.

Bald hatte ich jede Orientierung verloren. Nach der Sonne konnte man sich nicht richten, nur selten drang ein Sonnenstrahl durch das Blätterdach. Die Bäume waren von allen Seiten gleichmäßig bewachsen, eine Wetterseite gab es nicht. Wir verschnauften in der feuchten Hitze, die uns den Atem nahm. Schweißperlen tropften von der Stirn. Der Rücken war naß. Jeder Schritt hinterließ am Boden einen Abdruck, der sich sofort mit Wasser füllte. Schrille Schreie von unsichtbaren Vögeln drangen auf uns ein. Blau schillernde Falter, groß wie zwei Hände, taumelten vom Licht in den Schatten. Insekten stürzten sich auf uns, und Dornen rissen die

Arme auf. Doch wir kümmerten uns nicht darum – das Jagdfieber hatte uns gepackt.

«Bleib stehen», zischte Teixera. «Ein *guariba*!» Mit den Augen folgte ich seinem Zeigefinger. Nichts. Nur Blätter, an der Unterseite ein Spinnennest – und Äste. «Wo denn?» «Auf dem Baum mit dem Wespennest.» Ich sah noch immer nichts. Teixera nahm meinen Kopf in die Hände und drehte ihn in die richtige Richtung, bog ihn nach oben. In der Baumkrone hoch über mir ein braunes Fell. Ich brauchte lange, bis ich zwischen all den Zweigen die Körperform des Brüllaffens erkannt hatte. Ich hob die Flinte, Teixera nickte, ich atmete tief und gleichmäßig. Der Schuß löste eine Panik in den Kronen aus, ein Affe fiel aus den Zweigen und blieb in einer Astgabel hängen, andere hetzten in wilder Flucht davon. Warmes Blut tropfte mir ins Gesicht.

Wir beratschlagten, wie wir das Tier herunterholen könnten. Der Stamm war zu glatt, um hinaufzuklettern, also trat ich dagegen. «Bist du wahnsinnig! Die Wespen bringen uns um.» Die ersten flogen bereits böse brummend um ihr Nest. Wir konnten nur hoffen, daß der Affe herunterfiel. Wieder kam Bewegung in die Baumkronen. Zwei große *guaribas* schwangen sich durch die Zweige, etwa 20 Meter über uns. Ich schoß – und verfehlte. Teixera rannte gebückt los, schoß, doch auch sein Schuß ging daneben. Ich lief ihm nach. Die Affen waren verschwunden. Wir schlichen weiter. Die Augen fanden nirgends Ruhe, wanderten von oben nach unten, eilten von einer Seite auf die andere, alle Formen waren fremd, faszinierend und bedrohlich. Teixera fühlte sich großartig, er genoß den freien Tag, fern vom Trott zwischen langweiligen Zebus und Büffeln. Und es machte ihm Spaß, die Führung zu übernehmen. Sein Gesicht glühte.

Nur zufällig entdeckte ich das Chamäleon auf einem schrägstehenden Baum. Es war mehr als anderthalb Meter lang. Es hatte sich vollkommen dem Grau des Stammes angepaßt. Ich suchte mir eine günstige Position. Ein schlechter Schuß – das Chamäleon stürzte zu Boden und verschwand in einen hohlen Baum. Teixera stocherte mit einem Stock vorsichtig in dem Baum herum und ließ mich davor mit dem Finger am Abzug warten. Wir stöberten eine Kröte auf, groß wie ein Fußball saß sie im Laub. «Nicht anfassen, die *cururú* ist giftig!» In diesem Wald gab es wohl nichts Ungefährliches. Teixera zog das Chamäleon am Schwanz aus der Baumhöhle. «Wo diese Kröte ist, kann nichts anderes mehr sein.» Man mußte die Gesetze dieser Welt kennen...

Es knackte irgendwo im Gehölz. Wir rannten zurück, der tote *guariba* war herabgefallen. Wir legten ihn über einen hohen Ast und pirschten weiter. Schlangen gleich krochen wir durch die modernde Wildnis, Bäume lösten sich unter unseren Schritten auf, und Tausende von Würmern und Termiten quollen aus der morschen Masse. Ich lehnte mich erschöpft an einen Baum und schrie auf. Teixera hatte Mühe, mir alle Stacheln aus der Haut zu ziehen. Jedes Blatt, jede Liane, die im Wege war, mußte untersucht werden. Ein *gavião* schwang sich auf, *cutias*, so klein und braun wie Kaninchen, kreuzten häufig unseren Weg. Teixera schwärmte von ihrem zarten Fleisch, doch die scheuen Nager spürte unsere Schritte am Boden und verschwanden.

Der Wald wich einem kleinen See, eingerahmt von gelbgrünem Schilf. Teixera zögerte, ich sah ihn fragend an. «*Jacarés?*» Teixera nickte. «Du siehst sie nicht, aber sie sehen dich.» Jeder größere Ast, jeder ins Wasser gestürzte Baum glich den Kaimanen. Nur Augen und Nasenlöcher kamen zwischen Wasserpflanzen an die Oberfläche. Behutsam traten wir ans Ufer, und Teixera warf einen Ast ins Wasser, an anderer Stelle entstanden leichte Wellen. «Wie ich gesagt habe. Man sieht sie nicht.» Teixera runzelte die Stirn: «Man kann sie bei Nacht schießen oder mit der Harpune erlegen. Jarico macht so was, der hat Erfahrung.»

Uns knurrte der Magen. Fünf Stunden waren wir unterwegs. Teixera führte mich zum Ausgangspunkt zurück, ohne daß ich es bemerkte. Vor uns raschelte etwas in der Höhe. Ich erkannte jetzt den *guariba* sofort. Grollend verhallte mein Schuß. Blätter segelten herunter. Dann ein dumpfer Schlag. Der Affe, ein großes Männchen, fiel mir fast vor die Füße. «Das reicht für alle», freute sich Teixera. Die Jagd war vorbei, und wir suchten den Weg zu den Pferden.

Der Koch erwartete uns bereits in der Küchentür. «Was essen wir heute?» Hechelnd sprangen die Hunde zur Beute auf den Pferden empor, während wir absattelten. Marcelo weidete das Chamäleon gleich aus: «Das gibt's zum Abendessen.»

Jarico betrat die Küche. «Ruh dich aus», empfahl der Vormann. «Den *jacaré* holen wir uns, wenn es dunkel ist.» Mir wurde mulmig zumute. Aber nein zu sagen wäre eine Beleidigung des Vormannes, ein Zweifeln an seinen Fähigkeiten, und die anderen *vaqueiros* hätten es mir womöglich als Feigheit ausgelegt. Ich versuchte mich auf eine andere Art zu drücken: «Ist *jacarés* jagen nicht verboten?»

«Weißt du, hier auf Marajó ist alles ein bißchen anders», antwortete der Vormann gelassen. Es war das erste Mal, daß er mich duzte. «Früher haben wir die Bestien zu Hunderten abgeschlachtet. Manche *vaqueiros* sind dabei in einen wahren Blutrausch verfallen. *Jacarés* haben Frauen und Kinder beim Wasserholen oder beim Baden angefallen und die Herden dezimiert. Nirgends war man vor ihnen sicher. Als ich noch ein Kind war, haben wir sogar Netze gegen Würgeschlangen unter den Hütten aufspannen müssen.»

Schwarz und klar schimmerte die Nacht. Wir sattelten die besten Pferde, und Jarico holte ein Maultier. Es trug unsere Ausrüstung: Paddel, Lampe, Harpune und eine Plane. Da Costa gab mir eine Winchester – «Zur Sicherheit.» Eine Laterne wurde ans Tor gehängt.

Diesmal ritten wir in die entgegengesetzte Richtung. Wir ließen die Zügel schleifen, trieben die Pferde nur und hielten die Richtung. Wie Schattenrisse standen Rinder und grasende Pferde vor dem Horizont. Ein Schrei gellte durch die Nacht. Die Pferde rissen die Köpfe hoch. «Der *urutauí*, ein Nachtvogel.» Erleichtert atmete ich auf und hielt mich dicht an Jarico. Bei unserer geflüsterten Unterhaltung sah ich nur das Weiße in seinen Augen. Jarico erzählte von seinem Leben hier draußen. Er war auf Marajó geboren und ein typischer *caboclo*. Seine Großmutter war eine *india de raça pura* gewesen, eine reinrassige Indianerin, wie er sie nannte, der Großvater ein Schwarzer, dessen Vater wiederum noch das Ende der Sklaverei miterlebt hatte. Später war noch ein weißes Element in die Familie gekommen. Jarico liebte das Leben als *vaqueiro*.

Belém war die einzige Stadt, die er kannte, und das Gewimmel der vielen fremden Menschen dort machte ihn krank. Da Costa behandelte ihn gut, die Arbeit machte ihm Freude, und seine vier Kinder konnte er gut ernähren. Was hätte er sich sonst wünschen sollen? Jarico widersetzte sich nie offen den Anweisungen seines Chefs, sondern brachte seine Vorschläge diplomatisch vor, wenn der *fazendeiro* sich irrte. Da Costa entschied, was getan werden mußte, Jarico bestimmte die Art und Weise, wie es zu geschehen hatte. Und wenn da Costa in der Stadt oder auf seiner anderen Fazenda am Lago Ararí war, führte er das Kommando.

Wir schlugen einen Bogen um die blinkende Fläche eines Teiches. «Wir müssen vorsichtig sein. In der Regenzeit können überall *jacarés* sein», warnte Jarico.

Das Gelände wurde wellig, und eine Baumreihe begleitete den gewundenen Lauf eines schmalen Flusses. Am gegenüberliegenden Ufer wuchs der Urwald bis an das Bett heran. Auf einer Anhöhe ließen wir die Pferde zurück und stapften mit der Ausrüstung zum Fluß. Jarico ging mit einer Lampe voran. Wir mußten eine Weile suchen, ehe wir das Kanu im Schilf entdeckten. Wir drehten es um und schoben es ins Wasser. Jarico brachte die Winchester zu den Pferden zurück. «Die stört nur!»

Wir paddelten einige hundert Meter gegen die leichte Strömung und legten uns am Schilfgürtel auf die Lauer. Jarico saß vorn und leuchtete die Wasserfläche ab. Der Lichtschein glitt immer wieder von einem Ufer zum anderen. Wir paddelten weiter. Nichts. Insekten krochen mir in die Nase, in die Augen und Ohren; ohne das Mückenmittel wäre ich verloren gewesen, und abwechselnd rauchten wir, zündeten eine Zigarette an der anderen an. Stunden vergingen, ohne daß wir ein Wort sprachen. Wir ließen uns treiben. Sternschnuppen huschten über die Wasserfläche, keine Welle störte ihr Spiegelbild. Eine kleine Schlange schwamm flink am Kanu vorbei. In einer seichten Bucht, wo der Wald bis an den Fluß reicht, warteten wir. Wieder riß der Strahl der Lampe die Nacht auf.

Da! Eine kaum merkliche Bewegung. Zwei rote Funken leuchteten böse. Die Augen des *jacaré*. Jarico nickte. «Der ist groß genug.» Sacht zog ich das Paddel durchs Wasser, das Kanu trieb auf die glimmenden Punkte zu. Jarico nahm die Lampe in die linke Hand, tastete nach der Harpune. Das Seil lag gut aufgeschossen neben ihm.

«Näher ran», zischte er. Wie groß war der *jacaré*? War es ein *jacaré-açú*, einer von den ganz großen? Jarico wird es wissen, hoffte ich. Nicht eine Sekunde ließ er die Augen der Echse aus dem Lichtstrahl entkommen, geblendet verharrte sie regungslos – zwei Meter vor uns. Fast den Atem anhaltend, korrigierte ich die Richtung des Kanus. Jarico packte die Harpune, schwang den Arm weit nach hinten über den Kopf. «Halt dich fest! Jetzt!» Er schleuderte mit aller Kraft. Der *jacaré* bäumte sich auf, drehte sich wild um die eigene Achse. Jarico warf sich zurück, fiel auf die Bordwand... «Halt das Boot...»

Sein Gewicht drückte die Bordwand nach unten, Wasser schoß in breitem Schwall ins Kanu. Ich verlor das Gleichgewicht und stürzte in den Fluß, spürte etwas unter den Füßen. Entsetzt zog ich die Beine an und tauchte auf. Voller Panik versuchte ich, das Ufer zu erreichen. Trotzdem zog ich das Kanu hinter mir her. Jarico kroch triefend an Land, die Harpunenleine in der Hand.

«Bist du in Ordnung?» rief ich ihm zu.

«Ja! Hier, die Leine. Schnell, Piranhas! Es ist Blut im Wasser. Wir müssen ihn rausziehen.» In der nächsten Sekunde stand ich auf dem Trocknen, griff nach der Leine und spürte den *jacaré* unter Wasser kämpfen. Plötzlich war sein Widerstand vorüber. Die noch brennende Lampe trieb auf dem Wasser.

«Kümmer dich um das Boot!» Mit Grausen sprang ich noch einmal ins Wasser zurück, um die Paddel zu holen und dann die flußabwärts treibende Lampe. Jarico schlich argwöhnisch um den schwarzen Alligator herum. Mit dem Schwanz konnte er einem Pferd die Beine brechen. Er war mehr als zwei Meter lang, die Harpune war kurz hinter dem Kopf in den massigen Körper gedrungen.

Verängstigt wichen die Pferde zurück, und obwohl wir den *jacaré* in eine Plane eingerollt hatten, wehrte sich das Maultier gegen die eklige Last und bäumte sich auf.

«Wir haben Glück gehabt, daß keine Piranhas da waren. Ich habe auch gut getroffen.» Jarico war offenkundig stolz auf seinen Wurf. Schlotternd vor Kälte ritten wir zurück und konnten uns von weitem schon an der Lampe am Hoftor orientieren.

Die *vaqueiros* waren sofort wach. Da Costa steckte nur kurz den Kopf durch die Küchentür und erkundigte sich, ob alles glattgegangen sei. Marcelo briet ein Stück Chamäleon und machte Kaffee, während wir erzählten, bis wir todmüde in die Hängematten fielen.

Geräuschlos öffnete sich die Tür. Ich spürte einen Lufthauch über mich hinwegstreichen. Der Kopf eines großen *jacaré* erschien im Türrahmen. Ich wollte mich aufrichten, aber ich lag wie eingenäht in der Hängematte. Der *jacaré* kroch ins Zimmer, schob sich unter dem Moskitonetz durch, klappte das Maul mit den langen Reihen schiefer Zähne auf und zerrte an den Strippen der Hängematte...

Es war da Costa, er rüttelte an der Hängematte. «Wir haben einen weiten Weg vor uns.» Er öffnete die Fensterläden und blickte beunruhigt auf den bleigrauen Streifen am Horizont. Marcelo erwartete mich in der Küche. «Sie müssen etwas essen», sagte er besorgt. «Ich habe den *jacaré*-Schwanz zubereitet. Vor heute abend werden Sie nichts bekommen.» Der Geschmack des *jacaré* erinnerte mich an eine Mischung aus Fisch und Huhn. Dann gab es ein Stück vom Affen – und das war das beste Fleisch, das ich jemals gegessen hatte. Was für ein Frühstück. So schlecht kochte Marcelo nun auch wieder nicht. «Und Sie?», fragte ich da Costa, der in die Küche gekommen war.

«Nicht zum Frühstück», meinte der *fazendeiro* angewidert und zündete sich eine Zigarette an. Er trank nur Kaffee und aß *bolachas*, harte Kekse, die nach nichts schmeckten. Das Telefon funktionierte, eine befreundete Viehzüchterin sollte uns irgendwo am Rio Arari auflesen und mit ihrem Viehtransporter nach Belém zurückbringen.

Jarico und Teixera begleiteten uns. Alle *vaqueiros* kamen zur Verabschiedung ans Tor. Herzlich klopften sie mir auf die Schultern, die Scheu vor dem Gringo war verflogen, die Prüfungen anscheinend bestanden. Dicht hintereinander ritten wir in die überschwemmte Steppe. Es war unerträglich heiß. Die Wolkenwand im Osten war bedrohlich näher gekommen, Regen setzte ein. Tief über die Rücken der Pferde gebeugt, ritten wir gegen das Wetter an. Von den tief in die Stirn gezogenen Hüten rann das Wasser, gedankenverloren trotteten wir durch das graue Nichts, das Atmen fiel schwer, und es stellte sich ein Zustand zwischen Schlafen und Wachen ein. Wieder näherten wir uns in knietiefem Wasser den verschwommenen Umrissen eines Flußlaufs. Da peitschte etwas auf.

«*Jacaréeeee...*»

Vor mir sprang Jaricos Pferd zur Seite, die Kiefer eines *jacaré* krachten in der Luft zusammen. Auch mein Fuchs bäumte sich auf, instinktiv schloß ich die Beine, warf mich nach vorn und blieb im Sattel. Im hohen Gras verschwand der Körper des schwarzen *jacaré-açú*. Die ersten beiden Reiter rissen ihre Tiere herum, Jarico hatte das Buschmesser gezogen, da Costa den Revolver. Nach einer Schrecksekunde brachen wir in schallendes Gelächter aus. Jarico ritt mit äußerster Vorsicht an den Fluß heran: «Viel Wasser für viele *jacarés*», murmelte er.

Wo war das Tier? Plante es einen neuen Angriff? Teixera und Jarico sahen da Costa erwartungsvoll an. Jetzt mußte der *fazendeiro* seine Führerschaft unter Beweis stellen.

Da Costa ließ die Trommel des Revolvers surren, biß die Zähne zusammen, dann trieb er das Pferd ins Wasser, in einer Hand die Zügel, in der anderen die Waffe. «Jetzt du», sagte Jarico zu mir, als da Costa das andere Ufer erreichte. Er folgte mir mit erhobenem Buschmesser, da Costa sicherte von der anderen Seite her.

«Ihr habt heute nacht seinen *compadre* getötet», rief Teixera Jarico zu, «so was spricht sich schnell rum.» Teixera meinte es nicht als Scherz.

«*Pois é*», brummte Jarico ernst, «mag sein.»

Von da Costa kam ein barsches «Weiter!»

Die letzten Windstöße rissen die Wolkendecke auf, der Regen ließ nach. Wir durchquerten große Herden, denen das Wetter nichts ausmachte. Die Trockenzeit war schlimmer für sie, wenn nur welkes Gras und Staub diese Weite bedeckte und das Wasser zur Kostbarkeit wurde und sich die Tiere in den Rissen der aufbrechenden Erde die Beine brachen. Als wir den Wald nahe am Ararí erreichten, begann es zu dunkeln, schon zwei Stunden vor Sonnenuntergang. Der Boden wurde fest und sandig, erleichtert fielen die Pferde in Trab, und am Waldrand griffen sie aus, streckten sich. Der Galopp machte uns fröhlich – bis zum nächsten Schauer. Die Äste bogen sich unter dem Gewicht des fallenden Wassers. Unversehens öffnete sich vor uns der Rio Ararí.

In einer Hütte an einem morschen Anleger kochte eine Frau Kaffee für uns, bot Kuchen und Bananen an. Jarico und Teixera wollten sofort zurück, aßen rasch, tranken den kochendheißen Kaffee und saßen wieder auf. Erst tief in der Nacht würden sie wieder auf der Fazenda sein. Und davor lag der Fluß mit dem *jacaré*...

Da Costa gab Jarico den Revolver: «Der ist für den *compadre*, wenn du ihn wiedertriffst...»

«Warte, Jarico!» rief ich und steckte ihm die restliche Munition zu. «Die brauche ich nicht mehr» – der Vormann lächelte und drückte mir die Hand. Er wandte das Pferd dem Wald zu. Teixera winkte und verschwand ebenfalls zwischen den Bäumen. Einen Augenblick lang hörten wir noch den Hufschlag, dann hüllte uns das gleichmäßige Rauschen des Regens ein.

3. Die Prinzessin

Die Nacht war vorüber. An Steuerbord der *Fé em Deus* stieg die Sonne als weißglühende Kugel in den Himmel. Der Zusammenstoß mit dem Baumstamm – oder was es auch immer gewesen sein mochte – lag so weit hinter uns wie ein schlechter Traum. Doch irgendwo trieb der Baumstamm noch, lauerte auf das nächste Schiff, wie der *jacaré*.

Diesmal stieß Dionisio mir beim Aufsetzen den Kopf zwischen die Schulterblätter. Er kratzte sich hingebungsvoll und streckte die Arme: «Wie schön. Wir leben noch. Das Leiden geht weiter.»

Marajó, mit Buchten und hellen Stränden, gesäumt von Palmen und hohen Laubbäumen, war nicht mehr als einen halben Kilometer entfernt. Kleine Schiffe, die wie Spielzeugboote wirkten, hielten in Ufernähe den gleichen Kurs wie wir. Die *Fé em Deus* steuerte mit der Flut nach Norden auf den Äquator zu. Das westliche Ufer des mehr als zehn Kilometer breiten Rio Pará war nicht zu sehen. Sein Wasser schimmerte in hellem Blau, und die sich leicht kräuselnden Wellen reflektierten das Sonnenlicht, als wenn ein Schwarm kleiner silberner Fische knapp unter der Oberfläche entlangschoß. Die Strahlen, sie fielen nur kurze Zeit ins Unterdeck, denn die Sonne stieg rasch, kündigten einen heißen Tag an.

Niemand hatte es eilig. Weder die Boote am Ufer noch die *Fé em Deus*, am wenigsten die Passagiere. Wer mit dem Schiff reiste, wußte von vornherein, daß er Zeit brauchen würde und Geduld. Und was spielte es für eine Rolle, ob man sein Ziel einen Tag früher oder später erreichte? Dringende Geschäfte konnten verschoben werden, Hochzeiten wurden abgesagt und Beerdigungen vorverlegt, weil man die Toten nicht so lange in der Hitze liegenlassen konnte. Warten gehörte zum Alltag wie Schiffe reparieren oder Bäume fällen. Für warten und hoffen hatte die portugiesische Sprache nur ein

Wort: *esperar*. Alle an Bord nahmen die zwei Tage gelassen hin, die uns bis nach Santarém noch fehlten oder blieben, je nachdem, wie man die Sache betrachtete. Wer wollte sich gegen die maßlosen Entfernungen in Amazonien auflehnen? Die *Fé em Deus* würde sich an diesem Tag von einem Passagierschiff in einen Ausflugsdampfer verwandeln.

«Ich werde mich waschen und dann frühstücken. Ich habe Hunger», gähnte Dionisio und kramte in seiner Reisetasche nach der Zahnbürste. Es war ein älteres Exemplar, bei dem die Borsten nach allen Seiten standen, nur nicht nach oben. «Kannst du mir Zahnpasta leihen?»

Der Ballonverkäufer warf sich einen verwaschenen Stoffetzen mit einigen Frotteefäden um den Hals und bahnte sich einen Weg nach achtern zum Waschraum. Vor den Waschbecken standen die Frühaufsteher Schlange. Eine junge Frau badete in aller Ruhe ihr Neugeborenes in einem der Becken. Das Kind fand Gefallen an dem kühlen Wasser, das ihm die Mutter aus einem Plastikbecher über den Bauch goß, und die Wartenden hatten ihren Spaß am Kinderlachen. In den Spiegeln über den Waschbecken konnte man das Schauspiel auch mitverfolgen, und dort trafen sich zaghaft die ersten Blicke der Zuschauer, was nächtliche Dunkelheit und die Erregung nach dem Unglück bisher verhindert hatten. Sympathien entstanden, Ablehnung, Gleichgültigkeit... Links vom Spiegel stand der Filter für Trinkwasser, an einer Kette baumelte eine blankgeputzte Aluminiumtasse für alle. Toiletten und Duschkabinen hinter der Spiegelwand waren eins. Das hatte den Vorteil, daß jeder, der die Dusche benutzte, dabei das Klosettbecken säuberte. Daher waren die engen Kabinen immer tropfnaß. Nägel in den Holzwänden dienten als Kleiderhaken, und so bekamen Hemd und Hose beim Duschen auch ihren Teil ab. Das kühle Flußwasser pladderte aus einem Plastikrohr auf mich herunter, während ich an das Kind im Waschbekken dachte.

Gegenüber den Duschen lagen die Mannschaftskabinen und daneben die Kombüse. Ich wünschte der Köchin, die Brot über der Gasflamme röstete, einen guten Morgen: «*Bom dia, tudo bem?* Geht's gut?» Ich bekam ein Lächeln zurück, ein langgezogenes «*tuudo*», was soviel bedeutete wie «natürlich bestens», und sicherte mir für die Reise ihre freundliche Aufmerksamkeit. Daß sie früher in einem Goldgräberlager als Köchin gearbeitet hatte, erfuhr ich am Abend. Sie hämmerte fünf jungen Frauen, die am Rio Tapajós bei Goldgräbern als Köchinnen arbeiten wollten, die Verhaltensweisen für den *garimpo*, die Goldgrube, ein. Dona Telma half gern. Sie wußte, was auf die Frauen zukommen würde, sie hatte es hinter sich.

Ich stieg zum Oberdeck hinauf. Quer vor mir stand, fast die gesamte Breite des Decks einnehmend, ein Tisch mit einem geblümten Wachstuch unter einem leuchtendbunten Baldachin aus Hängematten und Schwimmwesten.

Ganz Brasilien hatte bereits zum Frühstück Platz genommen: eine bunte Mischung von Menschen aus Amazonien, Japan, Angola und Benin, Portugal und Holland, eine Mischung, die sich in dem halben Jahrtausend herausgebildet hatte, seit die ersten Europäer unter dem Kommando von Cabrál die brasilianische Küste erreicht hatten. In den Gesichtern ließ sich Ahnenforschung betreiben. Ich wartete, bis jemand aufstand, und quetschte mich zwischen zwei Frauen, die Platz für vier beanspruchten, auf die Sitzbank.

Der blonde Krauskopf mir gegenüber, mit drahtigem Haar und tiefbrauner Haut, erinnerte an die Besetzung der Küstenstadt Recife im Nordosten durch die Holländer. Die hohen Wangenknochen und schmalen Augen der Amazonier, ihr glattes, blauschimmerndes Haar, ließen keinen Zweifel an den asiatischen Vorfahren, die in den vergangenen fünfzigtausend Jahren über die Beringstraße eingewandert oder über den Pazifik gesegelt waren. Manche ähnelten Thailändern, andere Japanern oder Malaien. Große schwarze Augen über breiten Nasen blickten mich an, Augen, die vielleicht den Kongo gesehen hatten, das untergegangene Königreich der Yorubá, bis sich an der Sklavenküste von Benin die Rahen der Sklavenschiffe auf ewig in die Netzhaut und in das kollektive Bewußtsein der verschleppten Afrikaner eingebrannt hatten. Ein kleinwüchsiger Mann mit einem wuchernden Schnauzbart erinnerte an einen portugiesischen Seesoldaten aus Lissabon oder aus der Provinz Tras os Montes. In Portugal mochte er einst Schweinehirt gewesen sein, in der Kolonie war er zum Stadtbäcker von Santarém avanciert.

Der Prozeß, aus diesen Menschen eine Nation zu formen, war

noch lange nicht abgeschlossen. Vielleicht würde es niemals gelingen. Die härtesten Trennungslinien waren die zwischen Arm und Reich und zwischen Schwarz und Weiß, wobei Arm und Schwarz das traurigste Paar abgaben. Die Idee von der Nation war das einzige, was sie alle verbinden konnte. Aber es waren in den fünfhundert Jahren, seit Cabrál gelandet war, zuviel Blut und Tränen geflossen, wie es Gabriel Garcia Márquez geschrieben hatte, als daß sich in dieser Mestizenkultur ein starkes Selbstbewußtsein hätte entwikkeln können.

Die Bedrohung durch äußere Feinde, wie in Europa, die dazu hätte führen können, enger zusammenzurücken, war niemals gegeben. Dazu bot Brasilien viel zuviel Platz, und sei es auch nur eine Parzelle mit einer Hütte auf unfruchtbarem Urwaldboden. Die Gemeinsamkeiten waren andere: das Lachen und Hoffen, die Sprache, Tanz und Musik. Ich war noch ganz in Gedanken, als mich der Blick einer Frau traf. Ihr Lächeln ließ mich alles andere vergessen.

Sie gehörte zu jenen fünf jungen Frauen, die am äußersten Ende des Tisches saßen und sich leise unterhielten. Als sich die beiden Matronen neben mir in die Höhe wuchteten, setzte sich ein hellhäutiger Mann zu mir und zuckte wieder hoch: «Ich hasse vorgewärmte Plätze.» Er rümpfte die Nase und griff nach der Blechkanne mit dem Kaffee. Ich schob ihm die Milchkanne zu, und von hinten reichte der Steward eine Platte mit geröstetem Weißbrot.

Das Frühstück war oben nicht viel anders als im Unterdeck, nur durften wir uns Kaffee und Milch selbst mischen, uns den Zucker selbst zuteilen und aus Zahnputzgläsern trinken, während die Passagiere der zweiten Klasse den Morgenkaffee im Stehen aus Plastikbechern tranken und *bolachas*, die harten, trockenen Kekse, in Margarinebecher stippten. Wir hingegen reichten mit ausgesuchter Höflichkeit die Messer zum Brotschmieren von einem zum anderen.

Die Gruppe von Frauen am Tischende erregte Aufsehen. Mein Nebenmann neigte sich vertraulich zu mir rüber. «Sie sagen, daß sie als Köchinnen nach Itaituba in die Goldgruben wollen. Aber in Wirklichkeit sind es Prostituierte.»

«Sie sind ja bestens informiert.»

«So was spricht sich schnell herum. Es läßt sich nichts geheimhalten, dazu hängen die Hängematten zu eng nebeneinander. Die

Frauen haben es erzählt, die klatschen zu gerne. Schlafen Sie nicht hier oben?»

«Ist mir zu eng.» Ich musterte meinen Nachbarn. Er hatte ein Allerweltsgesicht, andernorts würde ich ihn kaum wiedererkennen. Den lebhaften Bewegungen seiner Hände nach kam er nicht aus Amazonien. Für jemanden aus dem Nordosten schien er zu wohlhabend, und auch aus Rio de Janeiro konnte er nicht sein, einen *carioca* hatte ich noch nie auf einem Schiff in Amazonien getroffen. Ich wollte ihn fragen, woher er kommt, aber mein Nachbar schielte wie alle Männer am Tisch zu den jungen Frauen. Die Ehefrauen bedachten ihre Männer mit bösen Blicken und dezenten Rippenstößen, wenn sie nicht gerade ihren Kindern einen Keks in den Mund stopften. Die selten mitreisenden Väter stellten sich hinter den Sitzenden in Positur – «seht, das ist meine Familie» –, aber nur solange sich noch keine männliche Gesprächsrunde gefunden hatte.

Langsam kam die Unterhaltung in Gang, die Ereignisse der vergangenen Nacht wurden kommentiert, die Maßnahmen des Kapitäns und die Wahrscheinlichkeit zu ertrinken. Die Unterhaltung summte, die Stimmen wurden lauter – da erschien die Prinzessin.

Der erste, der sie sah, hob stumm den Kopf. Der zweite folgte seinem Blick, der Unterkiefer klappte herunter. Andere sahen auf, der Arm mit dem Becher Kaffee zum Mund erstarrte. Mütter drehten sich irritiert um und blickten das Mädchen an, das von den Kabinen hinter der Kommandobrücke auf den Tisch zukam – eine übernatürliche Erscheinung. Sie lächelte huldvoll. Ihr Gesicht war schmal, die Lippen leicht aufgeworfen und rot geschminkt, geheimnisvolle Augen blickten unter langen Wimpern in die Runde, ohne jemanden anzusehen. Mein Nebenmann schnappte hörbar nach Luft. Das Mädchen, das etwa achtzehn sein mochte, genoß ihren Auftritt und warf ihr langes schwarzes Haar mit routinierter Lässigkeit in den Nacken, wobei die Ohrringe leise klingelten. Alle am Tisch, auch die auf freie Plätze Wartenden, streckten mehr oder weniger unverhohlen die Hälse, um den schlanken Körper zu begutachten, die schmale Taille, so selten bei den leicht rechteckigen Körpern der Amazonierinnen. Das Mädchen trug ein gelbes Trikot, das an den Armen und am Hals weit ausgeschnitten war und so die

Form ihres Busens betonte. Die grünen Shorts saßen hauteng, nur an den Füßen trug sie die gleichen Gummilatschen wie wir auch.

«Welch ein Geschöpf», seufzte mein Nebenmann laut, «eine Prinzessin!» Damit hatte die Erscheinung ihren Namen.

Ich konnte mir das Mädchen gut auf einem Festwagen im Karneval von Rio vorstellen, Idol der Männerträume, unerreichbar auf der höchsten Spitze einer silbernen Pyramide, hoch über dröhnenden Sambatrommeln und Surdopauken, weit erhaben über die wirbelnden Standartenträger *porta bandeira* und Hunderte von tanzenden *baianas*, angestarrt von den Massen auf den Tribünen des Sambadroms und den Objektiven der Fernsehteams. Es war das fleischgewordene Ideal des Weiblichen – für Frauen und Männer gleichermaßen. Die einen wollten so sein, die anderen wollten sie haben und fürchteten sich gleichzeitig davor.

«*Meu Deus*», stöhnte mein Tischnachbar, «eine Katastrophe, wenn die Prinzessin mit uns untergegangen wäre. Um die Alte hinter ihr hätte wahrscheinlich niemand geweint.»

Im Windschatten des Mädchens trat ihre übelgelaunte Mutter an den Tisch. Die große, verhärmte Frau hatte das Haar mit Kämmen streng zurückgesteckt. Goldschmuck baumelte an ihrem Handgelenk, es konnten auch Imitate sein, und ein goldenes Kreuz hing als Schutz gegen das Böse im Ausschnitt über einem faltigen Busen. Das Gespräch am Tisch erstarb vollends.

Die männlichen Passagiere waren begeistert. Sie wuchsen über sich hinaus, blähten die Oberkörper wie Maikäfer vor dem Abflug und zogen die Schultern zurück. Die Frauen taxierten das ungleiche Paar, prüften Gesichter, Kleidung und Schmuck. Viele konnten es kaum erwarten, vom Tisch aufzustehen und sich gegenseitig mit Fragen zu bombardieren. Wer waren die beiden? Woher kamen sie? Was taten sie hier auf diesem Schiff? Um weibliche Lippen formte sich der harte Zug des Neides: eine Frau, die so schön war, konnte alles und jeden haben und alles erreichen: ein Leben im Glanz des Nichtstuns mit Hausangestellten, ohne Wäschewaschen, ohne den Geruch von Trockenfleisch und Bohnen in der Küche.

Die Prinzessin ließ Empfang und Prüfung gelassen über sich ergehen. Sicher hatte sie an Schönheitswettbewerben teilgenommen, sonntags am Rand von Swimmingpools des Yachtclubs oder des

Clubs der Militärpolizei in Belém posiert, dachte ich. Ihre Mutter wird Fotos beim dicken Klatschkolumnisten Isaac Soares in Belém eingereicht haben, um mit dem Abdruck im «LIBERAL» die Aufmerksamkeit finanzstarker Ehekandidaten zu erregen. Die mißmutige Mutter verstärkte den Eindruck von Schönheit und Jugend des Mädchens. Vielleicht war genau das beabsichtigt.

Die Gouvernante, wie sie an Bord genannt werden sollte, bugsierte ihren Schützling zu einem freien Platz und rief den Steward. «Wischen Sie den Tisch ab!» Das «Bitte» kam etwas zu spät, um ernstgemeint zu sein.

Wie würde der Steward reagieren? Er grinste nur und spielte mit – wischte die Krümel vom Wachstuch. Die Prinzessin strich sich theatralisch das Haar aus der Stirn. Der Auftritt war gelungen, der Kreis der Bewunderer gewachsen, auch wenn ihr die Gesellschaft auf unserem miesen Schiff völlig gleichgültig sein mußte. Langsam griffen rot lackierte Fingernägel nach einem Glas. Die schlanken Finger hatten noch nie einen groben Gegenstand berührt. Das Mädchen war wie eine Züchtung, ausersehen für eine phantastische Zukunft an der Seite eines reichen Unternehmers oder korrupten Politikers, der ihr ein Leben bieten würde, von dem auch für die Mutter genügend abfiel.

«Das gibt Probleme», ahnte der Steward und stellte mit groben, sympathischen Händen die Kannen vor uns ab. «So eine macht die Jungs total verrückt. Ihr werdet es sehen, die drehen durch.» Er sollte recht behalten. «Wie gut, daß ich für so was zu alt bin.»

«Warum fliegen diese Leute nicht und lassen uns hier in Ruhe?» zischte eine der Mütter, deren blutjunger Ehemann kein Auge von der Schönheit ließ. Die fünf Frauen am Tischende tuschelten leise. Die Front war klar, die Prinzessin hatte ihnen die Aufmerksamkeit entzogen, sie in die zweite Reihe gedrängt. Gegen so eine hatten sie keine Chance, aber es waren genug alleinreisende Männer an Bord. Irgendeiner würden sich schon zum Flirten finden. Und wieder traf mich der Blick dieser Frau vom äußersten Ende des Tisches. «Eine Prostituierte» hatte mein unbekannter Nachbar gesagt. Ich gefiel ihr anscheinend, und sie gefiel mir. War nicht alles andere gleichgültig?

Das Gespräch versickerte, der Tisch leerte sich. Auch unten hatte sich herumgesprochen, welche Schönheit auf der *Fé em Deus* reiste.

Dionisio mußte sie sehen und stieg wie andere Passagiere der Zweiten Klasse auch aufs Oberdeck, um die Erscheinung aus einer fremden Welt zu begaffen.

Einer anderen Gestalt an Bord gegenüber war die Neugier diskreter, vorsichtig geradezu, als könne es gefährlich sein, sich mit ihr allzu intensiv zu beschäftigen. Der Mann, um den es sich handelte, unterschied sich in fast allem von den übrigen Reisenden. Er hielt sich abseits von denen, die seit dem frühen Morgen bereits ihre Lebensgeschichten austauschten. Das Alter des Mannes im maßgeschneiderten grauen Anzug ließ sich schwer schätzen. Nach seinem weißen Haar und den tiefen Falten im Gesicht zu urteilen, war er um die Siebzig, aber seine katzenhaften Bewegungen ließen ihn mindestens zwanzig Jahre jünger erscheinen. Aus dem weißen Gesicht mit dem leicht arroganten Ausdruck stach die sonnenverbrannte Nase hervor; er hätte Europäer sein können, Belgier vielleicht. Nichts entging seinen blauen Augen, aber sie waren kalt und gefühllos. Die Prinzessin hatte er kaum eines Blicks gewürdigt.

«Den Anzug hätte ich gern», bemerkte Dionisio neidvoll, als der Geheimnisvolle an uns vorbeiging und sich neben anderen Passagieren in die Sonne setzte, ohne sich die Jacke auszuziehen.

Die *Fé em Deus* machte gute Fahrt, ihre Bugwelle rauschte, und Wasserspritzer wehten einem ins Gesicht. Die Passagiere vom Oberdeck kamen herunter, bestaunten das Durcheinander von Kisten, Hängematten und Menschen und suchten steuerbords am Bug nach einer Spur des Baumstamms unserer surrealistischen Nacht. An Backbord erweckten kleine Inseln in der Ferne den Eindruck einer Schärenlandschaft. Schornstein und Masten eines gesunkenen Dampfers ragten in der Nähe aus dem Wasser.

Der Tischnachbar vom Frühstück winkte mich zum Vorschiff. Ich setzte mich neben ihn auf die Bordkante und nickte den anderen Passagieren zu.

«Ist wohl ein recht gefährliches Fahrwasser hier!» sagte er.

«Nicht gefährlicher als anderswo», erwiderte ein Mann in kurzen roten Hosen und einer Heavy-metal-Fratze auf dem T-Shirt. «Ich komme seit vielen Jahren hier vorbei. Das Wrack liegt da zwanzig Jahre oder länger. Sie sind nicht von hier, so wie Sie aussehen und reden?»

«Ich komme aus Rio Grande do Sul, genaugenommen aus Passo Fundo. Kennen Sie bestimmt nicht!»

«Da sind Sie ein richtiger Gaucho aus dem Süden. Ich bin aus Genipapo am Lago Ararí – von der Insel Marajó. Die kennen Sie nun wieder nicht. Da!» Der Mann in der Turnhose stand auf und zeigte auf das Land im Osten. Er setzte sich wieder und stützte die Ellenbogen auf die Knie.

«Was sind das da für Flecken an Ihren Beinen?» fragte der Gaucho ungeniert.

«Das sind Narben, von Piranhas. Ich bin Fischer gewesen. Wenn man im Wasser steht und Netze einholt, dann beißen einen die Biester schon mal. Auch wenn man angelt und die Piranhas liegen im Kanu und sind noch nicht ganz tot, dann schnappen sie nach den Füßen.» Zur Illustration streckte er uns seine Beine entgegen.

«Kennen Sie einen *fazendeiro* namens da Costa?» fragte ich.

«Na klar, den kennt jeder. Das ist einer, mit dem man noch reden kann. Die anderen sind schlimmer.»

«Schlimmer? In welcher Hinsicht?» erkundigte sich der Gaucho und betrachtete einen Jungen, der sich vor uns auf einen Berg aus Tauen setzte. Der Unbekannte im Anzug hörte aufmerksam zu.

«*Fazendeiros* sind gnadenlos. Die kennen nur ihre Zebus und ihre Büffel. Ob unsereins hungert, interessiert die wenig.» Der Fischer beugte sich vor und sah mich an: «Sie waren schon mal in Genipapo, dem Venedig Amazoniens?»

«Ja, ich war in der Regenzeit dort.»

Genipapo lag am südlichen Ausgang des Lago Ararí, wo ich da Costa kennengelernt hatte. Die Häuser des Dorfes standen auf hohen Pfählen und waren so vor den Fluten der Regenzeit sicher. Neben den Häusern ragten kleine Aufschüttungen aus dem Wasser, wo Bananenstauden wuchsen und Hühner im Abfall pickten. Gemüse wurde in Holzkästen gepflanzt oder in morschen Kanus auf der Veranda, die sich um jedes Haus herumzog. Kanus und offene Motorkähne hielten die Verbindung zwischen den Häusern und zu den Nachbardörfern aufrecht, und einmal wöchentlich legte die Gemeindefähre aus Belém an.

Die Bewohner Genipapos waren Fischer und so der Diktatur des Wassers unterworfen. Wenn die Regenzeit begann, atmeten die *fa-*

zendeiros erleichtert auf. Das Gras wuchs wieder, Nahrung für die Rinder. Die fanden immer einen trockenen Hügel; für die Wasserbüffel war die Überschwemmung ein Fest. Aber bei den Fischern in Santa Cruz und Genipapo am Lago Ararí zog der Hunger ein.

«Für uns war die Regenzeit immer eine Katastrophe», grollte der ehemalige Fischer. «Wenn das Wasser steigt, dann verteilen sich die Fische im überfluteten Weideland, man kriegt sie weder mit Netz noch mit Angel. Sie verschwinden, sie hauen ab, sie sind einfach nicht mehr da. Was glaubt ihr, wie man sich als Vater fühlt, wenn die Kinder vor Hunger weinen?»

«Lassen Sie Ihre Alte nachts in Ruhe, dann brauchen Sie später nicht so viele Mäuler zu stopfen. Außerdem gibt es Obstbäume, und jagen kann man auch», warf der Gaucho ein. Der Fischer zögerte einen Moment und überhörte die Beleidigung: «Das zeigt, daß Sie Marajó nicht kennen. Jeder Obstbaum verfault, wenn er ein halbes Jahr lang im Wasser steht. Da fällt dir auch nichts mehr ein, *amigão*, großer Freund aus dem Süden, was? Jagen – das können wir, jeder hat eine alte Flinte; in Ölpapier eingewickelt, rostet sie nicht. Kugeln gießen wir uns selbst. Aber du vergißt die *fazendeiros*. Die beanspruchen das gesamte Land. Wenn sie irgendwo einen Trupp von uns sehen, dann schickten sie ihre bewaffneten *vaqueiros* los, mit Pferden, und die machen Jagd auf uns. Jetzt dürfen wir nicht mal mehr auf den Flüssen durch ihr Land fahren, es ist alles viel härter geworden.»

Während der Fischer mit den Armen fuchtelte, sprach das Heavymetal-Gesicht auf seinem Hemd mit.

«Wenn sie einen erwischen, dem nehmen sie alles ab, Gewehr, Rucksack, Proviant, Kanu, einfach alles. Man verhungert im Urwald und hat die Hosen voll wegen dem Jaguar. Etliche von uns sind verschwunden. Die *fazendeiros* haben alle Telefon oder Sprechfunk. Sogar mit Flugzeugen haben sie uns verfolgt, wenn eine Kuh fehlte. Die wissen gar nicht, wie viele Zebus und Büffel sie haben.»

«In Santa Cruz und Genipapo ist Fleisch in großen Mengen verschoben worden», warf ich ein. «Euer Bürgermeister war in den Fall verwickelt. Er hat bestimmt gut daran verdient, und dann stellt er sich als Volksheld dar. Mit dem Gemeindeschiff wurde das Fleisch nach Belém transportiert. Auf dem Schiff führte Paulo, der

Sohn des Bürgermeisters, das Kommando, immer mit dem Revolver im Täschchen…»

«…das hat dieser Giovanni rumerzählt», fiel mir der Fischer ins Wort, «dieser italienische Padre. Was geht den das an? Was muß der sich einmischen? Drei Tage hat er sich im Urwald verstecken müssen, nachts auf Bäumen geschlafen. Geschah ihm recht. Wenn der Bürgermeister ihn gefunden hätte, dann hätte er ihn da runtergeschossen.» Der Mann aus Genipapo lachte gehässig.

Da Costa hatte mir auf Marajó von dem Priester erzählt. Er schätzte Giovanni zwar als Mann des Glaubens und lobte sein Bemühen für den Erhalt der *caboclo*-Kultur Marajós, fand es bewundernswürdig, wie er ein Heimatmuseum in Cachoeira aufgebaut hatte, aber die Kirche hatte sich da Costas Meinung nach aus Politik und Wirtschaft strikt herauszuhalten. Politik war Sache der *fazendeiros*. Es war schon schlimm genug, die Berufspolitiker ertragen zu müssen.

«Die Arbeit mit dem Revolver wird der Bürgermeister niemals selbst gemacht haben», sagte ich. «Der hatte für alles Leute. Auch der Polizeichef von Santa Cruz stand auf seiner Gehaltsliste.»

«Sie kennen den Bürgermeister?»

«Klar, sonst würde ich mich nicht einmischen!»

«Ihn oder seine Frau?»

«Mit ihr hatte ich nicht das Vergnügen», antwortete ich ärgerlich, und zu den anderen gewandt, sagte ich: «Bürgermeister Pamplona wechselte sich zwanzig Jahre lang mit seiner Frau im Amt ab. Sie residierten in Belém. Genipapo oder Santa Cruz waren ihnen zu primitiv. Kürzlich ist ein Verfahren wegen Wahlbetrugs und Veruntreuung von Steuergeldern gegen Pamplona eingeleitet worden.»

«Das verläuft im Sande», mischte sich zum ersten Mal der Unbekannte im Anzug ein. «Sicherlich war dein Bürgermeister während der Diktatur im Gefängnis?»

Der Fischer aus Genipapo nickte.

«Dachte ich's mir, ein Held ist er auch. Aber weshalb sich aufregen. Bürgermeister oder Abgeordnete sind alle so.»

Der Fischer ließ nicht locker: «Der Bürgermeister hat der Not in Genipapo ein Ende gemacht. Er hat einen Damm aufschütten lassen. Das Wasser kann in der Trockenzeit nicht mehr ablaufen, und die Fische bleiben da.»

Wenn im Mai oder Juni der Regen nachließ und das Wasser fiel, begann die große Zeit der Fischer von Genipapo. Die Fische sammelten sich im See. Wer ein Boot hatte und ein Netz, falls er beides nicht hatte verkaufen müssen, um in der Regenzeit nicht zu verhungern, konnte viel verdienen. Doch niemand sorgte für die nächste Regenzeit vor, jeder gab das Geld mit vollen Händen aus. Das Wasser lief ab, mit ihm verschwanden die Fische. Das restliche Geld fraß die Inflation. Alles begann wieder von vorn, ein scheinbar natürlicher Kreislauf, bis Pamplona den Damm hatte aufschütten lassen.

«Er wird an dem Damm gut verdient haben, euer Bürgermeister. Na ja, der Mensch glaubt an das, woran er glauben will.» Mit diesem Satz beendete der Unbekannte das Thema und rieb sich die Hände wie ein Pfarrer nach der Sonntagspredigt.

«Und woran glauben Sie?» fragte ihn der Gaucho.

«An den Teufel, an meine Nase und an einen gut geölten Achtunddreißiger! Jetzt guckst du, was?» Der Unbekannte lachte über die verblüfften Gesichter.

«Sie tun mir leid, wenn Sie an nichts anderes glauben wollen», sagte der Gaucho von oben herab.

«Ich darf an nichts anderes glauben, sonst müßte ich meinen Beruf wechseln.»

«Und was sind Sie, wenn ich fragen darf?»

«Diamantensucher.»

Wir schwiegen, denn jeder von uns, bis auf den Gaucho, wußte, wie recht der Unbekannte hatte. Der Junge auf den Tauen sah den Diamantensucher mit leuchtenden Augen an.

An Steuerbord kamen drei Schlepper in Sicht. Sie streckten den Bug weit aus dem Wasser, das Heck verschwand im Kabbelwasser der Schrauben. Der Junge sprang erregt auf: «Sie schleppen Stämme zu den Sägewerken nach Belém.»

Die Schlepper bewegten sich kaum vorwärts, und wir näherten uns schnell. An langen Trossen hing eine Kette von kurzen, gleichlangen Baumstämmen quer zur Fahrtrichtung. Ein Drahtseil führte durch Krampen an ihren Enden und verband die Stämme zu einem Floß.

«Möglicherweise war es einer von denen, der uns gerammt hat», vermutete der Gaucho.

«Unmöglich», empörte sich der Junge, «wie soll der gegen die Strömung treiben? Wo kommen Sie denn her?» Bei soviel Unverstand mußte es sich um einen Ausländer handeln.

«Aus Rio Grande del Sur.»

«Na bitte, ihr Gauchos versteht nur was von Pferden.» Die Unbefangenheit des Jungen ließ den Gaucho schmunzeln.

«Die Stämme lösen sich aus dem Floß, wenn die Krampen ausreißen», erklärte der Junge. Er war stolz, mit seinem Fachwissen glänzen zu können und daß ihm die Männer zuhörten. «Die Stämme werden im Wasser gelagert, da verfaulen sie nicht. Der uns gerammt hat, wird ein Baum gewesen sein, den die Flut mitgerissen hat. Wenn es so ein dicker gewesen wäre, wie die von dem Floß, dann würden wir jetzt auf irgendeiner Insel sitzen...»

«...und uns um die Frauen streiten», warf der Gaucho ein. «Ich würde die Prinzessin nehmen.»

«Das könnte dir gefallen, Gaucho.» Der Diamantensucher kniff die Lider zusammen. «Um Trinkwasser würden wir uns prügeln, um die letzte Handvoll Maniok und um Streichhölzer.»

Niemand bezweifelte, daß er aus Erfahrung sprach. Diamantensucher waren im Urwald Einzelgänger, verschwiegener als Goldgräber, die in Gruppen arbeiteten. Sie vertrauten niemandem und hatten den Ruf, sich lieber totschlagen zu lassen, als den Fundort ihrer Diamanten preiszugeben.

«Die Schlepper kommen nicht vorwärts», wunderte sich der Gaucho.

«Doch, gut sogar», widersprach der Junge und sah sein Gegenüber mitleidig an, «die Flöße treiben mit der Strömung. Wenn die Flut kentert, werden sie festgemacht. Die Schlepper halten sie nur auf Kurs.»

Barfuß liefen die Männer der Floßmannschaft mit Enterhaken über die nassen, glitschigen Stämme.

«Und wenn einer ausrutscht?» fragte der Gaucho den Jungen.

«Pech für ihn. Unter dem Floß kommt man man schwerlich raus. Und wenn man mit dem Bein zwischen die Stämme gerät, bricht es oder wird abgequetscht.»

«Ein sympathischer Beruf.» Der Gaucho verzog angewidert die Oberlippe.

«Sie haben wahrscheinlich Geld, aber jemand wie ich muß arbeiten.» Der Junge spuckte über Bord. «Lieber das – als verhungern. Ich habe im Sägewerk gearbeitet und auch das hingekriegt.» Zum Beweis spreizte er alle zehn Finger. «Flößer war ich auch, von da drüben komme ich...» Der Junge zeigte nach Süden. «Dort, wo der Rio Tocantins herkommt, bin ich geboren – in Baião.»

So angestrengt wir auch guckten, die Weite über dem Wasser fand kein Ende, nirgends die Mündung irgendeines Flusses.

«Ein toter Fluß.» Die fremde Stimme ließ uns aufblicken. Der Zahlmeister brauchte nach dem Ordnen der Belege und Frachtbriefe ein wenig Auslauf. «Ich bin aus Tucuruí», sagte er zum Jungen und schüttelte ihm erfreut die Hand.

«Wieso tot?» fragte der Gaucho erstaunt. «Ökologisch?»

Der Zahlmeister setzte sich zu uns. «Seitdem sie bei Tucuruí den Staudamm gebaut haben, stinkt der Rio Tocantins, und ein Fluß, der nicht fließt, ist eben tot!» In der Art, wie er es sagte, lag etwas Endgültiges. In der Feststellung des Zahlmeisters lagen Bedauern und Wut zugleich.

«Der Damm wird keine Ewigkeit halten! Die Zeit ist gegen ihn. Nur die Natur und Gott sind ewig», sagte der Fischer. Er hob beschwörend die Hände. «Wenn der Staudamm bricht, dann gnade uns Gott...»

Der Diamantensucher stand auf. «Ich glaube, sie haben die Bar geöffnet. Wer kommt mit? Wenn ihr mit dem Predigen fertig seid, sagt Bescheid.»

4. *Der Furz Gottes*

Es ist mir völlig egal, ob Sie daran glauben oder nicht. Ich weiß, daß es sie gibt. Ich habe sie gesehen! Und nicht nur einmal.» Dorcilo lehnte sich zurück.

Er hatte mich nicht überzeugt. Sonst vertraute ich auf Dorcilos Beobachtungsgabe, er neigte nicht zu Übertreibungen, handelte ruhig und überlegt. Er war kein Draufgänger und führte sein Geschäft in Igarapé-Miri mit der gleichen Umsicht wie sein Boot, die acht Meter lange, kastenförmig umbaute *lancha*, unser gegenwärtiges Zuhause. Dorcilo war am Rio Tocantins geboren und hatte die fünfzig Jahre seines Lebens am unteren Teil des Stroms verbracht.

«Es gibt keinen Zweifel», ließ sich der Einsiedler vernehmen, der in der Hängematte schaukelte und seit dem Essen geschwiegen hatte. Nachdenklich wackelte er mit dem Kopf. «Alle, die sie gesehen haben, wissen das. Nur ihr aus der Stadt glaubt es nicht. Für euch sind wir *caboclos* abergläubisch. Mag sein, manchmal sind wir das. Aber es gibt sie wirklich. Ich möchte ihr nie wieder begegnen.» Er bekreuzigte sich. «Wir sind um unser Leben gepaddelt!»

Die Flamme des Öllämpchens warf flackernde Schatten auf das Gesicht des Alten und an die Wände der Hütte. Dorcilos Gesicht lag im Dunkeln. Die Glut der Zigarette ließ das Gestell seiner Brille aufleuchten. Die Stricke der Hängematten knarrten an den rauchgeschwärzten Dachbalken. Draußen schrie eine Eule, Blätter fielen herab, und ein Tier raschelte im Strohdach über uns, plumpste auf den Boden und schlich um die Hütte. Es war eine Beutelratte, ihr Schmatzen klang wie ein Kuß. Der Hund spitzte im Schlaf die Ohren. Die Nackenhaare sträubten sich, er sprang auf und raste kläffend aus der Hütte in den Urwald. Erfolglos kam er aus dem Dunkel zurück, kroch schamhaft an der Wand entlang und legte sich unter das noch warme Lehmgestell mit dem verlöschenden Feuer.

«Es gibt ein Bild von einer, die war achtzehn Meter lang», fuhr Dorcilo fort. «In der Kommandantur an der Praça da Bandeira in Belém. Die Soldaten vom Grenzbataillon in Oiapoque haben sie mit Kugeln durchsiebt. Sie muß wahnsinnig vor Hunger gewesen sein, sonst wäre sie nie aus dem Fluß rausgekrochen. Auf dem Foto haben die Soldaten die Schlange auf den Schultern.»

«Das Foto hängt dort nicht mehr», sagte ich. «Angeblich ist es jetzt in der Kaserne der Waldinfanterie. Aber es war mir zu warm, extra hinzufahren und nachzusehen.»

«Im Canta Galo in Santarém hängt das Foto von einer, die über dreißig Meter lang gewesen sein soll. Das Lokal ist in der Travessa Silva Jardim. Gehen Sie mal vorbei, wenn Sie in Santarém sind», empfahl Dorcilo, «der Fisch ist wunderbar, *pirarucu* und *tucunaré*.»

Der Einsiedler wurde wieder munter: «Zwei Nachbarn von mir sind zum Auslegen von Krabbenreusen nachts rausgefahren. Es war windstill, und der Mond schien. Die Männer verstanden ihr Handwerk, keine Neulinge. Nie wieder hat man etwas von ihnen gesehen. Auch nicht ihre Leichen, kein Hemd, überhaupt nichts! – Doch, den Hut von Leonardo, den *casco*, das Boot natürlich und ein Paddel. Tagelang haben wir gesucht.»

Wir schwiegen nachdenklich. Die Glut des Feuers knackte, im Traum verfolgte der Hund die Beutelratte weiter, und am Ufer vor der Hütte quakten Frösche. Grillen spannen mit ihrem Zirpen feine Silberfäden in die Nacht.

Die Geschichten von der *cobra grande*, der Großen Schlange, hatte ich immer für Unsinn gehalten, bis mir Pinduca, der König des *carimbó* und, wie es hieß, der wahre Erfinder des Lambada, einen Zeitungsausschnitt mit dem Foto einer zwölf Meter langen *sucurijú* in die Hand gedrückt hatte. In dem aufgeblähten Leib der Anakonda steckte der zermalmte Körper eines Fischers. Nachts hatte sie ihn aus dem Kanu gezerrt und verschlungen.

Viele Legenden rankten sich um die *sucurijú*. Der Kopf des Fabelwesens sollte in Belém unter der Kathedrale neben der Festung liegen, ihr Schwanz endete angeblich unter der Igreja de Nazaré, drei Kilometer weiter im Stadtzentrum. Wenn ein *caboclo* vom Flußufer ohne ersichtlichen Grund verschwand, eine Hütte am Ufer einstürzte oder jemand beim Baden ertrank, es war die *cobra grande*!

Die *sucurijú* lebte im Wasser, um den Auftrieb für ihr enormes Gewicht zu nutzen. Nur den Kopf legte sie auf einen Ast am Ufer und lauerte auf Beute. Wie groß die Schlange war, die da im trüben Fluß lag, unter einem Baumstamm oder in einer Mulde, konnte niemand sehen. An Land roch man sie – wie andere Schlangen auch. So widerlich ihre Ausdünstung war, ein Pesthauch, so faszinierend harmonisch bewegte sie sich beim Schwimmen. Ihre Schuppen, auf dem gelbgrünen Leib zu schwarzen Punkten geordnet, waren als Tarnung nicht so perfekt wie die Zeichnung der *jiboia*. Wer über die Abgottschlange stolperte, dachte immer noch, auf welke Blätter getreten zu haben – wenn sie sich nicht bewegt hätten. Sogar ein sechs Meter langes Exemplar konnte sich bequem unter einem kleinem Busch nahezu unsichtbar machen.

In den *baixadas* von Belém, den Pfahlbauten der Elendsviertel, tauchten kleinere *sucurijús* auf, und gewöhnlich fing die Feuerwehr die Schlangen und lieferte sie im Tierpark ab. Ich ging zur Tür. «Passen Sie auf, daß Sie die Vogelspinne nicht wecken», warnte der Einsiedler, als ich hinaustrat. Sie lebte rechts neben der Tür in einer Bananenstaude. Ich schlug einen Bogen um die herabhängenden Blätter, war nach drei Schritten am Wasser und trat behutsam auf den wippenden Stamm der Miritípalme. Er schwamm wie ein Ponton, ragte weit in den Igarapé und diente Dorcilos Boot als Anleger. Senkrechte Stecken verhinderten, daß die Strömung den Stamm mitnahm. Das gegenüberliegende Ufer war nah. Schwarz stand der Wald gegen den funkelnden Nachthimmel. Selbst aus einem Meter Entfernung hätte ich keine *cobra grande* entdeckt. Ich verholte das Boot, denn die Flut kam rasch vom Unterlauf des Rio Tocantins, und kehrte in die Hütte zurück. Der Einsiedler war bereits eingeschlafen.

Wir gingen zum Boot, und ich öffnete eine der großen Seitenluken im Aufbau, die wir zum Schutz vor kriechendem Besuch geschlossen hatten. «Haben Sie sich nie gefürchtet, wenn Sie nachts allein Reusen auslegen?»

Dorcilo leuchtete das Zinkdach und das kurze Vorschiff ab. «Mir war oft ein bißchen mulmig dabei. Aber ich bin es von klein auf gewohnt. Ich mußte fischen – wovon hätten wir sonst leben sollen? Wir konnten für Dörrfisch Zucker, Bohnen und Maniok eintauschen. Meine Mutter war allein, mit mir und meinen vier Brüdern, wir lebten so wie der Alte hier, in einem Pfahlbau zwischen Urwald und Fluß», murmelte er.

In der Kajüte knüpften wir die Hängematten auf, aber Dorcilo wollte nicht schlafen. Unser Gespräch hatte ihn aufgewühlt.

«Ist noch Bier da?» fragte er.

Ich brauchte im Liegen nur unter mich zu greifen, den Deckel der Kühlbox anzuheben und nach den Flaschen zu tasten. «Ja, für zwei, drei Tage reicht es noch.»

Wir legten uns auf das kühle Bootsdach, tranken Bier und sahen den Sternen zu, den Schatten auf dem Wasser, den treibenden Blättern und lauschten dem Schreien der Nachtvögel.

Die Sonne stand bereits hoch am Himmel, als Dorcilo den Diesel anwarf. Der Einsiedler saß mit baumelnden Beinen in der Tür der Hütte. Der Hund auf dem Steg machte ein Gesicht, als wäre er gern mit uns weitergefahren. Ich stieß die *lancha* ab, legte den Gang ein, wir ließen den Alten in der Einsamkeit mit seinem Hund, der Vogelspinne und seiner kleinen Pflanzung zurück. Gestern, kurz nach unserer Ankunft, hatte ich ihn gefragt, wer hier wohne.

«Gott und ich – seit mich meine Frau vor sieben Jahren verlassen hat.» Selten hatte mich eine Antwort derart überzeugt.

Nach der nächsten Windung des Igarapé war die Hütte verschwunden, die Gegenwart war stärker als die Vergangenheit: der Fluß, der Wald und die Schwärme von schwarzblauen *soccos* im Ufergebüsch. Papageien kreisten schreiend um ihre Futterplätze.

Beim Geographischen Institut hatte ich mir eine Karte vom unteren Tocantins besorgt, aber das war gar nicht nötig gewesen. Dorcilo kannte den Unterlauf des Stroms, der in den Rio Pará mündete, kannte die Inseln zwischen *furos* und *igarapés* und natürlich den Weg zu seinem Holzhaus am Rio Pindobalzinho. Auf dem Tocantins würden wir die Karte allerdings benötigen, um zum Staudamm von Tucurui zu kommen, dem größten in Amazonien, dem viertgrößten der Welt.

Der britische Naturforscher Henry Walter Bates, er war vor hundertvierzig Jahren durch diese Kanäle gesegelt, hatte in seinen Aufzeichnungen von einer unbewohnten Insel im Tocantins berichtet. Gewaltige Miritípalmen hatten dort eine Art Dom geschaffen, und beim Spaziergang im Schatten der Bäume hatte Bates ein Gefühl ergriffen, das er nur vom Besuch gotischer Kathedralen her kannte. Mich hatte diese Beschreibung so fasziniert, daß ich die Insel anhand von Bates' Aufzeichnungen finden wollte. Gab es sie so noch, oder hatten Zeit und Menschen sie bis zur Unkenntlichkeit verändert? Dorcilo konnte sich nicht an eine solche Insel erinnern. Der von Bates geschilderte Eindruck war ihm fremd. Die Miritípalme war für Dorcilo ein ganz normaler Baum und nicht die Säule eines gotischen Doms mit einem Kreuzrippengewölbe als Krone. Die Palme lieferte Früchte, aus ihnen machten die *caboclos* Wein, gewannen Fasern aus den Blättern, Anleger aus den Stämmen.

Mit seinem Laden im Hafen von Igarapé-Miri hatte Dorcilo eigentlich genug zu tun, er fand aber Gefallen an meiner Idee. Den Laden hatte er seiner Frau übergeben und sich und sein Boot zur Verfügung gestellt, um Bates nachzuspüren und mich nach Tucuruí zu bringen. Der Brite war von Belém aus auf dem Rio Mojú vorbei zum Rio Maiauatá gesegelt und weiter den Tocantins aufwärts. Bates' Mannschaft hatte noch gegen die gewaltigen Stromschnellen des Tocantins gekämpft, die heute unter den Wassermassen des Stausees verschwunden waren.

Wir fuhren auf dem Rio Maiauatá bis zum Rio Meruú-açú. Wieder so ein unaussprechlicher Name, der von den Tupinambás aus dem Delta von Rio Pará, Tocantins und Rio Guama übernommen worden war. Es war nicht leicht, sich die Silbenkombinationen der Indigenas einzuprägen. Der Name des Staates Pará bedeutete soviel wie großes Wasser, die Endsilbe *-mirím* bedeutete klein, die Silbe *-açú* hingegen groß. Der Rio Maiauatá war wie die anderen Wasserstraßen um uns herum kein Fluß, obwohl er so genannt wurde. Er war einer der Kanäle im Irrgarten des Deltas, ein *furo*, ein Kanal zwischen den Inseln.

Am rechten Ufer hatte João Cametá gewirkt, achtzehn Frauen hatte er gehabt. Mit keiner war er verheiratet – so wurde es zumindest berichtet. João hatte es sich leisten können: Ihm hatten Zuckerrohrplantagen und Maniokfelder gehört, er war Eigner vieler Schiffe und Besitzer des Hafens gewesen, von dem nur noch graue Pfähle aus dem braunen Schlick ragten. Sekundärwald und Schlingpflanzen wucherten über morschen Balken. Und jeder seiner Frauen hatte João Cametá ein Haus bauen lassen, mit einem Stück Land dabei. Auch seine etwa fünfzig Kinder waren nicht unversorgt geblieben.

«Er steht jetzt als Straßenhändler in der Fußgängerzone von Belém hinter einem Tisch und verkauft nutzlosen Plastikkrempel», erzählte ich Dorcilo.

«Eigentlich...» Dorcilo griff nach dem Gaszug, «ein ganz normales Schicksal. Dem Reichtum folgt der Verfall. Das Gesetz des Urwaldes. Nur der starke Baum wächst dem Licht entgegen, wird ein Gigant und verstreut seinen Samen. Dann kommen die Schmarotzer, kriechen rauf auf die Äste. Sie werden immer schwerer, bis der Baum zusammenbricht. Den Rest besorgen Ameisen und Termiten... Und was ist aus seinen Frauen geworden?»

«Die jüngste ist bei ihm geblieben, sie steht mit auf der Straße...»

«Meinen Kindern ist das, was ich mir im Leben aufgebaut habe, gleichgültig», grollte Dorcilo und sah einem Fisch nach, der nach einem Sprung ins Wasser zurückklatschte. Dorcilo zerschnitt mit dem Bug die sich ausbreitenden Kreise. «Es ist ihnen zu anstrengend. Um vier Uhr aufstehen, den Laden öffnen, Ware einkaufen, nachts die Bücher führen und nach dem Boot sehen. Auf meine Frau kann ich mich verlassen. Sie hat von Anfang an mitgemacht. Meine Söhne wollen ins Büro und pünktlich Feierabend machen. Wenn ich tot bin, geht der Laden ein. Wofür rackere ich mich ab?»

«Wahrscheinlich für Sie selbst. Die Kinder haben Sie nicht darum gebeten.»

Dorcilo war anderer Meinung: «Das ist nicht der Grund. Meine Kinder haben den Hunger nie kennengelernt. Bei einem Wolkenbruch standen sie nachts nie an die Hüttenwand gepreßt, wenn es durchregnete, ohnmächtig vor Müdigkeit und Hunger.»

Wir passierten eine verfallene Zuckermühle. Am Strand lag das Wrack eines Schiffes wie ein gestrandeter Wal, die verfaulenden Spanten waren seine ausgeblichenen Rippen. Zuckerrohr wurde kaum noch angebaut. Dabei war das amazonische Zuckerrohr gut, die *cachaça*, die hier gebrannt worden war, machte genauso betrunken wie alle anderen Sorten. Doch die Zuckerbarone des Nordostens wie die Kakaokönige aus dem Staat Bahia hatten es nie zugelassen, daß sich in Amazonien wirtschaftliche Aktivitäten entfalteten, die über Gummizapfen und Paranüssesammeln hinausgingen. Ihnen kam zugute, daß in Amazonien ein gewisser Fatalismus herrschte – von Ausnahmen wie Dorcilo abgesehen. War das Wetter gut, dann gab es Fisch, auf den Bäumen Früchte, Maniok wuchs hinter der Hütte, man vergaß die Not der Regenzeit. Später würde man eben weitersehen. Bis dahin nahm man die Dinge, wie sie kamen. Nur Gott wußte alles, er hatte es so eingerichtet.

Der Igarapé wurde schmaler. *Lanchas*, ähnlich der unsrigen, kamen uns entgegen; wir grüßten einander. Açaípalmen rahmten die Hütten ein, die feinen Wedel raschelten und glänzten silbrig. Die Miritístämme vor den Hütten dienten Kindern als Sprungbrett. Selbst die kleinsten plantschten im Wasser.

Dorcilo steuerte einen großen Pfahlbau an. «Ich will meinen Vetter besuchen. Er betreibt auch einen Laden.»

«Sie haben wohl überall Verwandte, Schwestern, Onkel...»

«Wir sind ein großer Stamm», lachte er.

Der Vetter war einer jener aktiven, ruhelosen Menchen, die man hier als nervös bezeichnete und bemitleidete. Andererseits war ihnen ihres Erfolges wegen der Neid der Nachbarschaft gewiß.

Zwei *caboclos* stiegen die Stufen zur Veranda hinauf, zogen bescheiden die Hüte und sahen sich im Laden um. Das Sortiment war nicht groß, die Männer würden sich trotzdem vieles von dem, was in den Regalen stand, niemals leisten können und beschränkten sich auf Angelhaken, Öl für Lampen, Salz, ein Stück Stangenseife und ein Seil. Als einer von ihnen bemerkte, daß wir rauchten, kam er zaghaft näher.

«Hätte der Senhor die Güte, mir freundlicherweise eine Zigarette zu leihen?»

Es war mir unangenehm, mit Senhor angesprochen zu werden. Aber für diesen Mann war ich sogar barfuß und unrasiert, in Shorts und einem T-Shirt noch ein Herr.

Die *caboclos* holten einen Sack Maniok aus dem Kanu und einen Korb mit Dörrfisch als Bezahlung.

«Genauso habe ich angefangen», erinnerte sich Dorcilo.

Die Frau des Vetters blätterte in der zerfledderten Kladde mit den Konten ihrer Kunden, um zu sehen, ob nicht noch eine alte Rechnung offen war. Das Kreischen einer Säge und das Tuckern eines

Dieselmotors drangen zusammen mit dem süßlichen Duft von frisch geschnittenem Holz durch die Bäume. Auf einem Pfad am Ufer ging ich dem Lärm nach. Unter einem weiten, strohgedeckten Dach zogen zwei Mulatten einen kurzen Stamm über eine hölzerne Rampe aus dem Wasser, rollten ihn auf einen Wagen und schoben ihn auf Schienen dem offenen Blatt der Kreissäge entgegen. Mir wurde flau im Magen. Ihre Hände kamen bis auf wenige Zentimeter an die rotierenden Zähne, wenn sie die Stämme am Sägeblatt vorbeischoben. Ich trottete zum Haus zurück, ständig auf einen Schrei wartend. Aber nur die Hühner gackerten und der Papagei, der sie nachahmte. Es war eine Frage der Zeit, wann der Mann an der Säge Finger oder Hand verlieren würde.

Dorcilo erkundigte sich nach der Miritíinsel, denn wir näherten uns der Mündung des Rio Anapu, wo wir sie vermuteten.

Die gewünschten Auskünfte kamen prompt, leider waren sie alle widersprüchlich. Wir mußten selbst suchen. Überall lagen kleine Sägewerke mit einem Feld treibender Baumstämme davor. Mangroven streckten ihre spinnenbeinigen Wurzeln in den Uferschlamm.

«Ihr Holz taugt zu nichts, weder zum Bootsbau noch als Bauholz. Es wird immer schwieriger, gute Stämme zu finden», schimpfte Dorcilo, «*Anapú* und *sucupira* oder Hartholz, *madeira de lei*, das hält hundert Jahre. Mahagoni gibt es auch nicht mehr und keine *cedros*. Man muß tiefer in den Wald. Dort bekommen wir das Holz nur mit Zugochsen raus. Fahrzeuge würden in dem weichen Boden einsinken.»

Der Igarapé wurde wieder breiter, die Farbe des Wassers veränderte sich vom Ocker zum hellen Grün. Der klare Tocantins konnte nicht weit sein. Das Dörfchen Menino Deus de Anapu kam in Sicht, das Jesuskind vom Anapu.

Der Anleger war im Vergleich zu dem ärmlichen Dorf monströs. Ein Lagerhaus mit hohem Aufbau über dem weiten Tor war vorn auf die Brücke gesetzt, wo ein Trupp Männer die Einzelteile einer transportablen Diskothek an Land schaffte. Ein Zementweg führte schnurgerade durch das Dorf auf den Friedhof zu. In Menino Jesus waren über viele Jahre die Toten der Umgebung bestattet worden, weil der Friedhof nicht vom Hochwasser erreicht wurde. Das ersparte den Lebenden den Anblick von Leichen, die von den Schweinen des Dorfes aus der aufgeweichten Erde ausgegraben und aufgefressen wurden. Die Dorfbewohner hatten eine andere Vorstellung von ihrer ewigen Ruhe.

In einer halb verfallenen Ziegelei arbeiteten Kinder. Ein Junge preßte Flußschlamm in den Trichter einer Maschine, die Ziegel formte. Im letzten Moment, bevor die Schnecke im Gehäuse die kleinen Hände erfaßte, zog der Junge sie aus dem Trichter zurück. Mit einem Drahtbügel schnitt ein Zehnjähriger die geformte Ziegelwurst auf die richtige Länge, und ein anderer Knirps trug die noch weichen Ziegel zum Trockenregal. Der Ziegeleibesitzer stand mit freiem Oberkörper schwitzend daneben und kratzte sich am fetten Bauch. Sein aufgedunsener Wanst hing wie ein Sack über den Hosenbund.

«Bleibt hier, Männer», bat einer der Handwerker auf der Brücke und schraubte Glühbirnen für die Light-Show an die Diskothek, «der Frauenverein veranstaltet heute sein diesjähriges Fest. Wir brauchen Tänzer, es fehlen Männer. Die meisten saufen und sind dann nicht mehr zu gebrauchen.»

Dorcilo zeigte auf mich: «Er muß nach Tucuruí, den Staudamm besichtigen. Ich fahre ihn nur hin», entschuldigte er sich.

«Er kann mit dem Bus fahren oder fliegen», schlug ein anderer Handwerker vor. «Das geht schneller als mit eurem alten Boot...»

Dorcilo überhörte die Frechheit, lächelte verbindlich, und wir kletterten an den Brückenpfeilern nach unten. In der Mitte des Flusses ließ ich mich rückwärts ins Wasser fallen, nahm ein Bad, bis Dorcilo mich auffischte. Der Rio Anapu weitete sich wie ein Trichter zum Tocantins hin. Bei Niedrigwasser blieb uns nur die Fahrrinne unter dem Steilufer. Rechts begannen die Miritíwälder, von denen Bates berichtet hatte. Mit dessen Buch stand ich neben Dorcilo am Ruder, übersetzte den Text, und gemeinsam suchten wir nach Anhaltspunkten. Die Ufer des Rio Anapu rückten auseinander, die Wassermassen des Tocantins vor uns waren unfaßbar. Mit dem Bootshaken tastete ich nach Grund.

«Ich bin hier oft vorbeigekommen, auf die Insel habe ich nie geachtet», wunderte sich Dorcilo. Meine Fragen hatten ihn neugierig auf seine eigene Welt gemacht. «Meist sind es Fremde, die sich für

Amazonien begeistern, wie dieser Engländer. Für uns hat das alles nur materiellen Wert.» Er blickte lächelnd und ein wenig glücklich in die Runde. «Wir sehen die Schönheit nicht, außer es weist uns jemand darauf hin. Was wir jeden Tag haben, schätzen wir nicht. Jetzt fällt mir wieder ein, wie unsere Insel heißt. Es ist die Ilha da Serraria, die Sägewerkinsel. Da liegt sie!»

Die letzten 100 Meter zum Strand mußten wir das schwere Boot durch einen Kanal staken. Lavafarbene Felsen ragten rundgeschliffen aus dem gelben Flußsand, und die Gefahr, aufzulaufen oder den dünnen Rumpf aufzureißen, war groß. Die Sonne blendete, der Sand glühte, und wir lechzten nach dem nächsten Bad. Am lehmigen Strand der Insel sank ich bis zu den Waden ein, als ich das Boot im wilden Durcheinander umgestürzter Bäume festmachte.

Wir traten in den Schatten gewaltiger *miritís*. Ihre Kronen stießen aneinander, weite Kuppeln wölbten sich in der Höhe und tauchten den Raum darunter in unwirkliche Düsternis. Die grauen Stämme glichen Säulen aus Kalkstein, gealtert in Jahrhunderten. Es schien, als hätte nie zuvor eines Menschen Fuß die Insel betreten. Die feierliche Stille ließ uns schweigen, das dämmrige Licht, nur aufgehellt von gebündelten Sonnenstrahlen, fiel zwischen den Palmen auf den Boden wie durch die bleiverglasten Seitenfenster Notre-Dames an einem stillen Morgen. Gefühle und Gedanken gewannen eine Dichte, als seien sie in diesem Moment auch für andere sichtbar. War es das, was den alten Einsiedler, den wir mit seinem Gott zurückgelassen hatten, die Einsamkeit suchen ließ? Zwischen den majestätischen Stämmen herrschte der Wunsch nach innerer Einkehr. Es war ein Ort, an dem man das Ende seiner Tage erleben wollte.

Das Sonnenlicht am Strand traf uns wie ein Schlag auf den Kopf. Im leichten Schatten der Mangroven, deren stachelige Wurzeln wir nach Schnecken für das Mittagessen absuchten, war die Hitze erträglich.

«Die Flut kommt zurück, wir fahren weiter – ohne Mittagsschläfchen», drängte Dorcilo und spülte Teller und Pfanne in Flußwasser. «Ich will das Hochwasser ausnutzen und einen *igarapé* mit dem Netz sperren.»

Wir manövrierten vorsichtig aus dem Labyrinth der Sandbänke

und fuhren mit der Flut in den Pindobalzinho ein. Der *furo* begann hinter Bates' Insel und führte neben dem Tocantins nach Westen. Ein dicht bewaldeter Landstreifen trennte uns vom Hauptstrom. Dorcilo ließ den Motor auf vollen Touren laufen, so daß Geschirr und Töpfe im Schrank der Kombüse genauso laut schepperten wie der schlecht gelagerte Motor. Am Nachmittag erreichten wir das Haus, in dem mein Begleiter vor zwei Jahrzehnten seinen ersten Laden eingerichtet hatte. Dorcilo holte sofort sein hellblau gestrichenes Kanu, einen *casco*, und warf Netz und Machete in die aus einem Stück gefertigte Nußschale. Wie wild paddelte er zum *igarapé*, der nahe von unserem Liegeplatz in den Wald führte. Ich folgte ihm in einer *montaria*. Dieses Kanu aus drei schmalen Brettern kannte ich noch nicht und kenterte fast bei jedem Paddelschlag. Dorcilo half mir nach der Zitterpartie beim Aussteigen, und rasch folgte ich ihm am Ufer in den Wald.

«Ich muß den *igarapé* in ganzer Breite und Tiefe mit dem Netz versperren. Wenn das Wasser abläuft, bleiben die Fische im Netz hängen – und wir haben für die nächsten Tage zu essen. Ich habe das als Kind gelernt, und vielleicht muß ich es als alter Mann wieder tun. Dieses Land geht einer Katastrophe entgegen.» Dorcilo wischte sich den Schlick von den Beinen. «Heute ist es zu spät, die Ebbe hat eingesetzt, wir machen es morgen.»

Dorcilo bestückte später *matapis*, die Reusen für Süßwassergarnelen, mit Ködern und legte sie am Rande des Pindobalzinho aus. Danach hüpfte er wie ein junger Hund am Ufer entlang und fing sie mit bloßen Händen, um sie als Köder zu verwenden. Er war in seinem Element.

Am nächsten Tag hatte die Flut den *igarapé* wieder gefüllt. Das Wasser reichte uns bis zu den Schultern, und wir mußten tauchen, um das Netz mit zu Krampen gebogenen Palmblättern im Schlamm zwischen senkrecht abfallenden Ufern zu befestigen. Nach einer halben Stunde Arbeit war der *igarapé* dicht, entwischen würden uns nur kleine Fische. Kurz vor Einbruch der Dämmerung war alles Wasser aus dem *igarapé* abgelaufen, und wir zogen die Fische aus den Maschen des Netzes, suchten unter Blättern und in Hohlräumen der Böschung. Viele Fische hatten sich in den Schlamm eingegraben oder sich in dicke, hohle Stengel abgestorbener Aningas geflüchtet. Vorsichtig stocherten wir nach schlammfarbenen Rochen. Wir fanden nur drei kleinere Exemplare.

«Der Schlag der Kleinen schmerzt genauso wie der von den Großen», warnte Dorcilo. «Der Schmerz beginnt, wenn Luft an die Wunde kommt. Man muß draufpinkeln oder den Fuß einen Tag lang im Wasser lassen, sonst wird man wahnsinnig vor Schmerzen. Solche Wunden dürfen nicht genäht werden, es dauert Monate, bis sie abheilen.»

Nach dieser Warnung war ich vorsichtiger.

«Paß auf!» schrie Dorcilo. «Vor deinem Fuß!» Es war ein Fisch, kein Rochen und auch kein Zitteraal. Der Fang war gut, ein großer Eimer randvoll mit Fischen. Wir rieben sie mit Limonensaft und Knoblauch ein und garten sie in Bananenblättern über dem Holzkohlefeuer. Nach dem Abendessen legte ich mich aufs Dach des Bootes neben den kleinen Mast, der eigentlich nur zur Zierde da war – und schlief mit dem Blick in die Sterne ein.

Erst am nächsten Mittag brachen wir auf. Bis zur Staumauer von Tucuruí würden wir noch drei oder vier Tage brauchen. Der Tocantins war mehr als zweitausend Kilometer lang, er kam aus dem Zentralen Hochland, unweit Brasilias, verband sich bei Marabá mit dem Rio Araguaia, wurde bei Tucuruí aufgestaut und mündete letztlich gegenüber von Marajó in den Rio Pará.

Wir schwenkten auf den Hauptstrom. Wo sich Himmel und Wasser trafen, flimmerte das gegenüberliegende Ufer des Tocantins als zarter Streifen einer Luftspiegelung. Nur langsam kamen wir gegen die Strömung an. Wir hielten uns am östlichen Ufer. Je mehr das Wasser ablief, desto breiter erstreckte sich der flach abfallende Strand. Dort standen die Fischfallen, Staketenzäune in Form dreieckiger Reusen, um die mit steigendem Wasser flußaufwärts ziehenden Fische einzufangen. «Bevor die Flut kentert, wird der Eingang mit einer geflochtenen Wand verschlossen, und bei Ebbe sammeln wir die Fische ein. So bin ich überhaupt zu was gekommen», erklärte Dorcilo, nachdem wir einige Stunden schweigend stromaufwärts gefahren waren und uns am Ruder abgewechselt hatten. «Bei Nacht ist das nicht ungefährlich, es verirrt sich schon mal eine *sucurijú* zwischen die Zäune. Ich war immer allein, niemand hätte mir geholfen, wenn sie mich gepackt hätte.»

Dunkelheit überraschte uns, und wir verbrachten die Nacht an der Pier von Carapajó. Nach Sonnenaufgang legten wir ab, fuhren immer dicht unter Land. Wieder verging ein langer Tag. Dorcilo vergaß den Laden, die Söhne und verwandelte sich in den *caboclo* von einst zurück. Ihn interessierten nur noch die uns begleitenden Delphine, die endlose Reihe der Garnelenreusen am Ufer und der Kurs. Auf der Uferböschung, der *terra firme*, standen Hütten, und Palmen wiegten sich im abflauenden Abendwind. Die Sonne ging unter, bläuliche Flammenzungen leckten über den Himmel und überzogen unsere Gesichter und auch den Strom mit einem violetten Schimmer. Im Dunkeln steuerten wir Moiraba an. Den riesigen Holzstoß, der uns später in Schrecken versetzen sollte, nahmen wir kaum wahr. Wir freuten uns auf eine Kneipe, ein bißchen Musik, und Dorcilo würde sicherlich wie überall einen Vetter oder den Ehemann irgendeiner Nichte treffen.

Ein sauberes Oberhemd und eine lange Hose waren das mindeste, was das Städtchen von uns erwarten konnte. Wir rasierten uns sogar und kletterten auf den Anleger mit Tankstelle und Bars. Es waren Bretterbuden, halb Bierausschank, halb Kramladen, mit einem Wohnraum dahinter, nur abgeteilt durch eine Holzwand oder ein fleckiges Laken. Steinhäuser standen erst auf dem Festland. Männer plauderten auf der Straße, Frauen in den Haustüren, Mädchen paßten auf die Kleinen auf oder führten arglos Lambadakünste vor, ohne das Lachen zu verstehen, das ihr verdrehter Hüftschwung unter den Erwachsenen hervorrief. Jungen trieben einen verbeulten Fußball vor sich her und rannten, als das langweilig geworden war, johlend einem anderen Jungen nach, der niemanden auf seinem Mountainbike fahren ließ. Laute Musik irritierte uns, und wir kehrten mit frischem Brot im Arm zur *lancha* zurück und fischten *mandiís*. Bei richtigem Anhieb hatten wir bei jedem Wurf einen der kleinen Fische am Haken, aber sie wehrten sich mit spitzen Stacheln.

Einige hundert Meter unterhalb der Brücke loderte ein Brand; ich machte Dorcilo darauf aufmerksam.

«Da werden Abfälle vom Sägewerk verbrannt», murmelte Dorcilo beiläufig und schob einen Köder auf den Haken.

Ich wurde mißtrauisch. «Dorcilo! Das Feuer kommt näher!»

«Ach was, das ist am Ufer», beschwichtigte er – und stutzte. «Merkwürdig, es ist auf dem Wasser.»

Ein brennender Holzstoß hatte sich vom Ufer gelöst und trieb auf den Strom. Flammen loderten empor und warfen ihren gespenstischen Schein auf ein Holzboot, das auf die Flammen zuhielt. Die Besatzung einer *lancha* versuchte vergeblich, den Scheiterhaufen mit Stangen zum Ufer zurückzuschieben. Die Strömung war stärker, der Tocantins stieg mit jeder Minute, und auch unser Boot hatte sich mit der Strömung gedreht. Die brennende Insel trieb tiefer ins Fahrwasser – direkt auf uns zu. Ein zweites Boot kam dem anderen zu Hilfe, aber beide Boote mußten sich im Funkenregen zurückziehen.

Für uns sah es nicht gut aus. Die Brücke, an der wir lagen, war aus Holz, und oben war die Tankstelle. Ich erinnerte mich an Brander, an die mit Holz und Öl gefüllten Kähne, die man zur Zeit der Segelschiffe mit Wind und Strömung auf eine feindliche Flotte hatte zutreiben lassen, um sie in Brand zu setzen.

Dorcilo hatte den gleichen Gedanken: «Wenn das Feuer die Brücke erreicht, steht alles in Flammen. Am gefährlichsten ist das Öl. Es breitet sich auf dem Wasser aus, dann brennt der ganze Fluß – und wir werden gebraten... *puta merda*, Benzinfässer stehen da auch.»

Er warf den Motor an. Auf der Brücke fanden sich Schaulustige ein. Niemand räumte die Benzinfässer beiseite. War den Leuten die Gefahr nicht bewußt? Die Flammen des Branders schlugen hoch in den schwarzen Himmel, und ein Funkenregen ging nieder. Jetzt wurde versucht, den Scheiterhaufen statt an Land vom Ufer wegzuziehen.

«Wir halten stromabwärts», schlug ich vor, «das Öl wird stromauf treiben, denn noch hält die Flut an.»

Das Dröhnen der Bootsmotoren und das Prasseln der Flammen kamen näher. Ihre Schatten flackerten über die Pfeiler der Brücke. Die Boote wurden zu wütenden Hunden, griffen die feuerspeiende Bestie wieder und wieder an. Da konnte jemand eine Trosse am Holzstoß befestigen – und gemeinsam zogen ihn die Boote in den Tocantins hinaus. Die Strömung nahm ihn auf, in sicherer Entfernung trieb er vorüber – und verschwand aus dem Blickfeld.

«Über die Folgen macht sich keine Sau Gedanken», schimpfte Dorcilo. «Es wird schon gutgehen, denken sie immer. Wenn eine Katastrophe geschieht, ist Gott daran schuld. Und die Heiligen müssen für Schadensbegrenzung sorgen. Eine Kerze kriegen sie dafür...»

Wir schliefen schlecht und unruhig in dieser Nacht. Anderntags erreichten wir Cametá. Franzosen hatten das Städtchen am westlichen Ufer des Tocantins im 18. Jahrhundert gegründet. Sie hatten, ähnlich wie in Macapá an der Amazonasmündung, einen Brückenkopf bilden wollen, waren aber von den Portugiesen vertrieben worden. Wir füllten unsere Kühlbox mit Eis und Bier, schlenderten durch die Straßen, besuchten das lokale Museum und waren froh, als wir wieder Planken unter den Füßen spürten. Die Gezeiten bestimmten den Rhythmus unserer Reise unter dem ewig blauen Himmel, und nur eines Nachts raste ein Gewittersturm über uns hinweg.

Wir rochen die Talsperre von Tucuruí, bevor wir sie sahen. Der pestartige Gestank faulenden Wassers verdichtete sich – lange bevor die Hochspannungsmasten in Sicht kamen und die weiße Wolke, die über der Staumauer schwebte. Die Mauer – sie durchmaß auf sieben Kilometer die gesamte Breite des Tals, verbaute die Welt, raubte mit hundert Metern Höhe dem Himmel ein Stück, versperrte mit Beton dem Strom seinen Lauf und zerstörte uns das Gefühl, daß wir uns in einer Landschaft bewegt hatten, die vom menschlichen Größenwahn verschont geblieben war.

«Wir nennen den Gestank den Furz Gottes», schmunzelte Dona Auraní hinter ihrem Schreibtisch. Wie einfach für die Betreiber des Staudamms und die Techniker der Eletronorte, des Energieversorgungsunternehmens für die nördliche Hälfte Brasiliens, die Verantwortung für Millionen von Kubikmeter faulendem Wassers einem höheren Wesen zuzuschreiben. Nein, es war der Furz des Fortschritts – was so bestialisch stank, war Ammoniak. Methan entstand zwar auch beim Zerfall von organischem Material im Stausee und entzog dem Wasser den Sauerstoff, aber es stank nicht.

Als wir uns Tucuruí näherten, hatten wir bemerkt, daß die Wasserqualität schlechter wurde. Und dann das Jahrhundertwerk: die Mauer. Sie brachte die Schiffahrt zum Erliegen, unterbrach Handelsströme und die Wanderungsbewegungen der Fische, veränderte deren Bestand. Indigenas und *caboclos* hatten umgesiedelt werden müssen, und wie bei allen pharaonischen Projekten entsprach die Entschädigung der Betroffenen nicht deren tatsächlichen Verlusten. Der Damm war zu Zeiten der Diktatur gebaut worden. Generäle bestimmten die Entwicklung. Die Menschen Amazoniens störten diesen Prozeß, der den Militärs nutzte, den französischen Lieferanten der Turbinen; die Generatoren lieferten Strom für das japanisch-brasilianische Aluminiumwerk von Barcarena. Daß auch Belém seinen Strom von hier bezog, war ein populäres Argument. Viele Dörfer in der Umgebung warteten seit Jahren auf den Stromanschluß.

Der Stausee war fünfmal so groß wie der Bodensee. Im Tal des Tocantins waren 2500 Quadratkilometer Urwald überflutet worden, Dörfer, Felder, eine alte Eisenbahnlinie und Paranußwälder. Erst auf internationalen Druck hin bequemte sich die Eletronorte, die bedrohten Tiere zu retten.

«Ich arbeite in Tucuruí, weil ich die Natur liebe», erklärte sich Dona Auraní, die in Abwesenheit ihres Chefs für Besucher zuständig war, und zog den Vorhang vor ihr Fenster. Als sie für einen Moment den Raum verließ, zog ich den Vorhang zurück: nichts als nackter Beton. Ich mußte die Wange an die Scheibe legen und senkrecht nach oben schauen, damit ich ein Stück Himmel sehen konnte.

Dona Auraní kam zurück. «Die Natur geht mir über alles – nur deshalb lebe ich hier.» Die Dame machte einen ganz vernünftigen Eindruck – schizophren schien sie nicht zu sein. «Vor acht Jahren bin ich aus Minas Gerais nach Tucuruí gekommen, als das alles ein riesiges Heerlager war. Mehr als vierzigtausend Menschen haben dieses Werk geschaffen. Wir waren eine große Gemeinschaft – mit einer gigantischen Aufgabe.»

Daß sich dieser Gemeinschaft ein Troß von Verbrechern und zwielichtigen Gestalten angeschlossen hatte, Spielhöllenbesitzer, Drogenhändler, Geldverleiher, Schnapslieferanten, Mörder, Prostituierte und Betrüger, davon erzählte mir später einer der übriggebliebenen Vierzigtausend.

«Nachts arbeiteten wir bei Scheinwerferlicht, acht Jahre lang. Die Baumaschinen durften nicht stillstehen.» Geistesabwesend zerbrach Dona Auraní einen Kugelschreiber zwischen ihren kräftigen

Fingern. «Die Natur gibt mir den inneren Frieden, den ich brauche. In jeder freien Minute fahre ich mit dem Wagen zum Strand oder mal mit dem Boot auf den See. Das Grün der Wälder macht die Seele leicht.» Ich blickte auf den Vorhang, sah die eckigen Stahlrohrmöbel und die Blumenkübel hinter der Glaswand zum Vorzimmer. «Nur in der Natur findet der Mensch wirklich Frieden.»

Die Frau tat mir leid. Entweder war sie unglücklich, oder sie mußte bei Besichtigungen immer wieder dieselbe Litanei herunterleiern. Wußte sie nichts von den Millionen von Bäumen, in die man vor der Überflutung Gift injiziert hatte, um sie zum Absterben zu bringen und so leichter fällen zu können? Entlaubungsmittel waren von Flugzeugen über dem Urwald versprüht worden, über Dörfern und Flüssen, ungeachtet der Menschen. An Beweisen dafür fehlte es nicht. Leere Giftkanister waren gefunden worden, Menschen starben auf unerklärliche Weise – von fünfzig Toten war die Rede –, und mißgebildete Kinder wurden geboren. Sie wurden auf der Sollseite des Fortschritts verbucht, auf der Habenseite standen viertausend Megawatt. Ich spürte sie tief unter uns vibrieren.

«Das Leben in Brasilien ist ein Leben unter Wölfen.» Begann jetzt Dona Auranís sozialer Diskurs. Folgte danach das Lamento über Auslandsschulden? Jeder schimpfte auf die anderen – und gehörte selbst zu den Wölfen. «Meiner Tochter bringe ich die wichtigste Maxime für das Leben bei: Schlagen oder geschlagen werden! Im Zweifelfall lieber ersteres.» Dona Auraní war alleinerziehende Mutter, groß und stattlich, hatte helles, gepflegtes Haar und blaue Augen. Sie war eine typische *mineira.* Alle leitenden, interessanten und gut bezahlten Posten bei den technischen Wunderwerken Amazoniens waren mit Brasilianern aus dem Staat Minas Gerais besetzt. Die lokale Bevölkerung hatte lediglich Erde in den Tocantins schütten und Bäume absägen dürfen.

Ich legte Dona Auraní den Schriftwechsel mit der Eletronorte vor.

«Die Telefon- und Telegrafenleitungen sind seit Tagen gestört, wir haben keine Anweisung aus Brasilia. Wir sind auf Ihren Besuch nicht vorbereitet worden. Was wollen Sie sehen?» fragte Dona Auraní. «Stellen Sie sich Ihr Programm selbst zusammen. In zwei Tagen haben Sie alles besichtigt. Wir stellen Ihnen einen Begleiter.»

Der junge Pedro ließ mich in Tucuruí nicht aus den Augen. Er zeigte mir Novo Tucuruí, die neue Stadt der Eletronorte, die Häuser der Direktoren, der Techniker, der Angestellten und Arbeiter, ihre Clubs und Supermärkte und ihre Kirche. Vier Klassen von Menschen – das war die große Gemeinschaft mit der gigantischen Aufgabe.

Von den vierzigtausend der Aufbauphase waren noch vierhundert da – genug zum Betrieb der Anlage, und der Rest der Belegschaft fürchtete noch weitere Entlassungen. Novo Tucuruí schien ausgestorben. In den flachen Reihenhäusern lebte fast niemand. Unkraut sproß zwischen Gehwegplatten, Türen schlugen im Wind, und Fenster blickten stumpf und tot. Für die zweite Bauphase mit der Einrichtung von Turbinen für weitere viertausend Megawatt fehlte das Kapital. Rostige Baufahrzeuge ohne Reifen standen in langen Reihen unterhalb der Staumauer und glühten in der Sonne.

Mein Begleiter übergab mich am Nachmittag einem Ingenieur, der mich in die Katakomben des Staudamms führte. Ein Fahrstuhl brachte uns an den rückwärtigen Fuß der Staumauer. Wir durchschritten das heiße Summen der Generatorenhalle und stiegen endlose Schächte hinab. Wasser rann im fahlen Licht über den Beton der Wände, auf dem austretende Salze irrsinnige Bilder schufen. Die Hitze nahm zu, Schweiß rann mir über Stirn und Nacken, mischte sich mit der dumpfen Feuchtigkeit, das Atmen wurde zur Last. Je tiefer wir in die unterirdischen Gänge eindrangen, desto mehr verwandelte sich der Ingenieur in eine Art Wurm. Er war Mulatte – in der Generatorenhalle war seine Haut noch braun, doch mit jedem Treppenabsatz hinab in den Hades der Wasserkraft wurde er blasser, bis er sich schließlich ins Grün verfärbte.

«Ich zeige Ihnen die Schnecken. Das Wasser tritt durch Fallrohre unterhalb der Wasseroberfläche des Sees ein.» Gequetscht kamen die Erklärungen aus seinem Mund. «In den Schnecken wird der Kanal konisch verengt und so der Wasserdruck erhöht. Die Schnekken wirken wie eine Düse. Der Wasserstrahl trifft dann mit hoher Geschwindigkeit auf die Rotoren, und die treiben mit ihrer Drehung die Turbinen an.» Von Ferne dröhnte Wasser in den Fallrohren, die Enge lastete auf mir – ich versuchte mich an Wegweisern für den Notfall zu orientieren. Wo war Dorcilo? Wo war unser Boot?

Was war Wirklichkeit, der Beton oder der Himmel über dem Tocantins?

«Wir haben Glück. Wir können sogar in eine Schnecke rein», freute sich der Wurm. «Sie ist trocken, drinnen wird gearbeitet.»

Mir war, als würde seine Nase spitzer, als würde sich sein Gesicht verflachen, die Arme schwinden. Ich sah vorsichtig auf seine Hände. Es hätte mich nicht gewundert, Insektenbeine wachsen zu sehen.

Am Ende eines Tunnels krochen wir auf allen vieren durch eine runde Stahltür in das Innere des Schneckenkanals. Schräg unter mir lag der Rotor, ein flach liegendes Schaufelrad aus Stahl. Was da hineingeriet, wurde zu Molekülen zerfetzt. Die Masse des Betons über mir preßte mich zusammen. Ich glaubte zu ersticken, panisch schnappte ich nach Luft. «Raus», krächzte ich, «ich will hier raus!» Ich mußte diese Grabkammer verlassen. «Sofort!»

«Man gewöhnt sich mit der Zeit daran», schrie der Wurmmensch gegen das Donnern an.

Rückwärts kroch ich aus der Schnecke, stieß mir den Kopf, schürfte mir die Haut vom Ellenbogen, von den Knien und hetzte über die Treppen nach oben. Ich rannte durch die Generatorenhalle. Da war eine Tür, dahinter eine Plattform, und unten schäumte der Strom.

Hinter der nächsten Biegung wartete Dorcilo mit dem Boot.

5. *Diamantensucher*

Sie wollen noch mehr Staudämme bauen», schimpfte der Zahlmeister. «Die großen Firmen brauchen Geld: Camargo Correa und Mendez Junior, ach, Andrade Gutierrez auch, die bauen alles in Brasilien. Camargo kann den Hals nicht voll kriegen, dabei ist er bereits der reichste Mann im Land.»

«Da liegst du falsch. Mit den Staudämmen ist es vorbei. Seine Maschinen stehen rum und rosten. Die Regierung hat kein Geld mehr, um Amazonien unter Wasser zu setzen», freute sich der Diamantensucher. «Die Regierung hat nicht mal genug Geld, um den Putzfrauen im Erziehungsministerium Lesen oder Schreiben beizubringen. Außerdem wäre es schade, all die schönen Diamanten zu ersäufen...»

«...die holen sich die Ausländer», unterbrach ihn Gaucho. «Gringos und Japaner reißen sich alle Bodenschätze unter den Nagel – auch unsere Frauen. Wenn sie wenigstens die Häßlichen nehmen würden.» Er drehte sich zu mir um: «Eh, *rapaz*, alter Junge, du bist auch Ausländer, wo kommst du her? Italien?»

Ich würde es ihm nicht sagen! Ich sagte es nie, wenn es sich vermeiden ließ, und ich machte ein Spielchen daraus, um niemanden zu verärgern.

«Du kommst aus Frankreich, nein? Grieche vielleicht...»

«...dazu ist er zu groß. Griechen sind klein», warf der Diamantensucher ein, «und gerissen.»

«Er spricht portugiesisch», mischte sich der Junge vom Tocantins ein.

«Das heißt gar nichts.»

Ich stellte mich stur: «Europäer! Mehr sage ich nicht. Ist es nicht egal, wo ich herkomme?»

«Oh, er ist sensibel, vielleicht ein Schweizer», sagte Gaucho.

«Das können wir gleich feststellen. Eh, Zahlmeister! Hast du nicht in der Schweiz gearbeitet?»

«Er ist kein Schweizer, die mischen sich nicht unters Volk.»

«Dann weiß ich was Besseres.» Der Diamantensucher gab nicht auf. «Wir fragen eine von den Nutten. Die sehen jedem Gringo an, wo er herkommt.»

«Ich weiß, woher er kommt.» Zaghaft trat Dionisio aus dem Schatten des Decks auf das Vorschiff.

«Ah, unser *balão mágico*, der Zauberballon», frotzelte der Diamantensucher und spielte auf eine Kinderserie im Fernsehen an. «Wie wär's, *balão mágico*, wenn du mal 'ne Runde Ballons spendieren würdest?»

Dionisio duckte sich, als hätte der Diamantensucher einen Eimer Wasser über ihn ausgeschüttet.

«Ich seh es ein, du hast kein Herz oder bist ein armes Schwein. Muß ich wohl die Runde geben. Los, hol Ballons! Und mach mir 'nen anständigen Preis. Aufpusten mußt du selbst. Und wenn ich in 'ner halben Stunde noch ein Kind auf dem Schiff sehe, das keinen Ballon hat, dann fliegst du über Bord. Klar?»

Glücklich über den unerwarteten Auftrag machte sich Dionisio ans Aufpusten. Schwindlig vom Luftholen taumelte er durch die *Fé em Deus* und beglückte die Kinder mit Ballons. Der Diamantensucher sonnte sich im Gefühl des unerkannten Wohltäters. Er wandte sich an mich: «Du kommst aus São Paulo, nicht wahr?»

Ich zuckte mit den Achseln. Mußte er wieder damit anfangen. Ich hatte gehofft, die Reise ohne blödsinnige Diskussionen über Wirtschaftswunder und Nazis zu überstehen.

«Ich glaube, er ist...»

Ein Wasserstrahl machte Gauchos Gedanken ein schnelles Ende. Guincho, der stiernackige Matrose, spritzte rücksichtslos das Vorschiff ab und spülte Kippen und Plastikbecher durch die Speigatten. Der Strahl traf den Diamantensucher.

«*Filho da*..., verdammter...»

«...Hurensohn – wolltest du sagen», lachte Guincho und zeigte seine Muskeln. Ungerührt zog der Diamantensucher die nasse Jacke aus, nestelte eine dicke Rolle Banknoten aus der Tasche, steckte sie in die Hosentasche und warf die Jacke über Bord.

Fassungslos sahen wir dem dunklen Fleck nach, der achteraus zurückblieb.

«Was glotzt ihr so blöd? Es war mir sowieso zu warm. Und in den Bergen brauche ich sie nicht mehr.»

«Geht nach oben, da stört ihr nicht», befahl Guincho. «Die Bar ist offen, da könnt ihr euch besaufen.»

Gaucho und der Diamantensucher hielten das für eine gute Idee. Im Kiosk hinter dem Eßtisch bediente der Steward. Er schenkte aus vereisten Flaschen ein; das Bier war so kalt, daß die Zähne schmerzten.

«*Estupidamente gelada*, gekühlt wie blöd. So muß es sein.»

Eine Kabinentür auf Steuerbord hinter der Bar stand offen, und davor lehnte die Prinzessin an der Reling, während ihre Mutter, die Gouvernante, drinnen rumorte. Der Junge vom Tocantins trat zu uns, einen heldenhaften Ausdruck im Gesicht. Vertraulich streckte er den Kopf vor:

«Ich spreche die Prinzessin an. Sie heißt Maria.»

«Ha, niemals, *'ta doido*? Bist du verrückt?» prustete der Diamantensucher los. «Zu fein für dich. Der darfst du die Schuhe putzen.»

Der Junge sah ihn böse an.

«Laß ihn», beschwichtigte Gaucho. «Er hat Mut. Der macht das. Laß uns wetten, ich setze zweitausend Cruzeiros...»

«Keine Chance», pflichtete ich dem Diamantensucher bei. «Ich gehe mit, zweifünf.»

«Gaucho, du hast bereits verloren», konterte der Diamantensucher. «Die Alte macht ihn fertig, der ist niemand gewachsen. Die Kleine? Der Junge ist hübsch, sie würde schon wollen, aber sie darf nicht! Sie wird für was Besseres aufgehoben. Ich setze zehntausend dagegen. Gehst du mit, *paulista*?» Er meinte mich.

«Bei zehntausend bin ich weg.»

«Aber ich gehe mit», sagte Gaucho.

Jetzt fühlte sich der Junge erst recht herausgefordert, seine Männlichkeit zu beweisen.

«*Pois é*, wir werden sehen.» Gaucho hob sein Glas.

«Das sind fünfundzwanzig Flaschen Bier», rechnete der Steward aus. «Bis Santarem wird es reichen.»

Nach einer Weile kam der Junge zurück. Wir waren sprachlos über seine Veränderung. Er trug eine lange, gebügelte Hose, hatte das T-Shirt gegen ein fast neues Oberhemd getauscht, sein Haar mit Wasser geglättet und sich mit einem billigen Rasierwasser besprengt. Lässig und freundlich lächelnd lehnte er sich neben der Prinzessin an die Reling und sprach sie an. Sie lächelte zurück. Wir lauschten, aber der Maschinenlärm war zu groß, niemand verstand ein Wort. Da trat die Gouvernante aus der Tür, stutzte, und mit zwei Schritten war sie zwischen ihnen. Es folgten schlangenartige Zischlaute. Mit einer herrischen Bewegung stieß sie den Jungen zurück und drängte ihren Schützling in die Kabine. «Halt dich an deinesgleichen», herrschte sie den Jungen an, mit ihrem Blick hätte man ein Stück aus der Reling sägen können. Gelähmt stand der Junge vor der Gouvernante, ließ die Arme hängen, und sein Selbstbewußtsein kleckerte auf die Deckplanken. Auch uns und alle anderen Passagiere bedachte die Gouvernante mit einem Blick voller Verachtung. Der Junge machte sich so dünn wie die Aningastengel am Ufer und schlich an uns vorbei.

Gaucho zog ihn zu sich heran. «Auf dem Amazonas werfen wir die Alte über Bord, dann kannst du es noch einmal versuchen.» Der Junge schüttelte beleidigt den Griff ab. Der Diamantensucher blieb gelassen: «Die stirbt an ihrem eigenen Gift. Das ist 'ne *jararaca*, die gefährlichste aller Schlangen. Der Biß ist tödlich, wenn du nicht innerhalb einer Stunde das Gegengift bekommst.» Er drückte dem Jungen ein Glas Bier in die Hand: «Trink!»

Der Junge wehrte sich. «Trink, hab ich gesagt. Trink, und jammere nicht!» Widerwillig hob der Junge das Glas. «Die da», der Diamantensucher zeigte auf die fünf Frauen, die zu uns herübersahen, «an die mußt du dich halten, die sind aus Fleisch und Blut. Laß es dir von einem erfahrenen Mann sagen.» Der Diamantensucher wandte sich Gaucho zu. «Die Alte braucht einen Denkzettel. Ich laß mir was einfallen.»

Der Steward gesellte sich zu uns, und gemeinsam beratschlagten wir, was zu tun sei. Die Frauen aus Fleisch und Blut kamen näher, sahen zuerst den Domino- und Kartenspielern am Tisch zu und rückten dann heran – wir kamen ins Gespräch. Sie waren es, die den entscheidenden Tip gaben, und wir faßten einen Plan für die Nacht.

Das Klingeln des Maschinentelegrafen störte unsere kindischen Überlegungen. Die *Fé em Deus* verlor an Fahrt. Voraus ankerte eine *gaiola*, die unserem Schiff sehr ähnelte, aber es waren nur wenige Passagiere an Bord. Bis auf Rufweite manövrierte Furtado die *Fé em Deus* heran. Auf dem anderen Schiff trat der Kommandant in Khakiuniform aus dem Ruderhaus. «Die Kühlung, wir haben Schwierigkeiten mit der Kühlung», rief er, «die Pumpe ist defekt.»

«Ihr könnt meinen Maschinisten haben, er ist Spezialist für Pumpen», schrie Furtado zurück.

«Nicht nötig, wir haben eine Ersatzpumpe bestellt. Das Flugzeug ist unterwegs.»

Der Diamantensucher rieb sich die Hände: «Ich liebe die Abwechslung. Das Leben sorgt von allein für ein gutes Programm. Man muß nur hingehen – solange das Eintrittsgeld reicht.»

Die *Fé em Deus* ging am anderen Schiff längsseits, der Maschinist sprang hinüber und tauchte in den Maschinenraum. Die beiden *gaiolas* wurden miteinander vertäut, und nur wenige nutzten den Aufenthalt zum Baden.

«Den *paulista* fressen die Piranhas», unkte Gaucho.

«Das machen wir immer so», bestätigte der Steward. «Wir werfen einen Passagier ins Wasser, und solange die Piranhas fressen, können die anderen in Ruhe baden.»

«Nein, die *jacarés* werden ihn fressen», riefen andere und glaubten es anscheinend sogar. Sie wären nie ins tiefe Wasser gesprungen, obwohl sie alle schwimmen konnten.

Ein fernes Brummen zog die Aufmerksamkeit auf sich, und ein winziges Flugzeug stieß aus dem Himmel herab. Sein Schatten raste im Tiefflug über uns hinweg. Der Pilot flog eine Schleife, kam zurück und drückte die Maschine nur wenige Meter von uns entfernt auf die glatten Wellen.

«Ein Unglück», schrie eine Frau entsetzt. Sie hatte noch nie ein Wasserflugzeug gesehen. Die blauweiße Cessna kam näher, und auf unserem Nachbarschiff wurde ein Boot zu Wasser gelassen, mit dem die bestellte Pumpe geholt wurde. Der Pilot hob den Arm, das Flugzeug schoß nach vorn und zog beim Starten einen Schleier aus Gischt hinter sich her, bis es abhob und sich als Pünktchen zwischen schweren weißen Wolken verlor, die sich den Vormittag über aufgetürmt hatten. Im Gesicht des Diamantensuchers spielten die Lachfalten: «Das könnte mir gefallen, damit zu meiner Mine zu fliegen. Nur – was würde ich mit dem Piloten machen? Der wüßte dann, wo sie liegt.»

Gaucho und ich waren vom Bier zu sehr besäuselt, um nachzufragen, was er damit meinte. Glücklicherweise wurde das Mittagessen aufgetischt. Später, als sich unser Schwesterschiff abgekoppelt hatte, war die Hängematte der einzige Ort, an dem es sich ohne Anstrengung aushalten ließ. Die Hitze machte träge, das gleichmäßige Tuckern der Maschine und das Rauschen der Bugwelle schläferten mich ein.

Als mich der Diamantensucher weckte, waren die Ufer nähergerückt. Eine Boje, sie markierte die Einfahrt zum Furo de Breves, neigte sich in der starken Strömung. Die *Fé em Deus* schob sich in den Kanal, der den Rio Pará mit dem Amazonas verband. Wir hätten auch auf dem weiter westlich gelegenen Estreito de Tupajuro zum Amazonas gelangen können, der Weg war kürzer, aber dann hätten wir das Städtchen Breves nicht anlaufen können. Galeriewälder säumten die Ufer, hoch standen die Bäume am Wasser. In winzige Buchten hatten die *caboclos* ihre Hütten gebaut, eingerahmt von Açaípalmen und einem immerwährenden Aningadikkicht. Die armdicken Stengel schossen hoch aus dem Schlick auf, und an ihrem Ende streckten sich drei oder vier große Blätter dem Licht entgegen. Miritípalmen überragten alle anderen Bäume, von denen Luftwurzeln herabhingen oder an denen sich Würgefeigen hinaufhangelten. Hatten sie die Spitze erreicht, starb selbst der mächtigste Baum. Falsche Bananen, den echten zum Verwechseln ähnlich, aber ohne Früchte, schüttelten ihre Blätter im Wind. Kaum näherte sich die *Fé em Deus* einer Hütte, schoß von dort ein Kanu mit Frauen oder Kindern auf unser Schiff zu. Man hätte meinen können, daß die Kinder noch nicht einmal würden laufen können. Wozu auch. Es waren praktisch Amphibienwesen. Ihr Element war das Wasser und der Streifen Land, der bei Flut oder in der Regenzeit überspült wurde. Sie hofften, daß ihnen jemand vom Schiff etwas zuwarf, das ihr ärmliches Dasein aufbesserte. Wer diese Strecke häufig befuhr, nahm zu diesem Zweck abgetragene Kleidung mit. Wer das Treibgut zuerst erreichte, dem gehörte es. Auch Tüten mit

Erdnußflips und Kartoffelchips hatten auf diese Weise Eingang bei den Menschen des Deltas gefunden.

Ich stieß den Diamantensucher an. «Hier hättest du deine Jacke über Bord werfen sollen. So hätte jemand etwas davon gehabt.»

«Ich verschenke nichts, das nichts mehr taugt», antwortete er grimmig. «Und das solltest du auch nicht – *paulista*!» Ein *paulista* war ich also für ihn, einer aus São Paulo. Statt weiter über meine Nationalität nachzudenken, hatte er sich dafür entschieden. Mir war es gleich. Die *paulista*s waren uns Europäern am nächsten, waren häufig Kinder von Einwanderern oder waren vor der Dürre des Nordostens nach São Paulo geflohen und lebten im neurotischen Rhythmus der Wirtschaftsmetropole. Neuerdings gab es eine politische Strömung, die São Paulo und den industrialisierten Süden vom unterentwickelten Norden trennen wollte, weil der Süden die Zeche für Schlendrian und Mißwirtschaft im übergroßen Rest des Landes zu zahlen hätte. Im Staat São Paulo wurde knapp die Hälfte des brasilianischen Bruttosozialprodukts erwirtschaftet. Gleichzeitig blockierten die *paulista*s jeden Versuch einer Industrialisierung anderer Regionen und deren wirtschaftliche Entwicklung. Sogar Zwiebeln und Orangen lieferten sie nach Amazonien.

«Es ist eine weitverbreitete Unverschämtheit, anderen Leuten die abgetragene Kleidung zu geben», ereiferte sich mein Gesprächspartner. «Es gibt zuviel angebliche Mildtätigkeit. Dabei ist vielen nur der Weg zur Mülltonne zu weit. Nur das, was auch für dich noch Wert hat, ist ein wahres Geschenk.» Der Diamantensucher ging zur Bar, kaufte zehn Beutel Kartoffelchips und warf sie zielsicher den Kindern zu.

«Brasilien ist ein großartiges Land, und wir sind ein großartiges Volk», schwärmte er und holte zum Wurf aus. Das Kanu, auf das er zielte, wurde von der Bugwelle weggedrückt, die Chips klatschten ins Wasser. «Wir sind hundertsechzig Millionen Menschen, aber welche ungeheure Kraft wir haben, das wissen wir nicht. Wir tun alles, um uns gegenseitig fertigzumachen.»

Ein Kind griff nach der Tüte und winkte ihm freundlich zu; es war das einzige, das eine Reaktion zeigte.

«Ich heiße Manoel Brito, ich komme aus Ceará.» Der Diamantensucher streckte mir seine Hand entgegen, eine harte, schwielige

Pranke. Er lachte, als er mein Erstaunen über den harten Händedruck bemerkte.

«Arbeit», sagte er. «Ein paar Laster und vor allem Arbeit. Arbeit, seit ich sechs Jahre alt bin. Ich kenne diese Art Leute gut, diese *jararaca* von oben, die Giftschlange mit ihrer jungen Schönheit. Wahrscheinlich ist sie in irgendeinem Stall geboren. Das wird sie vorsichtshalber vergessen haben. Irgendwie ist sie hochgekommen; das Mädchen ist ihr einziges Kapital. Damit muß sie wuchern. Das kann sie von so einem Jungen...» suchend drehte er sich nach ihm um – «...von so einem nicht angrabschen lassen. Die will keinen *moreno*, keinen Braunen, für sie ist das ein Neger. Sie will einen Weißen. Menschen wie wir, das ist nichts weiter als Dreck für sie, stinkende Scheiße. Wir sind die Sklaven. Und der Zeit, als sie uns noch die Peitsche gaben, der trauern sie nach.»

«Aber du bist selbst Weißer...»

«...was macht das für einen Unterschied. Meine Eltern waren Bauern in Ceará – ohne Land, ohne Wasser. In meinem Staat ist das der Tod. Wahrscheinlich weiß die *jararaca* das. Das Elend hat sich so in ihre Seele eingebrannt, daß sie nie wieder arm sein will. Dafür verkauft sie ihre Tochter, dafür geht sie über Leichen.» Der Diamantensucher betrachtete seine rissigen Fingernägel und schwieg einen Moment lang. «Wir sind vom gleichen Schlag, wir wissen alles voneinander, deshalb hassen wir uns. In Brasilien herrscht Krieg. Jeden Tag Tote. Jeder gegen jeden. Seit Jahrhunderten. Jeder hofft, daß er nach oben kommt, daß es mal anders wird – und wir sind besoffen von all unseren Hoffnungen – bis oben hin, bis zum Rand, bis es überläuft. Ich glaube, auf der ganzen Welt wartet niemand sehnlicher auf den Messias als wir. Los – wir gehen einen trinken. Man muß sich jetzt nehmen, was man kriegt. Morgen haben uns vielleicht die Fische schon gefressen.»

Er hakte mich unter und zog mich zur Bar. Der Steward öffnete mit geübtem Handgriff die Flasche und fing den Kronkorken in der Luft.

«Wir sind so freundlich miteinander, damit wir uns nicht gegenseitig umbringen. Stimmts, *meu irmão*, Bruderherz?» Der Diamantensucher sah den Steward an und schlug mir auf die Schulter. «Jeder hat Angst vor dem anderen. Deshalb nennen wir uns Bruder, *meu irmão*. Jeder macht bei dem Spiel mit, bewußt oder unbewußt. Und unsere Freude, die *alegria*...», er sagte das Wort Freude so laut, daß die anderen Passagiere sofort erwartungsvoll herblickten, «...siehst du, wie sie abgerichtet sind? Einer schreit *alegria*, und alle glotzen... die *alegria* ist nur Fassade. Schau, die Hütten am Ufer! Da kommen einem die Tränen. Elendsviertel auch im Busch. Und deshalb, ja, weil ich diese Verlogenheit nicht mehr ertrage, deshalb verpiß ich mich in die Wälder. Ich verschwinde und suche Diamanten. Und wenn sie wüßten, wo ich die Steine finde, dann würden sie mich umbringen lassen. Mein Tod würde keinem auffallen.»

«Wer ist das – sie?» Mir wurde der dramatische Auftritt zunehmend unangenehm. Ich hatte keinen Grund, die Worte des Diamantensuchers anzuzweifeln, aber derartige Ausbrüche hatte ich oft erlebt, ich nahm sie nicht mehr ernst, es war meist nur Wortgeklingel.

«Wer ‹sie› sind? Das erzähle ich dir später, mein Bruder.» Der Steward wollte die Bar schließen. «Wir sind gleich in Breves. Wenn ihr noch eine Flasche wollt, dann jetzt.» Breves kündigte sich mit Sägewerken an, mit Flößen und rotbraunen Sägespänen am abgeholzten Ufer. Kleine Frachter wurden mit Brettern beladen, von denen ein süßlicher Geruch herüberwehte.

Kaum lagen wir an der wackeligen Brücke vor den Läden der Hafenfront, schwappte die Welle der fliegenden Händler an Bord. Kinder mit Kuchentabletts überschwemmten das Schiff, mit Bananen, Körben voller Mangos, geschälter Ananas und langen *Ingá*-Schoten, deren Fruchtfleisch so sauer war, daß sich die Lippen zusammenzogen. Niemand regte sich über das Chaos auf, nur ermahnte uns die Mannschaft, das Gepäck nicht aus den Augen zu lassen. Hart kämpften die Kinder um jeden Kunden, die Älteren stießen die Jüngeren zur Seite, machten die Ware des Konkurrenten schlecht, und alle behinderten sowohl die Aussteigenden wie das Entladen der Fracht für Breves. An Land fuhren Eselskarren vor, nahmen Säcke oder Gepäck auf, und Taxifahrer warteten liegend auf den Dächern ihrer rot eingestaubten Autos.

An Backbord legten sich die Kanus der *caboclos* vom anderen Ufer wie ein Ring um die *Fé em Deus*. Hundert dunkle Augen aus ebenso dunklen Gesichtern starrten uns flehend an – Frauen mit langem, blau schimmerndem Haar, ihre Töchter, Püppchen in verwaschenen Kleidern – in Erwartung, daß etwas für sie abfiel. Schweigend versuchte jede, sich näher an die *Fé em Deus* heranzubringen und die Nachbarin in wortlosem Ringen abzudrängen. Wer die Orange vom Mittagessen aufbewahrt hatte, warf sie mitten in die schwimmende Versammlung. Fast wertlose Cruzeiro-Noten segelten in der Nachmittagsbrise zwischen die Kanus, und der Steward verkaufte rollenweise Kekse, mit denen Zielwerfen geübt wurde.

Ich wandte mich wieder dem Anleger zu. Gaucho und der Diamantensucher tauchten im Gewühl der Schaulustigen an der Brücke unter. Als die Schiffssirene aufheulte, bogen sie eilig um eine Straßenecke, Gaucho mit einer kleinen Kiste unter dem Arm. Es hatte geklappt, unser Plan nahm Gestalt an. Beide verschwanden im Maschinenraum. Die Umzingelung durch die *caboclos* löste sich widerwillig, als die *Fé em Deus* in die Mitte des *furo* schwenkte. Ein an Bord vergessener Junge wurde mit seinem Korb Mangos von einem Kanu aufgenommen. Gemächlich durchbrach ein schwarzer Rükken die in der Nachmittagssonne glitzernde Wasseroberfläche. «Ein Delphin!» rief jemand.

«Ach was», sagte eine Frau neben mir, als das massige Tier erneut auftauchte. «Es ist ein *peixe-boi*, eine Seekuh.»

«Daß es so was gibt, hier vor der Stadt, bei dem Schmutz», wunderte sich ein Dritter. «Eigentlich trifft man sie nur noch am nördlichen Amazonasufer. Sonst sind sie ausgerottet – alle aufgegessen», kicherte er. «Nein», verbesserte ihn die Frau, «früher haben sie das Fett der Seekühe für ihre Lampen benutzt, Tranfunzeln, wie bei den Walen.»

Langsam fand die *Fé em Deus* zu ihrer Routine zurück, die Passagiere beruhigten sich, die Zugestiegenen richteten sich ein, und der Duft von *cheiro-verde*-Kräutern machte den Mund wäßrig. Der Steward tischte den *guisado* auf: Rindfleisch in Tomaten und *cheiro-verde*-Kräutern gedünstet, mit Pfefferschoten, Knoblauch und Zwiebeln. Dazu gab es heiße Schüsseln mit den üblichen Bohnen, Reis und Spaghetti. Die Köchin wurde hergebeten und öffentlich mit Beifall bedacht. Auch die Prinzessin klatschte. Prompt fiel ihr die Gouvernante in den Arm. Kaum jemand hatte in der Lethargie des Nachmittags bemerkt, daß eine Klimaanlage in ihrer Kajüte installiert worden war.

Die fünf Frauen, die nach Itaituba wollen, als Köchinnen in die Goldgruben, hatten sich zum Abendessen herausgeputzt, Augenbrauen gezupft, nicht mit Lippenstift gespart und die Radfahrershorts gegen Röcke und Kleider getauscht. «Es kann ein amüsanter Abend werden», freute sich der Diamantensucher und spülte sich den Mund aus. «Gehen wir aufs Vorschiff, bis sie aufgeräumt haben.»

Die Strahlen der tiefstehenden Sonne beleuchteten das Ufer links von uns, strichen sanft über die Bäume mit den weißen Stämmen und verwischten deren Konturen wie ein Weichzeichner. Eine einsame Hütte strahlte wie frisch gekalkt unter dem pastellblauen Himmel, spiegelte sich im Wasser, in dem auch die Wolkentürme des Tages sich aufzulösen begannen, als wollten sie sich ausruhen. Ein rosa Hauch glättete den *furo*. Die Geräusche des Waldes drangen zu uns aufs Vorschiff, wo der Lärm der Maschine unser Schweigen nicht störte. Die Sonne verblaßte, die Schatten der Bäume an Steuerbord griffen nach dem Schiff, und wir genossen die leichte Kühle, ja man glaubte bei fünfundzwanzig Grad Wärme bereits zu frösteln, als uns die Nacht umfing.

Es knallte auf dem Oberdeck, jemand schrie, polternde Schritte auf den Planken und wilde Beschimpfungen.

«Neues Programm – die Sieben-Uhr-*novela*. Ohne Seifenoper geht es nicht», feixte der Diamantensucher.

Ich stand auf: «Du Zyniker. Ich wette, du hast Magengeschwüre.»

«Keineswegs, *meu irmão*, mein Bruder.» Der Diamantensucher trat Dionisio im Vorbeigehen, der sich aus den Ballons herauswühlte. Wir stürmten zum Oberdeck. Mir wurde plötzlich klar, wie meine Lust an Sensationen in Brasilien gewachsen oder mir bewußt geworden war. Wie alle anderen zog mich die Menschenmenge an, die sich um einen Toten auf dem Asphalt scharrte, der Verhaftung eines Diebes aus nächster Nähe beiwohnte oder ein brennendes Geschäft ausräumte, bis die Polizei erschien. Das war Teilnahme am öffentlichen Leben – oder Gier nach aufrüttelnden Gefühlen? Morgen, dachte ich, morgen werde ich darüber nachdenken.

Jetzt standen sich der Junge vom Tocantins und ein junger Mann von etwa fünfundzwanzig Jahren, der ihm an Kräften überlegen war, mit geballten Fäusten gegenüber. Blut rann von der Lippe des Mannes.

«Hahnenkampf», lachte der Diamantensucher verächtlich und spuckte aus, «ich wußte, daß es Ärger geben wird. Und da steht die, um die es geht.» Er zeigte auf die Prinzessin, die mit eisernem Griff von ihrer Gouvernante am Handgelenk aus dem Kreis der Gaffer gezogen wurde. Es war dem Mädchen nicht anzusehen, ob es die Prügelei genoß. Zumindest wirkte sie fasziniert.

Wie ein Engel mit weit ausgestreckten Armen hielt der Steward die Kampfhähne auf Distanz. An ihn wagten sie sich nicht, wohl aber rissen sie sich von den Passagieren los, die sie zurückhalten wollten.

«Er soll sie nicht angrabschen, der Hurensohn, laß sie in Ruhe!» schrie der Junge vom Tocantins, und seine Stimme überschlug sich.

«*Palhaço*, du Clown», entgegnete der andere schneidend und wischte sich das Blut vom Mund. Er wollte den Jungen zu einem unüberlegten Angriff veranlassen. «Komm, komm her, du Feigling! Spiel nicht den Beschützer. Du hast keine Chancen bei ihr. Die mag keine Kinder. Du gehst der Dame auf den Sack!» Alle lachten schallend.

«Alkohol», brummte der Diamantensucher, «wir müssen unseren Jungen unter Alkohol setzen. Ich red mal mit einer von den Nutten, die jüngste soll sich um ihn kümmern, sie steht auf ihn. Der andere beruhigt sich von allein.»

Guincho erschien auf der Treppe. Das Geschrei verstummte, die Passagiere wichen zurück und ließen ihn in den Kreis eintreten, der sich sofort wieder schloß. Wortlos ging Guincho auf den Jungen zu, der an die Reling zurückwich. Guincho tippte ihm leicht gegen den Bauch: «Hör zu, mein Hähnchen. Wenn du keine Ruhe gibst, kommst du in den Laderaum und kannst mit deinem Arsch das Leck zudrücken!» Als der Junge trotzig zu Boden sah, drückte ihm Guincho das Kinn nach oben, bis sich ihre Augen trafen. «Klar?»

Kommandant Furtado lehnte an der Bar und grinste. Er hatte für alles Leute, die Mannschaft wußte, was zu tun war. Wie er mir später erzählte, hatte er auf anderen Fahrten Randalierer festsetzen und im nächsten Hafen der Polizei übergeben müssen, aber solche Vorkommnisse ereigneten sich selten. Der Junge nickte und schluckte, aber jetzt setzte sein Gegner nach: «Der braucht eine Lektion, was belästigt er die Dame. Das wird er mir büßen.»

Guincho drehte sich langsam um. «Haben Sie schon gegessen?»

«Äh, ja, warum?» Verblüfft nickte er.

«Gut», sagte Guincho, «dann gehen Sie jetzt in die Küche und waschen ab, trocknen ab, schälen Kartoffeln für morgen, putzen die Küche, und Dona Telma setzt sich daneben und rührt heute keinen Teller mehr an...»

«...aber er hat angefangen.»

«Zwiebeln schälen, ja? *Tudo bem*, alles klar?»

Unter dem Gespött der Zuschauer holte die Köchin ihren neuen Küchenhelfer ab.

«Wunderbar», schwärmte der Diamantensucher. «Ich liebe solche Auftritte. Ganz ohne Gewalt gelöst.» Er ging auf die jüngste der fünf Frauen zu und zog sie beiseite. Janette kam aus Bragança. Ob der Diamantensucher ihr Geld gab, damit sie sich um den Jungen kümmerte, verriet sie nicht.

Auf der *Fé em Deus* wurde es still, als die Bar geschlossen wurde. Die Passagiere wickelten sich wieder in die Hängematten, das Licht auf beiden Decks wurde gelöscht. Spät erst stieg der Steward in den Maschinenraum und kam mit der Kiste zurück, die nachmittags an Bord gebracht worden war. Innen rumorte eine Ratte. Wir schlichen zu einer leeren Kabine, deren Rückwand an die der Gouvernante stieß. Beim Einsetzen der Klimaanlage hatte ein Matrose ein Brett in der Kabinenwand gelöst, das der Diamantensucher jetzt zur Seite schob, um die Ratte durch den Spalt in die Kabine der Gouvernante schlüpfen zu lassen. Schnell verzogen wir uns und warteten. Wir hatten Zeit, die ganze Nacht.

Ein grauenhafter Schrei weckte die Passagiere, der Schrei des *urutaui* von der nächtlichen Krokodiljagd auf Marajó. Wir kicherten schadenfroh, der Streich war gelungen. Nur der Steward sorgte sich. Würden alle Beteiligten den Mund halten? Neue Schreie folgten in kürzeren Abständen. Die Deckenbeleuchtung flackerte, und der Kran stürmte zum nächsten Einsatz, der Steward riß ihn zurück. Die Gouvernante stieß die Kabinentür auf und floh im wehenden Nachthemd zur Kommandobrücke.

«Ein Tier, ein Tier», schrie sie und klammerte sich an den Rudergänger, dann an Kommandant Furtado. In der Kabine stürzten Gegenstände um, und etwas klatschte gegen die Wände. Mutige Männer eilten der Prinzessin zu Hilfe, die mit einem Handtuch verbissen gegen die Ratte kämpfte. Diese huschte durch die Tür, die Passagiere stoben auseinander und rannten johlend hinterher. Irgendwer gab ihr einen Fußtritt, so daß sie ins Wasser fiel.

«Die schafft es bis zum Ufer.» Der Diamantensucher war sich sicher.

Die Gouvernante wurde auf eine Bank gebettet, jemand brachte Eis, um Stirn und Puls zu kühlen, und Zuckerwasser für den Kreislauf. Die Frau schnappte nach Luft wie ein Fisch an Land. Die Köchin holte ein Beruhigungsmittel, das sich die Gouvernante nur von ihrer Tochter einflößen ließ. Die Prinzessin benahm sich mit einemmal unaffektiert, gab über den Vorfall Auskunft, schleppte die Mutter zurück in die Kabine, entschuldigte sich und räumte auf und ließ sogar ihre Kabinentür offen.

«Die Puppe wird in dieser Sommernacht zum Schmetterling», schwärmte Gaucho.

«Der Prinz war eine Ratte und kein Frosch. Jetzt müssen wir wieder auf den Bengel vom Tocantins aufpassen», stöhnte der Diamantensucher.

Das tat Janette bereits. Als das Licht wieder ausgeschaltet war, saß sie mit ihm händchenhaltend im Schatten der Kisten auf dem Unterdeck. Sie flößte ihm Bier ein und kraulte ihm den Nacken. Rita, die mir beim Frühstück so nett zugelächelt hatte, kam zu mir an die Reling hinter der Kombüse. Wir sprachen über Reisepläne. Vielleicht würde ich sie in Itaituba treffen, denn ich wollte wie sie zu den Goldgruben.

«Das ist nichts für dich, *paulista.*» Der Diamantensucher baute sich mit Rosangela aus dem Fünfergespann vor uns auf und zog eine Flasche Schnaps aus der Hosentasche.

«Wo willst du hin, wo ist deine Mine?» fragte ihn meine Begleiterin – eine Spur zu neugierig.

«Das würdest du gern wissen, Kätzchen. Frauen lieben schöne Steine, ich weiß. Wo ich sie gefunden habe? Das wollen auch die Gringos in Belém wissen, denen ich die Rohdiamanten verkaufe –

ein Holländer, ein Deutscher und ein Amerikaner. Sie schmuggeln die Steine nach Europa. Ich werde euch sagen, wie man zu meiner Mine kommt, genau so, wie ich es auch den Gringos erzählt habe.»

Der Diamantensucher drängte sich zwischen uns und zog Rosangela fest an sich, die ihm mit offenem Mund zuhörte. «Morgen sind wir in Almerim, nicht wahr? Dort holt mich mein Kompagnon ab, und wir fahren zum Flugplatz. Ein Pilot wird uns in ein *garimpo* fliegen, in eine Goldgrube; der Flug dauert genau siebzehn Minuten. Oberhalb des Wasserfalls liegt mein Boot, eine Aluminiumschüssel mit Außenborder, und mit der fahren wir einen Tag lang nach Norden bis zu den Stromschnellen. Da verstecken wir das Boot und müssen unsere Ausrüstung durch den Busch zu dem Kanu schleppen, das ich dort liegen habe. Dann paddeln wir noch einen Tag lang auf einem Nebenfluß stromaufwärts und gehen den Rest zu Fuß.»

«Das ist beinahe in Französisch Guyana», sagte ich.

«Nicht ganz, *paulista*, nicht ganz.»

«Dann zumindest im Gebiet der Tumucumaque, im Reservat der Indigenas.»

Der Diamantensucher kniff angesäuselt die Lider zusammen. «Du kennst dich aus, *paulista*. Du könntest mir folgen. Das könntest du – versuch es. Das hab ich den Gringos in Belém auch gesagt. Aber es wäre besser für ihre Gesundheit, wenn sie es bleiben ließen. Der Urwald ist groß, der Fluß ist tief, Piranhas sind immer hungrig, und ich spüre, wenn mir jemand folgt. Das lernt man beim Alleinsein. Ich rieche die Gefahr. Auf mich wird keiner Rücksicht nehmen. Wenn die Gringos wissen, wo die Mine ist, lassen sie mich abschießen wie einen Hund. Das ist kein Spaß. Den haben nur die Frauen, wenn du ihnen die Steine um den Hals hängst. Sieh die Augen von Rita, *paulista*. Die glitzern wie die Sterne. Und deine auch, nicht wahr, mein Schatz?» Ungeniert küßte er seine Begleiterin, die ihre Hand unter sein Hemd schob.

«Gibt es dort keine Frauen?» wollte sie wissen.

«Ich könnte es mit 'nem Ameisenbären versuchen oder mit 'nem Jaguarweibchen. Ich liebe lange Fingernägel. Nein, *meu amor*, mein Herzchen. Frauen gibt es nicht. Ich geh zum Arbeiten in den Wald. Das Vergnügen hole ich mir woanders.»

«Bist du verheiratet?»

«Ich war es mal, hab meiner Frau alles gelassen, die Kinder, das Haus, ein Auto, ein Stück Land, sie hat alles bekommen, was ich besaß. Was soll's. Liebe ist Geschwätz, in Wirklichkeit geht es ums Geld. Bei dir, mein Schätzchen, da weiß ich, was ich habe...»

«Aber die Diamanten...»

«Da bin ich zufällig drauf gekommen. Ich hab als Bauer mein Leben begonnen, war Polizist, Goldgräber, Landvermesser, Geologe und Holzfäller. Lastwagen hab ich auch gefahren und war Gummizapfer. Wir haben Latexballen über einen Wasserfall ins Tal treiben lassen, und eines Tages steckten in einem der Ballen merkwürdige Steine. Ich hab sofort gesehen, was es war. Und dann hab ich gesucht, wo sie herkamen, heimlich natürlich. Der Ballen ist durch einen unterirdischen Kanal getrieben, dabei sind die Diamanten drin steckengeblieben. Den Kanal habe ich gefunden. Ich hab niemandem ein Sterbenswörtchen erzählt, nur Schweigen rettet dein Leben. Und wenn ich immer soviel rede wie heute, dann bricht mir das irgendwann das Genick.»

«Hast du im Urwald nicht Sehnsucht nach einer Frau?» fragte seine Begleiterin und zupfte zutraulich am weißen Haar auf seiner Brust. «Ich koche gut.»

«Fürs erste habe ich genug, mein Kätzchen. Die Nacht, bevor wir abgefahren sind, war ich im ‹Lapinha›. Meine letzten tausend Dollar hab ich draufgehauen. Die Show ist spitze und die Mädchen auch – findest du nicht, *paulista*? Du kennst den Laden?»

Natürlich kannte ich das «Lapinha» in Belém, die größte Nachtbar Amazoniens...

6. *Der Herr des Condor*

Die Scheibenwischer schafften kaum das Wasser von der Windschutzscheibe. Belém erstickte an dieser Regennacht, und das Taxi hielt in einer Pfütze. Der Fahrer lamentierte über den Preis und versuchte, mich mit einer gefälschten Preistabelle zu betrügen.

«Zeig mir die richtige», fuhr ich ihn an. «Die Preise sind nicht so hoch.»

Entrüstet plusterte sich der Taxifahrer auf. «Ich bin ein anständiger Mensch. Die Liste ist seit gestern draußen.» Ich blieb gelassen, hatte solche Szenen zu oft erlebt, um mich aufzuregen. «Gestern... morgen..., leck mich, mein Junge. Ich will keinen Ärger. Wenn eure Tarife steigen, dann steht das in der Zeitung. Und deine Liste», ich hielt das Blatt unter das Lämpchen der Innenbeleuchtung, «ist eine Fälschung. Du hast die Spalte mit den Preisen überklebt. Da sind noch die Schatten vom Fotokopieren.»

Ich war es leid, mich von Taxifahrern betrügen zu lassen. Sie fuhren bewußt in Staus, machten in den Einbahnstraßen von Beléms Innenstadt lange Umwege, hatten niemals Wechselgeld und manipulierten die plombierten Taxometer. Neuerdings wurde der Impulsgeber der elektronischen Taxometer mit dem Radio gekoppelt: Der Rhythmus der Musik bestimmte den Preis, Rock brachte die besten Erträge.

«Freiwillig zahle ich dreitausendsiebenhundert Cruzeiros, das habe ich vor vier Tagen auch bezahlt! Oder du holst die Polizei.» Neben der Auffahrt zum «Lapinha» stand ein Uniformierter.

Der Taxifahrer schwieg böse, hatte natürlich kein Wechselgeld, ich zahlte viertausend Cruzeiros, stieg aus – und tapste in die Pfütze. Wasser lief mir in die Schuhe. Mein Freund Bemquerer kämpfte sich von der Rückbank durch die enge Tür des Käfers und trat mit beiden Füßen ins Wasser. «*Puta merda*», entfuhr es ihm, als er in die nächste Pfütze trat. Es fiel mal wieder Wasser, *caiú água*, und wir rannten zum überdachten Eingang.

Das «Lapinha» war eine *boite*, eine Disco mit Kontakthof, Tanzkapelle, Nachtrestaurant und Strip-Show für die ganze Familie. Die besonders hübschen Mädchen zeigten sich auf der Bühne in ihrer ganzen Schönheit, und für die Herren, die es danach ganz eilig hatten, gab es nebenan ein Stundenhotel. Das Hotel und die *boite* gehörten José Alencar.

Der Türsteher trat in den Weg: «Viertausend Eintritt!»

«Ich will zu Alencar!»

Mein Ton war herrisch, aber anders war der Türsteher nicht in Bewegung zu setzen. Er schickte einen anderen Typen ins Büro von Alencar. Ich wurde hineingewunken. Wir gingen den überdachten Bohlenweg auf den offenen Rundbau zu, wo sich unter dem weiten, von wurzelartigen Maraçandubastämmen getragenen Dach die Tanzenden drängten, als sei Karneval ausgebrochen. Regen rann in dicken Fäden vom Dach, pladderte neben dem Bohlenweg in Bekken mit kanaldeckelgroßen *tracajás*. Bei diesem Wetter verkrochen sich sogar die Wasserschildkröten im Schlamm. Bemquerer schlängelte sich an den Mädchen vorbei durch die Tischreihen in Richtung Bar. Die Schönheiten stellten sich so in den Weg, daß Berührungen unausweichlich blieben. Sie ließen ihn aber vorerst in Ruhe, Bemquerer sah nicht nach Geld aus. Ich klopfte an Alencars Bürotür.

Wie immer zu dieser Zeit saß der Barbesitzer mit den langen, blonden Locken hinter dem Schreibtisch. Ein doppelläufiges Gewehr mit abgesägtem Lauf lehnte in Reichweite an der Wand. Hätte er abgedrückt, so wäre von mir nichts übriggeblieben und die gegenüberliegende Wand eingestürzt. Alencar war eine interessante Figur. Er hatte sich aus dem Dreck hochgearbeitet und steckte gleichzeitig noch immer mittendrin. Er besaß Feinde und keinen Freund. Es gab zwar Leute, die er *amigo* nannte, aber sie suchten seine Bekanntschaft aus geschäftlichen Gründen. Die *amigos* waren Politiker, Unternehmer und Journalisten. Obwohl er politisch eher dem «DIARIO» und dem TV-Sender «RBA» des Gouverneurs nahestand, hatte er auch gute Beziehungen zur Zeitung und zum Fernsehsender «LIBERAL», die die öffentliche Meinung Beléms beherrschten.

Alencar kontrollierte zwei der sechs Organisationen, die das halblegale Glücksspiel «Jogo do Bicho» ausrichteten. Die Stadtverwaltung ließ die Glücksspielmanager, die *bicheros*, gewähren, denn die subventionierten Wahlkampfkassen. Der untersetzte, neuerdings zur Fettleibigkeit neigende Barbesitzer hatte sich als Box-Promoter einen Namen gemacht. Die Fotos von ihm und seinen Schützlingen im Ring hingen über dem schwarzen Kunstledersofa in der Ecke des Büros, und ich mußte mir einen Videofilm vom letzten Kampf seines derzeitigen Champions im Fliegengewicht ansehen. Alencar war eine lokale Berühmtheit, gesellschaftliches Ansehen brachte ihm das allerdings nicht. Die Nachkommen der portugiesischen Kolonialherren, die Elite, blieben unter sich, die Chefs der einflußreichen Familien benutzten Alencar und verachteten ihn gleichzeitig. Dennoch war es für ihn kein Problem, jederzeit einen Termin beim Gouverneur von Pará zu bekommen. Die Söhnchen der Society und die Mitglieder der deutschen Kolonie, Professoren, reichgewordene Gold- und Diamantensucher, alle verkehrten sie in seinem Club. Alle versicherten sich Alencars Freundschaft. Das «Lapinha» war eine Institution in Belém. Ein Mann nahm seine Ehefrau nicht mit ins «Lapinha» – obwohl die Mädchen diskret waren und eine Ehefrau genau von einer momentanen Begleiterin zu unterscheiden wußten.

Alencar hatte mir erzählt, daß er zwei oder drei Frauen täglich hatte. Vielleicht war das der Preis, den die Mädchen auf dem Kunstledersofa entrichten mußten, wollten sie im «Lapinha» arbeiten. Aber drei pro Tag erschien mir etwas viel für einen Mann um die Fünfzig.

Nachdem Alencar seine Ehefrau am Telefon der immerwährenden Liebe versichert und ihr ein Liebeslied vom Tonband vorgespielt hatte, erkundigte ich mich nach seinem Sohn. Unbekannte hatten ihn eines Nachts vor die Tür gelegt. Sein leiblicher Sohn konnte es nicht gewesen sein, denn der Junge glich einem bolivianischen Indigena. Alencar war Patron, sah sich als Gönner und Patriarch. Im Condor, seinem Stadtviertel an der östlichen Seite der Halbinsel von Belém, war er der starke Mann. Wer ihn um Hilfe bat und sich damit in seine Gefolgschaft einreihte, dem half er mit Geld, mit einem Job oder machte Türen auf. Seine Konkurrenten gingen ihm aus dem Weg. Neben dem «Lapinha» besaß Alencar eine Fleischerei, ein Textilgeschäft, Häuser und eine Menge anderes, worüber niemand sprach. Ein einziges Mal hatte ich ihm gegenüber Kokain erwähnt, nach seinem Blick tat ich es nie wieder. Ich verbrachte sogar angenehme Tage in seinem, einem malayischen Palast nachempfundenen Haus auf der Insel Mosqueiro, wo sich die bessere Gesellschaft feierte und sich durch das Wochenende trank. Die Massen wurden mit Bussen an den weißen Strand der Insel Outeiro gekarrt, den sie sonntags als Müllhalde zurückließen.

«Laß uns die Show ansehen», sagte der Herr des Condor, verschloß die Whiskyflasche und humpelte hinter mir aus dem Büro. Als Folge von Kinderlähmung hatte er einen verkrüppelten Fuß.

Das Viertel hieß Condor, weil vor dem Zweiten Weltkrieg die Wasserflugzeuge der deutschen Condor auf dem Rio Guama gelandet waren, der Belém von Süden her begrenzte. Das «Lapinha» war eine von vielen Bars im Viertel. Es gab das «Royal», wo eine Zeitlang Falcos «Kommissar» zum Dauerbrenner gehört hatte. Der «Palacio dos Bares» für die tanzwütigen Liebhaber des *forró* lag direkt am Rio Guama wie auch die «Superbar São Jorge» für die Flußschiffer, die ihre Partnerinnen, die für die anderen Bars nicht mehr jung und hübsch genug waren, am liebsten in Gummilatschen und Turnhosen durch den ohrenbetäubenden Lärm aus turmhohen Lautsprechern schoben.

Bemquerer stand mit einer netten jungen Frau an der Bar. «Du hast dich an sie rangemacht?»

«Nein, sie sich an mich. Ich soll ihr einen Drink spendieren», flüsterte er mir zu. «Soll ich?» und stellte mich förmlich vor.

«*Muito prazer*, freut mich sehr, Sie kennenzulernen», sagte das Mädchen geziert.

«Das Vergnügen ist ganz auf meiner Seite», entgegnete ich artig, sie lächelte ein wenig und schmiegte sich an Bemquerer. Ich lehnte mich an die Bar und sah mich um, wir tranken und redeten dummes Zeug. Nach einer Weile trat ein Mädchen in einem gepunkteten Kleid wippend aus dem Halbdunkel. Wir sahen uns von weitem an. Das Klacken ihrer hohen Absätze konnte ich bei dem Krach der Band erst hören, als sie mich fast berührte. Sie war wunderschön. Sie blickte unter langen echten Wimpern zu mir auf, schob mir langsam ihren Oberschenkel zwischen die Beine, schlang ihre Hände um meinen Nacken, bog den Kopf zurück, ihr Mund öffnete sich, und energisch zog sie mich mit kleinen Händen herab: «Ich liebe dich!» hauchte sie in mein Ohr.

Ich starrte sie verdattert an. «Schön, äh, sehr schön, mag sein», murmelte ich verwirrt. «Es ist wunderbar, geliebt zu werden. Aber – du kennst mich gar nicht. Hat Alencar dich geschickt?»

«Ich habe dich beobachtet. Wir passen gut zusammen. Einer Frau wie mir bleibt nichts verborgen.»

Das «Lapinha» war für mich kein Ort, um Bekanntschaften zu knüpfen, aber bei diesem Mädchen hätte ich fast eine Ausnahme gemacht. Bemquerer hielt als Ausrede her. «Wir haben leider eine Verabredung, er muß früh raus, tut mir leid.»

In diesem Moment hatte Rudi seinen allnächtlichen Auftritt auf der Bühne. Zuerst entledigte er sich wirbelnd seines Abendkleides, dann zeigte er Spagat und riß sich schließlich die schwarze Perücke vom Kopf. Sein wasserstoffgebleichter Bürstenhaarschnitt kam zum Vorschein und das von Hunderten nächtlicher Auftritte zerfurchte Gesicht des Transvestiten. Rudi bekam mehr Beifall als alle Stripperinnen zusammen.

Alencar hinkte auf die Tanzfläche und zerrte eine der schönsten Frauen des Abends hinter sich her. Ich schob Bemquerer das Geld zum Bezahlen zu. Das Mädchen im gepunkteten Kleid ergriff mein Handgelenk. «Du Idiot, ich will kein Geld, ich will dich! Oder seid ihr schwul?»

Ich ließ sie stehen. «*Filho da puta*, Hurensohn», zischte sie mir nach und strahlte mich an.

Wir drängelten uns an den Mädchen vorbei, die von den Männern meist fortgeschrittenen Alters mit den Augen verschlungen wurden. Manche tatschten sie auch taxierend ab. Die Mädchen ließen es geschehen.

Es hatte zu regnen aufgehört, aber die Straßengräben waren vollgelaufen, die Kanalisation trat über die Ufer. Die Tümpel unter den elenden Pfahlbauten der *baixadas* verwandelten sich in Seen. Auch Bemquerer wohnte in den *baixadas* im Haus seiner Eltern. Die *baixadas* waren eine Art Niemandsland. Das Gebäude gehörte zwar dem Staat, aber keiner, der es sich irgend leisten konnte, wollte dort in dem sumpfigen Gestank leben. Die Internationale Entwicklungsbank hatte die Entwässerung der *baixadas* finanziert, doch die Arbeit war erst halbfertig, als das Geld versickert war. Jetzt hatten der umtriebige Bankdirektor und der Gouverneur von Pará das Projekt wieder aufleben lassen. Man durfte gespannt sein, wie weit die Arbeit diesmal vorankommen würde.

Taxifahrer rissen die Türen ihrer ramponierten Autos auf, unsere Wahl fiel auf einen Chevrolet. Er roch nach dem gleichen Desinfektionsmittel wie alle Taxis. Pfützen mäanderten durch die Straßen, waren oft so tief, daß wir auf dem Weg ins Stadtzentrum große Umwege machen mußten. Außer einigen Rudeln von Hunden ließ sich niemand blicken. Der Wagen warf wie ein Rennboot Fontänen zur Seite. Die größte Gefahr bildeten fehlende Kanaldeckel, die auf dem Schrottmarkt für gutes Geld gehandelt wurden.

«Die Stadt ist nicht wiederzuerkennen», beschwerte sich Bemquerer. «Sogar die Hochhäuser sehen schrecklich aus – wie ein Gebiß mit Karies und Paradontose.»

Ich hatte die Lust verloren, mit ansehen zu müssen, wie die Stadt verkam, wie Mangobäume in den Alleen starben, tropische Gärten im Schatten von Hochhäusern verdorrten. Niemand wollte diesen Prozeß aufhalten. Die barocken Häuser zerfielen, Regenzeitschimmel fraß Jugendstilvillen, und Hochhäuser nahmen die Luft zum Atmen und den kühlenden Wind aus der Bucht von Marajó. Die Hochhäuser wurden als Spekulationsobjekte und nicht zum Wohnen gebaut. War die Anzahlung geleistet oder der Kaufpreis gezahlt, konnte das Gebäude verfallen oder wurde gar nicht mehr vollendet. Die Bauherren setzten sich ab, verjubelten in Miami einen Teil der Einlagen ihrer Kunden, den anderen Teil legten sie inflationssicher auf den Bahamas an. Sogar der Gouverneur hatte das zu spüren bekommen, als die Terrasse des Hochhauses, das er bezog, einstürzte.

Es krachte fürchterlich, ich knallte gegen die Vordersitze. Bemquerer stieß mit dem Kopf gegen die Windschutzscheibe, der Fahrer tauchte unter das Lenkrad. Der Wagen steckte mit den Vorderreigen in einem Loch, die Hinterräder drehten sich in der Luft, der Motor heulte auf und erstarb. Der Fahrer rappelte sich auf und stöhnte. «Ich dachte, es wäre eine Pfütze. Man kann nichts sehen, keine Straßenbeleuchtung. Löcher, verflucht, nur Löcher, alles die Schuld des Bürgermeisters.»

«Hast du was abgekriegt?» Bemquerer rieb sich die Hüfte. Ich streckte die Glieder. «Nein, Glück gehabt. Und du?»

Bemquerer kletterte auf der Fahrerseite ins Freie. Er hatte sich Handgelenk und Hüfte geprellt. Dem Fahrer schwoll zusehends die Lippe an. Wir waren wieder wach und nüchtern. «Sollen wir hier warten, bis Hilfe kommt?»

Bemquerer zog mich weg. «Nein. Wir zahlen und verschwinden. Was geht uns der Kerl an. Wenn die Polizei kommt, schiebt er womöglich die Schuld auf uns.» Bemquerer winkte das nächste Taxi heran.

Am Ver-o-peso herrschte Hektik und Gedränge. Auf dem Markt unter der alten Festung war es wie im Mittelalter. Nackte Füße tapsten über Kopfsteinpflaster, dunkle, halbnackte Körper der Lastträger, glänzend vom Schweiß, bewegten sich im Licht der wenigen Lampen. Feuer flackerten in den Garküchen an der Kaimauer und warfen ihren Schein auf lange Reihen von Trägern, die auf den Köpfen Körbe von Booten brachten. Es handelte sich um ein Geschwader chinesischer Piraten. Niemand regte sich darüber auf. Die Schiffe brachten *açaí* von den Inseln des Deltas und aus den Dörfern an den Flußufern. Die mehr als eine Million Einwohner Beléms wollten *açaí*, denn sie kamen von dort; die Eßgewohnheiten hatten sich noch nicht der Großstadt angepaßt. Der tiefdunkle lila Saft aus den Schalen der murmelgroßen Früchte wurde mit immer mehr Wasser gestreckt, je knapper die Früchte wurden. Tausende von Açaípalmen wurden gefällt: Das einen Meter lange Stück Palmherz in der Baumspitze brachte im Export mehr ein als der Verkauf von *açaí* an die Städter. Und die Fabriken, die täglich Hunderte von *açaí*-Stämmen verarbeiteten, scherten sich einen Dreck um Wiederaufforstung. War eine Region abgeholzt, so wurde die Fabrik geschlossen.

«Es interessiert die Unternehmer nicht, ob sie die Läden zumachen müssen», klagte Bemquerer. «Sie ziehen weiter, ihr Geld haben sie jedenfalls eingesackt.» Bemquerer wies auf die Festung: «Als die Portugiesen gekommen sind und Caldeira de Castelo Branco Belém gegründet hat, da war das der Anfang vom Ende.

Alles haben wir euch verkauft. Holz, Schildkröten, Krokodilleder, Rohstoffe, auch den guten Kaffee. Du weißt, was für eine dünne Brühe wir trinken. Jetzt ist der Regenwald dran – Ökotourismus. Und billig, möglichst billig.»

«Laß die Meckerei», knurrte ich. «Immer sind es die anderen. Und mir redest du einen Schuldkomplex ein. Halte dich an deine Leute. Weshalb wählt ihr Betrüger...»

«...es waren Europäer, die Brasilien zu dem gemacht haben, was es ist», verteidigte sich Bemquerer. «Mit der Festung haben sie angefangen, im Jahr 1916. Sie wollten Franzosen und Engländer aus Amazonien raushalten. Vielleicht wäre es besser gewesen, wir wären von denen kolonisiert worden – oder von den Holländern.»

«Was heißt wir? Du bist schließlich kein Eingeborener.»

«Stimmt», sagte Bemquerer. «Ich will ein Bier.»

Wir steuerten auf eine der strohgedeckten Bars zu und wichen einem in Säcke gehüllten Mann aus, der auf uns zutorkelte.

«Ich – oder besser wir – wir sind Kolonisten und Kolonisierte, wir kolonisieren uns immer wieder selbst. Wir leben in der Dritten Welt, wir halten uns für unterentwickelt, für rückständig, und wenn ein Ausländer kommt, putzen wir ihm die Schuhe.»

«Du übertreibst und bist betrunken.»

«Nein, ganz und gar nicht. Alles, was aus dem Ausland kommt, ist gut. Was brasilianisch ist, taugt nichts. Sieh da drüben die Fischhalle! Wir hätten sie bauen können, irgendwas erfinden. Aber nein, sie mußte aus England importiert werden, art nouveaux oder so.»

Vor der langgestreckten Halle auf der anderen Seite des kleinen Hafenbeckens machten die ersten Fischtransporter dieser Nacht fest. Das Gebäude mit den vier minaretthaften Türmchen auf jeder Ecke war auf unzähligen Postkarten der Stadt abgebildet.

«Antonio Lemos, unser bester Stadtplaner, hat sie in Einzelteilen aus Liverpool kommen lassen. Wahrscheinlich ist er von den Engländern geschmiert worden. Der eiserne Jugendstilkram, die Pavillons an der Praça da Republica neben dem Theater, kamen aus Frankreich. Und davor war es portugiesischer Barock. Die Fenstersimse haben sie als Ballast in den Segelschiffen mitgebracht. Die Kacheln in Portugal hergestellt, genau wie die eisernen Balkongitter. Etwas Eigenes haben wir niemals entwickeln dürfen. Wir haben alles nur ein bißchen weicher gemacht, ein bißchen geschwungener, melodiöser, wie unsere Sprache.» Wir setzten uns an einen Blechtisch auf Blechstühle mit der Aufschrift der Biermarke und bestellten Flaschenbier und *tacaca*, Krabbensuppe mit *tucupí*, dem Saft der Maniokwurzel, der die Lippen flimmern ließ. Bemquerer war in seinem Vortrag nicht einmal von den Mädchen zu bremsen, die vom Nebentisch herübersahen. «Die Altstadt verkommt, die Klöster, die Kirchen, die alten Sobrados, das sind wirklich kühle Häuser, da werden die Kacheln von den Wänden geschlagen. Was kommt jetzt? Etwa ein eigener Stil einer souveränen Nation? Heißt souverän nicht auch, daß wir frei sind in der Wahl und Art unseres Baustils? *Não, meu amigo!* Mitnichten, mein Freund. Billigarchitektur aus den USA. Damit bald alles so aussieht wie eine Tankstelle in Texas.» Bemquerer leerte sein Glas in einem Zug, leerte das zweite und schenkte nach.

«Seit du nicht mehr als Reiseleiter arbeitest, hast du deine Einstellung gewaltig geändert», bemerkte ich.

«Eben, bei dem Job habe ich viel über uns gelernt.»

Wir schlugen einen Bogen um das Hafenbecken. Das Wasser war in den letzten Märztagen bei jeder Flut ein bißchen höher gestiegen, es würde weiter steigen. Der Schmutz, den der Naerstrom ins Hafenbecken gezogen hatte, trieb hinaus in die Bucht.

Die Fischhändler ließen ihre Ware an Land bringen. Die Fische waren alt, lagen bereits tagelang auf Eis: *Kleine Haie, pirarucu, tambaqui, surubims, filhotes, pescada branca, Rochen* und kleine *tucunarés*, die jeder Angler am mittleren Amazonas wieder ins Wasser geworfen hätte. Jede Kiste wurde geprüft. Eine Veterinärin pickte mit einem Haken die schlechten Fische aus den Kisten und warf sie auf den Boden. Zerlumpte Gestalten machten sich über den Abfall her.

«Wer in Belém frischen Fisch haben will, der muß ihn selbst fangen. Der gute Fisch wird in den Süden verkauft, den Abfall bekommen wir», meckerte Bemquerer weiter und hielt Ausschau nach den Buchmachern des *Jogo do Bicho*. Er hatte letzte Nacht von Zähnen geträumt und wollte deshalb auf Alligator setzen. «Irgendwie muß ich ja mal zu Geld kommen.»

Der Tag zog schnell herauf. Eine halbe Stunde nach dem ersten Schimmer wurde es hell, die Sonne erhob sich strahlend über Belém, und Bemquerers Laune besserte sich. Wir schlenderten an den Gemüsehändlern vorbei zu einem Pavillon. Am Tresen trafen sich all diejenigen, die von der Nacht nicht lassen mochten oder die es früh auf den Ver-o-peso getrieben hatte. Auch Hans war wieder da. Einer Frau wegen war er in Belém geblieben, hatte seinen gesamten Besitz in Deutschland zu Geld gemacht, Auto, Möbel, Videoanlage, und war nach Belém übergesiedelt. Als das Geld verbraucht war, hatte ihn die Frau verlassen. Hans verkaufte jetzt *cafezinho*, winzige Plastikbecher mit dünnem, viel zu süßem Kaffee und bot in Servietten gewickelte Sandwiches an. Er stellte Thermoskanne und Tablett auf den Tresen. «*Uma pinga*, einen Schnaps!»

«Du hast keinen Kredit mehr, *alemão*», sagte der Wirt.

«Ich bezahle morgen!»

Er bekam den Schnaps und gab Ruhe.

«Ein Trauerspiel der Mann, fertig, am Ende, nimm ihn mit nach Hause», sagte der Wirt. «Aber wahrscheinlich wird ihn da auch keiner wollen.»

Die Kräuterfrauen öffneten ihre Stände, die Obstverkäufer stapelten Kakaofrüchte und Mangos, *pupunhas*, Bananen, *biribás* und Kokosnüsse, *Cashewnüsse* und *cupuaçu*, Guaven und Ingáschoten, und gegen acht Uhr hatte sich der Ver-o-Peso in einen lebhaften Basar verwandelt. Seit einem Jahrhundert wurde an dieser Stelle Markt abgehalten, und *ver-o-peso* hieß «Prüfe das Gewicht», woran sich die Kunden tunlichst halten sollten. Das Wasser stieg zusehends, erreichte den Rand des Hafenbeckens und schwappte auf die Läden in den Außenwänden der Fischhalle zu. Da waren die Devotionalienläden der afro-brasilianischen Religionen und Kulte *candomblé* und *umbanda* – abfällig mit dem Sammelbegriff *macumba* bezeichnet, was die Ängstlichen auf Abstand hielt. Und es gab auch noch die *quimbanda*, die Schwarze Magie, aber darüber sprach man nicht.

«Glaubst du an die afrikanischen Götter, an die *orixás*?» Ich sah Bemquerer forschend an. Würde er mir wie die meisten Brasilianer eine ausweichende Antwort geben?

«Glauben? Na ja, nicht direkt. Ich mache nicht mit, aber ich respektiere die Kulte – wie alle Religionen. Ich habe an Festen teilgenommen, wo die Leute in Trance gefallen sind. Es hat mich nicht berührt. Ich glaube an Gott, das reicht.» Eine Frau schob die Rolläden ihres Ladens hoch. Unter der Decke baumelten metallene Ketten, wie sie die Spiritisten trugen. Daneben hingen Ketten verschiedenfarbiger Perlen für die *filhos de santo*, die Anhänger des *candomblé*. Jede Farbe oder Farbkombination repräsentierte eine der Kräfte, die sich in der Natur und im menschlichen Wesen zeigten – Xangó war die Kraft der Gerechtigkeit, Oxúm die Kraft der Flüsse und des Goldes. Oxóssi war der ewige Jäger und gleichzeitig Beschützer der Tiere und des Waldes. Die aus Angola und Benin als Sklaven verschleppten *ioruba* hatten ihre Religion mit nach Brasilien gebracht, wo sie zum *candomblé* geworden war. In der Karibik hatte sie sich zum Voodoo gewandelt, und auf Kuba existierte sie als *santéria* weiter.

«Ein teurer Spaß», schimpfte Bemquerer. «Das *candomblé* ist was für Reiche. Wer da mitmacht, braucht bestimmte Kleidung, dann das Kostüm seines Gottes, des Herren des Kopfes, wenn man in Trance tanzt. Und die Opfer. Es wird viel Schindluder damit getrieben, die Leute werden häufig betrogen oder falsch beraten. Für Exú zum Beispiel muß man Zigarren kaufen und Schnaps. Aber das Opfer muß in genau festgelegter Weise ablaufen. Exú, das ist im *candomblé* so etwas wie der Sklave der Götter, aber auch einer, der alles durcheinanderbringen kann. Wenn alles danebengeht, so wie bei mir zur Zeit», Bemquerer grinste gekünstelt, «dann kannst du sicher sein, dann gibt Exú die Karten.»

Bemquerer setzte auf Alligator. Der Mann am Tischchen gab ihm einen handgeschriebenen Zettel als Beleg.

«Ich dachte, du glaubst nicht daran...»

Bemquerer zierte sich. «Ja und nein, es ist komplizierter, als du denkst. Es ist keine Frage des Glaubens. Man merkt es ja, wenn Exú die Türen vor der Nase zuschlägt, wenn man sich den Schädel einrennt und nichts klappt. Dann mußt du einen Hahn opfern, einen roten, oder einen Ziegenbock, *cachaça*, Zigarren oder eine ganz bestimmte Sorte Maniokmehl, nach festgelegten Regeln gemischt. Das wissen die *mães* und *pães de santo*, die Candomblépriester, oder sie sollten es zumindest wissen. Das sind alles Geheimnisse, sie lassen keinen, der nicht dazugehört, bei den Ritualen zusehen. Nur die Feste sind öffentlich. Aber – wenn man bei Exú einen Fehler macht, dann kommst du aus der Pechsträhne gar nicht mehr raus...»

Ich hatte Bemquerer verschwiegen, daß ich sehr wohl die Bedeutung von Exú kannte. Er war es, der mich auf meinen Wegen begleitete, mir Türen öffnete oder verschloß.

Wir gingen auf den Laden zu, als ein außergewöhnlich gut gekleideter Mann vor uns eintrat, einen Zettel aus seinem Aktenkoffer herauskramte und der Verkäuferin zeigte. Sie schob dem Kunden eine Puppe und einen kleinen Sarg zu, wickelte alles in Zeitungspapier und verklebte das Päckchen. Er sah sich um, als fürchtete er, beobachtet zu werden.

Bemquerer kniff die Augen zusammen. «Der plant was Böses. *Quimbanda*, Schwarze Magie, der will jemanden endgültig aus dem Weg räumen. Ich weiß, es funktioniert.»

Es gab Menschen, die um die Macht der *quimbanda* wußten. Sie zahlten einen hohen Preis, es waren unglückliche Menschen, isoliert, gefürchtet. Aber sie wurden gut bezahlt. Sie verübten eine Art spirituellen Mord, vernichteten die Seele des Menschen, es war eine Sache von Tagen, bis der physische Tod eintrat. Das Opfer fiel von der Leiter, starb bei einem Autounfall, ertrank beim Angeln – an Mord dachte niemand. Voodoo, wo die Priester mit den Augen rollten und mit Schlangen herumfuchtelten, war etwas für James-Bond-Filme. Das *candomblé* hingegen, die entwickelteste Form der afro-brasilianischen Religionen, war ein umfassendes religiös-philosophisches System mit Schöpfungsgeschichte und einer dem griechischen Pantheon ähnlichen Götterwelt. Sagen und Parabeln berichteten vom Tun der Götter, der *orixás*, die in der Trance die Gläubigen beherrschten. Die Bestimmung des Gottes, der das Individuum beherrschte und leitete, war eine Art Charakteranalyse, half den Gläubigen, ihre natürlichen Grenzen zu erkennen. Die Religion trug Elemente der Tiefenpsychologie in sich, der Gestalt- und Gruppentherapie, der Bioenergetik. Verhaltens- und Speisevorschriften begleiteten die Kinder der Götter auf ihrem Weg, der sie nach sieben Jahren des Lernens selbst zu Priestern machte. Die spirituelle Seite von Krankheiten wurde ergründet, ein Arztbesuch erübrigte sich danach oft. Und je weiter jemand in die Geheimnisse des *candomblé* eindrang, desto mehr war er zum Schweigen verpflichtet.

«Der Mann sieht nach Unternehmer aus», vermutete ich. Bemquerer war anderer Meinung. «Dieses Auftreten und die hellen Anzüge findest du bei Politikern. Der will einen Gegenspieler ruinieren...»

«...oder den Mann, mit dem ihn seine Frau betrügt.»

Bemquerer zog mich weiter. Es war besser, sich nicht in fremde Angelegenheiten einzumischen. Hier waren Energien im Spiel, die sich der Kontrolle des europäischen Bewußtseins entzogen, es aber ihrerseits kontrollieren konnten. Der allseits rational denkende Mensch hatte selten die Chance, seine Vorurteile zu überwinden und das mit Vernunft nicht Faßbare als gegeben hinzunehmen. Im Orakel der Kaurimuscheln zeigten sich Energien, konnten erkannt und gedeutet werden. Die Priester des *candomblé* befragten das Orakel, und die Interpretationen ihrer Würfe waren jedesmal wieder verblüffend. Vor wichtigen Entscheidungen holte ich mir bei ihnen Rat, und hätten die Priester mir empfohlen, nicht mit der *Fé em Deus* zu reisen, ich hätte darauf verzichtet.

Das Wasser stieg weiter, lief zwischen die Marktstände, schwappte bis an den Pavillon, fand seinen Weg in die Fischhalle und überspülte einen Teil der Straße, die von den Docks herkam. Um die Straßenseite zu wechseln, mußten wir die Schuhe ausziehen und die Hosenbeine hochkrempeln. Vorsichtig stapften wir durch die lauwarme Brühe. Es war ein Glücksspiel. Man konnte jederzeit in eine Glasscherbe oder die Nägel einer Obstkiste treten. Im Schuhgeschäft gegenüber stand eine Frau, der genau das passiert war, Blut tropfte von ihrem Fuß. Die Strömung trug indes den Müll aus dem Hafen auf die Amtssitze des Bürgermeisters und des Gouverneurs zu, die in den zwei neoklassizistischen Palästen nebeneinander residierten, wenn sie sich auch haßten.

Belém war die größte Stadt Amazoniens – aber sie war es nicht dank wirtschaftlicher Aktivitäten oder einer geschickten Industrialisierungspolitik. Die Bergbauprojekte von Carajás oder Oriximiná oder die Aluminiumhütte von Barcarena hatten kein modernes Verwaltungszentrum entstehen lassen. Dazu hätte es einer politisch und sozial aufgeschlossenen Elite bedurft. Belém lebte wie eh und je vom Handel und von vergangenen Zeiten, als von den astronomischen Profiten während des Gummibooms Alleen und Parks angelegt worden waren. Die heutige Elite hielt nichts vom verspielten Barock, von neoklassizistischem Schnickschnack und verschnörkelten Jugendstilvillen. Die Elite zog in Wolkenkratzer um.

«Alle Unternehmer jammern. Dabei machen sie Gewinne, die in Europa als unanständig bezeichnet würden. Monatelang zahlen sie kein Gehalt. Bei dieser Inflation bringt dich das um. Nach drei Monaten bist du bereit, deine Gummilatschen zu essen. Aber ich finde keinen anderen Job. Am besten, ich wandere aus.»

«Und wohin? Wo ist es besser?»

«Paris. Ich könnte Architektur studieren.»

«Ich wußte gar nicht, daß du Französisch sprichst.»

«Tue ich auch nicht.»

«Hast du dich mal nach einem Visum erkundigt?»

«Nein...»

«Und was ist mit dem Abitur? Kannst du damit in Frankreich studieren?»

«Ich habe kein Abitur.»

«Wie willst du an ein Stipendium kommen?»

«Du nervst! Ihr Europäer seid unmenschliche Realisten.» Bemquerer wurde ernstlich böse: «Wenn ich schon sonst nichts mehr habe, dann laß mir wenigstens meine Phantasie. Es ist eine wunderbare Idee, in Paris Architektur zu studieren, im Sonnenschein an der Seine zu sitzen. Ich betrachte die Brücken, zeichne sie, sehe den Malern zu, sehe eleganten Frauen nach... soll ich mir hier nur den Dreck reinziehen?»

Zum Frühstück gingen wir auf die Avenida Presidente Vargas. Passanten drängten sich auf der Hauptgeschäftsstraße, die Rush hour hatte begonnen. Im Café «Milano» gab es den besten Mocca, einen Orangensaft und einen *mixto quente*, aber der Toast mit Schinken und Käse war fade.

Am Zeitungskiosk gegenüber lasen die Passanten die Titelseiten. Besonderer Beliebheit erfreuten sich die Schlagzeilen über die in Belém und Umgebung verübten Verbrechen. Zur Zeit bewegte der Mord an einer Familie mit drei Kindern die Leser. Die Familie war im Schlaf mit Hacken erschlagen worden.

Wir schlenderten zum Teatro da Paz gegenüber vom Hilton. Wie immer grüßte der korpulente Senhor Lima, der mir bei der Beschaffung von Flugtickets half, aus seinem Reisebüro heraus. Nebenan lag die «Assambleia Paraense», Beléms wichtigster Gesellschaftsclub. Hier verkehrten die Reichen und Beneideten aus den Klatschspalten des «LIBERAL», ob sie nun Tee tranken oder Kinder und Vermögen miteinander verheirateten.

Bemquerer zeigte auf die zweite Etage: «Da verjubelt mein Chef unser Geld.»

«Hast du kein Gehalt bekommen?»

«Seit zwei Monaten nicht. Bei anderen Kollegen haben sie die Sozialabgaben unterschlagen.»

«Geht ihr vor Gericht?»

«Wie lange soll das dauern? Drei Jahre, vier? Wenn der Chef davon erfährt, wirft er mich morgen raus. Und dann? Ekelhaft, diese Oberschicht.»

Ähnlich hatte sich Beléms Senator Almir Gabriel mir gegenüber ausgedrückt, hatte von der perversen Elite in Amazonien gesprochen. Investieren wolle niemand, das schnelle Geld über Nacht brachte der Kapitalmarkt. «Nichts haben wir von dieser Schicht zu erwarten, weder Fortschritt noch irgendeine Verbesserung der sozialen Lage.»

«Im Süden», Bemquerer breitete pathetisch die Arme aus, «da ist es anders, moderner. Aber in Amazonien?» Er winkte ab. «Wir leben im ausgehenden Mittelalter. Portugiesen und Japaner kontrollieren Belém. Wir sind für sie nichts weiter als Volk, Wilde, mit denen sie nichts zu tun haben wollen. Das Volk muß arm sein, sonst ist es kein Volk. Unsere Demokratie ist Theater, an dem sie bestens verdienen.» Während wir auf dem Weg zu Bemquerers Büro in die Avenida Nazaré einbogen, stritten wir über die Frage, ob die Regierung bewußt das Schulwesen verkommen ließ – ein dummes Volk ist leichter zu regieren –, die Universitäten, die Straßen, die Barockpaläste, oder ob der Verfall der Stadt lediglich eine Folge der Korruption war.

«Was interessiert die die Stadt?» Bemquerer sah dem vollgestopften Bus nach, der durch eine Pfütze an der Haltestelle raste und die Wartenden naßspritzte. Der nächste Bus raste durch dieselbe Pfütze. «Wozu öffentliche Verkehrsmittel? Die Elite hat Chauffeure, die bringen die Kinder in die Schule und mittags zurück in die

Hochhäuser mit Wächtern und Videokameras. Früher haben sie Portugal nachgeahmt, heute ist Miami Vice ihr Vorbild. Am liebsten würden sie in Disneyland wohnen.»

Bemquerer blieb stehen, tastete seinen Magen ab und holte tief Luft. «Was weiß mein Chef vom Leben, von dieser Stadt? Morgens holt ihn der Chauffeur ab, den Tag verbringt er im klimatisierten Büro, den Abend im Club und das Wochenende in der Villa am Strand. So sieht Amazonien für ihn aus.»

7. *Hitler an Bord*

Die Libellen waren überall. Sie saßen hintereinander auf der Reling, klammerten sich an die Bändsel der eingerollten Persennings, an die Wanten des kleinen Mastes und an die Antenne, sie hatten sich an alle Aufbauten der *Fé em Deus* aufgereiht. Nie saßen zwei nebeneinander, nicht eine saß auf dem Deck, als wüßte sie, daß sie dort totgetreten würde. Ich erinnerte mich an Macondo, an Gabriel Garcia Marquez' fiktive Stadt aus «Hundert Jahre Einsamkeit». Macondo war von Schmetterlingen heimgesucht worden. Jetzt, wo wir den großen Strom vor uns hatten, waren es unzählbare Libellen, die uns in der realen Welt begleiteten.

Der Amazonas gewann im Dunst des frühen Morgens seine Konturen so sacht wie ein belichteter Schwarz-weiß-Abzug im Entwicklungsbad. Von Westen her drängte schemenhaft die graue Ebene der Wassermassen der *Fé em Deus* entgegen. Die Strömung versetzte unser Schiff, das langsam über Backbord in den Strom drehte, gegen die Insel Gurupá, die in den Nebeln an Steuerbord erwachte. Zarte Wolkenschleier hielten sich in den Baumkronen verschwimmender Ufer, und Feuchtigkeit kroch kühl zwischen die Decks und ließ mich frösteln. Schwer und tief hingen die Wolken über dem Strom. Die Feuchtigkeit nahm allem die klare Kontur, den Farben ihre Kraft.

Die Wolken kamen von See her, vom zweihundertfünfzig Kilometer entfernten Atlantik. Die Wassermassen, die unser Schiff schwanken ließen – bisher hatte uns kaum eine Welle aus der Ruhe gebracht –, nahmen kein Ende, weder voraus noch achtern. Wir befuhren ein Meer, *rio mar*, das Fluß-Meer, *mar dulce*, wie die ersten Spanier und Portugiesen in Amazonien den Strom genannt hatten, den sie nicht kannten. Am Vortag, auf dem Rio Pará vor der weiten Mündung des Rio Tocantins, hatte sich nicht der Eindruck eingestellt, ein Meer zu befahren, aber der Strom, der vor uns über den Rand des Planeten schwappte, Inseln aus Binsen und Wasserhyazinthen mit sich führend, auf denen sich Vögel beim Flug von einem zum anderen Ufer ausruhten, dieser Strom war gewaltiger als die See. Der Amazonas war die *cobra grande*, die Große Schlange, die mächtigste von allen, die den Kontinent durchmaß. Ich liebte diesen Moment: die Drehung des Schiffes in den Amazonas hinein, die Krängung nach Steuerbord, das Anheben des Schiffes, ein leichtes Rollen, die zurückweichenden Ufer. Es war ein tiefes Luftholen, und befreit atmeten wir nach der Enge der *furos* auf.

Die Bewegung der Planken unter meinen Füßen gab mir das Gefühl, mit dem Strom verbunden zu sein. Ich hatte den Wachhabenden extra gebeten, mich wecken zu lassen, um diesen Moment ja nicht zu verpassen, und ich empfing etwas von der Energie des Amazonas, dieser sich bewegenden Masse, die Kraft von Oxum, *orixá das aguas doces*, Göttin der Flüsse und Ströme. Die Afrikaner hatten Oxum mit nach Brasilien gebracht, aber diese Kraft hatte sich hier entfaltet, bevor sie gekommen waren und hatte nun diesen Namen erhalten. Ich fühlte mich getragen und geborgen. Jedesmal, wenn ich den Amazonas hinauffuhr, erinnerte ich mich an jenen Morgen auf einem Urwaldflüßchen an der mexikanischen Pazifikküste, an dem ich den Entschluß gefaßt hatte, diesen Strom kennenzulernen, und ein Jahr, in dem ich nicht den Amazonas befuhr, war inzwischen ein verlorenes Jahr. «Schrecklich», grunzte Dionisio verschlafen. «Grauenvoll, diese Wassermassen – und was da alles drin rumschwimmt! Die Schaukelei macht mich krank. Mir wird schlecht.»

«Dann geh kotzen!» sagte ich wütend. Dionisio würde nicht mehr lange an Bord bleiben, Gurupá lag vor uns irgendwo im Nebel. Sollte er sich von mir aus in seine Trockenwüste zurückziehen, die Ballons zwischen Dornenbüschen und Kakteen mit Sand füllen. Ich gab ihm die Zahnpasta. Er verschwand, als hätte er den Wink verstanden, und ich fiel in meine Träume zurück.

Ich wußte nicht, ob der Diamantensucher schon mal jemanden getötet oder ähnliches getan hatte, aber seine Freundschaft war mir lieber als die eines Menschen, der als geprügelter Hund durchs Leben kroch. Und sogar José Alencar hatte sich trotz seiner Behinderung zum Nachtklubkönig aufgeschwungen. Oder tat ich Dionisio Unrecht? Wasser war eben nicht sein Element, es war die Wüste des Sertão, Erde oder Staub unter den Füßen und keine Deckplanken.

Ich dachte an das nächtliche Gespräch mit dem Diamantensucher. Alles, was der Mann gesagt hatte, konnte gelogen sein. Manch einer erfand einen komplett neuen Lebenslauf, erdachte eine Ahnengalerie, stieg vom Landarbeiter zum Sohn eines Gutsbesitzers auf, der alles verloren hatte, brüstete sich mit Taten, von denen er in der Zeitung gelesen hatte. Die Wahrheit interessierte niemanden. Die Geschichte mußte gut sein, plausibel und unterhaltsam, alles andere war egal. Wer etwas mitreißend zu erzählen verstand – und das können erstaunlich viele Brasilianer –, der konnte sich der Sympathie seiner Zuhörer sicher sein, bis eine neue Geschichte begann.

Ganz allmählich öffnete sich die Wolkendecke, die Nebelschleier verflüchtigten sich, zwischen den Schwaden zeigten sich die ersten Streifen eines blassen Himmels. Die Sonne verbarg sich noch hinter den Wolken über dem Heck, als der Mond im Osten vor dem Bug untertauchte. In schmalen Lagunen leuchteten Wasserpflanzen auf, als hätten sie alle Kraft des Wassers in helles Grün verwandelt. Ein Kanu trieb vorbei, die Ruderer hatten sich wie manche Passagiere in Tücher gehüllt und kämpften in der Bugwelle der *Fé em Deus* mühsam um ihr Gleichgewicht.

«*Paulista!*» Die rauhe Stimme des Diamantensuchers riß mich aus den Betrachtungen. «Ich habe Hunger. Ich will mit dir frühstükken!» Was blieb mir anderes übrig als aufzustehen. Außerdem war ich neugierig: Wie hatten die Gouvernante und die Prinzessin die Nacht mit der Ratte überstanden?

Ein Matrose zog die Nationalflagge am Heck auf.

«*Nossa bandeira*, unsere Flagge!» Der Diamantensucher hielt sich beim Salutieren ein Auge zu. Das grüne Fahnentuch rollte aus, begann zu flattern, zeigte die gelbe Raute und die blaue Weltkugel mit einigen Sternen, darauf die Worte: *Ordem e Progresso*, Ordnung und Fortschritt. Der grüne Teil der Flagge war Symbol des Waldes, allen Rodungen zum Trotz. Die gelbe Raute in der Flagge stand für das Gold, für den Reichtum, auch wenn davon in Brasilien nur bei wenigen noch etwas übriggeblieben war.

Im Vorbeigehen grüßten wir die Köchin und den Steward wie alte

Bekannte. Das waren für uns inzwischen auch die Passagiere geworden, die schwatzend oder noch mit Schlaf in den Augen am Frühstückstisch saßen. Heute waren wir uns bekannt, hatten zwar nur einen winzigen Teil unseres Lebens miteinander verbracht, aber im Falle einer Strandung würden wir nicht mehr als einzelne gegeneinander kämpfen, wie es der Diamantensucher gestern gesagt hatte, sondern bereits als Gruppen.

Rita schenkte mir aus ihrer Runde heraus ein fröhliches Lächeln, und der Junge vom Tocantins machte Janette verliebte Augen und betrachtete sich als ihren Beschützer – Janette ließ es geschehen –, schielte aber noch immer zur Prinzessin, die heute in Zivil, in Jeans und weiter Bluse, frühstückte und sich mit einer Nachbarin unterhielt.

«Wo ist das alte Scheusal?» fragte der Diamantensucher so laut, daß die Prinzessin erschrak. Sie wußte, wer gemeint war, und bedachte den Diamantensucher mit einem Blick, der an die kalten Augen der Gouvernante erinnerte: «Meine Mutter fühlt sich nicht wohl, die Hitze, sie bleibt in der Kabine... ihr Herz...»

«Als ob die ein Herz hätte», murmelte der Diamantensucher vor sich hin.

Beschämt schob die Prinzessin mit dem vornehm abgespreizten kleinen Finger Brotkrümel zusammen und verließ den Tisch.

«Laß es gut sein», beschwichtigte ich den Diamantensucher. «Das Mädchen ist mit dieser Mutter genug gestraft. Und auch mit dem, was danach kommt.»

«Du bist zu vertrauensselig, *paulista*. Trau keinem, vor allem keinen schönen Worten. Hast du ihre Augen gesehen? Genauso kalt wie die der Mutter. Rechne mit allem, immer, in jedem verdammten Augenblick, du lebst länger – wenn du das willst...»

Ich wehrte mich dagegen, war es nicht gewohnt, in dauerndem Mißtrauen zu leben, wollte es auch nicht. Ich würde schon nicht überfallen werden, hatte ich eines Abends auf dem Heimweg gedacht. Es war das erstemal überhaupt, daß ich unvorsichtig gewesen war. Und kaum hatte ich die Straßenseite gewechselt, waren sie zu dritt über mich hergefallen, hatten mich auf den Asphalt geworfen, mir den Hals zugedrückt, die Hosentaschen aufgerissen, das Hemd. Als sie mit der mageren Beute abzogen, hatte ich mich aufgerappelt, den Schock abgeschüttelt und die Schuld am Überfall meinem eigenen Leichtsinn zugeschrieben. Die Diebe werden ihn gespürt haben. Wo es Armut gab, herrschte Krieg zwischen den Menschen.

Mit breitem Grinsen trat Guincho an den Tisch und legte dem Jungen vom Tocantins die Hand auf die Schulter. «Heute bist du dran, Hähnchen. Spülen, Gemüse putzen, Fische säubern. Ihr werdet abwechselnd so lange in der Kombüse arbeiten, bis ihr Frieden schließt.»

Aber der Junge hatte seinen Stolz. Er würde lieber bis hinauf zur peruanischen Grenze Geschirr spülen, als seinem Feind die Hand zu geben. Sein Gegner sicher auch, denn der Faustschlag auf den Mund konnte nicht vergessen werden.

Ein Flugzeug zog einen wolkigen Kreidestrich in das dichter und dunkler werdende Blau des Himmels. In zwanzig Minuten würde es in Santarém landen, wir hingegen würden noch einen Tag benötigen. Die hundertdreißig Kilometer der Ilha Grande de Gurupá nahmen kein Ende. Die Insel teilte den Amazonas in zwei gewaltige Ströme. Links stieg das Ufer an. Die schwarzbunten Kühe auf den Weiden zwischen Palmen und weißen Reihern waren die exotischsten Wesen.

Dionisio zurrte die Ballons fest. Boote kamen in Sicht, der Anleger und die Häuser von Gurupá auf der *terra firme*, dem hochgelegenen Land. Dionisio hängte sich die Reisetasche um. Ich schüttelte ihm die Hand: «*Boa sorte*, viel Glück!» Er hatte es verdient.

«*A gente se vé*, wir werden uns wiedersehen, eines Tages, irgendwo, besuche mich mal in Caruaru.»

Ich klopfte ihm auf die Schulter, die Distanz, die er hielt, war zu groß für eine Umarmung – oder war es die Art des *sertanejo*? Dionisio wähnte sich am unteren Ende der Leiter, und wer sich so fühlt, der steht da auch.

«Ein armes Schwein», bemerkte Gaucho, als er ihm nachblickte, wie er mit Trippelschritten unter seinem Packen in Richtung Hauptstraße verschwand. «Ein chinesischer Kuli. Er wird es zu nichts bringen. Ihm fehlen Mut, Biß und Egoismus. Er wartet, daß ihm jemand etwas gibt, statt sich zu bedienen.»

«Zumindest hält ihn die Hoffnung aufrecht.»

«Hoffnung ist unser Klebstoff, der hält das Land zusammen», mischte sich der Diamantensucher ein. «Brasilianer machen keine Revolution. Um uns aufzuhalten, braucht es nur eine gute Sambaband. Die achtundsechziger Revolutionäre waren Kleinbürger, Intellektuelle, dieser schwule Fernando Gabeira. Er ist jetzt einer der führenden Leute bei den Grünen. Der kannte noch nicht mal sein eigenes Land, als er den US-Botschafter entführte. Und um Bauern und Landbesetzer einzuschüchtern, reichen ein paar *pistoleiros*. Die Bauern werden die Sklavenmentalität nicht los.»

Die *Fé em Deus* legte ab, gewann das tiefe Fahrwasser und wechselte auf die andere Seite des Amazonas, um den Naerstrom auszunutzen, und schlängelte sich durch einen Kanal mit schwacher Strömung. Obwohl wir gute Fahrt machten, ließ der Wind scheinbar nach. Bei ungünstiger Fahrtrichtung blieb die Wolke aus dem Schornstein direkt über uns. Der Passat vom Atlantik, der Handelswind aus den Zeiten der Segelschiffe, der den ganzen Sommer über gleichmäßig nach Osten blies, und der Fahrtwind hoben sich bei vollkommener Windstille auf. Um elf Uhr stand keine Wolke mehr am Himmel, und das Licht ließ die Augen schmerzen, alles näherte sich einem gleißenden Weiß: Bäume, Wasser, der milchig blaue Himmel.

Hinter der Mündung des Rio Xingu, der aus dem brasilianischen Zentralmassiv kam, vereinigten sich die beiden Amazonasarme wieder, der Strom schwoll an. Die *Fé em Deus* hielt sich ängstlich in Ufernähe am Waldrand, wie ein Kind an der Hand der Mutter. In dieser Weite schrumpfte das Schiff auf Spielzeuggröße. Es war die unbeschränkte Weite, die beeindruckte, die Länge des Stroms und das Wissen, daß wir mehr als sechstausend Kilometer stromaufwärts fahren könnten, um an Iquitos in Peru vorbei irgendwann an die Gletscher des Lauricochasees nördlich von Lima in den Anden zu gelangen. Die Flut half uns beim Vorwärtskommen, sie minderte die Geschwindigkeit des Amazonas, der uns mit drei bis vier Kilometer pro Stunde entgegenkam.

Als wir uns Almeirim am nördlichen Ufer näherten, verabschiedete sich der Diamantensucher von mir. Er musterte mich durchdringend von oben bis unten, seine kleinen Augen versuchten, in meinen zu lesen. «Wenn ich jemanden mit in die Berge nehmen würde, dann dich, aber du weißt, es geht nicht. Also mach's gut. Paß auf dich auf – und hüte dich vor Gaucho! Er ist ein falscher Hund. Er ist kein Gaucho, er ist aus Mato Grosso du Sul, ich habe ihn mal in Corumbá an der bolivianischen Grenze gesehen. Er hat mich nicht wiedererkannt.»

Er küßte die Frauen und drückte seiner Begleiterin von gestern die restlichen Geldscheine in die Hand. «Sieh dich vor, *querida*, meine Liebe. Die Goldgrube kann die Hölle sein...»

Sein Körper streckte sich, das überlegene Grinsen erlosch, und er griff nach dem Gepäck – wir waren für ihn bedeutungslos geworden. Er drehte sich nicht mehr um, winkte nicht, sprang an Land und steuerte auf einen schwarzen Hünen zu, der ihn an einem beladenen Pick up erwartete. Der Diamantensucher sah sich um, ob ihm jemand folgte. Ich war mir sicher, er würde jeden abschütteln. Der Wagen fuhr an. Ich würde den Diamantensucher wiedererkennen, auch in zehn Jahren noch. Ich hatte geglaubt, mich auf den vielen Reisen an die Abschiede gewöhnt zu haben, aber das Gegenteil war der Fall. Es wurde bei jedem Mal schmerzhafter, jeder, der ging, nahm auch etwas von mir. Jeder Diamant, den ich zukünftig sehen würde, würde mich an den Diamantensucher erinnern – genauso wie ich auf jedem Jahrmarkt nach Ballonverkäufern Ausschau halten würde.

Die *Fé em Deus* passierte den Rio Paru oberhalb von Almeirim. An seinem Oberlauf, jenseits der Stromschnellen im Guyana-Massiv, würde der Diamantensucher seinem Geschäft nachgehen. Er floh vor den Menschen in die Einsamkeit. Er war ein widersprüchlicher Mensch, ebenso freundlich wie rücksichtslos. Er kaufte sich Frauen nach Belieben, und doch hatte seine Stimme beim Abschied von Rosangela leicht gezittert. Er verachtete seine Mitmenschen und wünschte gleichzeitig, daß sie geachtet würden. Auch in seinem Äußeren war er zerrissen, ein muskulöser, trainierter Körper mit einem alten Gesicht, jugendliches Ungestüm ohne Illusionen. Er lebte seine Widersprüche aus, von einem Moment auf den anderen, ohne sich oder anderen darüber Rechenschaft zu geben. Oder brauchte er die einsamen Urwaldpfade genau dazu? Aber der Urwald war in jeder Sekunde so gegenwärtig, so fordernd, daß zum Grübeln nicht viel Zeit blieb außer in der langen, einsamen Nacht in der Hängematte.

Die Landschaft rechts von uns wandelte sich. Die Ausläufer der

Kordillere von Tumucumaque reichten von Surinam bis ans nördliche Ufer des Rio Mar, des Flußmeeres. Im Guyana-Massiv entsprangen die Flüsse, die wir auf dem weiten Weg nach Manaus noch passieren würden.

Die Höhenrücken am Ufer verwirrten mich. Sie riefen wieder in Erinnerung, daß die Erde nicht nur aus Niederungen bestand, aus gleichmäßig hohen Galeriewäldern, von einem Steilufer aufgelokkert, einer Wiese, einer Bucht oder dem flachen Schwemmland und den Inseln des Amazonas, der seit Jahrmillionen nach seinem endgültigen Bett suchte und auch schon einmal in die andere Richtung geflossen war. Rita kam zu mir, hakte sich unter: «Ich habe Durst.» Wir schlenderten an die Bar. Obwohl auch Gaucho dort war, fühlte ich mich ein wenig allein, obwohl man in Brasilien nie wirklich allein war, auch nicht in einem abgelegenen Dorf, wo immer jemand etwas erzählte oder zuhörte oder nur dasaß. Das Alleinsein war für Brasilianer schlimmer als alles andere. Kleinkinder wanderten von einem Arm zum anderen, Erwachsene gingen mit Freunden zum Tanzen, die Alten starben zu Hause, umgeben von der Familie. Jemand, der allein sein wollte, galt als krank oder verrückt. Um in diesem gewaltigen Land nicht gänzlich verlorenzugehen, war auch die schlimmste Gesellschaft recht. Also rückten wir zusammen.

Ein Weißer, groß und braungebrannt, den ich bisher kaum bemerkt hatte, baute sich vor mir auf, schob die Brust heraus, schlug die Hacken zusammen und streckte den rechten Arm aus: «Heil Hitler!»

Mein Kinn fiel herunter. Ich starrte den Fremden fassungslos an.

«Heil Hitler!» wiederholte er auffordernd. Er lächelte dümmlich und erwartete eine Antwort, zögerte, war irritiert, als die Umstehenden sich bei meiner Reaktion deutlich zurückzogen. Obwohl sie nicht verstanden, was geschah, so spürten sie doch, daß es etwas anderes war als die Prügelei von gestern. Wir sahen uns in die Augen. Die Hitze begann im Zwerchfell, stieg hoch, ergriff die Schultern, den Kopf; am liebsten hätte ich dem Fremden sein Schandmaul eingeschlagen. Aber ich blieb wie gelähmt, schlug die Augen nieder und wich tastend nach der Reling zurück. Das warme Holz an meiner Hand ließ Leben in mich zurückkehren. Ich sank auf eine Bank: vor mir der gewaltige Strom. Er bedeutete Kraft für mich,

Glück, Ewigkeit – Leben schlechthin. Ich hatte mich auf dem Amazonas weder verloren noch klein gefühlt. Und auf diesem Strom traf mich das deutsche Gespenst wie im Märchen von Hase und Igel. Wo ich hinkam, war der Igel bereits da.

Rita setzte sich dicht neben mich. Die Berührung war mir lieb, ihr Körper war warm, sie roch nach Leben – nicht nach Faschismus. Nach einer langen Pause begann ich zu sprechen: «Als ich zehn Jahre alt war, haben uns Holländer mit Steinen beworfen und als ‹deutsche Schweine› beschimpft – wir sind gerannt. In England, in einem Gartenlokal, viele Jahre später, wir tranken und plauderten, bis mich jemand fragte, wo ich herkäme. Als ich sagte, daß ich Deutscher wäre, da schwiegen alle, bis irgendwer erzählte, daß sein Vater Dresden bombardiert hätte. Und in Mexiko, da hat mir ein Ingenieur mal den Vorschlag gemacht, ‹fünfzigtausend Deutsche mit Mexikanerinnen zu kreuzen›, um seine Rasse ‹aufzubessern›. Deutscher zu sein ist was anderes, als Brasilianer zu sein.»

Rita nickte verständnisvoll, obwohl sie nichts davon begriff, aber sie fühlte mein Entsetzen. Niemand konnte vor sich selbst fliehen, das war mir bewußt. Und daß ich nicht nur meine eigene, sondern auch die deutsche Vergangenheit mit mir herumschleppte, wurde mir auf so schmerzhafte Weise gezeigt, daß ich meine Nationalität lieber nicht preisgab. Hitler spukte selbst hier auf dem Amazonas noch herum.

Ich entschuldigte mich fahrig bei Rita, drängte mich am Steward mit seinen Schüsseln vorbei – «willst du nicht essen, *paulista*?» – und wühlte mich durch das Unterdeck zu meiner Hängematte. Sie war der beste Ort, um mich zu verkriechen. Woher kannte der Fremde meine Nationalität? Furtado mußte geplaudert haben – oder Dionisio. Außer ihnen wußte es niemand.

Die dumpfe Hitze drückte mich in den Schlaf, und ich wachte schweißüberströmt auf, als jemand sagte: «*Sinto muito*, es tut mir sehr leid!»

Da stand der Fremde, unsicher, verstört, er begriff nicht, was seine beiden Worte in mir bewegt hatten. Wie auch? Aber er merkte, daß er mich verletzt hatte, und es tat ihm leid. Ich nahm die Entschuldigung an, sie war ehrlich gemeint, aber dann verpatzte der Idiot wieder alles.

«Ich bewundere die Deutschen, was sie geleistet haben. Wenn ihr den Krieg gewonnen hättet, würden wir heute nicht von den Juden aus Wall Street beherrscht. Denen verdanken wir die Auslandsschulden von hundertzwanzig Milliarden Dollar...»

«...ich will nichts mehr davon hören! Ich akzeptiere deine Entschuldigung und basta, fertig!»

«Warum regst du dich so auf?» fragte der Fremde unschuldig.

Den Nachmittag verbrachte ich damit, ihm zu erzählen, wie es zum Krieg gekommen war, und der Kreis der Zuhörer wuchs. «Das habe ich alles nicht gewußt», sagte einer von ihnen.

«Das hat auch die Generation unserer Eltern behauptet», sagte ich, «aber wir haben es nicht geglaubt.»

«In Tomé-Açú war ein Internierungslager für Deutsche», erinnerte sich ein älterer Mann. «Aber erst, als Getúlio Vargas Deutschland den Krieg erklärte. Getúlio war auch ein Diktator, der hat mit Hitler sympathisiert. Die Amerikaner haben Brasilien den Krieg aufgezwungen...»

«Wie war das hier während der Militärdiktatur?» fragte ich. «Wie habt ihr euch verhalten? Es wurde gefoltert, es sind Menschen verschwunden.» Keiner sagte etwas.

Die *Fé em Deus* änderte abrupt ihren Kurs. Voraus trieb ein Fischerboot, ein Kahn, mitten auf dem Strom. Die Fischer gestikulierten wild und holten ein Treibnetz ein. Einer der beiden zog einen armlangen silbernen Fisch aus den Maschen und schlug mit einem Knüppel auf den Kopf. Einige Männer sprangen johlend auf die Reling: *«'bora, los, gib's ihm! Sei ein Macho! Feste, hau drauf!»* – und klatschten Beifall. Der Fischer schlug wieder zu, der Fisch hörte auf zu zappeln.

Wild schaukelnd blieb das Fischerboot hinter uns zurück, weit dahinter zeigte sich eine schwarze Rauchfahne. Es dauerte lange, bis darunter die typischen Aufbauten eines Kriegsschiffes auszumachen waren. Die Berge, die uns seit dem Morgen flankierten, waren von der Küste ins Hinterland zurückgewichen. Die versinkende Sonne schickte breite, gebündelte Strahlen in den leicht violetten Himmel. Wie hatten die Maler des Mittelalters in dieser Weise Altarbilder malen können, ohne die Sonnenuntergänge am Amazonas zu kennen?

Kommandant Furtado wußte nicht, wie diese Strahlen entstanden, obwohl er seit fünfzehn Jahren den Amazonas und seine Nebenflüsse befuhr. «Es wird sich um eine besondere Lichtbrechung in diesen Breiten handeln.»

Furtado war kaum vier Jahre alt gewesen, da bekam er sein eigenes Kanu – «wie andere ein Fahrrad», schmunzelte er und setzte sich zu uns auf die Brücke. Der Zahlmeister saß neben mir, ans Ruderhaus gelehnt, wir tranken Kaffee und streckten die Beine den spiegelglatten Fluten entgegen. Der Sonnenuntergang versöhnte mich mit dem Tag.

Der Zahlmeister schilderte seinen Aufenthalt in der Schweiz, wo er im Winter in einem Hotel gearbeitet und sich nur gegrämt hatte. «Meistens war ich allein, zu den Schweizern habe ich keinen Kontakt bekommen, wohl auch wegen der Sprache. Aber sie sind unfreundlich, Ausländer bleiben ausgeschlossen. Ich bin vor Heimweh fast gestorben. Einen Paraenser darf man eben nicht verpflanzen.»

Kommandant Furtado, der sich weit über die Reling lehnte und die Arme baumeln ließ, machte in Shorts und mit weit offenem Hemd, aus dem ein goldenes Kreuz heraushing, eher den Eindruck eines Urlaubers als den eines Kapitäns.

«*Pois é*, so ist das. Die Gringos, die wir oft an Bord haben, sind meistens nicht glücklich. Sie vergraben sich in Büchern und sondern sich ab, sie reden nicht mit uns.»

Der Zahlmeister stimmte lebhaft zu. «Wenn es uns so gut ginge, finanziell meine ich – das wäre ja nicht auszuhalten.»

«Von uns», Furtado holte weit aus, schloß alle an Bord mit ein, «kann sich niemand einen Europatrip mit Freundin leisten. Die Ausländer machen Urlaub und haben schlechte Laune dabei und nie Zeit. Sie hetzen durchs Land. Ich glaube, sie haben Angst vor uns, vor allem: vor Sonnenbrand, Räubern, vor dem Essen. Und sie diskutieren bei jeder Gelegenheit. Ich verstehe die Sprachen nicht, aber ich sehe ihre Gesichter und höre die Stimmen. Besonders bei den Pärchen klingt das fast immer agressiv.»

«Nur die Männer sind locker, wenn sie mit einer Brasilianerin reisen, sie machen...», der Zahlmeister grinste süffisant und zögerte kurz, «...so eine Art Therapie.»

«So ist es», sagte Furtado und lachte mich an. «Sie haben sich auch schon in Behandlung begeben.»

«Rein platonisch», wiegelte ich ab.

«Selbst schuld. Was seid ihr für Dummköpfe.»

Furtado schenkte Kaffee nach; die Thermoskanne neben dem Ruder wurde niemals leer. Der Amazonas hatte inzwischen die Schwärze des Kaffees angenommen, in dem die Sterne zu glimmen begannen. Die Ufer waren fern und finster, kein Licht, keine Stadt, kein Dorf, kein Schiff. Das Schnellboot mit der Rauchfahne hatte uns mittlerweile überholt.

Furtado holte eine Seekarte aus seiner Kajüte und rollte sie aus, zeigte mir im Schein einer Taschenlampe unsere Position. «Prainha ist unser nächstes Ziel, und um Mitternacht werden wir Monte Alegre erreichen. Wir haben kaum Verspätung.»

Die Seekarte entsprach internationalem Standard. Leuchtfeuer oder Seezeichen waren nur an den Hafeneinfahrten eingezeichnet. Die Karte trug zusätzlich einen Hinweis darauf, daß sich an den tiefen Stellen treibende Baumstämme sammelten, die der Schiffahrt gefährlich werden konnten.

«Auf die Tiefenangaben können wir uns nicht immer verlassen, das Echolot ist genauer...»

«... oder das Lot vom Bootsmann», ergänzte der Zahlmeister.

«Der Amazonas verlegt sein Bett, er schüttet in einer Nacht eine Hafeneinfahrt mit Ablagerungen zu. In dieser Jahreszeit jedoch ist das Navigieren ein Kinderspiel.» Furtado griff nach einer Zigarette, paffte vor sich hin und warf sie über Bord. «Ekelhaft – in der Regenzeit müssen sie mal mitfahren. Bis nach Santarém brauchen wir zwölf Stunden länger. Alles ist klamm und kalt. Die Sicht ist bei Regen sehr eingeschränkt, und wir kommen kaum von der Brücke, ohne naß zu werden. Aber es gibt auch sonnige Tage.»

«Wieso hat mich auf dem Wasser noch nie eine Mücke gestochen», fragte ich. «Kaum ist man an Land, in der Dämmerung oder im Schatten, da fallen die Biester über einen her...»

«... deshalb halten wir auch immer Distanz zum Ufer, gerade bei Sonnenaufgang und Sonnenuntergang. Auf dem Strom ist für Mükken nichts zu holen. *Piuns* gibt es glücklicherweise nicht. Sie kennen die Bestien – so groß wie ein Punkt?» Ich kannte das Viehzeug zu gut: *pium*, der, der die Haut ißt – hatten die Tupinambá das Insekt genannt. Da waren andere, viele, entsetzliche: Mosquito, *fincão, sovela, perereca, murisoca* und *carapanã* – so hießen Mücken, und so schrecklich wie ihre Namen waren sie auch. Am meisten fürchtete ich die Anopheles mit weißen Spitzen an den langen Hinterbeinen, sie übertrug Malaria.

Sie hatte Furtado bisher nicht erwischt, für ihn waren *piuns* das Schlimmste. «Auf dem Rio Branco in Roraima haben sie uns beinahe umgebracht», erzählte Furtado. «Wir brachten Treibstoff nach Boa Vista. Alle paar Stunden liefen wir auf Grund, es war in der Trockenzeit, wir brauchten Wochen. Und dann kamen die *piuns*. Sie krochen in die Augen, wir konnten nichts mehr sehen, sie krochen beim Atmen in die Nase und beim Essen in den Mund. Wir banden uns Tücher um den Kopf, aber dann konnten wir nichts mehr essen. Bei der Hitze wurden wir rasend. An Schlaf war überhaupt nicht zu denken, die gesamte Mannschaft ist durchgedreht, vor Hunger und Schlaflosigkeit. Die Hölle war es, die Grüne Hölle, wie die Schriftsteller sagen. Und am Rio Branco gibt es keine Dörfer oder Städte. Irgendwann, als wir fast umkehren wollten, kamen Indios und wollten von uns mitsamt ihren Kanus mitgenommen werden. Keiner wollte etwas mit ihnen zu tun haben, sie stanken wie die Pest. Sie hatten sich mit irgendwas eingerieben, mit irgendeiner Substanz aus Andirobaöl – und die *piuns* ließen sie in Ruhe. Da haben wir ihnen ein Geschäft vorgeschlagen. Wir nehmen euch mit, und ihr gebt uns das Öl. *Meu Deus* – war das eine Erlösung, die Indios haben uns gerettet. Sie wissen, wie man im Wald überlebt. Ohne ihre Hilfe hätten die Portugiesen Amazonien nie erobern können. Zum Lohn dafür haben wir sie fast ausgerottet...»

«... den Rest machen wir auch noch fertig», grummelte der Zahlmeister, «wir sind ein Volk ohne Scham.»

Die *Fé em Deus* hielt auf einen Kanal am südlichen Ufer zu, den nur eine halbmondförmige Insel vom Hauptstrom trennte. Fledermäuse huschten an den Positionslaternen vorbei. Aus dem Schilf am Ufer stiegen winzige Lichtpunkte, Hunderte, Tausende. Ein Volk von Glühwürmchen bot uns ein lebendiges Feuerwerk.

Furtado machte mich auf ein Schiff aufmerksam. Es mußte länger als fünfzig Meter sein, denn es führte zwei weiße Lichter in unterschiedlicher Höhe, und die Steuerbordlaterne war sichtbar: «Ein Erzfrachter aus Oriximiná, mit Bauxit beladen. Denen begegnen wir öfter. Die nehmen keinerlei Rücksicht auf uns. Die verhalten sich, als würde der Amazonas ihnen gehören.»

Der Frachter näherte sich rasch. Furtado gab dem Rudergänger den Befehl, nach Steuerbord zu halten. «Wir bleiben an diesem Ufer.»

Obwohl wir nach Backbord abfielen, kam der Frachter weiter auf uns zu, die Toplichter blieben auf gleicher Position.

«Mehr nach Steuerbord», rief Furtado, und der Rudergänger warf das Steuerrad weiter herum und ließ das Signalhorn kurz tönen. Der Frachter hielt den Kollisionskurs bei, als wenn er uns rammen wollte. Der Kommandant griff nach dem Mikrofon des Funkgeräts und rief den Frachter. Niemand antwortete. Auch auf Hornsignale erfolgte keine Reaktion.

«Ruder hart um!» Furtado stieß den Rudergänger beiseite. Wie irrsinnig drehte er das Ruder bis zum Anschlag. Die *Fé em Deus* legte sich zur Seite, wir liefen im Winkel von neunzig Grad auf das Feuer der Glühwürmchen zu. Entsetzt starrten wir auf den Klotz aus Stahl, und zu allem Unglück drückte die Strömung den Frachter in unsere Richtung. Unser Holzschiff würde wie eine Streichholzschachtel auseinanderplatzen.

«Wir hätten nach Backbord gehen sollen», stieß der Zahlmeister hervor und wußte selbst, daß es zu spät war. Die schwarze Wand aus Eisen wuchs, der Frachter war heran, schoß knapp zehn Meter hinter dem Heck unseres Schiffes vorbei. Furtado warf das Ruder in die entgegengesetzte Richtung, und während die *Fé em Deus* weit überholte, hob uns die Bugwelle des Frachters an. Klirren und Kreischen erscholl von den Decks, Kinder schrien – dann herrschte Stille. Das Geisterschiff entschwand in der Nacht. Furtado atmete erleichtert auf. «Sieben Kilometer ist der Amazonas breit. Und da rammen die uns beinahe. Bei denen», er meinte die Erzfrachter, «kommt es auf jede Minute an. Wenn es um Geld geht, werden alle skrupellos. So ein Hurensohn, so ein verfluchter», schrie Furtado und brüllte sich die Spannung aus dem Leib.

8. *Familienbande*

Alle waren von Bord gegangen. Die *Fé em Deus* lag an der Verladebrücke des Industriehafens oberhalb von Santarém. Einsam stand der Eßtisch ohne Wachstuch auf dem naß glänzenden Deck. Die Mannschaft wuchtete Kisten aus dem Laderaum, schob sie über eine Bohle auf die Pier, wo die Lastträger im Schatten auf den nächsten LKW warteten.

Der Junge vom Tocantins hatte die noch immer angegriffene Gouvernante auf dem Weg zum Taxi gestützt und der Prinzessin artig die Koffer getragen. Jetzt half er beim Entladen. Guincho hatte ihm den Vorschlag gemacht, weil er den Jungen und seinen Nebenbuhler im Kampf um die Prinzessin für eine Weile auseinanderhalten wollte, denn der Ältere trug noch immer die Schande des Geschlagenen. Was später in Santarém geschah, war nicht mehr Sache der Mannschaft. Wären beide gleichzeitig von Bord gegangen, der Streit hätte an Land in einer Messerstecherei enden können. Es war ein typischer *jeito*, eine Konfliktlösung, bei der alle Beteiligten das Gesicht wahrten. Keiner von beiden stand als Feigling da, und der Junge vom Tocantins konnte ein paar Cruzeiros verdienen. Er war sowieso zum Arbeiten nach Santarém gekommen. «Ich mache alles, egal, was es ist», hatte er gesagt. «Zur Not geh ich auch in die Goldgruben.»

Davon aber hatte ihm seine vom Diamantensucher zur Seite gestellte Begleiterin dringend abgeraten: «Du bist zu hitzig, du verlierst zu schnell die Nerven. Das kann dich die Gesundheit kosten, suche dir eine andere Arbeit», beschwor ihn Janette, die Gefallen an ihm zu finden begann. «Es wäre schade um einen Jungen wie dich.»

«Wieso soll ich nicht in den *garimpo*, wenn du hingehst. Ich bin immerhin ein Mann.» Der Junge verstand die Welt nicht mehr.

«Das glaubst auch nur du», hatte Janette geantwortet. Als er sich dann erboten hatte, sie nach Itaituba zu begleiten, erinnerte sie sich an den Rat der Köchin, sich auf keinen Mann einzulassen, außer auf den, mit dem sie leben wollte, und für diesen Fall sollte sie besser die Goldgruben vorher verlassen und nichts von ihrem Vorleben wissen lassen.

Es war zu früh, um in der Stadt etwas zu unternehmen, und ich leistete Furtado beim Zählen von Kartons mit *charque* Gesellschaft. Der ranzig-salzige Geruch des Trockenfleischs stieg aus dem Laderaum. «Wie gut, daß es bereits beim Beladen Bruch gegeben hat», bemerkte Furtado. «In den Kisten mit *charque* waren Steine, in Fleischbahnen eingewickelt, alles in der Originalverpackung, in der Fabrik versiegelt. Wenn nicht eine der Kisten runtergefallen wäre, hätten wir nichts gemerkt. Für alles, was an Bord ist, hafte ich. Der Empfänger hätte behauptet, daß wir die Steine reingepackt hätten, und ich wäre der Gelackmeierte.»

Daß es sich lohnte, auch mit *charque* zu betrügen und nicht nur mit Videokasetten oder falschen Parfüms, war neu. «Wer hat das Ding in der Fabrik gedreht?»

«*Sei lá*, was weiß ich, der Chef persönlich oder die Arbeiter – und Sie?» fragte er mich, «wie geht es weiter?» Für Furtado war das Thema erledigt.

«Ich will zum Umweltamt und mir ansehen, was für Projekte sie für den Regenwald geplant haben...»

«Lassen Sie sich nicht einseifen», sagte der Kommandant. «Hier ändert sich gar nichts. Glauben Sie, daß einer aus Überzeugung zum Umweltamt geht? Wenn Sie wollen, können Sie an Bord bleiben, bis wir nach Belém zurückfahren. Sie sparen das Hotel. Das Schiff muß nicht in die Werft.»

Der Vorschlag war mir sehr angenehm; in der Hängematte an Deck schlief ich leicht und ruhig. In muffigen Hotelzimmern mit laut ratternder Klimaanlage erwachte ich meist bleiern und mit Halsschmerzen.

Geier begleiteten mich in der Luft auf meinem Weg über die Dammstraße am Ufer auf das Stadtzentrum zu. Geier schwebten links von mir über den Rio Tapajós. Über der Insel mit jungen Bäumen, die der Amazonas weit vor der Stadt aufgespült hatte und die ihn vom Rio Tapajós trennte, waren die Vögel nur noch Pünktchen.

Beide Ströme trafen hinter der Insel zusammen, flossen nebeneinander her, und erst unterhalb von Santarém trübte der Amazonas das grünlich klare Wasser des Tapajós mit seinem ockerfarbenen Sediment. Geier hüpften über den weißen, von Abwasserkanälen und faulenden Pfützen durchzogenen Strand. Dicht nebeneinander lagen die Schiffe am Strand: *gaiolas, yates* und *lanchas*. Frachtkähne mit mehr Tiefgang, wie der von da Costas Vetter, lagen vor Anker, und zwischen den Schiffen und Inseln fuhren die winzigen Kanus der Fischer.

Unterhalb des Dammes auf der Landseite saßen die Geier auf den Dächern der Schiffsausrüster. Plastiksäcke und Gemüse wurden umgeschlagen, Pappkartons mit Zahnpasta, Besen, Schnapsflaschen und Autoreifen schaukelten auf den Köpfen von Trägern an Land und wieder zurück auf kleinere Boote. Santarém lag in der Trockenzeit am Ende der Bundesstraße 163, einer zweitausend Kilometer langen Verbindung zu den Sojaplantagen um Cuiabá auf dem Zentralen Hochplateau. Seit einem Jahrzehnt nährten Politiker die Hoffnung, daß die Piste asphaltiert werden würde, damit die Soyatransporter in Santarém das Getreide auf Frachter umladen könnten. Das würde Geld bringen: Hotels, Werkstätten, Tankstellen, Arbeit im Hafen, Bars und Prostituierte für die Fahrer. Der Dienstleistungssektor entstand, bevor überhaupt etwas produziert wurde. Santarém wartete auf bessere Zeiten, einen neuen Goldrausch, auf Soja, Asphalt, auf Arbeit im zukünftigen Exportkorridor wie bei den Eisenbahnen, die aus dem Inland Südamerikas nur an die Küsten führten. Anzapfen, absägen, ausgraben – und verkaufen. Seit der Goldrausch im vierhundert Kilometer entfernten Itaituba zu Ende war, fiel Santarém, die «Perle vom Tapajós», die wichtigste Stadt in Niederamazonien, in die wirtschaftliche Bedeutungslosigkeit. Santarém war langweilig und heiß, Santarém war ein reiner Umschlagplatz und lebte schlecht davon.

Als der Naturforscher Bates 1850 die Stadt besucht hatte, lebten hier lediglich zweitausendfünfhundert Einwohner, größtenteils Indigenas, und Jaguare brüllten nachts am Stadtrand. Jetzt brüllten Motorräder ohne Schalldämpfer, und die Stadt war auf mehr als dreihunderttausend angewachsen, die Indigenas waren zu Mestizen geworden.

Santarém besaß ein Kino, staubige Straßen, mehrere hohe Funk- und Fernsehmasten und einen vielversprechenden jungen Bürgermeister, der einen unabhängigen Staat Tapajós propagiert hatte, von dem die Bevölkerung Posten in der Verwaltung und die Wirtschaft Bauaufträge erwartete. In diesen Tagen aber schlug sich der Bürgermeister auf die Seite des Gouverneurs und stieß damit Koalitionspartner und Bürger vor den Kopf.

Im Zentrum schloß sich eine finstere Markthalle mit schmalen Gängen an die Läden an. Hier suchten die Geier zwischen geparkten Autos nach Futter. Die Bar auf dem Platz vor der Kirche war bereits gut besucht, und in den vom Ufer rechtwinklig wegstrebenden Straßen schrien sich die Verkäufer von Bekleidungsläden und Schuhgeschäften gegenseitig nieder. Gegenüber der Kirche wurde der Deich zur Promenade. Unterhalb der hohen Mauer lagen die Passagierschiffe nach Alenquer, Monte Alegre, nach Óbidos und Curuaí. Von dem Schiff nach Itaituba winkte mir jemand zu, eine der fünf Freundinnen auf dem Weg ins Goldgräberglück. Dann sah ich Rita. Sie begrüßte mich überschwenglich, als hätten wir uns seit Tagen nicht gesehen und nicht erst am Morgen Abschied genommen.

Janette zog mich beiseite. «Ich brauche deine Hilfe. Ist ganz ungefährlich.» Sie wollte, daß ich sie begleitete, und druckste herum, bis sie auf den Kern der Angelegenheit kam. «Ich brauche was zu rauchen.» Ein Taxifahrer an der Straße nach Cuiabá sollte der Kontaktmann sein. Wir fanden ihn am Halteplatz gegenüber einer miesen Spelunke. Er fuhr uns in Richtung Flugplatz und bog am Ortsausgang links ab. Die letzten Meter zum Holzhaus des Dealers gingen wir zu Fuß. Die Behausung war armselig, die Möbel gehörten auf den Müll und die Hunde ebenfalls. Alles diene der Tarnung, der Dealer besäße zwei große Häuser, eine Fazenda und zwei Autos, erzählte uns der Taxifahrer auf dem Rückweg. Der Dealer stellte sich dumm, wußte von nichts, kam dann aber mit einigen Plastiksäckchen Kokain und Marihuana zurück. Janette war entzückt und Rita sauer.

Als wir zum Mittagessen in eine Cafeteria gingen, blieb sie schmollend in der Hängematte. «Wofür brauchst du mich? Du hast ja jetzt Janette.»

«*Pois é*, dann eben nicht», es war mir egal. Der Besuch beim Dealer hatte mich angeekelt. Ich war müde, und mich störten die lauten Motorräder, die schreienden Verkäufer, eine Kinderbande bombardierte ein Stoffgeschäft mit Pflastersteinen, weil eines ihrer Mitglieder beim Klauen erwischt worden war. Als wir endlich im Restaurant saßen, ließen uns die Bettler nicht in Ruhe und fragten um Geld für Fahrkarten nach irgendwo. Ich wünschte mich auf die sichere Welt des Schiffes zurück.

«Ich würde euch gern nach Itaituba begleiten», sagte ich zum Abschied, «aber erst will ich nach Roraima.»

«Vielleicht sehen wir uns wieder», seufzte Janette gerührt, «*se Deus quiser*, so Gott will.» Küßchen auf die linke Wange, Küßchen auf die rechte Wange – und weg war sie.

In einem Eisenwarenladen kaufte ich eine Kette, um mein Gepäck anzuschließen, als ein Kunde sagte: «...die Rechnung stellen Sie auf IBAMA aus.»

Es war ein großer Weißer mit gebräunter Haut, blond, dreißig Jahre alt. Er trug ein Tennishemd, verwaschene Jeans und weiße Tennisschuhe. Die Hände, die den Beleg falteten und ins Portemonnaie steckten, konnten zupacken.

«*Dá licença*!» Ich faßte den Arm des Mannes. «Entschuldigung. Sie arbeiten für das Umweltamt?»

«Viel zu lange schon..., aber irgendwomit muß man sein Geld verdienen...»

Das IBAMA war die brasilianische Umweltbehörde, ein Amt voller Widersprüche, Erklärungen, Dementis und elf Präsidenten in den letzten drei Jahren. Der international bekannte Umweltschützer Lutzemberger war abgesetzt worden, weil er es nicht verstanden hatte, sich mit den Interessengruppen zu arangieren. Umweltschutz ohne Geheimdiplomatie – ein Ding der Unmöglichkeit. Engagement mochte angehen, aber erst wenn sich alle Staatsdiener ihr Stück vom Kuchen gesichert hatten.

Mein Gegenüber stammte aus dem Süden Brasiliens. «Ein halbes Jahr wollte ich bleiben, jetzt sind es schon drei geworden. Ich mag den Regenwald. Bei uns in Minas Gerais steht fast kein Baum mehr, und aufgeforstet wird nur mit Eukalyptus. Auch hier werden sie nicht ruhen, bis sie den letzten Baum gefällt haben.»

«Wird in Amazonien inzwischen mehr oder weniger abgeholzt und abgebrannt als früher?»

«Weniger – die Zahlen allerdings sind widersprüchlich. Bei der Regierung von Präsident Sarney waren fünf Prozent Amazoniens abgeholzt, unter Präsident Collor waren es knapp zehn Prozent, mal sehen wie das unter seinem Nachfolger Itamar Franco wird. Aber – Statistiken sind wie Frauen, ein wenig Schminke macht sie hübscher. Die Zahlen werden frisiert, je nachdem, wie es gerade opportun ist.»

«Die weltweiten Proteste haben einiges bewirkt...»

«Nein», unterbrach mich der IBAMA-Mann sofort. «Ein Wandel im Bewußtsein hat sich nicht eingestellt. Die Fazendeiros bekommen vom Staat keine Subventionen mehr, um den Wald zu roden und Weiden anzulegen. Das ist der Grund für den Rückgang der Brände. Die Fazendeiros fühlen sich verraten. Die Regierung ist den Gringos in den Arsch gekrochen, sagen sie.»

Ich ließ mir die Kette und das Schloß einpacken, zahlte und ging mit dem Beamten zur Tür. Die Sonne brannte immer noch, aber die Mittagsruhe war vorüber und die Straße belebt. «Für Großgrundbesitzer zählt nur Weideland. Bäume stören, die müssen weg. *Fazer limpeza* nennen wir das – saubermachen – und nicht abholzen. Es ist eine Frage der Mentalität. Die Eroberer und Kolonisten haben den Wald immer als Feind begriffen. Für die *Indigenas* und die Schwarzen hat der Baum eine Seele, genau wie ein Tier. Aber in der Großstadt vergessen sie das. Die Elendsviertel zerstören den letzten Rest Menschlichkeit...»

Ich wußte nicht, was von seinen schönen Worten zu halten war. «Und was bedeutet Ihnen ein Baum?»

«Es geht nicht um den Baum, es geht ums Ganze, um die Einheit mit der Natur, mit dem Universum. Erde gehört dazu, die Tierwelt, alles ist aus dem Gleichgewicht!»

«Wie kommen Sie mit dieser Einstellung im IBAMA zurecht?» wunderte ich mich.

«Wer aufgibt, hat verloren. Wir dürfen ihnen das Feld nicht überlassen. Wir müssen dem Menschen den Zusammenhang klarmachen, aus dem er kommt, in dem er steht, den großen Kontext, die universale Dimension.»

«Sie scheinen Priester zu sein und kein Beamter. Oder sind Sie Techniker?»

«Forstwirt bin ich, habe noch ein bißchen Physik studiert, aus Spaß. Als Techniker darf man ja nicht nur auf die Einzelteile starren. Man muß sehen, wie sie zusammenpassen: Erde, Luft, Feuer und Wasser...»

«Sind Sie Spiritist?» fragte ich belustigt. Er überhörte die Ironie.

«...und dabei ist nichts statisch, alles ist in Bewegung, permanente Transformation. Jeder Zustand schafft wiederum einen neuen. Auch Ökosysteme haben ihre Geschichte. Ich wäre gern Ökohistoriker – das wäre mein Traumberuf.»

Der Beamte schloß die Tür eines alten Pick-up auf. «Auch dieser Wagen ist einem ständigen Veränderungsprozeß unterworfen. Der Regen setzt ihm zu.» Mein Begleiter holte Luft und lehnte sich an die Ladefläche. Ich mußte ihm zuhören, denn er verschaffte mir vielleicht Zugang zum IBAMA und zur Floresta Nacional am Rio Tapajos, dem Nationalwald, wo die Folgen des selektiven Holzeinschlags untersucht worden waren.

«Nehmen wir den Regen, einen einzigen Tropfen. Jeder hat eine andere Masse, fällt mit unterschiedlicher Geschwindigkeit aus unterschiedlicher Höhe. Der Tropfen trägt Nährstoffe, von denen sich Epiphythen ernähren, auch Nährstoffe von Insekten und Biomasse, die in die Blütenkelche fällt. Sehen Sie diesen Tropfen...»

Der Mann hob den Arm und streckte den Zeigefinger in den blauen Himmel. Ein *caboclo* blickte im Vorübergehen dem Finger nach, betrachtete uns stirnrunzelnd und trat näher. «Dieser Tropfen trifft auf ein Blatt, zersplittert, fällt als Sprühregen weiter nach unten. Das Blatt hat dem Tropfen die kinetische Energie genommen, er kann der Erde nichts mehr anhaben, zerschlägt den Boden nicht, wäscht den Humus nicht aus, den die anderen Pflanzen liefern. In der Feuchtigkeit am Boden entwickelt sich neues Leben, sie ist nötig für den Zerfallprozeß der Pflanzen, aus denen sich die anderen wieder ernähren. Setzen Sie sich einen Tag lang in den Regen, beobachten Sie, sehen Sie dem Wasser nach, schauen Sie sich einzelne Blätter an – und Sie werden wissen, wie der Urwald funktioniert. Sie glauben, daß ich verrückt bin?»

Ich lachte laut, weil er meine Gedanken erraten hatte, der *caboclo* verstand gar nichts und ging weiter.

«An welchem Projekt arbeiten sie im IBAMA?»

«Ich betreue die Floresta Nacional. Das ist das Waldgebiet am Rio Tapajós zwischen Santarém und der Transamazônica. Wir untersuchen unterschiedliche Einschlagtechniken, vergleichen ausgeholzte Waldstücke mit anderen, wo nichts gefällt worden ist. Was geschieht mit einem Wald, wenn nur einzelne Bäume geschlagen werden? – Mahagoni, zum Beispiel. Davon gibt es in Brasilien elf verschiedene Arten.»

«Und? Einzelne Bäume zu fällen schadet doch nicht, oder?»

«Das ist die Ausrede der Holzfäller, um ohne Skrupel über den Wald herzufallen, ohne aufzuforsten oder zu investieren. Die Holzhändler haben zwar von Klimaveränderungen gehört, aber die Folgen werden erst ihre Kinder oder Enkel treffen. Das ist ihnen egal.»

Marcio, so hieß der Beamte, wollte sich weder setzen noch sich abends mit mir treffen, da heute sein freier Tag war, und der war für die Familie reserviert. Aber er lud mich in die Floresta Nacional ein, «in dieser Woche, wenn der Chef es gestattet».

Der Chef von Marcio sah die Welt positiv. Die Brandrodung sei seit 1989 jährlich um etwa ein Viertel zurückgegangen. Inzwischen würden hauptsächlich Weiden und landwirtschaftlich genutzte, also längst abgeholzte Flächen abgebrannt. «Im September 1990 hatten wir 120000 Brandherde, 1991 waren es 150000, ein Jahr später 60000. In diesem Jahr müssen wir mit einer Steigerung von dreißig Prozent rechnen.»

Auch die Mahagoniausfuhr sei begrenzt worden, das Abholzen kontingentiert. «Es geht um die rationale Nutzung des Waldes. Brasiliens Weltmarktanteil an Tropenholz ist mit zwei Prozent sehr niedrig.» Am meisten jedoch interessierte den Chef eine von der Weltbank in Aussicht gestellte Finanzspritze von drei Millionen Dollar für seine Floresta Nacional, und er gab mir die Besuchserlaubnis.

Das Restaurant «Canta Galo», das Dorcilo mir wegen des guten Essens und der Schlangenfotos empfohlen hatte, war geschlossen. Die Fotos durfte ich sehen. Sie erinnerten mich an die Aufnahmen des Ungeheuers von Loch Ness, kein Anhaltspunkt ließ erkennen, wie groß die *sucurijús*, die sich im Wasser wanden, tatsächlich waren. Ich fuhr zur «Bar Mascote» an die Promenade. Gegenüber stürzten sich die Straßenkinder von der Promenade in den Fluß und scherten sich einen Dreck um die Abwasserrohre der Stadt.

Nach der derben Schiffskost studierte ich genüßlich die Speisekarte. Bei all den Fischen lief mir das Wasser im Mund zusammen: *piramutaba* mit Süßwasserkrabben in Sahne, gebackener *tucunaré*, *pirarucú*, in Kokosmilch oder in *tucupí* gekocht, oder eine *moqueca – filhote* in Palmöl zusammen mit Tomaten und Paprika geschmort. Nein, das war nichts für den Amazonas. Die *moqueca* war nur in Salavador da Bahia gut. «Nehmen sie *tucunaré*», empfahl jemand vom Nebentisch. Sein Begleiter riet entschieden ab: «Auf keinen Fall. Der hat Quecksilber.»

«Du gibst zuviel auf den Zeitungsquatsch. Der Fisch ist gut, er ist aus dem Tapajós...»

«Eben, deshalb», grollte der andere mit schwerer Zunge, «wegen der Goldgruben.»

«Im Tapajós wird überhaupt nicht geschürft...»

«...hast du keine Augen? Siehst du nicht, wie trübe das Wasser geworden ist? Vor zehn Jahren war es noch glasklar.»

Der Sprecher, der den *tucunaré* verteidigte, beugte sich zu mir herüber: «Hören Sie nicht auf meinen Freund. Setzen Sie sich zu uns. Sie sind nicht von hier! São Paulo?»

Gut – São Paulo, damit war das Problem der Herkunft gelöst. Ich nahm die Einladung an.

Der Mann, der mich angesprochen hatte, war dick, das kurzärmlige Oberhemd hing über die Bermudashorts, und in den Slippern aus feinem Leder trug er keine Socken. Er hatte die vollen, genußsüchtigen Lippen eines Menschen, der sich jeder sich darbietenden Lust hingab. Er war Cafuso, seine Vorfahren waren Schwarze, Indianer und Europäer. Sein Begleiter, ein Mestize mit groben Zügen, lockerte die Krawatte, löste den obersten Kragenknopf und warf den Sakko des hellgrauen Anzugs achtlos über die Stuhllehne. Die Brieftasche fiel heraus, und auf den Visitenkarten las ich, daß er Direktor einer örtlichen Bankfiliale war.

«Sie reisen?» fragte mich der Filialleiter und grabschte unsicher nach den Karten. «Es ist das Schönste, würde ich auch gern tun – wenn ich Zeit dazu hätte. In Europa war ich schon, in Portugal, meine Frau wollte hin, in Frankreich, in London – Europa ist phantastisch. Ach, Deutschland kenne ich auch, ich war einen Tag in München, im Hofbräuhaus, und in Rom. Die Italiener sind genauso wie wir, theatralisch und korrupt, liebenswert eben – wie wir.»

Der Mann mit den genußsüchtigen Lippen hieß Raimundo Terra, und er unterhielt mich, während ich auf den *tucunaré* wartete und sein Freund, der Filialleiter, sich mit *caipirosca*, mit Wodka und Limonensaft, abfüllte.

«Sind sie auch Ökologe wie der Rockmusiker Sting und die grünen Extremisten? Alle *paulistas* sind Ökologen, sie leben in einer Steinwüste und sehen Katastrophen – überall. Und den Prozeß gegen die Mörder von Chico Mendes, dem armen Kerl, haben sie zu einer weltweiten TV-Show gemacht. Das haben die Amerikaner bezahlt. Die behaupten auch, daß Amazonien die ewige Jungfrau bleiben muß, so was wie ein Naturheiligtum für die Welt. So was sagen immer nur die, die genug zu fressen haben. Aber wir hier, wir sind arm, seit fünfhundert Jahren ausgesogen.»

Der Ober brachte den Fisch. Terra bestellte *caipirosca* für alle, aber ich orderte lieber ein Bier. Der Blick über den Strom und die warme Nacht waren zu angenehm, um sich innerhalb einer halben Stunde zu betrinken. «Bringen Sie trotzdem drei *caipirosca*. Mein Freund», er schlug dem Bankdirektor auf die Schulter, «hat Kummer.» Terra beugte sich vertraulich zu mir: «Seine Frau hat entdeckt, daß er eine Geliebte hat. Ein Nuttchen hätte sie noch durchgehen lassen, aber eine Geliebte mit Apartment, zwanzig Jahre jünger als sie selbst? Ein schnuckeliges Mädchen. Das wird teuer: ein paar glitzernde Steinchen für die Frau, vielleicht eine Europareise. Es ist alles eine Frage des Preises.»

«Was machen Sie beruflich?»

«Bin Unternehmer, ich handele mit Holz!» Terra lehnte sich zurück, als erwarte er einen Angriff. «Ich schäme mich nicht, ganz im Gegenteil. Holz gibt es genug. Und bei guten Beziehungen zum Umweltamt bekommt man auch die Bescheinigungen zum Fällen und zum Transport. Was sehen Sie mich so skeptisch an?»

Ich schüttelte den Kopf. «Nein, *tudo bem*. Erzählen Sie!»

«Sie haben was gegen mich, ich sehe es Ihnen an. Gerade wir, die wir Amazonien zivilisieren, die wir Werte schaffen, wir werden verurteilt. Dabei nutzen wir den Wald bewußt und rationell. Zwei

Jahrzehnte bin ich hier und bin stolz darauf, ich bin ein wahrer Pionier. Ich kam, als man im Süden dachte, daß hier Schlangen über die Straßen kriechen und Jaguare im Garten sitzen. Ich streite nichts ab, ich stehe zu jedem Baum, den ich gefällt habe. Der schafft Wohlstand!» Terra trank seinem Begleiter zu, der vor sich hinstarrte.

«Mit der Motorsäge in der Hand habe ich angefangen. Es gibt nichts anderes als diese Maschine, um die Bestie Amazonien zu besiegen, und Feuer. Damit setzt man sich durch, sonst fressen dich die Ameisen! Ich bin so was wie ein moderner *bandeirante*. Kein Sklavenjäger, nein, aber ein Entdecker. Mir war kein Opfer zuviel. Unzählige Nächte habe ich im Wald verbracht, in der Hängematte unter eine Plane, der Wald war mein Dach, mein Himmel. Hunger haben wir gelitten, nicht nur ich...» Terra trank, ich aß den *tucunaré* mit Genuß. Der Fisch war herzhaft, fest und ein wenig rauchig.

«...Fieber, Malaria, der ewige Regen und die Angst vor den Indios. Verstehen Sie mich nicht falsch», der Holzhändler holte Luft, als ich wegen einer Gräte die Stirn runzelte, «...ich will nicht angeben, ich habe auch nichts für die Zerstörung Amazoniens übrig, aber für seine vernünftige Erschließung! Wir Brasilianer sind nur für sechs Prozent der Kohlenstoffemissionen auf der Welt verantwortlich, ja, ich kenne die Zahlen. Ihr haltet uns für dumm. Die Vereinigten Staaten, die uns kritisieren, blasen die Hälfte von dem Dreck in die Luft. Diese imperialistische Bande verfeuert die Hälfte der Weltenergie. Im Irak konnten sie noch machen, was sie wollten. Mit uns machen sie das nicht, wir haben Atomwaffen! Und unser Land ist viel zu groß.» Mein Gegenüber redete sich in Wut, sein Hals schwoll an. «Wir verlegen einen Frachter mit je einer Atombombe nach New York, einen nach San Francisco und einen nach New Orleans. Und wenn die USA sich mit Gewalt die Rohstoffe Amazoniens holen wollen, denn ausschließlich darum geht es, dann stellen wir das Ultimatum... Den Vertrag zur friedlichen Nutzung der Atomenergie haben wir glücklicherweise nicht unterschrieben.»

So etwas Idiotisches hatte ich in Brasilien noch nie gehört. Ich sah den Holzhändler entgeistert an. Konnte das ernst gemeint sein? «Das habe nicht ich mir ausgedacht, das stammt von einem Heeresoffizier. Seinen Namen möchte ich nicht nennen, das würde ihn kompromittieren.» Der Holzhändler ließ die Unterlippe hängen und sah dabei so dümmlich aus wie der Kopf des *tucunaré* mit leicht geöffnetem Maul auf meinem Teller. «Wir müssen Amazonien analysieren, müssen wissen, was der Boden hergibt. Wir brauchen Arbeit für die Menschen, für die *caboclos*. Ich weiß auch, daß höchstens zwanzig Prozent des Urwaldes für Landwirtschaft geeignet sind, vielleicht noch weniger. Wir benötigen Wissenschaftler, Energie und Kapital für die Abholzung. Nicht einfach drauflos wie früher, die Motorsäge anwerfen – ah, ein göttliches Gefühl, wenn sie wie in Butter ins Holz geht.» Mit vorgehaltenen Händen zog er eine imaginäre Motorsäge quer über den Tisch. «Wir sind es, die arbeiten. Wir schlagen die Wege, auf denen ihr Ökologen in den Wald stolpert und uns denunziert. Wir machen die Vorarbeit für die Viehzüchter, damit alle Fleisch essen können. Wir liefern das Holz, damit sie ein Dach über dem Kopf haben, ein Schiff unter dem Hintern und Holzkohle für die Hüttenwerke, damit Bücher und Zeitungen gedruckt werden können. Die wahren Patrioten, das sind wir. Aber niemand dankt es. Wir sind in zwei, drei Jahren zu Aussätzigen abgestempelt worden, zu Verbrechern, wie sie unter Goldgräbern zu finden sind – von Journalisten und Filmemachern. Die kommen für zwei Wochen aus Washington angejettet und wissen alles. Wenn es uns nicht gäbe, dann wären sie arbeitslos. Dieser Sting hat die Indios nur ausgenutzt und mit seiner Urwaldmusik Millionen gemacht. Die Indios haben davon nichts gehabt!» Der Filialleiter war eingenickt. Sein Kopf hing zur Seite, und aus seinem Mundwinkel rann ein dünner Speichelfaden. «Ich werde ihn nach Hause bringen.» Der Holzhändler zögerte. «Nein, ich nehme ihn mit zu mir, ersparen wir seiner Frau die Szene, und die Kinder müssen den Vater nicht in diesem Zustand sehen.»

Trotz meines heftigen Protests zahlte der Holzhändler die gesamte Zeche. «Sie sind jetzt mitgefangen, *paulista*. Das ist Geld aus dem Holzgeschäft, schmutziges Geld!» Er lachte selbstgefällig, und gemeinsam schleppten wir seinen Freund zum Wagen.

«Besuchen Sie mich, mein Freund. Mein Haus steht Ihnen zur Verfügung. Dann plaudern wir weiter. Es hat mir Spaß gemacht.» Er ließ den Wagen an, fuhr gegen den Bordstein, stieß gegen den hinter ihm geparkten Wagen und bog ohne Licht in eine Seitenstraße. Ich schlenderte am Strom entlang zum Hafen und verbrachte den Rest des Abends mit der Mannschaft der *Fé em Deus*.

Marcio hatte es nach einigen Tagen geschafft, den VW-Bus vom IBAMA zu bekommen, und es war auch noch etwas Benzingeld in der Behördenkasse. Wir konnten fahren. Kurz hinter der Niederlassung von Mercedes Benz am Stadtrand ging der Asphalt in Staub über, und als wir die Savanne hinter uns gelassen hatten und die Wälder der Babaçúpalmen, begann bei Kilometer 50 die Floresta Nacional. Der Nationalwald diente zu Experimenten im Gegensatz zu Naturschutzgebieten und biologischen Reserven, die eine Art Genbank zur Sicherung der Artenvielfalt darstellten. Seit zwanzig Jahren war ein Teil des Sekundarwaldes nicht angerührt worden, und abgeholzte Flächen wurden wieder grün, zeigten aber bei weitem nicht die Artenvielfalt des Urwalds. Weiche Hölzer, für die kommerzielle Nutzung uninteressant, erklärte Marcio, hätten eine wichtige Funktion für die Wiederherstellung des Waldes, denn sie schufen ein Klima, das anderen Bäumen das Wachstum erleichterte.

«Eine Rodung im Urwald ist wie eine Wunde beim Menschen, je größer sie ist, desto länger dauert die Heilung. Da gibt es den schnell wachsenden *imbauba*, der wächst als erster. Seine Samen treiben sogar nach hundert Jahren aus. Das ist so was wie Schorf, der zuerst die Wunde bedeckt.»

Das Grün am Straßenrand wurde von den lila Blüten des *parapará* durchbrochen, Palisander prunkte in Gelb, und die Blüten des *ipê* strotzten in Rosa. Bäume gleicher Art standen anders als die Palmen nie eng beieinander.

«Bei der Erforschung des Waldes stehen wir noch am Anfang», bedauerte Marcio. «Vierhundert Arten werden höher als fünfzehn Meter und erreichen einen Durchmesser von mehr als fünfzig Zentimetern. Damit werden sie wirtschaftlich wichtig, aber nur siebzig Arten werden bisher vermarktet. Diese Zahl läßt sich wahrscheinlich auf hundertdreißig steigern.»

Der Wagen sprang über Bodenwellen und schleuderte im weichen Sand. Staub legte sich auf die Sitze, und wir griffen immer häufiger zur Wasserflasche. «Sehen Sie den *sumauma* dort?» Marcio zeigte durch die eingestaubte Windschutzscheibe. Der mächtige Baum war nicht zu übersehen. Er stützte sich auf Brettwurzeln und streckte die Krone über die ganze Breite der Piste. Ein Haus hätte darunter Platz gehabt. Marcio bremste.

«Ein komplettes Biotop, ein einziger Baum. Aus seinem Holz bauen Sie ein ganzes Schiff für den Amazonas. Dieser Baum ist wunderbar. Die Holzhändler würden ihn am liebsten absägen lassen, wenn wir sie nicht hindern würden. Sie sind zu faul, sich Gedanken über die richtige Forstwirtschaft zu machen. Sie denken nur an Geld und an Frauen. Nichtstun und sich den Sack kratzen, das sind ihre Lieblingsbeschäftigungen. Mit dem Holz, das die Viehzüchter im letzten Jahrzehnt abgebrannt haben, hätte Brasilien eine der führenden Möbelindustrien der Welt aufbauen können. Mit modernsten Maschinen, Arbeitsplätze schaffen, den Menschen ein langfristiges Einkommen garantieren. Hier wären Betätigungsfelder für Designer, Tischler, Maschinenbauer, für Transportarbeiter. Die Leute könnten etwas lernen... wieso lachen Sie?»

«Tut mir leid, *sinto muito*, es hört sich gut an, aber dazu hat keiner Lust.»

«*É asim*, so ist es», stöhnte Marcio. «Und wenn es nicht so wäre, dann wären wir nicht das, was wir sind – Brasilianer.» Jetzt lachte er auch und war mit sich selbst und seinem Volk wieder versöhnt. Es war eben wundervoll und genug, Brasilianer zu sein. Es war eine Eigenschaft und keine Nationalität.

Wir bogen in einen engen Waldweg. Der Wald war hoch und licht. Nichts deutete darauf hin, daß dieses Waldstück ausgeholzt worden war. Dabei hatten Waldarbeiter auf der rechten Seite des Weges alle Bäume mit einem Durchmesser über 55 Zentimeter gefällt, auf der anderen Seite die bis 45 Zentimeter. «Das war zuviel», erklärte Marcio und zeigte mir Pläne, auf denen jeder einzelne Baum des Geländes eingezeichnet war. «Wir dürfen vierzig Prozent aller Bäume über 55 Zentimeter Durchmesser fällen. Dann allerdings muß der Wald für fünfzehn Jahre ruhen.»

«Wenn ihr das alles wißt, dann dürfte es keine Schwierigkeiten mit den Holzfällern geben...»

«... und ob. Es hält sich keiner dran. Wenn die einmal die Säge in der Hand haben, dann holen sie sich alles, reißen den Boden auf, lassen die Bäume in alle möglichen Richtungen fallen, dabei werden andere mitgerissen. Wir haben nicht genügend Leute zur Kontrolle...»

Die Sonne rötete sich, das Abendrot setzte den Himmel über dem Urwald in Flammen. Wir waren staubig, verschwitzt und müde. Aber es war ein interessanter Tag gewesen. Die Schatten wurden länger, und wir genossen auf der Rückfahrt bei offenen Fenstern die Kühle zwischen den Bäumen.

«Ich hole eben mal meine Frau ab, dann bringe ich Sie ins Hotel. Sie ist tagsüber mit den Kindern bei den Eltern», kündigte Marcio den Umweg an, als wir uns Santarém näherten. Wir hielten vor einer hohen weißen Mauer. Dahinter lag inmitten eines großen Gartens eine Villa mit Pool. «Kommen Sie mit», lud mich Marcio ein, «lernen Sie meine Frau und die Schwiegereltern kennen.» Er zeigte auf einen kräftigen, dunkelhäutigen Mann in der Hollywoodschaukel. «Mein Schwiegervater.»

Der Mann in geblümten Bermudashorts blickte von der Zeitung auf und lächelte überrascht, als er mich erkannte: «Freut mich, daß Sie den Weg zu uns gefunden haben. Willkommen.» Mit ausgestreckter Hand kam der Holzhändler aus der «Bar Mascote» auf mich zu.

9. *Quilombo – befreites Land*

Vom südlichen Ufer des Amazonas führte keine Straße nach Alenquer. Bis hinauf in die Anden, wo der Amazonas vom Solimões zum Marañón wird, gab es überhaupt keine Brücke über den Fluß. Das Schiff nach Alenquer, eine kleine *gaiola*, fuhr mittags ab. Vor Sonnenuntergang erreichten wir das Städtchen am Paraná, einem Seitenarm des Amazonas. Die Trockenzeit war so weit fortgeschritten, daß kaum noch Wasser unter dem Kiel blieb, der Anleger endete im Trockenen, und wir balancierten über eine wippende Bohle an den tiefliegenden Strand. Im Sand stand ein Pfadfinder mit einem Fahrrad. Wenn er nicht nur seine Uniform vorführen wollte, sondern tatsächlich ein Pfadfinder war – der einzige, der mir je in Amazonien begegnete –, würde er mich zu Doktor Monteiro führen. Es war ein richtiger Pfadfinder, er lud meine Reisetasche auf den Gepäckträger und schob das Fahrrad die Böschung hinauf, vorbei an der ersten Reihe kleiner bunter Häuser, deren Fassaden an die koloniale Tradition des zweihundert Jahre alten Alenquers erinnerten. Der Pfadfinder bog in eine der gepflasterten Straßen, und nach zehn Minuten gelangten wir zu einer Villa mit üppigen Pflanzen im Vorgarten und riesigen Farnen in Töpfen unter dem Dach der Veranda.

«Doktor Monteiro ist nicht zu Hause», bedauerte seine Frau. Ich kannte sie genausowenig wie ihren Mann, denn ich kam auf Empfehlung des Kultursekretärs von Pará, eines Dichters und einem der wenigen Politiker, für die Kultur sich nicht auf die Eröffnung drittklassiger Fotoausstellungen in Belém oder ungenutzter Kulturhäuser im Landesinneren beschränkte. Wen der Kultursekretär empfahl, auf den würde ich mich verlassen können.

«Mein Mann wartet am Hafen auf Freunde aus Santarém. Sie werden mit Ihnen zusammen gekommen sein.»

Als ich ihnen nach einem kurzen Stadtbummel auf Monteiros

Terrasse gegenübersaß, jeder mit dem obligatorischen Bierglas in der Hand, erinnerte ich mich, die Freunde des Doktors während der Überfahrt an Bord gesehen zu haben. Sie waren etwas älter als das Gros der anderen Passagiere.

Senhora Monteiro nahm nicht an unserem Gespräch teil. Männerrunden langweilten die Frauen, und die Senhora hätte sich anhören müssen, wie ein Arzt aus Santarém versuchte, ihren dicken und gemütlichen Gatten zur Kandidatur für die «Tucanos», die Liberale Partei, bei den Kommunalwahlen zu überreden. Doktor Monteiros Ruf als Chefarzt des lokalen Krankenhauses war im Landkreis Hunderte von Stimmen wert. Der Doktor roch zwar nach Desinfektionsmitteln, aber nicht nach Korruption, genoß bei seinen ehemaligen Patienten und deren Angehörigen großes Ansehen. Er behandelte Kranke auch für einen Sack Orangen oder eine Bananenstaude, hatte vielen das Leben gerettet und unzähligen Kindern auf die Welt geholfen.

Doktor Monteiro lebte schon lange in Alenquer. Seit 12 Jahren drängte er die Bewohner des *quilombo* Pacoval, ihm die geheime Rezeptur der Medizin zu enthüllen, mit der in Pacoval und Umgebung Menschen und Tiere von Schlangenbissen kuriert wurden. Aber niemand weihte ihn ein, obwohl man ihn auch in Pacoval sehr schätzte.

Der *quilombo* war ein Rückzugsort ehemaliger afrikanischer Sklaven. Sie hatten sich vor zweihundert Jahren von den Zuckerrohrplantagen bei Santarém in die Urwälder der anderen Amazonasseite geflüchtet. Um den *quilombo* kennenzulernen und um zu sehen, ob die Schwarzen wirklich Schlangenbisse heilen konnten, wollte ich dorthin. Doktor Monteiro sollte mir die entsprechenden Türen öffnen. Wir tranken bis tief in die Nacht und redeten über Politik, Korruption, zerbrochene Koalitionen und gekaufte Abgeordnete. Der Doktor fürchtete, in einen undurchdringlichen politischen Klüngel zu geraten, und war davon nicht abzubringen. Später, tief in der Nacht, wurden wir auf die im Haus vorhandenen Betten verteilt.

«Unsere Gäste lassen wir nicht im Hotel übernachten», entschied die Senhora. Die fast erwachsenen Kinder räumten ihre Zimmer und schliefen bei den Eltern. Es war üblich, jeden aufzunehmen, der mit der Empfehlung eines Freundes kam. Das Vertrauen, das der Freund genoß, wurde auf den Gast übertragen. Die Gastfreundschaft der Brasilianer überwältigte mich einmal mehr, und sie gab mir wieder das angenehme Gefühl, daß ich zur Familie gehörte und, wenn auch nur vorübergehend, ein Zuhause hatte.

Erst am nächsten Tag, als Monteiros Freunde nach Santarém zurückgefahren waren, sie hatten ihn nicht zur Kandidatur überreden können, kamen wir auf den Grund meines Besuches zu sprechen.

«Seit zwölf Jahren wartet er darauf», Senhora Monteiro sah belustigt ihren Mann an, «daß sie ihn in die Zubereitung des Schlangenserums einweihen. Die Bewohner von Pacoval kennen ihn sogar noch länger. Aber sie wollen damit nicht herausrücken. Das Geheimnis, die Zubereitung des Tranks, der das Schlangengift neutralisiert, wird nur vom Vater an den Sohn weitergegeben. Der Sohn aber muß zuvor ein Alter erreicht haben, in dem er keine Lust mehr hat, mit einer Frau zu schlafen. Die Schwarzen in Pacoval meinen, daß sexuelle Begierde einen Mann zum potentiellen Verräter macht. Und eine begehrte Frau kann den Mann zu allem bewegen, auch zum Geheimnisverrat. Ein alter Mann ist mit Sex oder mit Geld nicht mehr zu locken», sie lächelte diskret, «...meiner ist glücklicherweise noch jung genug.»

Ich wunderte mich, wovor sich die Leute in Pacoval fürchteten. «Wenn das Mittel tatsächlich wirkt, würde niemand mehr Spritzen benötigen oder einen Kühlschrank für das Serum...»

«Die Kenntnis über den Saft hat den Schwarzen nach der Flucht das Überleben im Regenwald ermöglicht», sagte Doktor Monteiro. «Sie hatten sich die am meisten von Ungeziefer verseuchten Gegenden ausgesucht, oberhalb der Stromschnellen des Rio Curuá. Das Mittel hat sie überleben lassen, es hat ihre Freiheit bewahrt und ihr Selbstbewußtsein gestärkt. Und das gemeinsame Wissen um ein Geheimnis hat ein starkes Gemeinschaftsgefühl entstehen lassen. Es sind einige Familien, die das Geheimnis des Serums kennen. Ob Sie darüber etwas erfahren werden», Monteiro suchte mit den Augen die Zustimmung seiner Frau, «ich weiß es nicht. Es liegt an Ihnen. Die erste Hürde ist Dona Ilca, eine pensionierte Lehrerin, die den Gemeindeverband von Pacoval unterstützt. Über die gelangen Sie an die Vorsitzende des Gemeindeverbandes, Maria da Cruz, eine sehr energische Frau. Sie wird entscheiden, ob Sie nach Pacoval dürfen.»

«Wieso kann ich nicht einfach hinfahren?»

Monteiro kicherte. «Haben Sie vergessen, daß Pacoval ein *quilombo* ist? Die Bewohner waren einhundert Jahre auf der Flucht vor den Sklavenhaltern, vor den *capitães do mato*, den Sklavenjägern; das waren Todfeinde. Es gibt keine Straße nach Pacoval. Über den Rio Curuá könnten Sie hinkommen, aber der Wasserstand ist so niedrig, daß noch nicht einmal ein Boot durchkommt.»

«Rassismus ist in Brasilien weit verbreitet», ergänzte die Senhora. «In einem Nachbarstädtchen hieß es, wenn ein Schwarzer auftauchte, vor zehn Jahren noch: Oh. Es gibt schlechtes Wetter! Er mußte von der Parkbank aufstehen, wenn sich ein Weißer setzen wollte. Pacoval ist kein Ur-*quilombo* mehr, die Schwarzen sind auch nicht mehr ganz schwarz, sie sind näher an uns herangerückt.»

Mit solchen Schwierigkeiten hatte ich nicht gerechnet. Für menschliche Hürden gab es immer einen *jeito*, einen Dreh, um sie zu überwinden. Bei natürlichen Barrieren, wie einem ausgetrockneten Fluß, sah das anders aus.

Der Doktor sah mir die Enttäuschung an. «Sprechen Sie erst mal mit den Frauen. Wenn die Sie mögen, dann kommen Sie auch nach Pacoval. Vielleicht finden Sie ein Boot, das Sie zur Mündung des Curuá bringt. Danach müßten Sie allerdings einige Stunden durch das ausgetrocknete Flußbett marschieren.» Der Gedanke an einen Fußmarsch bei der Hitze begeisterte mich nicht. Mit Gepäck – ohne Schatten? Ein unbekannter Weg – allein? Schlangen, Rochen und Piranhas im Wasser? Mir gruselte. «Kennen Sie niemanden, der mich führen könnte? Wie kommen die Leute aus Pacoval in ihr Dorf?»

«Es gibt ein altes Boot. Aber da müssen Sie erst mit dem Bus fahren oder mit einem Laster, und der Bootsmann müßte Bescheid bekommen. Aber was soll das Spekulieren. Sprechen Sie mit Dona Ilca.»

«Die ist verreist», sagte Senhora Monteiro.

«Irgendwie werden wir das hinkriegen», beruhigte mich der Doktor, der meine aufsteigende Unruhe bemerkte. «Seien Sie unser Gast.»

Maria da Cruz, die Vorsitzende des Gemeindeverbandes von Pacoval, war mir auf Anhieb sympathisch, und auch sie schien mich in ihr Herz zu schließen. Ihre Haut war so schwarz wie die der Kongolesen, ihre Freundlichkeit und Energie die einer besorgten Mutter. Und wieder einmal fühlte ich mich zu Menschen afrikanischer Abstammung hingezogen, empfand eine Vertrautheit und Nähe, die mich selbst in Erstaunen versetzte. Maria da Cruz stimmte meinem Besuch in Pacoval zu und setzte einen Begleitbrief auf. Am nächsten Morgen um vier Uhr sollte ich den Bus bis zur Fähre nehmen, dort würde mich Bootsmann Damião abholen.

In einem einfachen Holzhaus verbrachte ich die Nacht vor der Abfahrt. Ratten huschten über die Bank mit meiner Kleidung, veranstalteten Wettrennen auf den Dachbalken und rumorten unter mir. Angewidert setzte ich mich auf, der Lärm erstarb. Ich legte mich hin, die Ratten tobten von neuem. Ich band das Gepäck unter einem Dachbalken fest und deckte mich mit der Kleidung zu. Schauderhaft der Gedanke, daß mir eine Ratte über den nackten Bauch laufen könnte. Drei Stunden später zockelte ich übernächtigt zur Bushaltestelle und schlief auf der Bank des kleinen Warteraums endlich ein. Schlaftrunken wankte ich in den Bus, nannte das Reiseziel, damit der Fahrer wußte, wann er mich wecken sollte. Kurz nach Sonnenaufgang erreichten wir die Fähre am Rio Curuá. In einer Bude wurde Kaffee verkauft und trockener Kuchen. Besser als nichts. Der Bus rumpelte auf einen rostigen Ponton, die Passagiere folgten, und die Fähre wurde über den Fluß gestakt.

Ich blieb mit dem Kaffeeverkäufer zurück. «Kennen Sie Damião, den Bootsmann aus Pacoval?»

«Der kommt manchmal vorbei. War gestern da. Dann kommt er erst in drei Tagen wieder», murmelte er und schloß den Laden der Bude, packte Kuchenreste und Thermoskanne ein, schob sein Kanu ins Wasser und paddelte der Fähre hinterher. Die Aussichten waren nicht so rosig wie der Himmel. Ich war allein am Ufer. Der Rio Curuá dampfte in der Kühle des Morgens, gelbe Eisvögel fischten, ein Silberreiher machte die ersten müden Flugübungen des Tages, und ich prüfte die Wassertemperatur. Zumindest auf das Morgenbad wollte ich nach der Rattennacht ohne Frühstück nicht verzichten. Der Fluß war lauwarm, in keinster Weise erfrischend. Erst der kühle Wind auf der Haut brachte ein wenig Erfrischung, und nach einigem Suchen fand ich auch ein ameisenfreies Fleckchen Erde zum Weiterdösen.

Das gedämpfte Tuckern eines Motors weckte mich. Sollte der Bootsmann tatsächlich kommen? Ein Kahn tauchte aus dem Nebel, schwarz die altersschwachen Planken, und neben dem Motor im Heck saß ein älterer Mann in kurzen Hosen mit einem zerfetzten Strohhut. Der Motor setzte aus, geräuschlos trieb die *bajara* an den Strand.

Ich rappelte mich auf: «Senhor Damião?»

«*Sou eu*, der bin ich. Sie wollen nach Pacoval? Ich soll Sie hinbringen.»

«Freut mich, daß Sie gekommen sind.»

«Fahren wir. Nutzen wir den Morgen, es wird heiß werden und die Arbeit dadurch nicht leichter.»

Der Bootsmann stieß die *bajara* ab und warf mit einer Kurbel den Motor an. Langsam tuckerten wir nah am Ufer entlang. In einem Ast hing eine tote Schlange. Damião schenkte ihr keine Aufmerksamkeit. «Setz dich in den Bug, wir liegen sonst hinten zu tief und sitzen gleich fest.»

Sandbänke waren nirgends zu sehen. Ich dachte, daß Monteiro fürchterlich übertrieben hatte, bis die *bajara* ruckte. Damião gab mir mit dem Kopf irgendein Zeichen. Erst als er ins Wasser zeigte, wußte ich, was er meinte. Ich sollte über Bord gehen, in die undurchsichtige, warme und vielleicht piranhaverseuchte Brühe! Mich beruhigte der Gedanke, daß er den Weg hierher anscheinend allein geschafft hatte, und er würde mich wohl kaum den Fischen opfern. Also gut.

«*Cuidado*! Vorsicht mit den Rochen!»

Auch das noch. «Große?» fragte ich und schob zögernd den Fuß über die Bordwand.

Damião zuckte mit den Schultern und breitete die Arme aus, was soviel wie einen Meter bedeutete. Ich griff nach einer Stake.

«Hier nicht, ich sage dir, wo sie sind. Immer am Ufer, im Schlamm, selten auf Sand.»

Ich schwang mich aus dem Boot und schob es über die Untiefe. Das Wasser reichte mir bis zu den Knien. Der Sand des Grundes fühlte sich grob und hart an und bot den Füßen Widerstand. Die *bajara* war leicht und die Untiefe kurz – das sollte sich später ändern. Ich stieg wieder ein. Der Rio Curuá wurde schmaler, die Ufer stiegen an, wurden zu meterhohen Wänden, die von der Strömung während der Regenzeit ausgewaschen waren. Als der Nebel sich hob und die Sonne ihre Kraft entfalten konnte, setzte ich mir eine Schirmmütze auf, um mich vor einem Sonnenstich zu schützen. Vor uns lagen nur noch Sandbänke mit einzelnen Tümpeln, durch schmale Kanäle verbunden. Der Sand des Flusses strahlte gelb, warf das Licht zurück, die Hitze. Zwischen den hohen, bewaldeten Ufern stand die Luft. Wo kaum noch ein Rinnsal vorhanden war, mußte auch Damião über Bord, allein schaffte ich es nicht. Meterweise schoben wir uns vorwärts, aber zumindest blieben wir in Bewegung. Damião irrte nicht ein einziges Mal, fuhr nie in einen toten Arm und fand immer einen wasserführenden Kanal. Er wischte sich mit dem Hemd den Schweiß von der Stirn und warf es auf eine Bank. «Wir werden uns ausruhen», sagte er müde und steuerte eine Insel in der Flußmitte an.

Im heißen Sand, der fast die Füße verbrannte, fand ich die Skelette einer Schlange und eines Leguans. Ich wußte noch nicht, daß hier der Schlüssel zum Geheimnis der Zubereitung des Saftes lag, der den Opfern von Schlangenbissen das Leben rettete.

Wir kehrten zur *bajara* zurück in die Hitze und arbeiteten uns weiter flußabwärts. Die Shorts waren naß vom Wasser, das Hemd vom Schweiß. Trotz des Hemdes verbrannte mir die Sonne den Rücken. Von einer gemütlichen Fahrt auf einem Urwaldflüßchen hatte ich geträumt. Wieder saß die *bajara* fest, und von der Anstrengung benebelt, wollte ich gerade über Bord steigen, als Damião mich barsch zurückrief: «Halt! *Arraia* – Rochen!»

Er wies auf die überhängenden Büsche. Darunter wallte das Wasser, als würde sich ein Untier aus den Fluten heben. Ein Rochen mit der Spannweite von einem Meter glitt an die Oberfläche. Die Exemplare, die Dorcilo und ich im Rio Tocantins gefangen hatten, waren winzig dagegen.

«So einer schneidet dir die Wade glatt durch, die Sehnen mit», warnte Damião.

Von jetzt an sahen wir dieses Schauspiel oft, wenn Schlamm an die Oberfläche trieb. «Da wühlt sich einer ein.»

«An Fisch wird es in Pacoval bestimmt nicht fehlen», sagte ich und machte mir Mut.

Damião spuckte aus: «So was essen wir nicht, das ist kein Fisch. Außerdem hebt Rochen die Wirkung des Schlangenmittels auf.»

«Wieso das? Wer wird nach einem Schlangenbiß Rochen essen wollen?»

«Wart's ab, man wird es dir erklären. Und – Fische ohne Schuppen solltest du überhaupt nicht essen. Sie fördern Entzündungen, Hautausschläge und Furunkel.»

Mir war bekannt, daß schwangere Frauen keine Ananas essen sollten, da die Frucht abtreibende Wirkung habe. Menstruierende Frauen durften nicht im Fluß baden, zum einen wegen der Piranhas, zum anderen zogen sie den *candirú* an, der in Körperöffnungen eindrang und sich festhakte. Davor waren auch die Männer nicht sicher. Wer beim Baden Wasser ließ, lief Gefahr, daß ihm der winzige Fisch mit dem Urinstrahl in die Harnröhre eindrang. Doktor Monteiro hatte beim Mittagessen – die Senhora hatte gerade einen drei Kilo schweren *tucunaré* aufgetischt – davon erzählt, daß er am Vormittag in der Klinik zwei Frauen *candirús* aus der Vagina operiert hätte. «Ich sage es den *caboclos* immer wieder. Sie sollen beim Baden die Hosen anbehalten und an Land pinkeln. Sie hören nicht, und ich habe dann die Schweinerei auf dem Operationstisch.» Das Thema hatte ihm nicht den Appetit verdorben, und mit Wonne ließ er sich ein schönes Rückenstück vom Fisch vorlegen. Das ständige Ein- und Aussteigen ermüdete, an der Bordwand riß ich mir die Hände auf, die Kraft ließ nach, der Rücken schmerzte, und mein Wasservorrat war aufgebraucht. «Wir haben es gleich geschafft», beruhigte mich Damião nach vier Stunden Arbeit auf seiner Galeere. «Wir staken jetzt. Hier sind die Piranhas sehr angriffslustig.»

Mir sollte alles recht sein. Welche Strapazen hatten die geflohenen Sklaven damals auf sich nehmen müssen, ohne Ausrüstung, mit wenigen Booten, ohne Ortskenntnis, immer die Verfolger im Nakken und ohne Gewißheit, bald – ja, wann denn endlich – ein Dorf zu erreichen. Die Uferböschung fiel ab, der Rio Curuá verbreitere sich, wurde wieder schmaler. Mir war es egal, ich stakte selbstvergessen und verbissen vor mich hin. Ich kam mir vor wie einer der Sklaven auf der Flucht.

Damião riß mich aus meinem Dämmerzustand: «Wir sind da!»

Ich war der Sklaverei entronnen, kroch die steile Böschung hinauf und ließ mich im Schatten eines Strohdaches auf eine Bank sinken. Kinder begafften mich, *morenos* waren darunter, Schwarze und Hellhäutige mit sonnengebräunter Haut. Da erst fiel mir auf, daß auch Damião kein Schwarzer war. Wieso eigentlich nicht? Pacoval sollte doch ein *quilombo* sein. Auch die freundliche Besitzerin des Hauses, Dona Teresa in der gelben Kittelschürze, die mir besorgt einen Kaffee brachte – «Willkommen. Haben Sie schon gegessen? Wollen Sie ein Bad nehmen? Möchten Sie Ihre Hängematte aufhängen? Sie müssen müde sein...» –, machte eher den Eindruck, daß sie aus dem Süden Brasiliens stammte denn aus Pará. Ihr Ehemann hingegen war schwarz. Das krause, weiße Haar begann schütter zu werden, es verlieh ihm ein vornehmes, edles Aussehen, das gänzlich seinem Wesen und dem der anderen Dorfbewohner entsprach.

Das Ehepaar, meine Gastgeber, waren in einer Hinsicht eine Ausnahme. Selten nur ließ sich eine Frau mit einem Mann ein, dessen Hautfarbe dunkler war als ihre eigene. Schwarz galt als häßlich, viele Schwarze hatten es verinnerlicht. «Ich bin zwar schwarz, aber ich bin nicht dumm», hatte ich oft sagen hören. Aasgeier, *urubú*, war einer der vielen Beleidigungen, die kursierten. Obwohl die Sklaverei 1888 abgeschafft worden war, blieb Weiß die Farbe der Herren. Schwarz stand für Armut, bestimmt für Dreckarbeit, Elendsviertel und schlechte Schulbildung. Die Wahrscheinlichkeit, von der Polizei erschossen zu werden, war um ein Vielfaches höher als bei Weißen. Im fernen Salvador da Bahia, wo der größte Teil der Bevölkerung dunkel war, gab den Schwarzen ihre Religion, das *candomblé*, die Kraft, die Ungerechtigkeit zu ertragen. In Pacoval wußte niemand mehr etwas von den alten Göttern. Man war katholisch. Aber beim Marambiréfest sangen die Dorfbewohner Lieder, deren Bedeutung sie nicht mehr verstanden:

Ambirá, ambirá / Bamba ô arirê ê orupembaxi /
Olhe o marambiré bamba ô arirê

Am Abend saßen wir halb im Qualm eines Feuers vor der Hütte meiner Gastgeber, wo ich mich hatte fallen lassen, und wir blickten über den Fluß. Der Rauch hinderte die winzigen *piuns* nicht daran, sich an unserem Blut gütlich zu tun, und unsere Hände strichen unaufhörlich über Waden und Arme. «Wir sind froh, daß wir hier und nicht in der Großstadt leben. Hier sind wir frei. Es ist unser Land, unser Fluß, unser Wald. Sogar die Verfassung garantiert es uns.»

Ein Fischer stand in seinem Kanu, ließ sich von der Strömung treiben, hielt in der einen Hand ein Paddel, mit der anderen warf er die *tarrfa*, ein kreisrundes Netz. Am Waldrand stießen Tukane und Papageien schrille Schreie aus und zogen weite Bogen. Kinder tollten verbotenerweise an der untersten der drei Anlegestellen, wo zwar keine Rochen lauerten, sie aber manchmal von Piranhas gebissen wurden.

«Seit die Sklaverei abgeschafft wurde und wir uns nicht mehr verstecken mußten, haben wir die *quilombos* oberhalb der Stromschnellen verlassen. In den *quilombos* lebten auch Indigenas und Weiße. Bereits da haben wir uns vermischt», erklärte mein Gastgeber Oswaldo. «Wir waren nie vollständig isoliert. Vor Strafexpeditionen warnten uns die *regatões*, die Händler auf den Flüssen, die mit uns Geschäfte machten. Bei denen haben wir Paranüsse und Kakao gegen Macheten oder Angelhaken eingetauscht.» Oswaldo sprach über das Leben seiner Vorfahren, als sei es erst gestern gewesen. «Die *regatões* kamen von Alenquer, von Óbidos und Santarém herauf. Es gab Weiße, Waldläufer, Jäger, die lebten lieber bei uns als in der feudalen Gesellschaft.»

Die Männer des Dorfes traten einer nach dem anderen in den Schein des Feuers, allen wurde ich vorgestellt, doch hatte ich nach wenigen Minuten die Namen vergessen. Die Kinder wurden in die Hütten gerufen. Die Frauen würde ich morgen beim Rundgang durch Pacoval in ihren Häusern kennenlernen. Einige Männer setzten sich zu uns.

«Freiheit – das war der *quilombo* für uns», erinnerte sich ein bärtiger Mann. «Es war eine Gemeinschaft ohne Zwangsarbeit und Peitsche, ein Rechtsstaat, würden wir heute sagen. Wir haben uns selbst befreit und nicht darauf gewartet, daß sie die Sklaverei abschaffen. Die Pflanzungen im Urwald gehörten allen. So ist es heute noch. So eine Schweinerei wie Kapitalismus, das gab es nicht. Die Weißen lassen sogar ihre eigene Rasse verhungern.»

«Aber die, die euch nach Brasilien verkauft haben, die Sklavenhändler», warf ich ein, «waren auch Schwarze, Afrikaner.»

«Davon weiß ich nichts», antwortete Oswaldo gelassen, «Mutter Afrika ist weit, Mutter Amazonien hat uns gut aufgenommen. Wir sind Brasilianer.»

Ich wechselte das Thema. «Kennst du das Geheimnis, wie das Mittel gegen Schlangenbisse hergestellt wird? Hast du es im Haus?»

«Ich brauche es nicht. Ich bin als Kind geimpft worden. Dreiundsechzig Jahre alt bin ich jetzt, habe immer in Pacoval gelebt, mein Leben lang barfuß im Wald und auf dem Feld gearbeitet. Niemals hat mich eine Schlange gebissen. Es ist auch im Dorf niemals eine gesehen worden.»

«Und das Mittel wirkt tatsächlich?»

Oswaldo sah mich nachsichtig an. «Mich hat mal eine Schlange angefallen, eine giftige *cobra cipó*. Ich bin gestolpert, habe mit der Machete nach ihr geschlagen und mir ins Bein gehackt.» Er zeigte die lange Narbe an der Wade. «Ich sah den offenen Rachen der Schlange, aber irgend etwas hat sie am Zubeißen gehindert...»

«... und das lag an der Impfung?»

«Alle Kinder werden geimpft», warf ein anderer ein. «Nicht eines wird gebissen.»

«Kann ich mich auch impfen lassen?»

«Warte ab, mein Freund, Geduld...»

«... zwölf Jahre, wie Doktor Monteiro aus Alenquer?»

Die Runde lachte, und mein Gastgeber antwortete für sie: «Es ist spät, laß uns schlafen gehen. Morgen sehen wir weiter.»

Der Morgen begann um fünf Uhr. Es war kalt, und mit den anderen gemeinsam nahm ich das Morgenbad im nahen Bach, während meine Gastgeberin in einem rußigen Topf Wasser für mich abkochte, um mir Durchfall zu ersparen.

So wie meine Gastgeber ein außergewöhnliches Paar waren, so war Pacoval auch ein ungewöhnliches Dorf. Es war das aufgeräumteste und sauberste, das ich in Amazonien gesehen hatte. Die Wände der Hütten waren bis zu halber Höhe aus Lehm gemauert, kunstvoll geflochtene Palmwände schlossen den Zwischenraum bis zum Dach oder deckten ganze Wände. Blumen wuchsen rings um die Hütten und im Gärtchen ohne Zaun Bananen und Avocadobäume, Kürbisse und Melonen. Leuchtend strahlten die weißen Blüten der Maracujásträucher und die roten und gelben Hibiskusblüten. Nicht ein Fetzen Papier lag herum, nicht ein kranker Köter.

In Schuppen unter ausladenden Brotfruchtbäumen rieben Frauen Maniokwurzeln, schoben den Brei in *matapis*, in lange geflochtene Schläuche, und preßten den blausäurehaltigen Saft aus ihm heraus. Die Männer rösteten die hellgelbe, bröselige Masse auf wagenradgroßen Pfannen. Ein Fischer lud mich zum Angeln auf dem nahen See ein und versuchte vergeblich, mir den Umgang mit dem Wurfnetz beizubringen. Die Anakonda, die wir dabei aufstöberten, tauchte rasch unter die Seerosen. Ein Bauer nahm mich in seine Pflanzung mit und danach zum Mittagessen. Ein Gast war eine Ehre für seine Familie. «In Pacoval hungert niemand», erklärte er stolz, «aber üppig ist es nicht.»

Seine Frau tischte Huhn mit Reis, Kürbis und Maniok auf, und zum Nachtisch gab es Kaffee und Mangos. Ich brachte das Gespräch auf die Zeit der Sklaverei, auf die Flucht der Vorfahren aus Santarém.

Der Bauer erzählte, als hätte er mitgelitten: «Maria Macambira war eine schreckliche Frau, böse, brutal, die schlimmste Sklavenhalterin in Santarém, viel schlimmer als die Männer. Unter der Peitsche platzte die Haut unserer Leute.» Der Bauer zuckte, als hätte ihm jemand einen Lederriemen über den Rücken gezogen.

«Unsere Leute nahmen Essen mit, besorgten sich Kanus und paddelten über den Amazonas, wo er fünf Kilometer breit ist. Sie schlugen sich in die Wälder, bis sie an diesen Fluß kamen, an den Rio Curuá. Die Angst vor Maria Macambira saß ihnen im Nacken. Wir ruhten uns nicht aus, wir schnitten uns Kanus aus der Rinde des Jatobábaums und reisten über Stromschnellen und Wasserfälle, solche Angst hatten wir. Aber wir wollten frei sein. Lieber wie Tiere im Wald leben als Baumwolle und Kakao ernten und unter der Peitsche sterben.»

Der Historiker Vicente Salles, der die Geschichte der Schwarzen Amazoniens erforscht hatte, schrieb, daß eine der schlimmsten Drohungen gegenüber einem Sklaven gewesen war, ihn nach Amazonien zu verkaufen. Die Sklavenhalter Parás waren als brutal berüchtigt.

«Wie viele sind damals geflohen?»

«Weiß ich nicht, Maria Macambira jedenfalls hatte an die zweihundert Sklaven. Andere Leute in Santarém hatten manchmal nur einen einzigen. Viele sind auch den Rio Trombetas raufgefahren, den Rio Erepecuru. Insgesamt sind wir etwa zweitausend gewesen.» Wieder wechselte mein Gesprächspartner vom sie zum wir.

«Als wir dann einen Platz gefunden hatten, wo wir Kakao und Maniok anbauen konnten…»

«Ihr habt das gleiche gemacht wie auf den Fazendas der Sklavenhalter?»

«Was blieb uns übrig, wir hatten nichts anderes gelernt. Aber dann haben wir gefischt und gejagt und Tapire mit Knochenmessern und Holzspeeren erlegt.» Zwischen den Fingern rollte er einen imaginären Stock, stand vom Tisch auf und drehte den nicht vorhandenen Speer zum Härten über dem Herdfeuer. «So war es, so haben wir gelebt. Und sie haben uns verfolgt. Mit Soldaten. Am schlimmsten waren die Sklavenjäger, die bekamen einen Anteil vom Wert jedes Gefangenen. Wir haben Scheindörfer angelegt, die wir schnell verlassen konnten. Unsere Pflanzungen waren tief im Wald versteckt, unsere Späher saßen immer am Fluß, da, wo er weit und übersichtlich ist. Die Weißen, die mit uns zusammengearbeitet haben, die wurden auch bestraft, wenn man sie fing.»

«Und wie seid ihr auf das Mittel gegen Schlangenbisse gekommen?»

Der Mann schwieg plötzlich, wand sich unter meiner Frage, es war ihm unangenehm, daß er mir nicht antworten konnte oder durfte. Ich ersparte ihm die Peinlichkeit und verabschiedete mich. Die Lebensmittel, die ich im einzigen Laden Pacovals gekauft hatte, um mich für das Essen zu revanchieren, wehrte der Bauer ab, seine Frau hingegen zierte sich nicht lange. Als Oswaldo vom Feld zurückkam, führte er mich zu einem Nachbarn: «Der wird dir das Mittel zeigen, und vielleicht impft er dich.» Aber der Nachbar entschuldigte sich stammelnd, blickte verlegen zu Boden und bohrte mit den Zehen Löcher in den Sand.

«Du mußt es verstehen, sie sind mißtrauisch, wir sind immer getäuscht worden. Aber wie unsere Ahnen auf das Mittel gekommen sind, kann ich dir auch erzählen», sagte Oswaldo und zündete das Öllämpchen an. Der flackernde Schein erinnerte mich an die Hütte des Einsiedlers am Tocantins, und ich fühlte mich hier so geborgen wie damals mit Dorcilo. Nur das Weiße in den Augen meines Gastgebers leuchtete und sein weißes Haar. Der Rest war so schwarz wie die Nacht draußen. «Eines Nachmittags ging einer aus dem *quilombo* auf die Jagd. Er verfolgte einen Leguan, als eine *cobra cipó* auf den Leguan losschoß und ihn biß. Der Leguan wehrte sich und tötete die Schlange, aber er wurde immer schwächer und schwächer. Mit letzter Kraft kroch er weiter, der Jäger immer hinterher. Der Leguan fraß von verschiedenen Blättern und Kräutern und Schößlingen. Danach ruhte er aus. Der Jäger dachte, daß der Leguan tot sei und ging auf ihn zu. Da rannte das Tier weg, als sei nichts geschehen. Der Jäger merkte sich, welche Kräuter der Leguan gefressen hatte, und machte später die Medizin daraus. Ob es genau so war, das weiß ich nicht. Zumindest wird es so erzählt.»

Wir hörten Schritte, zwei von Oswaldos Söhnen traten ein: «Morgen abend sollst du zu Viana kommen. Er wird dich impfen, ich habe mit ihm gesprochen. Er hat sich über dich im Dorf erkundigt», sagte einer der beiden.

Erleichtert atmete ich auf.

«Als Viana in Obidos war, da haben ihn die Ärzte immer ins Krankenhaus gerufen, wenn jemand gebissen worden war. Von fünfzig Leuten sind nur vier gestorben. Und das auch nur, weil es zu spät war. Einen besseren Beweis dafür, daß unser Mittel wirkt, kann es nicht geben.» Oswaldo lehnte sich zurück und schaukelte. «Tiere heilen wir auch, Rinder, Pferde. Die Besitzer sagen vor der Behandlung, was ihnen das Leben des Tieres wert ist. Außerdem werden auch Weiden und Fazendas von Schlangen gereinigt.»

Oswaldos Söhne nutzten die Gelegenheit, ein wenig die Nacht zu verplaudern. Sie erzählten vom Besuch des Gouverneurs, von seinem Versprechen, eine Straße nach Pacoval bauen zu lassen. «Der Bürgermeister von Alenquer hat die Baumaschinen an Freunde verliehen, die Straße wird nicht gebaut. Dann hat der Gouverneur eine Wasserleitung versprochen. Rohre haben wir verlegt, die beiden

Brunnen sind nach einer Woche ausgetrocknet. Jetzt holen wir wie immer das Wasser aus dem Bach, die nagelneue Motorpumpe hat nach zwei Tagen bereits ihren Geist aufgegeben. Wir Schwarzen werden immer noch wie Dreck behandelt. Dabei haben wir Verfassungsrechte.»

«Daß ihr immer noch daran glaubt», wunderte sich ihr Vater. «Daran hat sich nie jemand gehalten. Uns geht es im Vergleich zu unseren Brüdern am Rio Trombetas recht gut. Bei denen ist ein Teil ihres Landes der VALE, einer Bergbaugesellschaft, übereignet worden, dann hat der Staat ein Naturschutzgebiet und einen Nationalwald eingerichtet. Sie dürfen darin weder etwas anbauen noch jagen oder fischen oder sich Bauholz holen. Es ist wie früher, alles geschieht heimlich und nachts. Sie sind jetzt Sklaven der Bergbaugesellschaft.»

Viana, der mich behandeln wollte, ließ mich mehr als einen Tag warten. Das Röhren der *guaribas*, der Brüllaffen, schallte vom jenseitigen Ufer herüber, als ich mit Oswaldo zu seiner Hütte durch das dunkle Dorf stolperte, wo nur der Schein von Ölfunzeln oder kleiner Herdfeuer durch die Palmwände fiel. Viana lud uns natürlich zum Essen ein. Es galt als grobe Unhöflichkeit, einen Besucher nicht zu fragen, ob er bereits gegessen hatte, und ihm nicht zumindest einen Kaffee anzubieten. Wir setzten uns an den Tisch der vielköpfigen Familie. Die Kunst, Menschen von Schlangenbissen zu heilen, hatte Viana nicht reich gemacht, noch nicht einmal wohlhabend. Aber er war zufrieden und wischte sich den Mund am Tischtuch ab.

«Nimm die Bank, und stell sie drüben ins Licht, und setz dich drauf. So!» Viana schob mich sanft in die richtige Position und setzte sich mir gegenüber auf einen Schemel, zog mein linkes Bein zu sich heran und stellte seinen Fuß auf den meinen. Zwischen uns stand eine Kerze. Die Frau brachte eine Korbflasche und eine kleine Dose mit einem langen, spitzen Giftzahn und einer Rolle Band. Niemand sprach. Aufmerksam verfolgte die Kinderschar das Geschehen. Vianas Frau goß eine grünliche Flüssigkeit aus der Korbflasche in ein Glas und stellte es neben die Kerze. Viana tauchte den Giftzahn ein und ritzte dreimal meine Haut vom Knie bis zu den Zehen. Er führte die brennende Kerze mehrmals um mein Bein, um seinen Körper und dann um mich und hielt sie mir vors Gesicht.

«Steck sie in den Mund. Dreimal!»

«Brennend?»

Viana nickte, und ich tat es, ohne mich zu verbrennen.

«Jetzt trink!»

Der Saft schmeckte angenehm nach Äpfeln und Trauben und gärte leicht. Mit dem Giftzahn ritzte Viana Schultern und Handrükken, band zum Schluß einen Faden um den linken Knöchel.

«Jetzt wirst du an einem Biß nicht mehr sterben!» In seiner Stimme lag absolute Gewißheit. Ich war verwirrt, aber ich glaubte ihm.

«Nach der zweiten Impfung wirst du nach einem Biß kaum noch leiden. Nach der dritten werden die Schlangen dich nicht einmal mehr beißen.»

Oswaldo nickte in seiner dunklen Ecke. «Du mußt die Impfungen im Abstand von sechs Monaten wiederholen.»

Lange vor dem Morgengrauen weckte Damião das Dorf. Wer mit ihm nach Alenquer fahren wollte, ging zum Fluß runter. Es war kühl, der Mond stand klar über den Sandbänken. Die Arbeit hielt sich in Grenzen, denn wir waren viele.

Auf dem Rückweg sah ich die erste Schlange, beim Baden in Santarém die zweite, bei den Gummizapfern von Acre die nächste, oder war es am Wasserfall des Jaguars? Sie waren überall. Das Band am Knöchel – es fiel irgendwann ab, nach vielen Monaten auf der Transamazônica. Eines Tages war es nicht mehr da, aber die Schlangen blieben. Ich spürte sie, bevor ich sie sah, und wir gingen uns aus dem Weg.

10. *Betrug*

Das Eisen brannte unter den Schuhsohlen. Vorsichtig bemüht, nirgends anzustoßen und möglichst nicht mit dem heißen Deck der *Onze de Maio* in Berührung zu kommen, zwängte ich mich zwischen den Aufbauten ins Innere des Seelenverkäufers. Niemand war an Bord. Zwei schlaffe Hängematten zogen sich wie Kaugummi von einer Rohrverstrebung zur anderen. Die Deckenverkleidung hing an einigen Stellen herunter, Neonröhren fehlten. Die Hitze ließ einen einsamen Pappmachékoffer aufquellen; noch hielten seine Riemen, aber spätestens in einer halben Stunde würde er platzen. Ich zog mich in Richtung Waschraum zurück. Der war wahrscheinlich genauso verkommen wie der Rest des Dampfers. Sein Rumpf war zur Kaiserzeit gebaut worden, das Zwischendeck vor dem Zweiten Weltkrieg eingezogen, und die Brücke stammte aus der Epoche der Nierentische. Den Maschinenraum und die anderen Eingeweide des Dampfers sah ich mir besser nicht näher an. «Manaus – Abfahrt heute 18.00 Uhr» stand auf einem Schild an der Kommandobrücke. Seit wann hing es da? Wo war die Mannschaft? Im Laderaum roch es muffig und nach Schimmel, das Bilgewasser faulte. Dieses Schiff gehörte als Kuriosum ins Museum oder versenkt.

«Ist die *Onze de Maio* das einzige Schiff nach Manaus heute?» Der Schlafende im Schatten des Schuppens an der Pier nickte, er sprach sogar: «In drei Tagen geht ein anderes.»

Dieser Blecheimer war ein Totenschiff, an dem B. Traven seine Freude gehabt hätte, doch mir nahm es jegliche Lust an der Weiterreise. Die Hitze würde zunehmen, je mehr wir uns Manaus näherten und uns in das Innere des amazonischen Kontinents vorwagten.

Zwei Cowboys staksten an Bord, breitkrempige Hüte tief in die Stirn gezogen, reflektierende Gläser verbargen die Augen hinter Sonnenbrillen, schwarze, bis zum Bauchnabel offene Hemden zeigten männlich behaarte Oberkörper, Goldkettchen am Handgelenk, staubige Stiefel: *pistoleiros* – oder solche, die es gern sein würden. Mein erster Blick hatte den maskierten Gesichtern gegolten, der zweite der Hüfte auf der Suche nach der Waffe. Schöne Gesellschaft! Die Absätze der Stiefel hallten auf dem Blechdach. Ich sah mich nach dem idealen Platz für die Hängematte um. An beiden Seiten des Oberdecks standen Eßtische. Also mußten tagsüber die Hängematten hochgebunden werden, ein ruhiges Mittagsschläfchen war hier nicht möglich. Im Heck war auch kein Platz, denn dort führte die Treppe ins Unterdeck und zu den Waschräumen; bei dem zu erwartenden Gerenne und dem die Nacht über brennenden Licht im Niedergang würde an Schlaf nicht zu denken sein. Mich packte die Wut. Eine Caboclofamilie traf ein mit Pappkartons statt Koffern oder Reisetaschen. Mutter oder Großmutter, soweit schienen sie im Alter nicht voneinander entfernt, packten Töpfe mit Reis, Maniok und Bohnen aus, und die Kinder begannen zu löffeln, stopften eine Handvoll Maniok nach der anderen in sich hinein. Das Schiff füllte sich, die Zahl der Hängematten nahm zu, jemand schob meine beseite. Welch netter Anfang.

So langsam und provokativ wie möglich schob ich die Hängematte zurück. «Hier bin ich, klar? *'ta certo*?»

Der Nachbar hielt mich für stärker und schickte sich. Ich hatte meinen ersten Feind an Bord.

Die Hängematte im Auge behaltend, stierte ich ins Hafenbecken und sah den Fischen zu, die an der öligen Oberfläche nach irgend etwas schnappten und in die Tiefe entschwanden. Ich fluchte im stillen: 48 Stunden auf diesem Blecheimer, der bereits jetzt ein Brutkasten war. Ich steigerte mich weiter in meinen Groll: Würde uns genau der gleiche Fraß vorgesetzt werden, wie auf dem Katamaran der Staatsreederei ENASA – Reispampe mit schleimigem Pansen? Nun, ich hatte Obst und Gemüse eingekauft, außerdem verfügte ich über viereinhalb Liter Mineralwasser, Bananen und *bolachas*. Mit den Trockenkeksen konnte ich den schlimmsten Hunger töten. Wie laut würde die Maschine sein? Wie stark ihre Schwingungen? Genug, sagte ich mir, es reicht, ich mache mir den Tag selber mies. Als ich beschlossen hatte, wieder positiv zu denken, ließ mich das wohlige Brummen eines starken Schiffsdiesel aufhorchen. Eine soeben vom Stapel gelaufene *gaiola* fuhr in den Hafen ein, der Traum von einem Schiff, sauber, elegant und leicht in den Bewegungen. Die *gaiola* ging längsseits.

«Wohin?», rief ich dem Bootsmann am Fender zu.

«Manaus!»

«Wann?»

«Gleich.»

«Noch Platz?»

«Klar, *bastante*, genug.»

Zum Losbinden der Hängematte benötigte ich fünf Sekunden, das Gepäck flog auf meine Schulter, und der Bootsmann fing das Paket mit den Lebensmitteln auf. Ich nahm mir nicht einmal Zeit, die *Onze de Maio* über die Gangway zu verlassen, und schwang mich über die Reling.

«Auf der Flucht?» Der Bootsmann amüsierte sich.

«Man kann es so nennen. Diese Dschunke ist eine Zuchtanstalt für Ratten und Kakerlaken.»

«Die hätte längst stillgelegt werden müssen. Für Geld schließt die Hafenmeisterei die Augen», vermutete der Bootsmann. «Bei uns auf der *Getat II* sind Sie bestens aufgehoben. Das Essen ist ausgezeichnet.» Er suchte einen Platz für meine Hängematte. «Wir haben auch Musik an Bord.»

«Dann schlafe ich unten.» Bei dem Gedanken an die Dudelei bekam ich beinahe Magenschmerzen. Akustische Umweltverschmutzung, und nirgends war man vor ihr sicher. Sogar im Dörfchen Alter do Chão, einer ehemaligen Siedlung der Tapajócos, inzwischen Wochenendziel des Mittelstands von Santarém, plärrten Lautsprecher auf dem Dorfplatz über den strahlenden Stränden des Rio Tapajós. An vieles hatte ich mich gewöhnt, an die Geier, an wildgewordene Autofahrer, an Regenwochen und die Möglichkeit von Überfällen, aber nicht an den Lärm. Wer den Wagen abstellte, ließ das Radio grölen, obwohl die Lautsprecher der Bar gegenüber bereits dröhnten und nebenan zwei Fernsehapparate schepperten. Ruhe war Leere, die Stille Einsamkeit, die kaum ein Brasilianer ertrug. Krach war der Aufstieg in ein höheres Stadium der Zivilisation. Wer wollte in einem Land, das sich für unterentwickelt hielt, als rückständig gelten?

Das Zwischendeck war fast leer, Platz zum Schlafen und Träumen direkt über der Reling am Bug. Auf der Brücke zahlte ich die Passage. Der Kommandant war ein Bilderbuchkapitän, ein Mann, der die Welt kennengelernt hatte, wozu auch Hamburg St. Pauli gehörte. Auf der *Getat II* kam er zur Ruhe, bevor er in Pension ging. Das Alter dafür hatte er schon längst erreicht.

Unten pfiff jemand ein Lied. Wir horchten, der Kommandant sah mich an und verkniff sich eine Bemerkung. Das Lied war während der Militärdiktatur verboten gewesen. Geraldo Vandré hatte es gesungen. Er war so lange gefoltert worden, bis er wahnsinnig wurde.

Unter uns ein grauhaariger Kopf, ein buntgestreiftes Hemd und baumelnde Beine, am Hals des Mannes eine Kamera. Er sah frech herauf: «Wer so was pfeift, ist gleich verdächtig, *não é*? Ist es nicht so?»

Der Pfeifer mußte aus dem Süden sein. Amazonier pfiffen selten und kannten auch das Lied nicht. Sie schimpften unentwegt über Politik, aber zum Demonstrieren war es meistens zu warm. Während in anderen Großstädten Brasiliens Hunderttausende für die Direktwahl des Präsidenten auf die Straße gegangen waren, brachte Belém nur siebentausend zusammen. Der Mann pfiff das Lied der achtundsechziger Generation gegen die Stiefel, gegen die Waffen, gegen die Militärdiktatur, der die deutschen Kanzler einer nach dem anderen ihre Reverenz erwiesen hatten. Der Refrain war ein Aufruf zum Widerstand gegen das Militär: «Wer was begriffen hat, der handelt jetzt und wartet nicht, daß es geschieht.»

Der Kommandant blieb verbindlich. «Bei mir an Bord kann jeder machen, was er will, solange er den Betrieb nicht stört.» Aber das Lied hatte ihn geärgert.

Der Mann pfiff weiter und freute sich auf die Reise. Plötzlich hörte ich deutsche Worte: «Wie hängt man dieses Scheißding auf? Ich habe es schon wieder vergessen», nörgelte eine Frau.

Landsleute? Das konnte lustig werden. Ihnen gegenüber hielt ich meine Nationalität genauso zurück und lauschte.

Die Frau kämpfte mit der Hängematte. «Zieh einfach die Strippen durch die Öse», empfahl jemand mit Schweizer Akzent, «und dann legst du sie um den Balken. Und dann machst du einen Knoten.»

«Was für einen? Nicht, daß ich mir das Genick breche.»

«Vielleicht nimmst du besser eine Kabine...»

«...das ist mir zu teuer», schimpfte die Frau ärgerlich.

Ein Brasilianer in Bermudashorts und weit offenem Hemd, das seinen muskulösen Körper zeigte, erhob sich vom Tisch und setzte ein Gewinnerlächeln auf. Er bahnte sich den Weg zu der jungen Frau im knittrigen Sommerkleid und mit kurzgeschnittenem brünetten Haar. Ich schlich ihm nach. Die Frau hatte blaue Augen und einen harten Zug um den Mund. Nase, Schultern und Waden hatte sie zu lange der Sonne ausgesetzt. Der Mann mit dem Gewinnerlächeln griff nach ihrer Hängematte. «Das kann ich selbst», herrschte sie ihn auf deutsch an und riß ihm die Hängematte aus der Hand. Erschrocken fuhr er zurück, die Zuschauer unterdrückten das Lachen.

«Sei nicht so grob mit den Leuten», beschwichtigte der Schweizer, «er wollte nur helfen.»

«Ich hab diese Machos satt. Nie lassen sie einen in Ruhe, ewig müssen sie einen anglotzen und einem auf die Pelle rücken. Als wenn eine Frau überhaupt nichts kann...»

«...na, du kannst es ja auch nicht...»

«...laß mich in Ruhe!» Die Frau kämpfte mit den Strippen und biß sich auf die Lippe.

Der dritte Europäer in der Runde kümmerte sich nicht um die Frau. Wie er mir später erzählte, war er aus Kempten. Der Amazonas war sein Kindheitstraum gewesen, jetzt ging er in Erfüllung. Der Kemptener war überglücklich, alles war gut, alles machte ihm Freude, und obwohl er kein Portugiesisch sprach, lächelte er die Mitreisenden an und schüttelte Hände und klopfte auf Schultern, wenn ihn jemand ansprach.

Ein dumpfer Knall auf der *Onze de Maio* ließ mich zusammenzucken. Aus dem Schornstein stieg ein Rauchring und verwehte. Wieder knallte es, wieder ein Rauchring. Die Maschine wurde angelassen.

«Legt den Kahn still», schrie höhnisch ein Matrose von der *Getat II*. «Sollen wir euch ins Schlepp nehmen?»

«Steck dir die Trosse sonstwohin», kam prompt die Antwort vom Nachbarschiff, und als der Maschinist der *Onze de Maio* schweißtriefend und ölverschmiert an Deck erschien, glitten wir sacht achteraus auf den ruhigen Strom. Die *Getat II* bewegte sich beim leichtesten Ruderausschlag. Der Wind hatte sich gelegt, die Wellen sich verlaufen, und der Strom glänzte wie gegossenes Silber. Wir wendeten und fuhren zu meinem Erstaunen flußabwärts. Ein Matrose schob mich beiseite und schoß den Festmacher auf. Kaum waren wir unterhalb der Kaimauer vor der «Bar Mascote» an einer anderen *gaiola* längsseits gegangen, als eine Gruppe junger Männer unser Schiff enterte, den beweglichen Teil der Reling herausnahm und die Bohlen über der vorderen Ladeluke beiseite riß. Vom anderen Schiff rollten verschnürte Sisalballen herüber und stürzten krachend in den Laderaum. Ein Ballen platzte und zeigte seinen Inhalt. Es waren Hängeregale aus Sisalstricken mit Holzbrettern dazwischen, geflochtene Teppiche und Lampenschirme, Folklore aus Ceará im Nordosten. Immer zwei Mann rollten einen Ballen herüber, und im Laderaum wurden sie nach Anweisung des Bootsmannes verstaut. Zwei Uniformierte der Hafenpolizei und der Kapitän des Nachbarschiffes beobachteten mißmutig das Umladen und tuschelten, während die Passagiere der *Getat II* die Arbeitenden anfeuerten. Auch der Mann, der das ehemals aufrührerische Lied gepfiffen hatte, half mit und forderte mich zum Mitmachen auf. Ich ließ mich nicht lumpen und faßte mit an. Nach der Fahrt über die Sandbänke des Rio Curuá war ich gut in Form und nach fünf Minuten Schlepperei so naßgeschwitzt wie alle anderen. Als ich einen Moment verschnaufte, kam die deutsch-schweizerische Reisegruppe die Treppe herab und gesellte sich zu den übrigen Zuschauern. Die Frau warf einen Blick in die Runde und verschwand wieder.

Die jungen Männer deckten die Ladeluke ab und bedankten sich alle mit einem Händedruck.

«Was war das für eine Veranstaltung? Wieso hat die Mannschaft nicht angepackt?» fragte ich einen von ihnen.

«Erzählen wir dir nachher, erstmal duschen.»

Neben dem Waschraum lehnte eine schwarzgekleidete Gestalt, und einen Moment lang dachte ich, es sei einer der beiden Cowboys von der *Onze de Maio*, aber dieser war kleiner, trug keine Sonnenbrille und hatte einen traurig nach unten hängenden Schnurrbart. Argwöhnisch lugte er unter mein Handtuch, als ich auf ihn zuging.

«*Que passa*, irgend etwas nicht in Ordnung?» fragte ich.

Er antwortete nicht und stierte weiter auf das Handtuch, so daß ich mich bemüßigt fühlte, es auszuschütteln. Der Schnauzbärtige beruhigte sich, um danach die nähere Umgebung mit dem gleichen Argwohn in Augenschein zu nehmen. Ich erholte mich unter einem kühlen Wasserstrahl, als das Schiff ablegte und auf den Strom drehte.

Auf dem Oberdeck schlug die Schiffsglocke. «Wer geholfen hat, bekommt ein Abendessen», verkündete ein Matrose. Am Tisch, der mittschiffs in Längsrichtung stand, hatten die jungen Männer, mit nassem Haar und nach Parfüm duftend, bereits Platz genommen. Der Pfeifer winkte mich neben sich und rückte zur Seite. Wir waren uns sofort sympathisch. «Ich heiße Tiago – aus Porto Alegre.» Also ein Kind europäischer Einwanderer. Ich stellte mich vor und erfuhr die Namen der Cearenser. Da war ein Jesus dabei und ein Judas, ein Ivan und ein Waldemar. Welcher Name zu wem gehörte, konnte ich mir nicht merken und bewunderte wieder einmal das phänomenale Namensgedächtnis der Brasilianer. Sechs Mann gehörten zu dem Trupp. Der scheinbar Schwächste von ihnen, spindeldürr und baumlang, hatte wie ein professioneller Lastträger geschuftet, und genauso schaufelte er das Essen in sich hinein und redete mit vollem Mund: «Der Kerl braucht eine Lektion.»

«Vergiß es, Bruder», sagte ein anderer.

«Nein, so was darf nicht ungestraft bleiben. Das machen sie mit uns, weil wir fremd sind. Dreckpack – die Paraenser!»

«Du irrst. So sind nicht nur die Leute in Pará. Fuhrunternehmer sind überall Betrüger, *porra*! Verdammte Wichse!» fluchte sein Nebenmann.

«Nee, das war ein abgekartetes Spiel. Die kannten sich untereinander, ich habe die Typen von der Hafenpolizei vorher mit dem Kapitän und dem Steuermann zusammen gesehen. Die haben sich abgesprochen. Und die Mannschaft hat die Fresse gehalten oder gelogen...»

«Den armen Teufeln bleibt nichts anderes übrig. Wenn sie nicht mitspielen, können sie gleich abmustern», entschuldigte Tiago ihr Verhalten.

«Wenn er uns nicht geholfen hätte», die Bohnenstange sah zum

Tischende, wo der junge Schiffseigner saß – ich hatte den Dreißigjährigen in abgeschnittenen Jeans und Unterhemd bisher für einen Mitreisenden gehalten –, «dann wäre die Arbeit von einem Jahr futsch gewesen.»

«Ihr habt selbst schuld. Ihr habt gedacht, daß ihr ein gutes Geschäft machen könnt», mischte sich Tiago wieder ein. «Dafür haben sie euch reingelegt. Ist euch nicht klar, daß der Preis für eure Fracht viel zu niedrig war?»

«Wir haben uns in Belém im Hafen erkundigt, und der Kapitän hat uns das Angebot gemacht. Inocêncio hieß der Lump, der Unschuldige. Er wolle uns helfen, wolle unsere Kooperative unterstützen...»

«...und daß er der Jugend eine Chance gibt», fiel ihm ein anderer ins Wort. «Das Land hätte sonst keine Zukunft. Der redete genau wie ein Politiker», ereiferte er sich und warf sich in die Brust: «Die Jugend ist die einzige Hoffnung Brasiliens, unverdorben, nicht so materialistisch wie wir Alten – und daß ihr mir Pará in guter Erinnerung behaltet.»

«Ihr Traumtänzer.» Tiago schüttelte den Kopf. «Wieso laßt ihr euch einen Vertrag nicht schriftlich geben?»

«Das wollten wir. Aber der Kapitän meinte, daß das Wort eines Ehrenmannes genügt», entschuldigte sich die Bohnenstange. «So ein ausgebuffter Hund, vor Zeugen hat er jedem die Hand gedrückt. «Wenn das Wort eines Mannes nichts mehr gilt, dann ist das Land sowieso verloren», ahmte er den Kapitän nach.

«So sieht es aus», seufzte Tiago. Die Cearenser schwiegen, nur das Besteck klapperte auf den Tellern.

Ich verstand überhaupt nichts, und mein Nebenmann klärte mich auf. Die sechs Jungen aus Ceará gehörten zu einer Kooperative, die im Kunsthandwerk tätig war. Sie wollten die von ihnen hergestellten Teppiche und Regale in Manaus verkaufen und hatten mit dem Kapitän des Schiffes, von dem wir die Ladung übernommen hatten, in Belém den Preis für den Transport nach Santarém ausgemacht.

«...und als wir ankamen, hat er das Dreifache verlangt.» Die Bohnenstange fuchtelte mit dem Besteck in der Luft herum. «Wir haben uns geweigert, das zu bezahlen. Wir haben gar nicht genug Geld. Da hat er die Hafenpolizei rufen lassen.» Die Bohnenstange lehnte sich über den Tisch zu mir: «Der Hurensohn, der verdammte. Sie kamen zu dritt, mit Pistolen am Gürtel, als ob wir Verbrecher wären...»

Tiago wies auf die Eigner der *Getat II*. «Er hat die geforderte Summe vorgestreckt und stundet die Frachtkosten nach Manaus, bis alles verkauft ist. Ich war mit an Bord des anderen Schiffes und habe den Vermittler gespielt.»

«Aber den Schaden haben wir in jedem Fall, wir müssen mehr zahlen als das, was andere Kapitäne verlangt haben. Jeder betrügt hier jeden.»

«Seid froh, daß er seine Wohnung nicht mit euren Teppichen auslegt», ließ sich der Eigner hören. «Vergeßt die Angelegenheit, solange ihr an Bord seid.»

Plötzlich hatte ich das unangenehme Gefühl, daß mich jemand beobachtete, und drehte mich um, sah in die stechenden Augen des Mannes, der mich vor dem Waschraum abgepaßt hatte. Er blickte weg, schlich nach Backbord und belauerte die mir Gegenübersitzenden.

«Was stiert der mich an?» flüsterte mein Nachbar. «Er hat einen Blick wie die Typen von der Bundespolizei...»

«...oder wie ein *pistoleiro*. Der Unterschied ist nicht besonders groß», flachste Tiago.

Der Unbekannte bewegte sich Richtung Heck und starrte in die Dunkelheit.

«Ein Blick wie ein Wahnsinniger», bemerkte jemand am Tisch.

«Einer mehr fällt nicht auf», sagte Tiago in der für ihn typischen Weise. «Brasilien läßt wenig Alternativen.»

«Der sieht aus, als ob er jemanden sucht...»

«...oder als ob er gesucht würde.»

«Du bist zynisch, Tiago», sagte die Bohnenstange.

«Das ist oft das einzige, was einem bleibt.»

Ein Mann mit Bart trat an den Tisch. «Wer die Hoffnung aufgibt, auf den können auch wir nicht mehr hoffen.»

So etwas sagt nur ein Priester, dachte ich, und Tiago musterte den Neuankömmling spöttisch über die Brillengläser. «Was bist du für einer? Der Bedarf an Sprüchen ist gedeckt. Meiner zumindest.» Er stand auf, stellte sich an die Reling und schälte eine Orange.

«Darf ich mich setzen?» Der Neuankömmling suchte die Zustimmung der Tischrunde. Wer sich angesprochen fühlte, lächelte verbindlich. Die Reise auf der *Getat II* wurde interessant. «Ihr seid sehr hart zu euren Mitmenschen. Laßt ihnen eine Chance», sagte der Fremde. Der Schnitt seines Bartes und die lederne Umhängetasche erinnerte mich an die Mitglieder der Partei der Arbeiter. Aber die PT forderte kein Verständnis, sondern Klassenkampf, griff Mißstände und Politiker an und hielt einem schwer definierbaren Sozialismus die Treue. Doch kaum ein Brasilianer sah im Arbeiterdasein ein erstrebenswertes Ziel: Lieber *fazendeiro* oder Politiker sein, als sich mit der Militärpolizei vor den Fabriktoren prügeln. Der Parteiführer Inácio Lula, einst Metallarbeiter, jetzt Präsidentschaftskandidat, hatte sich im Wahlkampf wie alle Politiker mit nationalistischen Sprüchen an die Gefühle der Wähler gewandt, ohne ein konkretes Wahlprogramm und die entsprechende Mannschaft vorstellen zu können. Auch darin unterschied er sich nicht von anderen Parteien. In Deutschland hatte Lula vor der Präsidentenwahl den Schutz der Regenwälder versprochen – in Belém verbat er sich später mit erhobener Faust vor einer Menschenmenge am Ver-o-peso die Einmischung der Ausländer in Amazonien. Und obwohl Lula ein Gegner der Militärs war, trafen sich hier ihre Argumente. Der Bärtige fuhr fort: «Seht eure Mitmenschen lieber als Verwirrte an, das Leben mit seinen Herausforderungen verwirrt sie, es ist schwer, dieser Welt gewachsen zu sein...»

«Und uns bescheißen sie. So verwirrt sind die Leute gar nicht», schimpfte die Bohnenstange. «Die wissen genau, was sie tun.»

Tiago konnte sich nicht zurückhalten. «Reg dich nicht auf, Langer. Der Mann ist Priester, die müssen so reden, dafür werden sie bezahlt, seit zweitausend Jahren, jeden Monat einen Scheck vom Vatikan. Und den Ärmsten knöpfen sie die letzten Cruzeiros ab, damit sie ihren Barockengelchen den Hintern vergolden können.»

«Du bist sehr bitter, mein Freund...»

«Nein, mein Bruder. Ich habe dieses Land zwanzig Jahre lang bereist, habe als Fotograf Abertausende von Aufnahmen gemacht von... äh, von Dingen, von denen du nicht glaubst, daß es so etwas gibt. Im Knast haben sie mich verprügelt, weil ich für Gerechtigkeit auf die Straße gegangen bin. Waren das auch Verwirrte, die uns Elektroschocks verpaßt haben?» Tiagos Stimme zitterte. «Und wo wart ihr, ihr Priester?»

«Auch im Gefängnis...»

«Na gut, einige vielleicht. Andere haben mit den Generälen gefrühstückt und ihre Säbel gesegnet. Jetzt werden die kaltgestellt, die von der Theologie der Befreiung sprechen, die eure Bibel beim Wort nehmen. So treibt ihr das Volk den nordamerikanischen Sekten zu.»

«Dafür bin ich nicht verantwortlich. Der Papst...»

«Ich weiß. Schuld sind immer die anderen. Ich kann es nicht mehr hören. Alles nur Betrug! *Foda se*!» Abrupt drehte sich Tiago um und machte eine obszöne Handbewegung.

Es waren wieder die Männer, die das Wort führten und sich später an der Bar trafen. Die Frauen und Mädchen unterhielten sich leise, saßen an der Reling, spielten mit Kindern und schauten auf das unsichtbare Ufer, von dem verschiedene Düfte herüberwehten; die schwere Süße blühender Bäume, der Geruch von Weiden und Rindern, der Rauch eines Feuers, der mich an Pacoval erinnerte, an die Gesichter der Schwarzen, denen das Land ihrer Sklavenhalter zur Heimat geworden war. Die jungen Cearenser kommentierten weiterhin verbissen die Ereignisse des Tages, nahmen aber bereits Blickkontakt zu dem Mädchenchor auf, der nach Manaus reiste. Tiago und ich hingen unseren Gedanken nach, ihm gegenüber hatte ich erwähnt, daß ich Deutscher bin.

«Sind wir hier sicher?» fragte eine rauhe Stimme dicht neben uns. Es war wieder der Mann mit dem Schnauzbart.

Tiago kicherte. «Wenn uns die deutschen U-Boote in Ruhe lassen...»

Der Mann stutzte. «Deutsche U-Boote?»

Tiago zog ihn vertraulich zu sich heran. «Sie verstecken sich seit dem Zweiten Weltkrieg im Amazonas. Sind ganz alte Männer drauf. Alles Nazis. Die Schlimmsten. Die zünden auch den Regenwald an.»

«*Besteira*, Blödsinn», blaffte der Mann. «Ich meine es ernst. Wo legen wir als nächstes an?»

Ich wußte, daß es *Óbidos* war, aber um ihn loszuwerden, sagte ich: «Frag den Eigner, der ist auf der Brücke.»

«*Mais um doido*, noch ein Spinner.» Tiago ließ den Zeigefinger um die Schläfe kreisen.

Der Unbekannte wandte sich an den Barmann. «Ich will nicht, daß wir irgendwo anlegen.»

«Wir werden nach Mitternacht in *Óbidos* sein. Das ist im Fahrplan vorgesehen.» Der Barmann ging zur Kühlbox.

«Kommen noch mehr Passagiere an Bord?»

«Hoffentlich. Die Konkurrenz ist uns auf den Fersen. Das Geschäft auf dem Amazonas ist hart geworden. Warum wollen Sie nicht, daß wir anlegen?»

«Ich werde verfolgt. Seit einer Woche sind sie hinter mir her.»

Tiago rollte mit den Augen und hielt sich die Hand wie eine Pistole an den Kopf.

«Wer verfolgt Sie?» fragte der Barmann und stellte eine Flasche Bier vor den Verrückten.

«Kann ich nicht sagen. Sie meinen es ernst, sie werden mich umbringen», stammelte der Mann und blickte suchend achteraus. «Ich sehe Lichter!»

«Wird die *Onze de Maio* sein. Wenn die Maschine einmal läuft, dann fährt sie bis in die Anden.» Der Barmann öffnete die Flasche. «Trinken Sie. Bei uns wird niemand umgebracht.»

Der Mann riß die rotgeränderten Augen auf. «Sie sind an Bord», stieß er gehetzt hervor und rannte zum Bug und kam wieder zurück. Der Abstand zu den Lichtern blieb gleich. «Ich will die Passagierliste sehen! Ihr steckt mit ihnen unter eine Decke!»

«Jetzt reicht's. Trink dein Bier, und geh schlafen», knurrte der Barmann ungehalten und ließ den Eigner rufen. «Wie heißt der Kerl?»

«Nostradamus de Tal, geboren in Piauí, ein Nordostler. Die sind immer so hitzig. Wir müssen auf ihn aufpassen.»

Tiago nahm ihn nicht ernst. «Der leidet unter Verfolgungswahn.»

«Vielleicht wird er tatsächlich verfolgt. Möglich ist alles», sagte ich und sah die beiden schwarzen Cowboys vor mir, wie sie die *Onze de Maio* betraten. Meinem ersten Eindruck nach suchten sie jemanden.

«Spinner. Alle durchgeknallt, ein Land voller Neurotiker. Na ja –

könnte auch anders sein. So was gibt's.» Tiago wurde unsicher. «In Ceará sind die Menschen gnadenlos. Vielleicht hat er jemanden umgebracht oder ein Mädchen geschwängert?»

Nostradamus trank hastig. Statt sich zu beruhigen, wurde er nervöser. Uns wurde er lästig, wir setzten uns zur Kommandobrücke ab, wo es vermutlich Kaffee geben würde.

Der Kommandant hielt Abstand zu Tiago, und erst als er von seinen Reisen kreuz und quer durch Brasilien erzählte, trieb ihn die Neugier näher. «Woher nehmen Sie die Zeit dazu?»

«Meine Frau und ich haben ein Fotogeschäft in Porto Alegre. Wir verkaufen Kameras, entwickeln Filme, machen Hochzeitsbilder der Society, ihre Babyfotos und anderen Quatsch. Ein halbes Jahr führt meine Frau den Laden, ein halbes Jahr lang ich. Unsere Kinder sind erwachsen, nächstes Jahr werde ich fünfzig.» Amazonien kannte Tiago kaum, deshalb wollte er bis nach Peru, danach den Rio Negro aufwärts bis zum Pico da Neblina, Brasiliens höchstem Berg an der venezolanischen Grenze, und sich bei den Goldgräbern umsehen.

«Ein ideales Leben», sagte der Kommandant bewundernd.

Ein kühler Hauch kam vom Ufer. Nach einigen Tagen auf dem Amazonas ließ sich am Geruch oder an der Temperatur die Beschaffenheit des Ufers erkennen. Wir mußten dicht am Waldrand sein, da gellte ein Schrei.

«Mann über Bord!»

Kaum war der Schrei verhallt, als die Maschine stoppte. Rudergänger und Kommandant warfen einen raschen Blick über die Reling und prägten sich die Formation des Ufers ein. Es dauerte eine Weile, bis das zweihundert Tonnen schwere Schiff zum Stillstand kam und sich mit dem Bug zum Ufer von der Strömung zurücktragen ließ. Der Lichtkegel des Scheinwerfers tastete sich am Waldrand entlang, und Millionen winziger Insekten tanzten in seinem Licht.

Ein Matrose kam auf die Brücke gerannt: «Dieser Irre, der mit dem Verfolgungswahn. Er ist einfach hintenüber gekippt, zack, ohne ein Wort. Total besoffen.»

Der Eigner erschien auf der Brücke. «Hoffentlich säuft er nicht ab. Auf den Ärger mit der Polizei kann ich verzichten.»

«Wir könnten die *Onze de Maio* benachrichtigen, die könnte mitsuchen», schlug der Kommandant vor.

«Auf keinen Fall, kein Wort – da ist er!»

Nostradamus klammerte sich im Ufergebüsch an einen Ast. Unser Schiff blieb auf gleicher Höhe in der Strömung, und ein Rettungsring flog auf ihn zu. Der Wahnsinnige ließ ihn vorbeitreiben.

«Streck den Arm aus, *filho da puta!*»

Nostradamus rührte sich nicht.

Zwei Matrosen machten ein Kanu klar und paddelten hin. Nostradamus versuchte das Kanu umzukippen, bis ihn einer der Cearenser mit einer Leine um den Leib schwimmend erreichte. Schweigend rangen die beiden im Wasser, und erst als ein weiterer Matrose in den Kampf eingriff, überwältigten sie den Wirrkopf. Kaum stand er an Deck, schwang er sich erneut auf die Reling. Jetzt griffen die Passagiere zu.

«Sperrt ihn in eine Kabine, und zieht ihm die nassen Sachen aus», befahl der Eigner, und die *Getat II* nahm Fahrt auf.

«Nach der Aufregung brauche ich ein Bier», sagte ich. «Außerdem stinkt es nach Rauch. Ihr brennt schon wieder eure Wälder ab. Fällt euch eigentlich nichts anderes ein, was man mit dem Holz machen könnte?»

Der Rudergänger sah mich mitleidig an. «Das ist kein Holz, das ist Gras, das riecht jeder. Die *fazendeiros* brennen die *várzea* ab, das Land, das in der Regenzeit überschwemmt ist, und Weiden, damit das Gras nachwachsen kann, wenn der Regen beginnt und die *várzea* überflutet.»

«Ich weiß», entgegnete ich ärgerlich. «Es sind die Weiden, immer mehr Weiden.»

«Und bei euch immer mehr Autos», konterte der Rudergänger schnippisch.

Am frühen Morgen erreichten wir Juruti. Tiago und ich erhielten eine halbe Stunde Landurlaub, in der wir die Läden rings um einen Stichkanal durchstöberten. Es lagen so viele Kanus in dem Kanal, daß wir trockenen Fußes auf die andere Seite gelangt wären. Die Läden waren Paradiese zum Wühlen, Arsenale des Unnützen und Nützlichen, vollgepfropft mit Kisten, Schachteln, Fässern, Bottichen, Schnapsflaschen und Getreidesäcken. Pfannen baumelten unter den Decken. Nachttöpfe, Öllampen und Leinen mit fingerdicken Angelhaken und Harpunen, Sättel und Netze, Besen, Körbe, Margarinekanister und Eimer, die aus diesen Kanistern hergestellt wurden. Wir wühlten in dem wunderbaren Krimskrams, tauchten in Schatztruhen mit alten Beschlägen und Werkzeugen, bis uns die Schiffssirene rief.

Ein Eselskarren hielt an der Pier, und eine Mittvierzigerin, eine mit dem Gesicht der Indigena, stritt mit dem Kutscher lautstark über den Preis. Hände mit lackierten Fingernägeln hielten ihm herablassend Geldscheine entgegen. Die Frau trug Goldschmuck an den Armen und Fesseln, an jedem Finger einen Ring und eine dicke goldene Kette um den Hals.

Für Tiago war der Fall mal wieder klar: «Alles Imitate.»

Der Kutscher muckte gegen den befehlsgewohnten Ton der Dame auf. «Das ist zuwenig. Ich bringe Ihren Kram dahin, wo ich ihn hergeholt habe.» Er zog dem Esel die Peitsche über. Die Frau stellte sich in den Weg. «Halt, Erpresser!»

So mochte Maria Macambira ausgesehen haben, die Sklavenhalterin aus Santarém, vor der die Sklaven in den Urwald geflohen waren. Nur die Peitsche fehlte. Die Typen aus der Kolonialzeit hatten sich nur unwesentlich verändert. Ein Träger brachte auf dem Kopf einen Sack auf die *Getat II*. An dessen Enden traten kurze Krallen durch das Kunststoffgewebe.

«Schildkröten, Tiago. Da sind Schildkröten drin, lebende *tracajás*», raunte ich ihm zu, «für die Nobelrestaurants von Manaus.» Es war ein trauriger Anblick.

Vergeblich versuchten die Tiere, sich zu befreien. Vier Säcke gelangten auf die *Getat II*, die weiteren vier *tracajás* waren nicht einmal mehr in Säcken versteckt worden. Als die Frau an Bord gehen wollte, trat ihr Tiago in den Weg: «Sie wissen, daß es verboten ist, Schildkröten zu fangen und zu verkaufen. Die sind vom Aussterben bedroht. Das wird mit Gefängnis bestraft!»

Gelangweilt sah ihn die Dame von oben bis unten an – sah Tiagos Füße mit den Gummilatschen, untrügliches Zeichen von Armut, denn wer auf sich hielt, trug Leder- oder Tennisschuhe – und rümpfte die Nase: «*Sai daí, cara* – geh aus dem Weg, Typ.»

Mir fielen die Worte des Diamantensuchers ein: «Die kommt aus irgendeinem Stall und will nie wieder arm sein.»

Tiago trat zur Seite. «Solche Leute habe ich oft fotografiert»,

Tiago schaute Maria Macambira auf dem Weg zu ihrer Kabine nachdenklich hinterher. «Neulich erzählte mir ein Bauunternehmer, daß sich einer seiner Arbeiter darüber beklagt hatte, daß der Weg zur neuen Baustelle zu weit sei und er jetzt das doppelte Fahrgeld zahlen müsse und daher einen Zuschuß haben wolle. Sagt der Bauunternehmer doch, daß er dem Arbeiter Bescheid geben würde, wenn er ein neues Projekt in der Nähe seiner Wohnung hätte – und hat ihn auf der Stelle entlassen. Solche Leute sind das. Pervers, ein anderer Begriff fällt mir nicht dazu ein.» Tiago beugte sich über den Laderaum. «Ich will wissen, wo sie die Schildkröten verstauen. Wir können sie wieder ins Wasser werfen.»

«Ich bin dabei, Tiago. Aber Besatzung und Passagiere müssen wir raushalten. Wir haben alle gegen uns – du wirst hier niemandem das Schlachten von Schildkröten abgewöhnen. Außerdem sind die ganz wild hier auf die Eier.»

«Die müssen endlich begreifen, daß sie so ihre Welt vernichten», widersprach Tiago. «Bei all der Kritik in den letzten Jahren.»

Das sah ich anders und hatte die Lebensweise der Bewohner von Pacoval vor Augen. «Du glaubst, daß jemand die Kritik ernst nimmt? Die *caboclos* fühlen sich nur gegängelt. Sie haben immer von der Natur gelebt, sie hat ihnen alles gegeben, genau wie den Indigenas. Der Fluß gibt ihnen die Fische, er ist ihre Straße, ihr Trinkwasser und ihre Badewanne. Sie jagen, während du in Port Alegre im Supermarkt einkaufst. Wenn die Bäume unter Naturschutz stehen, woraus sollen die *caboclos* ihre Häuser bauen? Dieses Denken kann keine Regierung in zehn Jahren auslöschen.»

«Aber es gibt Gesetze», entgegnete Tiago unwirsch. «Sie müssen lernen, sich daran zu halten.»

Ich stutzte, als ich mich in die unangenehme Rolle dessen gedrängt sah, der die Jagd verteidigte. Es sind nicht die *caboclos*, die Jagd oder eine kleine Brandrodung im Urwald, die Amazonien bedrohen, dachte ich. Und so lapidar wie da Costa antwortete ich Tiago: «Es gibt Gesetze, und es gibt die Wirklichkeit. Diejenigen, die Gesetze machen, sollen sich erst einmal selber daran halten. Solange sie das nicht tun, glaubt ihnen kein Mensch...»

«Red ruhig weiter, du Klugscheißer», sagte Tiago und verschwand im Laderaum.

11. Gouverneure und Bürgermeister

Der Fahrstuhl hielt im achten Stock. Der Liftboy öffnete die Tür: «Das Gebäude wird in einer halben Stunde geschlossen.»

«Wir bleiben nicht lange», sagte mein Freund Gilberto, ein Journalist, und steuerte im tristen Korridor auf das Anwaltsbüro zu. Drinnen wurde ein Stuhl zurückgeschoben, ein Scherengitter fuhr quietschend beiseite, und die Türkette wurde eingehakt. Die Tür öffnete sich.

«Sie wünschen?» fragte eine junge Frauenstimme, und ein mächtiges Parfum quoll aus dem Spalt.

Gilberto nannte unsere Namen. Die Sekretärin ließ uns eintreten und auf abgeschabten Sesseln Platz nehmen. «Der Herr Rechtsanwalt läßt sich entschuldigen. Es wird nur einen winzigen Moment dauern.» Sie unterstrich die Winzigkeit durch eine Geste mit Daumen und Zeigefinger. Wir blätterten schweigend in alten Zeitschriften, bis Pedro Giamaria, der Anwalt, erschien. Er begrüßte uns kurz und schickte die Sekretärin sofort nach Hause. Wir gingen ins Arbeitszimmer.

«Whisky? Schottischen oder Bourbon? Den hiesigen werden Sie kaum mögen, oder?» fragte Giamaria und sah mich dabei an, als hätte er einen Zeugen zu vernehmen. Ich entschied mich für Bourbon.

«Ohne die Fürsprache Ihres Freundes wäre dieses Treffen nicht zustande gekommen», sagte der Anwalt ein wenig schroff. «Ihr Freund hat mir versichert, daß Sie absolutes Stillschweigen über Ihre Informanten bewahren. Ich muß mich darauf verlassen können. Für mich spielt dabei natürlich eine Rolle, daß Sie als Ausländer in meinem Land keine persönlichen Interessen verfolgen.» Fahrig warf er Eiswürfel in die Gläser und goß den Whisky darüber. Wir prosteten uns zu. Giamaria erschien mir angestrengt und übermüdet, sein Gesicht war schmal, das Haar dünn und grau geworden, und um die Lippen spielte der bittere Zug der Enttäuschung.

Gilberto neigte sich vertraulich dem Anwalt zu. «Ich habe Sie als absoluten Insider empfohlen, was die Politik im Staat Pará angeht. Sie haben lange mit unserem Gouverneur zusammengearbeitet. Aber dann haben Sie sich plötzlich aus der Politik zurückgezogen. Weshalb?»

«Um das zu erklären, muß ich weit ausholen. Für Sie müssen die Zusammenhänge kompliziert sein», Giamaria beäugte mich noch immer mißtrauisch. «Europäer sind immer schnell mit Verurteilungen bei der Hand. Ihr habt ein anderes Verständnis von Politik. Eure Demokratien sind alt, haben Tradition. Wir hingegen sind noch immer unterentwickelt, rückständig, ein Land mit zerbrechllichen Institutionen. Besonders in Amazonien herrschen Zustände, die für Sie unvorstellbar sein müssen.»

«Er ist lange genug hier», sagte Gilberto, bevor ich etwas erklären konnte.

«Um so besser.» Giamaria lehnte sich zurück. «Warum ich mich vom Gouverneur losgesagt habe, ist ganz einfach. Wie viele andere habe ich an ihn geglaubt. An seine Versprechen, etwas für die Ärmsten zu tun, die Gewalt einzudämmen, die Korruption zu bekämpfen...»

«...das versprechen alle», unterbrach ich.

«Mag sein, aber ihm haben wir geglaubt. Ich kenne den Gouverneur seit meiner Jugend. Aber als er fast auf der Höhe seiner Macht Politik mit dem Finger am Abzug des Revolvers machte, wie wir es sagen, da hab ich mich zurückgezogen. Ich will damit keineswegs andeuten, daß er jemanden getötet oder dazu den Auftrag erteilt hat, nur – bei seinen Verbindungen mit Sägewerksbesitzern, mit Spekulanten und Großgrundbesitzern war diese Entwicklung unvermeidlich. Ich weiß, an wen Sie jetzt denken.»

Gilberto hatte den Namen bereits auf den Lippen: «Paulo Fontelles. Ja! Er hat auch lange an den Gouverneur geglaubt, genau wie an die PMDB, die Partei der Demokratischen Bewegung Brasiliens.

«Diese Namen sagen Ihnen etwas?» fragte mich der Rechtsanwalt.

Als ich zum erstenmal nach Brasilien gekommen war, stand die

PMDB noch in Opposition zum Militär. In der Partei hatten sich die Gegner des Regimes, von Kommunisten über Liberale bis hin zu Konservativen, formiert. Die Partei der Militärs und der Oligarchie, der Landbesitzer, der Großunternehmer und des Klerus, hieß damals ARENA, aber der Name war unter den Generälen in Verruf gekommen, war zum Synonym für Folter, Zensur und Unterdrükkung geworden. Beim Übergang zur Demokratie war ein solcher Name hinderlich. Die ARENA wurde zur PDS, zur Sozialen Demokratischen Partei.

Seitdem hatte sich die PMDB, die die Wiederherstellung der Demokratie anstrebte, zum reinen Zweckverband gewandelt. Fontelles, der aus einer wohlhabenden und einflußreichen Familie kam, hatte ihr als Landtagsabgeordneter von Pará angehört, hatte den Gouverneur unterstützt, ihn entgegen seiner Überzeugung lange Zeit verteidigt, um sein Ziel zu erreichen: die Agrarreform. Dazu mußte er Front gegen die Landbesitzer machen, die sich der PMDB angeschlossen hatten. Letztlich hat er mit dem Gouverneur gebrochen und war in eine der kommunistischen Parteien eingetreten.

«Fontelles hatte Mut», sagte Giamaria bewundernd. «Seine Kritik am Gouverneur in einem offenen Brief vorzutragen – eine direkte Kampfansage...»

«...und für Fontelles das Todesurteil», ergänzte Gilberto.

«Paulo Fontelles wurde an einer Tankstelle vor der Stadt von Profis erschossen. Einen Mittelsmann zwischen Auftraggebern und Mördern hat man zwar gefaßt, aber die Auftraggeber sind noch immer nicht bekannt.»

«Was hatte der Gouverneur damit zu tun?» fragte ich.

«Die Wähler von Fontelles wurden eingeschüchtert, es gab andere Morde. Jeder, der mit ihm arbeitete, jeder, der Fontelles die Treue hielt, wurde terrorisiert. Kaum jemand wagte, ihn zu wählen. Als er dann sein Mandat verlor, stand er zum Abschuß frei.» Giamaria blickte in sein Glas. «Ich bin kein Held. Ich habe mich verdrückt.»

Der Lärm des Feierabendverkehrs drang bis in die Kanzlei herauf. Giamaria ließ die Jalousie herunter, als fürchtete er, daß uns jemand vom Hochhaus gegenüber beobachten könnte.

«Der Gouverneur hat als Studentenführer angefangen?»

«Ja», sagte Giamaria und blieb stehen, «radikal in seinen Forderungen. Das gefiel den Studenten. Er hatte nichts zu verlieren, er kam aus dem Mittelstand und hat sich geschickt nach oben gearbeitet. Wir waren blind, wir haben seinen Ehrgeiz mit Engagement verwechselt. Zuerst war er Stadtrat, dann wurde er in den Landtag gewählt, dann Bundesabgeordneter. Er sprach zwei Sprachen: die der armen Bevölkerung und die der Politik.»

Aus einem Wust von Papieren zog er eine Broschüre. «Lesen Sie, was er im Parlament während der Diktatur in Brasilia für Reden geschwungen hat.» Sein Ton war bitter. Er verfolgte den Gouverneur mit dem Groll dessen, der seine Ideale verraten sah. Er gab mir die Broschüre. «Die Rede ist von 1976.»

«Es ist erschreckend, meine Herren Abgeordneten, was in Pará geschieht: Wir haben die einzigen beiden Eisenbahnlinien verloren, stillgelegt durch einen Verwaltungsakt der Bundesregierung; man droht uns, das Erz der Mine von Carajás über die Hauptstadt des Staates Maranhão auszuführen; der Hafen von Belém taugt zu nichts mehr und fällt in sich zusammen; Flora und Fauna Amazoniens sind verwüstet; die Flußschiffahrt der ENASA ist eingestellt, obwohl bekannt ist, daß der größte Teil der Bevölkerung Amazoniens an den Flußufern lebt...»

«Daran hat sich bis heute wenig geändert.» Ich gab die Broschüre zurück.

«Doch», widersprach Giamaria. «Das Vermögen des Gouverneurs ist derartig gewachsen, daß niemand mehr seinen Besitz überblickt... Allein für den Fernsehsender hat er dreizehn Millionen Dollar bezahlt. Ich frage mich, wo die herkamen.»

Während des Wahlkampfs hatte ich eine Gehaltsaufstellung gesehen, wonach er in den sechzehn Jahren seiner politischen Karriere offiziell anderthalb Millionen Dollar verdient hatte, Aufwandsentschädigungen nicht inbegriffen. Das reichte bei weitem nicht.

«Es läßt sich leicht klären, wie alles zu Amtszeiten des Gouverneurs.» Mir war, als hätte der Rechtsanwalt am liebsten die Untersuchung persönlich geleitet, aber dann wäre auch er sicherlich nicht ungeschoren davongekommen.

«Der erste große Skandal ereignete sich in der Landesbank. Einlagen wurden abgezweigt und von einem Vertrauten des Gouverneurs in Rio de Janeiro am Kapitalmarkt angelegt. Die Gewinne aus diesem Millionengeschäft wurden privaten Konten gutgeschrieben.»

«Das ist bei unseren Politikern so üblich», erläuterte Gilberto und schenkte Whisky nach. «Der Mann, der die Transaktionen vornahm, wurde später Leiter der Entwicklungsbehörde für Amazonien – ein Arzt.»

Jetzt warfen sich meine Gesprächspartner die Bälle zu. Giamaria war wieder dran. «Seine erste Fazenda hat der Gouverneur dem Vorbesitzer mit juristischen Tricks abgenommen, hat mit Hilfe von Revolvermännern Landbesetzer von der Fazenda verjagt, und als der Vorbesitzer Geld sehen wollte, hat er ihm einen Posten als Kleinstadtbürgermeister versprochen. Als Abfindung erhielt der arme Mann lediglich fünf Prozent von dem, was der Gouverneur beim Verkauf der Fazenda an ein Sägewerk erzielte.»

Der Gouverneur hatte sich nach oben durchgebissen. Es war ihm nicht um Entwicklungspolitik oder das Los der Menschen in den Elendsvierteln gegangen, sondern um politische Macht. Sie war der Schlüssel zu den Geldschränken der Nation, und deshalb fielen die Politiker wie Wölfe übereinander her. Neben dem TV-Sender, dem zweitwichtigsten in Pará, gehörten dem Gouverneur eine kleine Tageszeitung und drei Radiosender. Eine Druckerei, Immobilien und einige tausend Rinder rundeten den Besitz ab. Der Vizegouverneur hatte einen weiteren Sender mit in die politische Ehe gebracht.

«Das ist zumindest der offizielle Teil. Der inoffizielle Besitz, der aus den Geschäften mit Staatsaufträgen, der liegt im dunkeln», sagte Gilberto. «Die Verbindungen zwischen Politikern und Unternehmen werden immer dann deutlich, wenn ein anderer Korruptionsfall aufgedeckt wird. Juristisch ist nur selten was nachzuweisen.»

«Richtig», bestätigte Giamaria, «Ermittlungsverfahren werden eingestellt und die Richter ausgetauscht. Dafür braucht man die Mehrheit im Landtag, und die wird zusammengekauft, so wie kürzlich im Parlament in Brasilia. In dieser Legislaturperiode haben hundertdreißig Abgeordnete die Partei gewechselt, das ist ein Viertel von allen.»

«War er nicht der erste frei gewählte Gouverneur nach der Militärdiktatur?» fragte ich.

«Nein, er wurde während der Zeit des Regimes gewählt. Oberst Nunes, der größte Landbesitzer auf Marajó, ging für die Wahl 1982 mit ihm eine Allianz ein. Später brach der Gouverneur mit dem Oberst. Das ist seine Strategie. Er brach mit allen, die ihn zuvor unterstützt hatten. Mit dem arabischen Tuchhändler, den er zum Bürgermeister von Belém berief, war es das gleiche.»

«Wie konnte er Bürgermeister einsetzen?»

«Sie wurden damals bestimmt», ergänzte Gilberto. «Der Tuchhändler war als Bürgermeister unfähig, aber er verstand was von Werbung, und jeder dachte, daß es mit Belém aufwärts ginge. Er stahl dem Gouverneur die Schau, und als er merkte, daß er ihm in die Quere kam, bat er vorsichtshalber um Entlassung.»

«Der Gouverneur duldet niemanden neben sich», bestätigte Giamaria. «Entweder unbedingte Gefolgschaft oder... Deshalb verlor er auch die Unterstützung seiner Partei und seines Ziehvaters, des Oberst.»

Langsam fügten sich die Bilder zusammen, von denen ich bisher nur Bruchstücke kannte, Namen und Ereignisse, aber es fehlten noch Verbindungen. «Wie konnte er dann weiterregieren?» wunderte ich mich.

«Indem er die alten Feinde von der PDS in wichtige Ämter hievte, Großgrundbesitzer, die alte Elite. Helio Gueiros machte er zu seinem Vertrauensmann...»

«... das war bisher sein größter Fehler», lachte Gilberto schadenfroh. «Helio Gueiros ist jetzt sein größter persönlicher Feind.»

«Darauf kommen wir später», unterbrach Giamaria, «das verwirrt unseren Gast nur. Ich glaube, daß die Freundschaft zwischen dem Gouverneur und Helio Gueiros nicht groß gewesen ist. Er hinterließ ihm immerhin zwanzig Millionen Dollar Schulden. Den Kredit hatte der Gouverneur erst wenige Tage vor dem Ausscheiden aus dem Amt aufgenommen. Die Staatskasse war nach dem Wahlkampf leer, die gesamte Regierungsmaschine war in Bewegung gesetzt worden, um Helio Gueiros zum Gouverneur zu machen. Dummerweise wurden die ersten Raten gleich nach seinem Amtsantritt fällig.»

Jetzt war mir klar, was zum Bruch der beiden geführt hatte, über den die ganze Stadt sprach. Sie beschimpften sich öffentlich, aber der Grund dafür war im dunkeln geblieben.

«Auch Helio Gueiros sagte sich von seinem Ziehvater los, er hatte schnell von ihm gelernt und diffamierte seinen Vorgänger bei jeder Gelegenheit als korrupt. Im Grunde genommen ging es darum, wer an das Geld kam.»

«An den Kredit von den Bahamas?» fragte Gilberto.

«Unter anderem. Das Bauunternehmen Gutierrez, das den Wahlkampf von Helio Gueiros finanziert hatte, besorgte einhundert Millionen Dollar für Straßenbau und für einen Staudamm zur Elektrifizierung des nördlichen Amazonasufers.»

«Wo wir gerade von Energie sprechen», unterbrach Gilberto, «laßt uns etwas essen gehen.»

«Gute Idee, möglichst nicht in der Nähe, besser draußen am Stadtrand», bat der Anwalt. «Ich möchte mit euch nicht gesehen werden.»

Wir fuhren über die Avenida Gentil Bittencourt stadtauswärts. Villen, Geschäftshäuser und auch die Reihen häßlicher Betonblocks waren von Sprayern bis in den dritten Stock hinauf vollgekrakelt. Wo die Avenida am Friedhof begann, hatte ich den Namen des Gouverneurs auf einem Spruchband zum erstenmal gelesen. Was war das für ein Mensch, hatte ich mich später gefragt, der Stadtteile und Schulen mit seinem Namen schmücken und sich bei der Einweihung von Entwässerungsgräben fotografieren ließ. Was ließ ihn den Kampf im politischen Schlamm aufnehmen? Hatte ihn der Name der Straße beeindruckt, in der er aufgewachsen war – Julio César? Als Tribun hatte er begonnen und war zum Diktator avanciert, der von sich selbst in der dritten Person sprach.

Seine Feinde bescheinigten ihm Überzeugungskraft und Charisma. Er zog Menschen in seinen Bann, sein Auftreten war kraftvoll, energisch, selbstbewußt. Er taktierte geschickt, schuf ständig neue Allianzen; sie hielten so lange, wie sie ihm nutzten. Den *caboclos*, in deren Hütten sein Bild hing, klopfte er vertraulich auf die Schultern. Er machte Geschenke von Steuergeldern, von seiner Gnade hing das Wohlergehen ganzer Regionen ab. An ihm schieden sich die Geister.

Am Entroncamento passierten wir das blödsinnige Denkmal, wo ich mich mit da Costa für unsere Fahrt nach Marajó verabredet hatte. Niemand verstand den Sinn dieses Werkes, das Oskar Niemeyer, der auch den Grundriß für die Hauptstadt Brasilia konzipiert hatte, in Erinnerung an den Volksaufstand in Amazonien vom Jahr 1835 entworfen hatte. Ein Scheinwerfer strahlte eine in den Himmel weisende Betonrampe an. Für Niemeyer war das der «Finger der Geschichte». Ein Stück war herausgebrochen, lag unter der Rampe. Es sollte die Revolte, die vierzigtausend das Leben gekostet hatte, symbolisieren. Aber die Geschichte ging darüber hinweg, die alte Klasse war an der Macht geblieben.

Giamaria drehte sich beim Fahren zu mir um: «Wann werden Sie den Gouverneur treffen?»

Ich sah die *lombada*, aber es war zu spät für eine Warnung. Die Betonschwelle quer über der dreispurigen Fahrbahn ließ den Wagen abheben und kurz dahinter auf den Asphalt krachen. Ich knallte unter das Wagendach und fiel auf den Sitz zurück. «Wer weiß, ich habe noch keinen Termin erhalten», stöhnte ich und rieb mir den schmerzenden Nacken. «Vielleicht spricht er gar nicht mit mir.»

«Er wird, verlaß dich drauf», sagte Gilberto. «Er ist eitel, er läßt keine Gelegenheit aus, sich ins rechte Licht zu setzen...»

«...wenn es ihm nutzt», stellte Giamaria richtig und betastete seinen Kopf. «Wenigstens hier könnte die Straßenbeleuchtung funktionieren. Seit Helio Gueiros Bürgermeister von Belém ist, funktioniert kaum noch was.»

Gueiros war auch eine der obskuren Figuren in der Politik Amazoniens. Der kleine, dicke Mann, ehemals Journalist, heute als Trinker und Choleriker verschrien, war älter als der Gouverneur. Er war nicht weniger intrigant, aber agierte unauffälliger. In seiner Zeit als Gouverneur trat er als Biedermann auf, der seine Reden mit Bibelzitaten spickte.

Ich hielt die Politiker des Landes allesamt eher für verschlagen als intelligent; ihre Betrügereien waren offensichtlich, aber von der käuflichen Justiz war sowieso keine seriös geführte Untersuchung zu erwarten.

Ganz Belém hatte von dem Abkommen zwischen Bürgermeister Gueiros und dem Reeder Pepeca gewußt. Pepeca hatte eine Fährverbindung zur Insel Mosqueiro eingerichtet, damit, wie die Stadtverwaltung verkündete, der Bürger billig ins Wochenende fahren könne. Der Bürgermeister ließ den Fahrpreis subventionieren, Pepeca strich ihn ein. Er hatte mit Gueiros auch Geschäfte gemacht, als der noch Gouverneur gewesen war, während der Vorgänger, über den wir die ganze Zeit sprachen, als Bundesminister in der Hauptstadt agierte. In seiner Funktion als Landesminister für das Transportwesen hatte Pepeca staatliche Zahlungen auf Konten Dritter umleiten lassen oder selbst Zahlungen anstelle anderer staatlicher Gläubiger erhalten…

«Als der Gouverneur aus Brasilia zurückkam und wiedergewählt wurde, ließ er Pepeca sofort verhaften», erzählte Giamaria, als wir bereits außerhalb der Stadt auf den Parkplatz der *churrascaria* einbogen. «Es kam zu Straßenschlachten zwischen Militärpolizei und aufgebrachten Passagieren, weil Pepecas Reederei über Nacht geschlossen wurde.»

«Er blieb sicher nicht lange im Gefängnis», sagte ich.

«Genau!» schmunzelte Giamaria. «Sie begreifen unser System. Helio Gueiros ist mit dem Oberstaatsanwalt befreundet, und der sorgte für Pepecas Entlassung.»

«Der jetzige Transportminister ist auch nicht besser», stöhnte Gilberto. «Er ist Vertrauter des Gouverneurs. In Brasilia ließ er sich schmieren, damit er fällige staatliche Zahlungen überwies.»

Wütend schlug Giamaria die Wagentür zu. «Ich weiß nicht, was mich aggressiver macht, der Hunger oder die Kriminellen in unserem Land. So was wird von euren Regierungen als Staatsgast hofiert.» Er legte mir freundschaftlich den Arm um die Schulter. «Nehmen Sie das nicht persönlich. Es ist wichtig, daß diese Verhältnisse bekannt werden, auch wenn Brasilien dadurch in Mißkredit gerät. Wenn ihr denen die Anerkennung verweigern würdet, hätten wir es leichter. Aber – wahrscheinlich braucht eure Industrie dieses Gesindel für die eigenen krummen Geschäfte.»

Ich erinnerte mich, in der «Frankfurter Allgemeinen Zeitung» gelesen zu haben, daß Mercedes Benz es für natürlich hielt, mit mehr als einer Million Dollar den Wahlkampf des wegen Korruptionsverdacht abgesetzten Präsidenten Collor de Melo unterstützt zu haben.

Der Rechtsanwalt rückte mir in dem hell erleuchteten Restaurant einen Stuhl zurecht. «Lassen Sie sich nicht den Appetit verderben. Das ist Alltag, ganz normal, nichts Besonderes.»

Die *churrascaria* hatte die Ausmaße und den Charme einer Tiefgarage. Unter dem weiten Dach brannten Neonröhren, die Wände waren halbhoch, und ein leichter Wind strich über die Tischreihen mit Plastikstühlen. An der Längsseite brannte ein Feuer, davor steckten lange Spieße mit Fleischbrocken. Wortlos stellte der Kellner Reis, geröstetes Maniokmehl und gebratene Bananen auf den Tisch, brachte Bier, Salat und Blattkohl. Ein Kollege brachte den ersten Spieß mit Filet und schnitt jedem eine dünne Scheibe herunter.

«Bringen wir das Thema hinter uns, die Zeit drängt.» Ich bemerkte die zunehmende Unruhe des Anwalts, aber es fiel mir schwer, dem Gespräch die gleiche Aufmerksamkeit zu schenken wie dem Essen. «Es heißt, daß der letzte Wahlkampf für den Gouverneur eine Frage auf Leben und Tod war. Wieso?»

«In seiner Zeit als Minister in Brasilia hat der Gouverneur die Verbindung nach Pará verloren. Helio Gueiros, den er ja selbst an die Macht gebracht hatte, nutzte diese Zeit und das Geld aus der Staatskasse, um seinen Kandidaten in den Gouverneurspalast zu bringen. Er besetzte alle wichtigen Posten mit seinen Leuten und startete eine bis dahin nie gesehene Schmutzkampagne gegen seinen Vorgänger. Es ging ausschließlich gegen die Person des Gouverneurs. Gegenkandidat war der Tuchhändler, den der Gouverneur damals als Bürgermeister eingesetzt hatte. Es kommen immer wieder dieselben Leute nach oben.»

Der nächste Kellner säbelte ein Stück *alcatra* vom Spieß, auf das der Rechtsanwalt gezeigt hatte, und ließ es auf den Teller gleiten.

«Die Kampagne war ekelhaft», pflichtete Gilberto bei. «Alte Korruptionsfälle wurden aufgewärmt...»

«...sie wühlten auch im Privatleben», ergänzte Giamaria. «Der Gouverneur hatte ein Verhältnis mit einer bekannten Sängerin, und seine Frau prügelte sich mit ihr am Flughafen – ein gefundenes Fressen.»

Gilberto winkte den Ober mit den *chorriços* heran. Die kleinen Würste purzelten vom Spieß.

«Fast hätten sie ihn kleingekriegt, aber nur fast.» Es klang, als verspüre Giamaria noch immer einen Rest Bewunderung für den Gouverneur. «Er kämpfte gegen den gesamten Verwaltungsapparat und gegen viele Millionen Dollar. Lucio Flávio, ein Kollege von unserem Freund hier», der Anwalt zeigte mit der Gabel auf Gilberto, «hat die Wahlkampfkosten auf siebzig Millionen Dollar geschätzt, Wahlgeschenke, Flugzeuge, Fernsehspots und Stimmenkauf eingeschlossen.»

Gilberto kramte in seiner Aktentasche. «Es existiert da ein Brief...», er zögerte, Giamaria nickte auffordernd, und Gilberto zog eine Fotokopie heraus. «Das ist der Brief, den Helio Gueiros an Lucio Flávio schrieb, als der seinen Regierungsstil öffentlich kritisierte. Er glaubte, daß Lucio Flávio die Seiten gewechselt hatte. Dabei ist der auf keiner Seite, nur auf seiner eigenen, ein Gerechtigkeitsfanatiker.»

Der Ansicht war ich auch. Lucio Flávio war in bezug auf Amazonien ein wandelndes Lexikon, und ich kannte ihn als unbestechlichen und überaus korrekten Journalisten, den ich einige Male um Rat gefragt hatte. Aber er war mir ausgewichen, er hatte mit Ausländern schlechte Erfahrungen gemacht. Gilberto gab mir den Brief.

«Lucio Flávio, warum leckst Du nicht den Arsch der Hure, die Dich geboren hat? Ich wußte, daß Du ein Hurensohn bist. Ich wußte, daß derjenige, der Dir den Namen gab, ein Verbrecher war. Ich wußte, daß Du es Dir gefallen läßt, daß Dir Hörner aufgesetzt werden. Ich wußte, daß Du in Nachtasylen Unterschlupf suchst. Aber ich wußte nicht – das muß ich gestehen –, daß Du Dich für den Schwanz des Gouverneurs entschieden hast und dabei mit dem Hofstaat wetteiferst, der ihn umjubelt. Nur ein Gehörnter wie Du, jetzt Protegé eines Verbrechers, kann den Mut haben, sich das aus dem Arsch zu drücken, was Du heute geschrieben hast...»

Ich war fassungslos. «Das stammt vom Bürgermeister?»

Giamaria zuckte mit den Schultern. Ich las weiter. An keiner Stelle ging Helio Gueiros auf die erwähnte Kritik ein. Der Brief endete im gleichen widerwärtigen Ton: «Und bevor ich es vergesse zu wiederholen: Warum leckst Du nicht das Arschloch und die Fotze der Nutte, die Dich geboren hat?»

Entgeistert gab ich den Brief zurück. Die Mutter zu beleidigen, war für Brasilianer der Gipfel der Niedertracht. So grandios sie in ihrer Liebe waren, so gnadenlos waren sie auch in ihrem Haß.

«Zu hart?» Giamaria sah mich fragend an. «Vergessen Sie's, und essen Sie weiter. So sind die Dinge hier. Aber halten Sie sich vor Augen, daß der Mann, der das schrieb, vier Jahre lang Gouverneur war und heute Bürgermeister von Belém ist, der wichtigsten Stadt Amazoniens.»

«Hat Lucio Flávio das Schreiben veröffentlicht?»

«Ja, das hat er. Die Öffentlichkeit hat davon kaum Notiz genommen. Die Leute wollen so was nicht wissen.» Giamaria ließ sich die gebackenen Bananen geben und räusperte sich: «Alle wissen es. Die Elite, zumindest die in Belém, ist so verfault wie der Müll auf dem Ver-o-peso und so voller Schlaglöcher wie diese Stadt.»

«Das ist noch nicht alles.» Gilberto sah sich um, ob uns jemand zuhörte. «Der Drogenhandel ist erst im Kommen. Der Amazonas wird zum neuen Transportweg für Kokain aus Kolumbien. In Belém sind die ersten Labors zum Raffinieren von Kokapaste ausgehoben worden. Wechselstuben in Verbindung mit Reisebüros werden zum Geldwaschen benutzt. Auf Marajó wurde eine Fazenda für den Drogenumschlag hergerichtet. Inzwischen wurden mehr als zwei Tonnen sichergestellt. In den höchsten Kreisen hat es Morde gegeben. Der Sohn des Justizministers wurde erschossen, er war mit der Nichte des Tuchhändlers verheiratet. Und der Sohn unseres bekanntesten Notars charterte ein Flugzeug für den Drogentransport und ließ das Haus seines Onkels von Gangstern ausräumen.»

Belém mußte sich in den vergangenen Jahren sehr verändert haben, dachte ich. Nein, nichts hat sich geändert, hier war man immer skrupellos gewesen. Ich hatte die Stadt nur nicht gut genug gekannt.

«Das sind die feinen Leute in den Gesellschaftskolumnen, die alten portugiesischen Familien», wetterte Gilberto. «Sie haben sich alle vom Gouverneur losgesagt. Er mußte im letzten Wahlkampf auf sein Privatvermögen zurückgreifen und hat sich Verbündete im Hinterland gesucht, bei den Besitzern von Goldgruben, bei Wirland Freire, dem Mafiachef von Itaituba. Der ist jetzt Bürgermeister.»

Der Anwalt rieb sich die Augen und seufzte: «Es wurde massiv

Wahlfälschung betrieben. Richter wurden bestochen, Wahlkontrolleure abgesetzt oder eingeschüchtert, Wahlzettel manipuliert.»

«Wie läßt sich so was bewerkstelligen, ohne zentrale Koordination», staunte ich und ließ mir Hühnerherzen bringen. «Ihr Brasilianer seid doch sonst nicht so gut im Organisieren?»

Einen Teil der Dokumente, die das Gesagte belegten, besaß ich bereits. Vor dem Besuch beim Gouverneur wollte man mir weitere Papiere übergeben. Aber das alles konnte ich dem Gouverneur gegenüber nicht ansprechen, er würde mich sonst einfach rausschmeißen lassen. Immer stärker begriff ich das Ausmaß des politischen Dilemmas, in dem Brasilien sich befand. Ich wiederholte meine Frage: «Wie kann man das alles bewerkstelligen? Sie werden davon nicht erst nach Ihrem Bruch mit dem Gouverneur gehört haben?»

«Zugegeben, ja. Aber man will immer noch etwas versuchen, hofft immer noch auf einen Ausweg. Und ich glaubte, daß es zum Besten des Landes geschieht. Die Politiker verhalten sich so, weil der Bürger mitspielt. Würde der Bürger nicht mitmachen, müßten auch die Politiker ihr Verhalten ändern. Aber daran glaubt keiner. Wir sind Provinz, im Verhalten, im Bewußtsein. Die Lehen werden von der Elite mit Zähnen und Klauen verteidigt...»

«...und mit dem Revolver, wie bei Paulo Fontelles.» Gilberto füllte unsere Gläser.

Ich kannte andere Fälle aus der Presse, aber mir war das Ausmaß nicht bewußt gewesen. Und an diesem Abend wußte ich noch nicht, wie nah ich später in Humaitá dieser Realität kommen sollte.

«Was erwarten Sie von einem Land, in dem die Erste Dame des Staates, die Frau des Ex-Präsidenten Collor, sich an der Stiftung für Armenhilfe bereichert?» fragte Giamaria.

«Korruption ist die Regel, nicht die Ausnahme», bestätigte Gilberto. «Das hat mit unserer Geschichte zu tun. Als wir Kolonie waren, wurden Staatsämter meistbietend verkauft. Das hat sich bis heute gehalten. Die Geburtshelfer unserer Nation waren Militärs und ehrgeizige, besessene Priester. Die Paten waren Krämer und Sklavenhalter, die Gäste bei der Tauffeier entlassene Strafgefangene und Habenichtse aus Portugal. Wer in Europa nichts wurde, der ging in die Kolonie. Und für die Aufräumarbeiten haben sie Wilde eingefangen – Schwarze und Indianer. Mach da mal eine Nation draus!»

Was Giamaria, der Anwalt, dazu zu sagen hatte, enttäuschte mich: «Wer Politik macht, muß mit den Wölfen heulen, sonst wird er gefressen. Man muß sich in die Verhältnisse fügen. Moralisieren – das hilft nichts.»

Drei glänzende Limousinen rollten durch die Einfahrt auf den Parkplatz, darunter ein schwarzes Regierungsfahrzeug. Die Scheinwerfer erloschen, Türen wurden aufgerissen, und eine Gruppe von Männern kam lachend und gestikulierend auf die *churrascaria* zu: Herren mittleren Alters, gepflegt, Aktenkoffer in den Händen. Giamaria drehte sofort das Gesicht weg und drückte Gilberto die Wagenschlüssel in die Hand.»

«Wir treffen uns auf der Straße!»

«Gute Bekannte von Ihnen?» fragte ich.

Giamaria verschwand in Richtung Toiletten...

Die Unterlagen über Korruptionsfälle erhielt ich einige Tage später. Ich war in die Lektüre vertieft, als ich einen Anruf erhielt.

«Der Gouverneur erwartet Sie!»

«Wann?»

«Sofort!»

Bei Gouverneuren, wie immer sie auch waren, sollte man besser in Anzug und Krawatte erscheinen. Der Gouverneur drückte meine Hand, aber es verwirrte ihn, daß er trotz seiner für einen Paraenser großen und kräftigen Gestalt zu mir aufblicken mußte. Zuerst wich er meinem direkten Blick auch aus, aber als ich ihm einige unverfängliche Fragen zum Aufwärmen stellte, erwiderte er meinen Blick und entließ auch seinen Daumen aus dem harten Griff der Finger. Er war ein gutaussehender Mann, leicht angegraute Schläfen, nicht fett wie Bürgermeister Helio Gueiros, und durchaus freundlich. Hätte ich ihn nicht von Fotos her gekannt, hätte ich ihn für einen Syrer oder Libanesen gehalten.

Es wurde ihm nachgesagt, daß er die Kraft der afrikanischen Götter aus dem *candomblé* nutzte. Angeblich sollte Xangô, der Gott der Gerechtigkeit, ihn führen, aber meine Nachforschungen hatten ergeben, daß es Ogum war, Gott des Eisens und der Krieger. Trotz allem, was ich über ihn wußte, war er mir nicht unsympathisch.

Aber von seinem Charisma war nichts zu spüren. Oder mußte man Paraenser sein, um ihm auf den Leim zu gehen? «Amazonien ist meine Heimat, ich kann mir nicht vorstellen, weit weg von hier zu leben. Es sind die Wälder, die mich faszinieren, die aquatische Landschaft, das Leben mit den *caboclos*. Das gehört zu meinem Leben.»

Der Gouverneur war ein Romantiker, zumindest in diesem Punkt waren wir uns ähnlich. Oder stimmte er das Klagelied des Städters an, der seine Tage in klimatisierten Büros und Privatjets verbrachte? Das Paradies war verloren, sein Weg war nicht der eines Jarico oder des Kommandanten Furtado, der ins Wasser sprang und sein Schiff selbst reparierte. Auf die *caboclos* sah er von der Höhe der Rednertribüne herab. Aber sie wählten ihn. In der Stadt waren es die Menschen der *baixadas*.

«Bevor wir irgendeine Art von Politik durchsetzen, müssen wir Studien durchführen, insbesondere über die Menschen im Landesinneren, über ihre Kultur, damit die *caboclos* nicht von der Entwicklung überrollt werden, die sie an den Rand der Gesellschaft schiebt.»

Dort stehen die *caboclos* bereits, Herr Gouverneur, bestaunen solarzellenbetriebene Leuchtfeuer auf dem Rio Trombetas, blicken kopfschüttelnd den Flugzeugen nach, sehen Schubschiffe mit Containern den Amazonas rauffahren, hören etwas von viertausend Megawatt in Tucuruí und erzählen ihren Kindern davon im Schein der Ölfunzel.

Das nächste Schlagwort, das keinerlei praktische Bedeutung hatte, war die Aufteilung Amazoniens in ökonomisch-ökologische Zonen.

«Wir müssen feststellen», erklärte der Gouverneur auf meine Frage nach den Prioritäten seiner Wirtschaftspolitik, «wozu die einzelnen Regionen berufen sind; zum Fischfang, zum Bergbau, für die Landwirtschaft oder die Forstwirtschaft...»

«...aber solche Erkenntnisse liegen bereits vor», unterbrach ich unhöflicherweise. Untersuchungen, Bodenanalysen und Umweltstudien verstaubten in den Bibliotheken der Institute, ohne daß sie zur politischen Entscheidungsfindung herangezogen wurden.

Der Gouverneur stimmte bedingt zu. «Aber», gab er zu bedenken, «diese Untersuchungsergebnisse müssen organisiert werden. Und das braucht Zeit.»

Das Interview war eine Inszenierung. Der Gouverneur spielte Gouverneur, und ich spielte den interessierten Journalisten. Alle mochten das Spiel. Ich erinnerte mich, daß ich als Kind Scharaden geliebt hatte. Ich saß neben dem Gouverneur, schräg hinter ihm saß, etwas verunsichert, sein Pressechef, und ich folgte dem Ritual und stellte meine Fragen. Seine Antworten waren mir nicht so wichtig – er war Politiker –, aber ich wollte ihn spüren, wollte fühlen, welche Art von Lump er war. Hinter seiner Freundlichkeit verbarg sich die Kraft der *sucurijú*, der Großen Schlange. Wen sie packte, den zog sie unter Wasser und erwürgte ihn, bevor sie ihn verschlang. Mich interessierte, ob damit zu rechnen war, daß in Amazonien zukünftig einige Ärzte mehr praktizieren würden. Ein paar sicherlich, der Gouverneur war kein Unmensch. Aber was er sagte, war nicht von Bedeutung. Er sprach in wohlgesetzten Worten, wußte im voraus, was ich wissen wollte, kannte die Verhältnisse und Lebensumstände der Bevölkerung bestens und wußte, was Amazonien wirtschaftlich weiterbringen konnte. Aber er war nicht der Mann, um es durchzusetzen, das war auch nicht sein Ziel. Sein Ziel war er selbst.

«*Rouba mas faz*», hieß es von ihm: Er klaut, aber er tut zumindest etwas – das war für Brasilien schon viel.

Als ich ihn fragte, welche Folgen Großprojekte wie Aluminiumfabriken, Staudämme oder die gigantische Eisenerzmine in Carajás hätten, entwarf der Gouverneur ein Horrorszenario, ähnlich wie in seiner Rede beim Antritt der zweiten Amtsperiode: «Analphabetismus ... Armut ... Landflucht ... Kriminalität ... Krankheit ... fehlende Demokratie ... Schulden ...» und so weiter.

Man fragte sich, was er eigentlich während der Zeit als Landes- und Bundesabgeordneter getan hatte. Wie hatte er seine Zeit als Gouverneur genutzt, wenn die Situation Amazoniens sich täglich verschlechterte? Und wie wollte er nach der zweiten Amtszeit demnächst in Brasilia als Senator «dem Volke dienen», wie er es ausdrückte? Ich fragte es nicht.

«Du hast dich sehr diplomatisch verhalten», sagte Gilberto, als ich ihm vom Gespräch mit dem Gouverneur berichtete. «Ist gut so

– besonders für dich als Ausländer. Du genießt keinerlei Schutz, du hast niemanden im Rücken.»

«Hätte ich ihn nach den Korruptionsvorwürfen fragen sollen?»

«Nein, auf keinen Fall. Er hätte alles abgestritten und gefragt, was es dich überhaupt anginge.»

«Ich habe ihn trotzdem gefragt», sagte ich. «Der Gouverneur hat sofort auf Japan und Italien abgelenkt! Korruption sei kein Problem Brasiliens. Es ist ein Problem der Menschheit, hat er gesagt.»

12. *Verfolger und Verfolgte*

Nostradamus war kaum zu bändigen. Er trat von innen gegen die Kabinentür und tobte. «Sie haben euch bezahlt – ihr habt mich eingesperrt, damit sie mich kriegen...»

Die Tür riß aus den Angeln. Schweißüberströmt, das Haar wirr im Gesicht, stürmte er mit geballten Fäusten an Deck. Zwei Matrosen warfen sich auf ihn.

«Wir müssen ihn fesseln, und ab in den Laderaum», befahl der Kommandant. «In Manaus muß er ins Krankenhaus – oder in die Irrenanstalt.» Er gab Order, ein Seil zu holen. Ein Matrose kam mit einem dicken Tau zurück.

Die Matrosen hatten Mühe, Nostradamus festzuhalten. «Niemand rührt mich an», kreischte er und riß sich los. «Lebendig kriegt ihr mich nicht.» Er sprang auf die Reling, der Kommandant umklammerte seine Beine, zwei Cearenser halfen, ein dritter schüttete einen Eimer Wasser über ihn, traf aber alle. «Das kühlt ihn ab. Hör auf zu toben, du Idiot. Keiner will dir was tun. Gib endlich Ruhe!»

«Zu viert, ihr Feiglinge. Mann gegen Mann mit dem Messer», röchelte er, «das wagt ihr nicht.»

Ich hielt mich raus, wollte mich nicht einmischen, obwohl Nostradamus mir leid tat. Plötzlich hielt vielleicht tatsächlich irgendein Spinner ein Messer in der Hand; da war es besser, sich unsichtbar zu machen.

«Laßt den Mann los», sagte ein korpulenter Schwarzer mit ruhiger, tiefer Stimme und schob sacht, aber mit Nachdruck die Männer beiseite.

«Was mischen Sie sich ein!» Nostradamus nutzte das Zögern des Kommandanten und machte sich frei.

«Gebt dem Mann etwas zu trinken, und dann will ich mit ihm sprechen – allein...»

«Wer sind Sie?» fragte der Kommandant ärgerlich. Mir war der Mann bisher nicht aufgefallen. Ich glaubte, er war nachts in Ôbidos an Bord gegangen. Die Überzeugung und Eindringlichkeit, mit der er sprach, machte die Mannschaft unsicher. Sein Blick fesselte. Es war wie ein Zwang, in diese Augen zu sehen, obwohl man sich auf eine unangenehme Art durchschaut fühlte. Tiago hatte genauso empfunden, als wir später darüber sprachen. Weder der Eigner noch der Kommandant wußten sich zu helfen, jeder suchte beim anderen Rat, und auch Nostradamus vergaß den rettenden Sprung über Bord.

«Lassen Sie ihn los, bitte, Herr Kommandant», wiederholte der Schwarze. «Ich bin *pai-de-santo*, Umbandapriester, wenn Ihnen das etwas sagt. Ich werde dem Mann helfen.»

Niemand schien daran zu zweifeln, zögernd wurde Nostradamus losgelassen. Ein Matrose brachte Trinkwasser, Nostradamus kam von der Reling herunter und sackte an der Kabinenwand zusammen. Der Umbandapriester hockte sich neben ihn und legte ihm die Hand auf die Stirn. «Sei ruhig, mein Sohn.» Nostradamus schob die Hand beiseite. «Laß, du hast genug am Hals.» Als der *pai-de-santo* unverständliche Worte murmelte, zogen sich alle unaufgefordert zurück. Nostradamus atmete schwer, er bäumte sich auf, ließ den Kopf fallen, Tränen rannen über sein Gesicht. Der Priester trat dazwischen. «Ihr dürft ihn nicht diesem Mann überlassen!»

«Sie sehen doch, daß er sich beruhigt, Padre», beschwichtigte der Kommandant und war froh, daß andere für ihn das Problem lösten.

Der *pai-de-santo* zog den viel kleineren Nostradamus auf die Füße. «Laßt uns durch. Wir setzen uns auf den Bug. Ich will nicht gestört werden. Vielleicht ist er besessen. Damit ist nicht zu spaßen. Oder es ist tatsächlich etwas an seiner Geschichte. Laßt uns allein, und wenn es den ganzen Tag dauert. Mit Exú ist nicht zu spaßen.»

Nostradamus folgte zögernd. «Kann ich mich umziehen – und vielleicht duschen?» Der *pai-de-santo* nickte. «Jemand soll sein Gepäck bringen.» Er führte Nostradamus am Arm unter den Blikken der sprachlosen Passagiere über das Oberdeck zur Treppe.

«Aber die Tür muß er bezahlen», schrie ihnen ein Matrose nach.

«Mummenschanz und Beutelschneiderei», ließ sich die Besitzerin der Schildkröten vernehmen. «Die machen die Leute von ihrer Hexerei abhängig und schaffen sich ihren Kundenstamm.» Sie ergriff den Arm des Priesters. «Sie müssen etwas dagegen tun, Hochwürden.»

«Was soll ich tun, meine Liebe. Sie sehen ja, daß der Mann sich beruhigt. Er scheint Hilfe brauchen zu können. Und dieser *pai-de-santo* gibt sie ihm. Vielleicht müssen wir das akzeptieren. Ich hatte auch überlegt, ob ich ihm nicht helfen könne.»

«Es kann nicht sein, daß Sie als Katholik so was zulassen.»

«Liebe Frau, es gibt soviel zwischen Himmel und Erde, das wir nicht verstehen...»

«Sie dürfen nicht mit diesen Leuten fraternisieren. Sie sind Christ! Sie enttäuschen mich!» Sie wandte sich ab.

«Behandelt die Menschen wie Sklaven, macht illegale Geschäfte und faselt von christlicher Moral», schimpfte Tiago laut.

«Laß sie in Ruhe, Exú wird es richten», sagte ich.

Exú – wer war das? Ich wußte es und würde es doch nie wissen. Exú traf mit einem Stein, den er gestern geworfen hatte, heute einen Vogel, der morgen vorbeifliegen würde. Exú war das Prinzip von Anfang und Ende. Nichts konnte ohne ihn beginnen, und was mit ihm angefangen hatte, mußte mit ihm beendet werden. Er war da, weil er da war, und er erklärte sich durch sich selbst. Exú war ein Halbgott im *candomblé*. Er war es, der die Wünsche der Menschen zu den *orixás* brachte, eine Art afrikanischer Hermes. Im Gegensatz zu seinem griechischen Kollegen stiftete Exú Verwirrung, schloß die Türen, ließ Bilder von den Wänden fallen, versperrte Wege oder öffnete sie, er gab Zeichen, die aufhorchen ließen, führte Menschen zusammen und brachte sie wieder auseinander. Exú tat, was ihm beliebte, verantwortlich nur sich selbst. In der *umbanda* arbeitete er für Schnaps und Zigarren, im *candomblé* verlangte er Blut, den Saft des Lebens: einen Ziegenbock, dazu ein zweifüßiges Tier für jedes Bein des Bocks, einen roten Hahn und Maniokmehl. Palmöl wurde ihm geopfert und wie üblich *cachaça*. Der erste Tropfen aus jeder Flasche gehörte Exú, der erste Tropfen Schnaps aus jedem Glas. Exú forderte und erhielt. Ihm zu opfern bedeutete sich der Wichtigkeit jedes Beginnens gegenwärtig zu sein. Er gab alles, und er nahm alles an einem einzigen Tag. Gab man ihm nicht, dann nahm er sich selbst: Er schickte Diebe, Brandstifter – ein Werkzeug fand er immer.

«Zum Teufel mit Exú», schimpfte die Besitzerin der Schildkröten. «Das ist der Aberglaube dieser armen Teufel, die es im Leben zu nichts bringen. Unternehmen Sie etwas, Padre! Sie dürfen diesen Scharlatan nicht gewähren lassen!»

«Liebe Frau, auch der Andersdenkende verlangt Respekt. Wenn wir ihm den verweigern, dann werden wir mit ihm nie ins Gespräch kommen.»

«Wozu reden? Die Sekten müssen verboten werden, die Regierung sollte etwas dagegen unternehmen, das sind subversive Kräfte, das schadet unserem Land. Sie, Padre, sind wohl auch von dieser kommunistischen Kirche angesteckt.»

Exú war der Schatten, er akkumulierte die Kraft – in Afrika war er selbst göttliche Energie, ein *orixá*. Im *candomblé* nannten ihn die Nachkommen der aus Afrika Deportierten den Sklaven der Götter. Er war gegenwärtig bei jedem Anfang, bei jedem Ende, am Anfang einer Reise, er erwartete den Ankommenden. Aber was bedeutete es, von ihm besessen zu sein?

Das Mittagessen wurde aufgetragen, und es war besser als alles andere, was ich je auf einem brasilianischen Schiff gegessen hatte. Statt gefilterten Wassers stellte der Steward einige Flaschen Guaraná-Limonade auf die Tafel. Der Eigner aß mit uns. Das Thema Nostradamus war tabu, es war den in diesen Dingen sehr empfindsamen Brasilianern unheimlich. «Die Konkurrenz ist so groß geworden, daß wir bei den steigenden Preisen ums Überleben kämpfen müssen», sagte der Eigner und zeigte auf die andere Seite des Amazonas, wo uns die *Onze de Maio* folgte. «Wir müssen besser sein als die anderen und schneller», fügte er hinzu, als Obst und Kaffee gereicht wurden und jeder ein Stück Konfekt bekam. «Wir werden eine Abkürzung durch die *paranás* nehmen. In den flachen Seitenkanälen ist die Strömung nicht so stark, und die *Onze de Maio* kann uns nicht folgen, sie hat mehr Tiefgang.»

Das linke Ufer des *paraná*, in den wir einliefen, war abgebrochen und von der Strömung unterspült. Hoch stand das Gras auf den

Wiesen der *várzea*, des Schwemmlands, und eine Baumgruppe diente einem Schwarm brauner Sperber als Horst. Das gegenüberliegende Ufer hingegen stieg sanft an, Schilf wogte in den Wellen. Von den Strohhütten führten lange Stege über die ausgetrocknete und rissige Erde zum Wasser. Ein Mädchen trat auf den Steg, raffte den Rock und schöpfte mit einem ausgehöhlten Kürbis Wasser. Niemand grub Brunnen oder versetzte das Trinkwasser mit Chlor. Die *ribeirinhos*, die Uferbewohner, hatten das Amazonaswasser immer getrunken. Niemals war jemand davon krank geworden. Wenn jemand starb, dann wußte niemand in den Fischerkolonien mit Namen wie Christo Rei, São João und Liberdade I und Liberdade II, weshalb. Bereits vor Jahren, als die Choleragefahr noch nicht den Amazonas erreicht hatte, hatte es ein Gesundheitsprogramm mit dem Namen *Saude e Alegria* gegeben, Gesundheit und Freude. Eine französische Organisation hatte das Programm finanziert, die brasilianische Regierung gab für die *ribeirinhos* kein Geld aus. War es nicht bedeutungslos, wie es den neun Millionen Bewohnern des Regenwaldes ging, wenn allein dreißig Millionen Brasilianer in bitterster Armut lebten? Was waren tausend, die an Schlangenbissen, Infektionen oder Amöben starben? Als sich die Cholera von Peru her genähert hatte, war die Angst groß gewesen. Krankenpfleger waren auf die Schnelle ausgebildet worden, die oft nicht über ein einziges Medikament verfügten, aber Regenschirme und Fahrräder waren für sie gekauft worden. Strom für den Kühlschrank, um Schlangenserum zu konservieren, gab es nicht, kein Öl für den Generator, und da die *ribeirinhos* auf den Feldern der *várzea* gebückt arbeiteten, ihre Felder mit der Machete bestellten, wurden sie von *jararacas*, Klapperschlangen, oder der Papageienschlange in Arme, Hals und Oberkörper gebissen. Der Tod trat schnell ein. Wen ein Reptil am Bein erwischte, konnte womöglich rechtzeitig in die nächste Stadt gebracht werden.

«Wovon leben die Menschen», fragte Tiago einen Matrosen und winkte einer Frau mit breitkrempigem Strohhut zu, die ihr Kanu gegen die Strömung trieb.

«Fischfang, sie haben einige Rinder, Schweine, ein kleines Feld. Die *várzea* ist fruchtbar, das jährliche Hochwasser lagert hier Sedimente ab. Das ist guter Boden. Und auf der *terra firme*, wo der Urwald beginnt, da jagen sie.»

Die *Getat II* nutzte dicht unter Land die kleinste Biegung und jeden Strömungsvorteil aus. In der Ferne, nur als Qualmwolke hinter einem Landstreifen zu erkennen, folgte uns die *Onze de Maio*. Am Nachmittag liefen wir Parintins an. Auf der Pier lag ein gewaltiger Stapel Säcke, und der Eigner feuerte die Träger zu Höchstleistungen an, fast rennend brachten sie die Säcke an Bord. Die *Onze de Maio* näherte sich bedrohlich. «Wir müssen vor ihr in Itacoatiara sein, dann schnappen wir ihr wieder die Fracht weg.» Der Eigner rieb sich die Hände. Der *pai-de-santo* kam auf ihn zu. «Ich muß an Land einige Besorgungen machen. Warten Sie bitte auf mich.»

«Und Nostradamus? Bleibt er friedlich?» sorgte sich der Eigner.

«Sicher. Es ist alles geklärt.» Der *pai-de-santo* verschwand in einem Devotionalienladen in der Häuserzeile am Hafen. Tiago wollte unbedingt beim Beladen helfen. «Ich habe heute noch nichts getan und werde fett vom guten Essen und vom Rumsitzen. So komme ich wenigstens in den Laderaum», raunte er mir zu. «Wir müssen die Schildkröten finden.»

Sie lagen im hintersten und dunkelsten Teil des Laderaums. «Wie sollen wir die da rausbringen?»

«Mir fällt was ein», beruhigte mich Tiago. «Mir fällt immer was ein.» Aber die Tiere waren groß und schwer. Der Laderaum wurde geschlossen und abgedeckt. Vom Anleger aus übten Jungen den doppelten Salto ins Wasser. In den Verstrebungen der Brücke saßen andere und fischten Piranhas. Sie waren rot am Rücken und silbrig am Bauch und erreichten die Größe einer Hand. Noch am Haken schnitten ihnen die Angler die Mittelgräte hinter dem Kopf durch. Der Unterkiefer aber biß in einem Reflex weiter zu, und es knirschte, als ich einem ein Messer zwischen die rasiermesserscharfen Zähne schob. Der Piranha wurde in Stücke geschnitten und diente als Köder für seine Artgenossen.

Als die *Onze de Maio* den Hafen austeuerte, legten wir gerade ab. Bald folgte uns der Blecheimer wieder, das Wettrennen ging weiter. Die Sonne hatte längst den Zenit überschritten und stand blutrot im Glast des Nachmittags.

Den Rastlosen auf der Suche nach irgend etwas war die Reise mit dem Schiff viel zu lang, der Strom zu weit. Es gab für sie zu wenig

Anhaltspunkte, an denen sich die Bewegung messen ließ. Die Rastlosen maßen zwanghaft: Entfernung, Temperatur, Zeit, Gewicht und zählten Geld. Die deutsche Frau hatte aus Angst vor Vergiftung oder tropischen Bakterien nicht mit uns gegessen und bei Joghurts Zuflucht genommen, wie mir der Bayer berichtete. Sie war auf der Flucht vor der Erinnerung an den Freund, der sie wegen einer Brasilianerin verlassen hatte. Der junge Mann aus dem Allgäu liebte die Betrachtung. Er schlief kaum und lebte jede Windung des Flusses mit. Der Schweizer brach unter der Fülle der Dimensionen zusammen: Raum – Zeit – Masse – Bewegung – Farbe – Licht. Er war in einem Jet aus seinem winzigen Land herauskatapultiert worden, hineingeschleudert in die Welt des Stroms. Er wand sich, er empfand Schmerzen, die ihm die Fremdheit zu sich selbst in dieser Umgebung bereitete. Und keiner von den dreien hatte die Chance, am Bordleben teilzunehmen. Ihnen war die Sprache geraubt. Neue Gefühle strömten auf sie ein, mit denen sie noch nichts anfangen konnten. Das Geschehen an Bord ließ sich nicht durchdenken, und die Empfindungen waren fremd.

Wer sich herabließ und den Blattschneideameisen zusah, wie sie winzige Stücke von Blättern über einen Ast transportierten, den der Zufall über einen Bach geworfen hatte, der vergaß die Zeit. Wer in Santarém das Schiff bestieg und es in Manaus wieder verließ, der gewann zwei Tage und Nächte. Am Weg der Ameisen und auf dem des Schiffes lag soviel, was kaum zu erfassen war. Wer etwas gewinnen wollte, ließ sich Zeit. Wer bleiben wollte, wie er war, schloß die Augen, flog von Belém in zwei Stunden nach Manaus und ließ die Saúba-Ameise unbeachtet, setzte sich nicht der Gefahr aus, den großen Strom zu fühlen.

Das Schiff bockte, Töpfe kullerten über den Boden, die Ziegen auf dem Unterdeck blökten erschrocken, und die Hühner und Enten, die in Juruti an Bord gebracht worden waren, kreischten aufgeregt. Wieder ruckte das Schiff. Der Maschinentelegraph brachte die Maschine zum Schweigen. Der Rumpf krängte leicht, das Ufer war nahe, wir rutschten über Schlick, saßen fest.

«Volle Kraft achteraus!»

Das Schraubenwasser brodelte, die Schraube warf schlammige Wolken an die Oberfläche, aber die *Getat II* zitterte nur und neigte sich leicht zur Seite. Wir hielten den Atem an. Dann lachte der erste, der zweite, steckte den nächsten an, bis das allgemeine Gelächter den Schrecken in nichts auflöste.

«Habe ich gleich gesagt, daß es nichts bringt, so dicht unter Land zu bleiben», wußte jemand besser. «Lieber eine Stunde später in Manaus, als hier das Schiff entladen und den Kahn flottkriegen. Das kostet mindestens einen Tag. Bei Ihrem Vater wäre das nicht passiert.»

Der junge Eigner brauste auf. «Das waren andere Zeiten!»

«Zeiten hin, Zeiten her. Zuerst die Sicherheit.»

Beim nächsten Versuch kam das Schiff frei, Beifall brauste auf. Wir waren für die Abwechslung zwischen Schlafen, Essen und dem Öffnen der Bar dankbar.

«*Olha só*, sieh mal an, der Verfolgte ist wieder da», sagte jemand, und alle wandten sich Nostradamus zu, der mit dem *pae-de-santo* auf die Brücke kam.

«Der Zauberer ist mit von der Partie», frotzelte ein anderer.

«Sei still, sonst verwandelt er dich in einen Hahn, und du wirst Exú geopfert.»

«Muß ja nicht gleich für Exú sein. Als Hahn in der Suppe zu landen wäre genauso schlimm», antwortete der Mann, und die Versammlung hatte wieder einen Grund zum Lachen. Ich liebte die Brasilianer dafür.

Dieselben wie gestern versammelten sich nach Einbruch der Nacht an der Bar: Tiago und ich, der Eigner im Gespräch mit der Schildkrötenbesitzerin Maria Macambira, Nostradamus und der *pae-de-santo* – angeregt mit dem Priester plaudernd und erfolgreich die Attacken von Maria Macambira abwehrend, die noch im Besitz ihrer Tiere war. Die Cearenser hatten drei Mitglieder ihrer Gruppe an die Mädchen des Chors verloren, der in Manaus auftreten wollte. Statt Bier zu trinken, kauften die ihren Angebeteten Limonade.

Nostradamus war ein anderer geworden. Sein Gesicht war entspannt, den Schnauzbart hatte er abrasiert, die schwarze Kleidung gegen ein weißes T-Shirt und eine helle Hose eingetauscht. Er entschuldigte sich bei allen, bezahlte den Schaden an der Tür und schaute ein wenig traurig in die Weite. Aber ab und zu riskierte er einen Blick nach achtern. Ich erinnerte mich wieder an die schwarzen Gestalten von der *Onze de Maio*. Sollte ich ihn daraufhin ansprechen? Besser nicht, es würde ihm Angst einjagen.

Obwohl es Nacht wurde, ließ die Hitze nicht nach. «Es braut sich ein Unwetter zusammen», prophezeite der Kommandant. Uns machte der dichter werdende Qualm zu schaffen. Feuerschein über den Weiden verstärkte das Gefühl der Bedrohung.

«Es wird Zeit», flüsterte Tiago, «sie sind abgelenkt. Kümmern wir uns um die Schildkröten. In diesem Land mußt du das Recht in die eigene Hand nehmen.»

«Kann uns nicht einer von den Cearensern helfen?»

«Die werden sich ihre Sympathien beim Eigner nicht verscherzen wollen. Wir beide haben notfalls eine gutes Argument auf unserer Seite: Der Transport von geschützten Tierarten ist illegal. Ein Anruf beim Umweltamt in Manaus, und die Beamten sind im Hafen…»

«…wenn du ihnen das Taxi bezahlst. Wir sind nicht in Porto Alegre. Meistens haben sie nicht einmal Geld für Sprit, genausowenig wie die Polizei.»

«Machst du nun mit?» drängtelte Tiago.

Wir rückten eine Bohle beiseite, und Tiago stieg in den Laderaum. Nach einer Minute kam er zurück. «Nichts, die Biester sind verschwunden… irgendwo müssen sie sein. Wir müssen suchen.»

Wir fanden sie unter einer Plane zwischen Kisten neben dem Maschinenraum. Wer hatte sie dorthin geschafft? Wir kletterten über den Kistenstapel, der uns gegen Blicke schützte, und schnitten die Säcke auf. Die Schildkröten strampelten wie wild, und es platschte entsetzlich laut, als die erste zurück in den Amazonas glitt. Wir hielten den Atem an; nichts rührte sich. Das zweite Tier verletzte mich mit der Kralle am Schienbein. Ich griff nach der Wunde, meine Hand war blutig.

«Stell dich nicht an», sagte Tiago. «Mach deinem Volk Ehre, ihr Deutschen wollt doch immer die Härtesten sein. Hier geht es um Leben oder Tod.»

Wir faßten seitlich an den Panzer und ließen das nächste Tier mit dem Kopf voran eintauchen. So war der Lärm geringer. Die vierte Schildkröte klatschte, als wäre ein Baumstamm ins Wasser gefallen. In der Enge konnten wir uns kaum bewegen, Schweiß rann in die

Augen, als sich Schritte näherten. Sofort kletterten wir außenbords und hielten uns, von der Ladung verdeckt, an der Reling fest. Der Strahl einer Taschenlampe fiel auf die beiden letzten Schildkröten, und die Schritte entfernten sich rasch.

Kaum waren die letzten Schildkröten wieder in ihrem Element, als der Maschinist mit dem Eigner auftauchte. Wir hangelten uns außenbords in Richtung Bug.

«Zwei waren eben noch da», wunderte sich der Maschinist.

«Du hast gepennt», fuhr ihn der Eigner an. «Es waren acht und nicht zwei. Jetzt ist keine mehr da, was erzählst du für Blödsinn.»

«Nein, ich habe nicht geschlafen. Die Säcke sind noch da, aufgeschnitten. Ich kann mir denken, wer das war, dieser Fotograf und der Gringo. Die machen so was, die stecken immer zusammen.»

Wir hangelten uns weiter zum Bug, und ich warf mich angezogen in die Hängematte, Tiago schlich durch den Steuerbordgang zurück.

«Wo schläft der Gringo?» hörte ich den Eigner flüstern.

Beide kamen auf mich zu. Der Schein der Taschenlampe huschte über mein Gesicht, ich stellte mich schlafend, die Hängematte hing glücklicherweise still.

«Der schläft, der war es nicht, dann war es der Fotograf, gehen wir nach oben ...»

Irgendwann schlief ich ein. Aber nicht für lange. In Schweiß gebadet, fuhr ich hoch, als weißer Qualm das Unterdeck füllte. Wir trieben ohne Fahrt. Das Schiff brannte offenbar. Ich griff nach der Tasche über mir, nach einer Schwimmweste. Wie weit war es bis zum Ufer?

Beißend trat mir der Qualm in die Lunge, trieb mir Tränen in die Augen. Die *Getat II* trieb auf das Ufer zu und saß fest.

«Keine Aufregung, bitte», der Eigner kam selbst nach unten, um uns zu beruhigen. Er hatte nicht einmal Zeit gefunden, sich ein Hemd überzuziehen. «Die *várzea* brennt, nicht das Schiff! Wir müssen warten, die Sicht ist gleich Null.»

So war es. Wir sahen kaum die Bäume auf dem Steilufer, unter dem wir lagen. Ich folgte der Empfehlung des Eigners, tauchte ein Hemd ins Wasser und legte es mir über den Mund. Es schaffte eine gewisse Erleichterung beim Atmen. Wir konnten in dieser qualmenden Hölle nur warten, bis das Gras am Ufer abgebrannt war und die Sicht besser wurde. Ich ging zu Tiago aufs Oberdeck. «Wird es lange dauern?» fragte er.

«Wer weiß? Tagsüber wird manchmal sogar der Flugverkehr eingestellt», sagte ich.

«In den vergangenen Jahren war es schlimmer und häufiger», meinte ein Passagier. «Es ist weniger der Wald, der brennt, es sind vielmehr die Weiden. Das Feuer ist gut, es bringt die Schlangen um und Ungeziefer, und das neue Gras kann nachwachsen.»

«Ja, es ist gut, die Asche düngt, der Regen wäscht den Boden aus, und alles wird zur Wüste...» Tiago stieß mich an. In unserer Nähe sprach der Eigner mit der Besitzerin der Schildkröten. «Die Giftschlange wird den Schaden bemerkt haben.»

«Sie kann uns nichts anhaben. Aber es fällt auf den Eigner zurück.»

Tiago schmunzelte. «Ist mir egal. Wenn der bei der Sache mitmacht, darf er sich über den Schaden nicht beklagen. Wir mußten etwas tun. Wie soll Amazonien kontrolliert werden? Es ist zu groß dazu. Jeder einzelne ist gefordert.»

Der Eigner betrachtete den Verband an meinem Bein. «Haben Sie sich verletzt?»

«Ja, ich bin gegen eine Kiste gerannt.»

In der Ferne grollte Donner, und sekundenlang hellte sich der weiße Qualm von innen auf. Wieder rollte Donner über den Strom, gedämpft, wie in Watte verpackt.

«Eine interessante Nacht», bemerkte der Eigner spitz. «Es wird ein Unwetter geben. Es ist ja nicht der erste Zwischenfall dieser Nacht.»

«Er verdächtigt uns.» Tiago freute sich und puffte mich in die Seite. «So muß man es machen, ihnen ihre Machenschaften vermasseln.»

Der nächste Donner grollte. Wind kam auf und wirbelte den Qualm durcheinander. Als die Sicht besser war, setzte das Schiff die Fahrt fort.

Eine Bö zerrte an meiner Hängematte. Das Tuch flatterte und schlug mir ins Gesicht. Die *Getat II* holte über. Wellen von achtern hoben das Schiff an, und Gischt wehte herauf. Die Bäume im fahlen

Licht des Morgens bogen sich unter der Gewalt des beginnenden Tropensturms. Schweflig gelbe Wolken jagten von Osten dicht über die weite Wasserfläche. Die Tiere im Unterdeck wurden unruhig, der Wind sträubte Hühnern und Enten das Gefieder, die Ziegen rissen an den Stricken. Aber statt daß der Sturm Abkühlung brachte, wurde es heißer. Der erste Donnerschlag, die Ouvertüre des Gewitters, ließ das Schiff bis in die Spanten erzittern. Angstvoll starrten die Passagiere in die Wellen. Hängematten knallten, Zeitungen wirbelten über Deck, und das Gelb des Himmels gab Gesichtern und Gegenständen ein giftiges Aussehen. Unter dem zweiten Donnerschlag schien der Rumpf zu bersten. Regen schob sich wie eine schwarze Wand auf uns zu. Die seitlichen Persennings hatten sich losgerissen, blähten sich wie Spinnaker. Regen schlug in die Decks. In Sekunden war meine Hängematte naß. Ich hatte Mühe, mich festzuhalten und einen trockenen Platz für mein Gepäck zu finden.

«Macht die Persennings fest», schrie ein Matrose. «Bindet sie an die Pfosten!»

Ich kämpfte mich an die Reling vor, löste die Bändsel, der Wind riß sie mir aus den Händen. Hart und eisig wie Hagel schlug mir der Regen ins Gesicht, und ich mußte mich krampfhaft festhalten, um nicht von der Persenning über Bord gerissen zu werden. Frauen und Kinder duckten sich zwischen Kisten, die Männer waren hilflos, wußten nicht, wo sie zuerst anfassen sollten. Den *caboclos* waren die großen Schiffe fremd. Glücklicherweise halfen die Cearenser. Der Sturm schwoll an, drückte die *Getat II* zum Ufer, das Schiff krängte, und der nächste Donner knallte, als wären wir gegen einen Felsen geschleudert worden. In gleißender Helle schlug ein Blitz aufs Wasser, teilte sich, und drei Strahlenzungen rasten über die Wellen und fuhren krachend ins Ufer. Die Erde schien zu bersten, der friedliche Amazonas verwandelte sich in tobendes Wildwasser. Gischt und Regen liefen in Strömen über die Decks.

Als sich die *Getat II* vom Ufer zu entfernen suchte, packte sie der Sturm von der Seite. Die Aufbauten boten genügend Angriffsfläche. Kisten rutschten, ein Huhn wurde von Bord geweht, und angstvoll kreischten die Kinder. Blitze tauchten die nähere Umgebung in weißes Licht, in dem die Passagiere als Schemen ihren Weg suchten. Je stärker der Regen anschwoll, desto weiter entfernte sich der Donner, desto seltener wurden die Blitze. Ich fühlte mich im Regen wie auf einem Schiff unter einem Wasserfall. Wir gewannen Raum nach Luv auf die Mitte des Stroms zu, waren sicher davor, daß uns der Sturm ans Ufer drückte. Aber die Wellen wuchsen, ließen das Schiff rollen, und die ersten Seekranken erbrachen sich. Seegang war nichts für *caboclos*. Nach einer halben Stunde legte sich der Sturm wieder, der Regen rauschte gleichmäßig. Der Himmel verlor die schmutzige Farbe.

Ich kämpfte mich durch das Chaos an Deck zu Tiago durch. «Ein Gutes hat so ein Gewitter, es löscht die Brände.»

«Zehn Kilometer landeinwärts kann alles trocken sein», wandte ich ein. «Bei einem solchen Gewitter möchte ich nicht im Urwald sein. Du rennst um dein Leben. Ringsum stürzen die Bäume, reißen andere mit, überall kracht es. Du weißt nicht, wohin du dich wenden sollst...»

Als wir am Frühstückstisch saßen, strahlte der Himmel. Von der *Onze de Maio* war nicht einmal die Rauchfahne über dem Horizont zu sehen.

In Uricurituba lag ein großes, rundum überdachtes Boot an der Brücke. Es mußte verholt werden, damit wir anlegen konnten. Das Boot mit drei Mann Besatzung gehörte einem *regatão*; es war ein schwimmender Kramladen. Die Farbe des Bootes war abgeblättert, die Aufbauten schwarz vom Dieselqualm, die Autoreifen, die als Fender dienten, waren aus den Aufhängungen gerissen. Das Boot zeugte vom Niedergang dieser Art von Händlern. Wie einst zu den *quilombos* fuhren sie zu den *ribeirinhos* an den Nebenflüssen des Rio Negro, des Rio Madeira oder des Rio Purus, bis ihnen Stromschnellen den Weg verlegten. Sie tauschten ihre Ware gegen *andiroba*, gegen Paranüsse, Gummi, Kakao, Pfeffer und Flechtwaren. Doch Amazonien wandelte sich. Straßen wurden in die Wälder getrieben, Lastwagen holten Container von Schubschiffen und brachten sie in die Siedlungen – und über die *geleiros*, die Kühlschiffe mit zehn oder zwanzig Tonnen Gewicht, bahnte sich Crack im Tausch gegen Krokodilfleisch und Häute seinen Weg zu den Fischern. Für die Frauen in den Dörfern, die außer Kindern und Küche kaum eine Abwechslung kannten, während die Männer jagten und sich dann und wann mit *cachaça* abfüllten, waren die *regatões* ein Lichtblick in der Langeweile. Die Preise für Tauschprodukte wie Jute, Kaffee und Kakao fielen auf dem Weltmarkt, und an den Flußufern wuchs das Elend. Der Anbau lohnte nicht mehr. Die *regatões* hatten sich überlebt.

Mit Schuhen, Hängematten und Oberhemden im Arm enterten sie unser Schiff, holten Seile, Hämmer und Wurfnetze und breiteten ihr Angebot auf dem Unterdeck aus. Hühner liefen über Tischdecken und Bermudashorts, Enten knabberten an Büstenhaltern, und eine Ziege verstrickte sich in ein Seil.

«Wir arbeiten auf Kommission», beschwerte sich einer der Männer und packte Damenblusen, die billigste Ware, zusammen. «Mit diesem Zeug ist kein Geschäft zu machen. Es reicht eben, um das Boot zu erhalten und Sprit und Essen zu kaufen. Wir müssen auf andere Geschäfte ausweichen.» Welche Geschäfte das waren, wollte der Mann mir nicht sagen. Schmuggel war eine naheliegende Option. «Mit den Händlern», er zeigte auf die Läden am Hafen, «können wir nicht konkurrieren.»

Aber der *regatão* gab nicht auf, verkaufte hier eine Machete, dort ein Stück Wasserschlauch und eine Schelle für den Gasherd. Stolz präsentierte er ein Sortiment Präservative: «Man muß mit der Mode gehen – wissen Sie, was Aids ist, meine Dame?» fragte er eine Frau und hielt ihr die Präservative hin. Die Frau schlug verschämt die Hände vor den Mund.

«Leute, das sind die besten Präser, die ihr in Amazonien kriegt. Ich garantiere für ihre Sicherheit, habe sie selbst ausprobiert. Da war ein Mädchen in Oriximiná, eine *mulata*...»

Leider tönte das Horn, die *regatões* warfen ihr Zeug aufs Dach ihres Bootes und legten ab. Die *Onze de Maio* erreichte Uricurituba, sobald wir die Leinen losgeworfen hatten. Sie holte auf, aber auch in Itacoatiara waren wir schneller, fanden wieder einen Kanal, wechselten die Flußufer. Die Nervosität der Mannschaft steckte uns an. Wer von Bord ging, beeilte sich, die Cearenser halfen beim Löschen der Ladung und erholten sich bei den Chorsängerinnen. Das Ufer stieg an. Die Lehmschichten in den Hängen schufen bunte Bilder in Umbra und Karminrot. Dazwischen lagen poröse rostbraune Sandsteinbrocken. Wo war Nostradamus?

«Er hat in Uricurituba das Schiff heimlich verlassen. Ich habe es ihm geraten», sagte der *pai-de-santo*, als ich ihn danach fragte. «Er wird tatsächlich verfolgt. Auf der *Onze de Maio* sind zwei Männer, die ihn umbringen wollen. Es geht um Landbesitz.» Mehr wollte der Umbandapriester nicht sagen. Also hatte mein Gefühl mich nicht getäuscht.

Die Sonne sank, hart und schmerzhaft war die Kontur des Feuerballs, den ein Schwarm Vögel durchflog. Dann drehte sich die Erde von der Glut weg. Diese Seite des Planeten hatte für heute genug Hitze empfangen, war müde, und unser Schweiß am Körper war getrocknet und so klebrig wie die Wolkenschleier, denen das Abendrot ein nur kurzes Leben verlieh. Die Poren der Haut öffneten sich, empfingen die Kühle des Abends und bereiteten uns auf die Nacht vor.

Wieder war ein Tag vergangen mit Reden, Essen, mit Schauen, daß die Augen überliefen und das Gehirn nicht reichte, all die bewegenden Bilder festzuhalten. Die Dunkelheit auf dem Strom enthielt uns das Schauspiel des *encontro das aguas* vor, wo der rotschwarze Rio Negro neben dem ockerfarbenen Amazonas herfloß, ohne daß die Farben sich mischten. An Steuerbord leuchteten die Lichter der Raffinerie von Manaus.

Das Wettrennen war gewonnen, Nostradamus in Sicherheit; die Schildkröten waren frei, die jungen Cearenser am Ziel. Tiago wollte weiter stromaufwärts, der Priester hatte sich mit dem *pai-de-santo* angefreundet. Und ich?

13. *Die Helden sind weiß*

Dem einäugigen Francisco de Orellana begegnete ich zum ersten Mal in der Bibliothek des *Museo* Paraense Emilio Goeldi. Das Auge hatte der Soldat aus Estremadura bei der Eroberung von Cuzco eingebüßt – ein Pfeil, ein Dolchstoß? Genau ließ sich das nicht mehr klären. Orellana hielt sich im gerade gegründeten Quito in Equador auf, als Boten die Nachricht brachten, daß Cuzco von Indianern belagert wurde. Sofort machte Orellana sich auf den Weg, um dem bedrängten Francisco Pizarro, dem Eroberer des Inkareichs, zu Hilfe zu kommen.

Es war ein verregneter Tag. Die Straßen Beléms waren voller Schlamm, die Abflußgräben der Stadt liefen über, seit Tagen fiel Regen, und die Gullis und Brücken waren mit Müll verstopft, die Straßen überspült. Es war Zeit zum Lesen.

Drei Jahre nach seinem Aufbruch – man schrieb das Jahr 1538 – gründete Pizarro die Stadt Guayaquil und machte Orellana zu ihrem Generalkapitän. Aber Orellana war mehr Abenteurer und Entdecker als ein braver Soldat, und weshalb sollte er sich bei Verwaltungsaufgaben langweilen, wenn sein Freund und Landsmann Gonzalo Pizzaro, der Bruder des Eroberers, nach El Dorado marschierte, wo die Straßen angeblich mit Gold gepflastert waren. Im Tal von Zumaco stieß Orellana auf das Expeditionskorps von Gonzalo: Zweihundertzwanzig Spanier und viertausend Mann indianischer Hilfstruppen. Auf dem Marsch riß die Kolonne auseinander, Hunger plagte Männer und Pferde. Widerstrebend erklärte Orellana sich bereit, mit einer kleinen Mannschaft eine Brigantine zu bauen und in Begleitung etlicher Kanus an den Ufern des Rio Napo Eßbares aufzutreiben. Wo sie im Jahre 1541 in die Boote stiegen, entstand später der kleine Ort Orellana.

Zuerst stieß der Suchtrupp noch auf Dörfer, aber dann bedrängte die Einsamkeit des Urwalds die fünfzig spanischen Soldaten. Die Truppe murrte und wollte umkehren, Orellana führte wie die meisten Konquistadoren keine ordentlichen Soldaten, sondern Abenteurer und gierige Halunken, die im gerade entdeckten Amerika auf Beute aus waren. Zurück? Nein, niemals! Gonzalo hätte ihn für einen ehrlosen Schuft und Verräter gehalten. Das wollte Orellana nicht auf sich nehmen, auch wenn seine Kundschafter berichteten, daß vor ihnen, im Amazonastiefland, eine menschenleere grüne Wüste lag.

Die Niederschrift des Priesters Gaspar de Carvajal über die Reise der Europäer, die wahrscheinlich als erste den Amazonas von Peru bis zur Mündung abgefahren hatten, packte mich. Die Klimaanlage der Bibliothek surrte leise, während die Gewitter der Regenzeit sich über der Stadt entluden. Das Rauschen des Regens nahm zu, bis sich im halbdunklen Raum die längst vergangene Epoche mit meiner Gegenwart mischte.

Ich sah die Boote der Spanier vor mir, wie ich sie auf den Flüssen Amazoniens hatte treiben sehen, am Ufer vor dem Galeriewald, auf dem Amazonas, dem Rio Ararí und dem Rio Curúa auf dem Weg nach Pacoval. Aber die Machete in der Hand des *caboclo* war etwas anderes als das Schwert des Konquistadoren. An den Ufern lagen die ins Wasser gestürzten Bäume, und es mochten so nasse Tage gewesen sein, wie ich sie auf Marajó erlebt hatte. Für die Soldaten mußte es eine grauenhafte Erfahrung gewesen sein. Der unbekannte Rio Napo und der feindliche Urwald, Hunger, die Ungewißheit, wohin die Reise gehen würde. Wie sollten sie je nach Spanien zurückkommen? Sie gaben sich völlig der Gnade ihres Gottes hin, schützten sich mit Schilden gegen Sonne und Regen, hüllten sich in ihre Lumpen. Und bereits am zweiten Tag der Reise stieß das große Schiff mit einem Baumstamm zusammen.

Mein Erlebnis auf der *Fé em Deus* war also auch nichts Besonderes. Alles schon dagewesen, dachte ich beim Lesen: «Eine Planke brach, und wenn wir nicht in Ufernähe gewesen wären», schrieb der Priester in sein Reisetagebuch, «dann wäre die Fahrt hier zu Ende gewesen.»

Der Rio Napo mochte an die fünfhundert Meter breit gewesen sein, und er floß schnell. Die spanische Truppe kam täglich etwa fünfundzwanzig Meilen voran. Tagelang bekam sie kein Dorf zu Gesicht, kein Eingeborenenkanu, nichts als Wald, Grün in tausend Facetten, aus dem es nachts unheimlich schallte, das Summen der Mücken und das Gurgeln des Flusses in den Ohren. Bei der starken Strömung war an eine Umkehr nicht zu denken und der Weg über Land ungangbar. Hätten sich die Soldaten mit rostigen Schwertern einen Pfad durchs Dickicht schlagen sollen, um in irgendeinem Sumpf zu versinken oder am nächsten Fluß zu scheitern?

Die Alternative der unfreiwilligen Entdecker war kläglich: Entweder auf der Stelle Hungers sterben oder dem Strom folgen und vielleicht später verhungern. Eines war jedoch gewiß: Irgendwann und irgendwo würde sie der Rio Napo zum Meer bringen. «Weil uns andere Lebensmittel fehlten, gingen wir so weit, Leder zu essen, Gürtel und gekochte Schuhsohlen mit Blättern. Und wir waren so geschwächt, daß wir uns nicht auf den Beinen halten konnten.» Und obwohl einige Soldaten unbekannte Früchte aßen, was sie fast umbrachte, blieben alle am Leben – vorerst.

Orellana sprach seinen Leuten Mut zu, denn wenn Gott sie auf diesen Fluß geführt hatte, dann würde er sie auch wieder herausbringen. So einfach war das. Einige Spanier hörten Trommeln – oder war es nur Einbildung? Andere sahen Kanus, die es nicht gab. Die Waldgeister Matintapereira oder Juruparí trieben bereits damals ihren Schabernack. Aber am 8. Januar 1542 hörten die Spanier tatsächlich Trommeln und rückten mit gespannten Armbrüsten vor. Allein der Anblick der hungrigen Truppe schlug die ersten Indigenas in die Flucht. Trommeln alarmierten die Nachbardörfer. An der ersten Anlegestelle wollten die Indigenas ihr Dorf verteidigen, aber beim Erscheinen der zerlumpten Meute, die schreiend über das Dorf herfiel, ließen seine Bewohner alles stehen und liegen.

Damit begann nach den Kriegen gegen Azteken, Maya und Inka auch für Amazonien das Zeitalter der Gewalt, der Plünderungen und Morde. Nach Mexiko, Mittelamerika und Peru «öffneten sich nun in Brasilien die Adern», wie es der uruguayische Schriftsteller Eduardo Galeano einmal ausgedrückt hat. Wer sich in Zukunft den Europäern in den Weg stellte, wurde niedergemacht. Wer sich zur Zusammenarbeit bereit erklärte, durfte als Ruderer, Fährtensucher oder Lastenträger dienen, wer sich störrisch zeigte, machte den großen Sprung ins Eisenzeitalter mit Ketten an den Fußgelenken.

Der Leiter der Bibliothek Museo Paraense Emilio Goeldi sah, was ich las, und legte mir freundschaftlich die Hand auf die Schulter. «Nichts, gar nichts hat sich bis heute geändert», klagte er. «Wir sind immer noch die Knechte der Ersten Welt. Und wenn wir unseren eigenen Weg gehen wollen, schickt ihr Folterspezialisten nach Brasilien, Militärberater nach Honduras oder Söldner nach Nicaragua. Nur im Notfall, wenn sich keiner mehr für die Dreckarbeit findet, greift ihr selber ein: Panama, Grenada, die Malvinen – die Liste ist zu lang. Wenn Sie andere Bücher brauchen, wir stehen zur Verfügung», sagte er.

Ich verbiß mir eine Entgegnung. Der Bibliothekar war freundlich und zuvorkommend, in seinem Inneren jedoch glimmte winzig das Fünkchen des gezähmten Aufruhrs, und hinter der Bewunderung der Alten Welt stand neben dem Minderwertigkeitsgefühl des Kolonisierten die Gewißheit, daß jede Fremdherrschaft eines Tages zu Ende ging. Ich bedankte mich artig für die angebotene Hilfe und ließ mich in die Lektüre zurückfallen.

Wo Orellana und seine Mann aufkreuzten, floh die Bevölkerung. Dörfer verteidigten sich vergeblich. Und erst am mittleren Amazonas, wo die Indigenas über Distanzwaffen verfügten, über Pfeil und Speer, mußten sich die Eindringlinge häufig zurückziehen.

Im heutigen Peru, unterhalb von Iquitos, am Zusammenfluß von Rio Napo und Marañón, wurde eine zweite Brigantine gebaut, und die Indigenas der Umgebung sorgten für die Verpflegung der Truppe. «... als hätten sie ihr ganzes Leben lang gedient», schrieb der Priester Gaspar de Carvajal. Der Solimões war gewaltig, die Weite des Stroms schier unendlich, einen solchen Strom hatten die Spanier niemals zuvor gesehen, und sie verloren sich beinahe auf den Wassermassen. In den Dörfern versorgten sie sich mit Schildkröten und Papageien, mit truthahnähnlichen *mutúns* oder gebratenen Affen. Weshalb gaben die Indigenas den bärtigen Fremden? Es mag die einzige Möglichkeit gewesen sein, die eisengepanzerten Wesen, die mit gezogenen Schwertern und Feuerwaffen an Land stapften, schleunigst loszuwerden. Entsprach überhaupt die Beschreibung des Priesters der Wahrheit, was das Verhalten der Truppe betraf, fragte ich mich. Vergewaltigung oder Kindesmord hätte er sicherlich nicht erwähnt, und die ausgehungerte Meute wird nach geschlagener Schlacht die Frauen der Besiegten kaum verachtet haben. Seinen Bericht hatte Carvajal erst in Spanien geschrieben, und Geschichtsfälschung war weder der Kirche noch der Krone Kastiliens unbekannt. Der Chronist war wie Orellana auf einem Auge blind, als er den Text schrieb. Unterhalb der Mündung des Rio Puru hatte ihn ein Pfeil ins Auge getroffen, einige Tage, nachdem die Spanier ein mehrstündiges Gemetzel unter den Indigenas beim heutigen Parintins hinter sich gebracht hatten. Deren entschlossene Verteidigung führte der Chronist auf die Anwesenheit der seit jenem Gefecht berühmten Amazonen zurück.

«Man muß dazu wissen, daß die Indios den kriegerischen Frauen untertan sind und Tribute leisten müssen», erfuhr Carvajal von einem Eingeborenen, der die Spanier begleitete, «und als sie von unserem Herannahen Kenntnis nahmen, baten sie die Amazonen um Hilfe. Wir sahen sie, wie sie in vorderster Linie wie Hauptleute kämpften. Sie fochten so mutig, daß kein Indio die Flucht wagte, denn wer es tat, wurde mit Stockschlägen getötet.»

Es sollen nicht mehr als zwölf kämpfende Frauen gewesen sein, und Carvajal beschrieb sie als groß, mit langem, um die Köpfe gewickeltem Haar, stämmig und natürlich nackt, «und die Scham hielten sie mit Pfeilen und Bogen bedeckt.» Der Blitz Gottes hätte den Priester sicherlich getroffen, wenn er von ihrer Scham etwas zu Gesicht bekommen hätte. Und diese Frauen sollten mit ihren Pfeilen die beiden Brigantinen derart eingedeckt haben, daß sie Stachelschweinen glichen. Wahrscheinlich haben sie aus der Hüfte geschossen, damit der Priester wegen des Anblicks nackten Fleisches nicht in Seelennot geriet.

Der Chronist oder Kriegsberichterstatter – letzteres erschien mir als Bezeichnung für den schreibenden Priester treffender – nannte die Menschen der Ufer Barbaren. Wer in Wahrheit die Barbaren waren, schien mir außer Frage zu stehen.

Immer häufiger kam es zu Schlachten auf dem Wasser. Bei Landemanövern schossen Arkebusiere und Armbrustschützen den Weg frei. Kaum etwas war mit Holzspeeren und Knüppeln oder Keulen gegen diese waffentechnische Überlegenheit auszurichten – Giftpfeile dienten der Jagd und nicht dem Krieg. Etwas von den Indigenas zu lernen, welche Waldfrüchte eßbar waren, welche Lianen Trinkwasser speicherten, lag den Expeditionsteilnehmern fern. Es waren Krieger, und ihr katholischer Glaube gab ihnen die Überzeugung, im Recht zu sein, wie der Priester schrieb. Es müssen Heere von Ureinwohnern gewesen sein, die sich den Spaniern entgegenstellten – oder übertrieb Carvajal genauso wie Caesar im Bericht über den Gallischen Krieg? Der Priester zählte zweitausend Angreifer bei einer Schlacht, und die Häufigkeit der Dörfer am Ufer des Amazonenstroms, die oft nur während der *piracema*, der Zeit der vorbeiziehenden Fischschwärme, bewohnt wurden oder während der Eiablage von Schildkröten, zeigte, wie dicht das Amazonasgebiet bereits im 16. Jahrhundert besiedelt gewesen sein muß. Auf drei Millionen Menschen wurde später die damalige Bevölkerung geschätzt.

Die Spanier trugen Blessuren aus den Kämpfen davon, wurden verletzt, zwei starben, jedoch nicht einer landete zerstückelt auf dem Bratrost von Menschenfressern, wie es dem deutschen Söldner Hans Staden aus Hessen zehn Jahre später gedroht hatte, der monatelang Gefangener von Tupinabás an der südbrasilianischen Küste gewesen war.

Pervers nannte Chronist Carvajal die Verteidiger ihres Landes, die angeblich eines Tages mit hundertdreißig Kanus anrückten. Kein Problem für die Konquistadoren – ihre Arkebusen hielten sie auf Abstand.

Wie hoch mag die Zahl der toten Indigenas gewesen sein? Was mag danach in den Dörfern über die eisenstarrenden und den knallenden Tod verbreitenden Wesen erzählt worden sein? Bösartig, stinkend, mit ihrem Zauberer in der Mitte, dem Priester? Für Götter hat man sie nie gehalten. Aber die Helden waren weiß. Sie schrieben die Geschichte. Nichts ist von damals aus der Sicht derer überliefert, die am Ufer standen, als die Brigantinen auftauchten und den Schrecken brachten. Keine Art von Schrift, weder in Bildern noch in behauenen Steinen, oder Knotenschnüre waren bekannt. Rasch waren die Brigantinen außer Sicht, der Urwald überwucherte die Erinnerung.

Dort, wo die Dörfer am Amazonas fast ineinander übergingen, segelten die Spanier vorbei, wechselten von einem Ufer ans andere, waren auf den Fluß gestoßen, dessen Wasser schwarz gewesen war, und hatten ihm den Namen Rio Negro gegeben. Orellana ließ nur dort anlegen, wo es Lebensmittel zu holen und Ehre zu gewinnen gab, was töten hieß. «Und wäre er in Kriegsdingen nicht so kundig gewesen, was unser Herrgott ihn gelehrt hatte, so wären wir längst umgekommen.» Im Dezember waren die Spanier aufgebrochen, im August des folgenden Jahres erreichten sie die Inseln des Deltas, kämpften sich hungernd an Marajó vorbei in den Atlantik. Und im September erreichten sie die spanische Garnison der inzwischen bei einem Seebeben untergegangenen Insel Cubagua vor der venezolanischen Küste.

Orellana mußte Blut geleckt haben. Obwohl das Abenteuer ihn fast umgebracht hatte, rüstete er eine neue Expedition aus und wollte die Länder an den Ufern des Amazonas für Spaniens Krone in Besitz nehmen und selbstverständlich ihr Gouverneur werden. Ein anderes Denken war zur Zeit der Konquista nicht möglich. Irgendwo im Delta des Stroms ist er dann verschollen. Vielleicht wächst eine Açaípalme auf seinem Grab, dachte ich, vielleicht hat ein *caboclo* über dem Grab seine Hütte gebaut und wundert sich heute, daß es spukt.

Das Zeitalter des Tötens hielt vorerst an, das der Forschungsreisenden war noch nicht angebrochen. Der wahnsinnige Lopez d'Aguirre, der seinen Vorgesetzten auf der Reise von Cuzco zum Atlantik umbrachte und später hingerichtet wurde, war der nächste weiße Entdecker und lieferte den Stoff für einen Film. Im Jahr 1595 stieß dann Spaniens erklärter Feind, der englische Pirat Walter Raleigh, vom Atlantik bis zur Mündung des Rio Tapajós auf dem Amazonas vor.

Der Bibliothekar schaffte neues Material heran. «Endlich», freute er sich, «endlich interessiert sich jemand für die Geschichte unseres Landes. Aber es sind immer nur die Ausländer.» Es war eine ähnliche Bemerkung, wie sie Dorcilo auf unserer Reise auf dem Rio Tocantins gemacht hatte.

«Wahrscheinlich haben Brasilianer genug damit zu tun, sich durch den Alltag zu kämpfen», antwortete ich. «Das ist wohl schwierig genug.»

«Sie brauchen uns nicht zu bedauern. Jedes Volk hat die Regierung, die es verdient. Deutschland hat sich vor sechzig Jahren einen Österreicher als Führer gewählt. Besser korrupt und verrückt als massenhaft Juden zu ermorden und einen Weltkrieg anzuzetteln! Außerden – wer hat Amazonien das Gesicht gegeben, das es heute trägt? Das waren Ausländer, Portugiesen, alles ist im Namen und zum Nutzen des europäischen Mutterlandes geschehen. Lesen Sie das hier!» Der Bibliothekar gab mir einen Packen Fotokopien: «Die Geschichte Belems, die sonst nicht erzählt wird.»

José Valente, Autor des Textes, nannte die Namen der Schiffe, die am 12. Januar anno domini 1616 sanft über die Bucht von Guajará geglitten waren, nannte die Namen ihrer Kapitäne und Steuerleute, gab sogar den Namen des Franzosen bekannt, Charles de Vaux, den die Portugiesen als Dolmetscher mitgenommen hatten, weil er die Sprache der Tupinambá sprach, die auf der Landzunge an der Bucht lebten, wo sich jetzt die Hochhäuser Beléms zur Skyline gruppierten.

Die Kaziken Acayacú, Guaimiaba und Marauaçú empfingen die zweihundert Schwerbewaffneten von den Schiffen herzlich, die nach der ersten vom Priester Miguel Figueira de Mendonça gelesenen Messe bereits die Schiffsgeschütze an Land und in Stellung brachten. Ohne das Wort Gottes durfte das Morden und Vergewaltigen nicht beginnen. Fort und Kirche bildeten das Zentrum der strategischen Festung Belém oberhalb des Ver-o-peso, und noch stehen die Kasernen der Waldinfanterie mitten in der Stadt: der Feind ist das Volk, das Militär gleicht einer Besatzungsmacht, die mit der Angst vor dem nächsten Putsch politische Geschicke lenkt.

Zuerst halfen die Tupinabás den Portugiesen freiwillig bei Schanzarbeiten, später wurden sie dazu gezwungen und ihre Frauen mit Gewalt zu den Gelagen der Offiziere geschleppt. «Die Zivilisierten unterwarfen die Indianerinnen den schlimmsten Akten, die ein christlicher Mensch sich auszudenken vermag», schrieb diskret der Autor der Zeilen.

Dem Hauptmann Alvaro Neto ging das Treiben zu weit, aber der Neffe des Kommandanten mit dem Namen des Entdeckers von Brasilien, Cabral, stach ihn nieder. Dem Gesetz nach hätte er gehenkt werden müssen.

«Hier liegen die Wurzeln unseres gegenwärtigen Rechtssystems», erklärte der Bibliothekar, der mir wie ein Papagei über die Schulter sah. «*Impunidade* nennen wir es, Straflosigkeit. Wer einflußreich ist oder mächtige Freunde hat, geht fast immer straffrei aus. Das Recht wird nicht einmal gebeugt, es wird schlicht nicht angewendet, oder Zeugen werden ausgeschaltet. Wir nennen das ‹*queimar o archivo*›, das Archiv verbrennen. Ich will Sie nicht beim Lesen stören.» Er tat es, aber ich sah es ihm nach, denn ihm fehlten sonst wohl die Zuhörer für sein Klagelied.

An der ersten großen Expedition stromaufwärts im Jahr 1637 nahmen mehr als zweitausend Personen teil, siebzig portugiesische Soldaten, tausendzweihundert indianische Ruderer und Bogenschützen, die beim Ausrotten der Landsleute halfen, die mit Holländern und Engländern am Amazonas gemeinsame Sache machten.

Kannten die Tupinambá die Portugiesen so wenig, daß sie nicht wußten, welches Los ihnen zugedacht war, sobald die Gegner geschlagen und durch Sklaverei auf eine leicht kontrollierbare Anzahl reduziert und deren Frauen dazu benutzt worden waren, die so oft als rassische Demokratie beschworene Mestizenrasse hervorzubringen? Sie durchschauten das Spiel der Weißen so wenig, daß sie nicht wahrnahmen, wie die Stämme gegeneinander aufgehetzt wurden, wie die Mundurucus vom Rio Tapajós als Hilfstruppen der Kolonialmacht die Nachbarvölker überfielen, als Hilfspolizei, als Schergen der Besatzer dienten. Was versprachen sie sich davon, welche Vorteile brachte ihnen die Kollaboration mit den Kolonialherren? Ihr Gesichtskreis war eingeschränkt, viele Stämme waren verfeindet und lagen miteinander im Krieg, die Kommunikation untereinander war von den Konquistadoren zerstört. «Die Portugiesen haben in Amazonien die gleiche Strategie wie die Spanier in Mexiko angewendet, als sie die Konflikte zwischen Azteken und deren Hilfsvölkern ausnutzten», unterbrach mich der Bibliothekar. Er las in meinen Gedanken Korrektur. «Die Portugiesen haben es verstanden, in der Geschichte den Eindruck einer friedlichen Eroberung Amazoniens zu hinterlassen. Ihre Politik war subtiler als die der Spanier. Sie wußten sehr gut, daß Indigenas an Masern und Grippe sterben. An die von ihnen benutzten Pfade legten sie infizierte Kleidung aus den Spitälern – die Indigenas nahmen sie mit, und ein weiteres Dorf verschwand nach einer Grippe- oder Masernepidemie. Das war eleganter als Pulver und Schwert.»

Pedro Teixera, der die Amazonasexpedition flußauf nach Quito leitete, hatte bereits Kampferfahrung gegen Holländer gewonnen, die sich am nördlichen Amazonasufer festgesetzt hatten. Teixera – so hieß mein Begleiter bei der Jagd auf Marajó. Vielleicht ein entfernter Verwandter des Hauptmanns und Expeditionsführers?

Wie viele der Ruderer und Bogenschützen von der zwei Jahre dauernden Expedition nach Belém zurückkehrten, wie viele von ihnen den vergifteten Wurfpfeilen der Tapajocos am Rio Tapajós erlagen, verschwieg der Chronist dieser Reise, der Jesuit Cristóvão d'Acuña. Das Leben eines Eingeborenen war nicht erwähnenswert, war so unerheblich wie der massenhafte Tod von Eingeborenen in Hollywoods Dschungeldramen.

Nach Teixeras Reise war der Amazonas kein Abenteuer mehr wert. Von der Pazifikküste reisten spanische Banker und Händler auf dem Amazonas nach Europa, mieden dadurch die gefährliche Umschiffung des Kap Hoorn und auch den Marsch über den Isthmus von Panama, wo britische Piraten reiche Beute machten.

Der Franzose La Condaime benötigte auf dem Amazonas nur fünfundsiebzig Tage bis zum Atlantik. Er zeichnete die erste Karte des Stroms. Das Zeitalter der Forschungsreisenden brach an. La Condaime fühlte sich vom Amazonas angezogen – und besonders von den Amazonen. War an den Legenden und Berichten etwas Wahres dran? Was waren das für Frauen, von denen es hieß, daß sie sich die rechte Brust abschnitten, um beim Spannen des Bogens nicht behindert zu sein? So etwas Absurdes konnte nur dem Denken von Männern entspringen. Obwohl der französische Weltreisende der Geschichte der streitbaren Frauen nicht allzuviel Glauben schenkte und sich mehr für Pfeilgifte interessierte und Samen der Chininbäume sammelte, ging er den Legenden nach. Es hieß, daß die Amazonen vor langer Zeit aus dem Süden gekommen waren, den Amazonas überquert und sich am Rio Negro niedergelassen hatten. La Condaime traf auf einen Kaziken, dessen Großmutter die Amazonen mit eigenen Augen gesehen haben wollte. Sie holten Männer zu sich an den Rio Trombetas, wo sie gelebt haben sollen, und machten sie einen Sommer lang zu den Gefährten ihres Lagers. Ein Jahr später holten die Männer die Söhne ab, die Mädchen blieben bei den Müttern. Andererseits hieß es, daß die Amazonen ihre männlichen Nachkommen töteten, was Prinz Albert von Preußen, der den Rio Xingu bereist hatte, für wahrscheinlicher hielt, da bei keinem der Stämme des nördlichen Amazonasufers ein Männerüberschuß festgestellt worden sei.

Das Zeitalter der Aufklärung griff von Europa nach Amazonien. Alexander von Humboldt reiste über Venezuela an, besuchte den Oberlauf des Rio Negro und den Amazonas. Auch er konnte sich dem Reiz des Themas nicht entziehen. Als sozial aufgeklärter Mensch erklärte er sich die Entstehung der Legenden damit, daß Frauen vor der Gewalt von Männern, die sie in sklavenähnlicher Abhängigkeit hielten, im Urwald Zuflucht gesucht hätten. Wie anders als mit Waffengewalt ließ sich die einmal gewonnene Freiheit erhalten. Waren die Amazonen demnach lediglich eine Erfindung der Männer, die eine solche Wahrheit nicht eingestehen konnten?

Die Deutschen von Spix und Martius kamen 1819 an den Amazonas. Sie führten die Legendenbildung um die Amazonen auf den Tatbestand zurück, daß die Frauen der Mundurucus an der Seite ihrer Männer gekämpft hatten. Und hier trafen sich die Beobachtungen von La Condaime mit denen der Deutschen. Die Amazonen sollten von Süden gekommen sein, die Mundurucus waren ebenfalls von dort eingewandert. Ihr Weg ließ sich an Hand eines breiten Streifens von Babaçúpalmen von Maranhão bis an den Rio Tapajós nachzeichnen. Die Mundurucus hatten die Früchte dieser Palmenart als Nahrung und zur Ölgewinnung genutzt.

Die erste Beschreibung der Amazonen hatte die Empfänger des Berichts von Gaspar de Carvajal so sehr beeindruckt, daß der Amazonas, bis dahin Rio Mar genannt, zum Rio das Amazonas wurde. War diese Tatsache bedeutsamer als das Verhalten der Spanier auf ihrer Plünderungsfahrt zum Meer? Die Erinnerung an Plünderungen, Mord und Raub durfte nicht erhalten werden. Es hätte sich nicht gut gemacht, den Strom als Rio das Espadas zu bezeichnen, als Fluß der Schwerter. Fluß der Giftpfeile, Fluß der Überfälle – Rio dos Assaltos. Nein. Fluß der waffentechnischen Überlegenheit, der brennenden Dörfer? Auf portugiesisch wäre das zu lang, Rio da

Superioridade das Armas oder Rio das Aldeias Queimadas. Wäre der Strom als Fluß der besiedelten Ufer bezeichnet worden, so hätten spätere Generationen gefragt, wo all die Menschen geblieben waren. Es wäre peinlich gewesen, zu sagen, daß sie auf Sklavenmärkten geendet waren, gestorben auf Ruderbänken, als Träger unter Lasten zusammengebrochen, beim Kirchenbau vom Gerüst gefallen oder als Haushälterin eines Bischofs schwanger geworden. Mehr als in jedem anderen Teil Brasiliens war die Urbevölkerung in Amazonien der Willkür der Kolonialmacht ausgesetzt.

Elf Jahre seines Lebens verbrachte der Engländer Henry Walter Bates in Amazonien. Er war ein friedfertiger Mensch, der hauptsächlich Insekten fing und Vögel schoß, sie nach England schickte und damit seinen Aufenthalt finanzierte. Er, der Dorcilo und mich auf dem Rio Tocantins begleitet hatte, war für mich der beeindruckendste Forscher seiner Zeit, ein Sozialwissenschaftler ohne jedes Studium und ohne jeden Dünkel. «Damals war ich schon zu der Einsicht gekommen, daß ich meine Zwecke nicht anders erreichen könne, als wenn ich die Lebensweise der niederen Klassen des Volkes annehme.»

Aber niemand konnte aus seiner Haut heraus. Wohin der Mensch auch reiste, er nahm seine Geschichte mit, seine Erziehung, seine Vorlieben und Abneigungen. In der Bibliothek dachte ich daran, daß auch Bates nach England zurückgekehrt war mit Tränen in den Augen, als sich das Schiff von der amazonischen Küste entfernte. Als er gegangen war, begann der Kautschukboom: Das Automobil fuhr auf Gummireifen, die aufstrebende Elektroindustrie brauchte Isolatoren.

Bates hatte wie die *caboclos* gelebt, auf Decksplanken oder in der Hängematte geschlafen und hatte den unterschiedlichen Geschmack verschiedener Sorten Maniokmehl kennengelernt. Sie schmeckten in Belém anders als in Santarém oder Manaus, waren im Hinterland grobkörniger als in der Stadt. Bates' Methode war die Teilnehmende Beobachtung, obwohl die Soziologie seiner Zeit diese noch gar nicht benannt hatte. Er hungerte mit den *caboclos* in der Regenzeit. Wie gut war es mir dagegen bei Ölsardinen mit Maniokmehl ergangen. Andere Forscher folgten. Sie faszinierten der Urwald, die Tiere, Schmetterlinge – und weniger die Menschen.

Bevor das Zeitalter der Spieler begann und das der Forscher endete, fertigten um die Jahrhundertwende Olga und Henry Coudreau Karten von den Amazonaszuflüssen an und überwanden mit Hilfe der Führer aus den *quilombos* die Stromschnellen des Rio Trombets. Zwei Jahre verbrachte der Deutsche Pfarrerssohn Theodor Koch-Grünberg unter den Indigenas am oberen Rio Negro. Von ihm stammen Hunderte von Zeichnungen und Fotos.

Um zu den Bewohnern des Rio Yapurá vorzustoßen, mußte er die Stromschnellen überwinden. Sie hatten den europäischen Eindringlingen immer wieder den Weg verlegt, wie sie die Verfolger der geflohenen Sklaven gehindert hatten, deren *quilombos* zu zerstören. Die Stromschnellen hatten die Indigenas lange Zeit vor der Entdeckung bewahrt, das Land vor Ausbeutung geschützt, bis die Madeira-Marmoré-Eisenbahn von Porto Velho aus am Rio Madeira entlang gebaut wurde. Dreißig Jahre lang wurden im Urwald Schienen verlegt, ließen fünfundzwanzigtausend Menschen ihr Leben, darunter eine Schiffsladung Hamburger Arbeiter. Gleichzeitig begannen die Expeditionen von den südlichen Zuflüssen des Amazonas aus. Anthropologen wie Lévy-Strauss mischten sich mit Spielern, Fotografen und Filmemachern.

In den zwanziger Jahren machte sich von Berlin aus das Ehepaar Brückner mit Kollegen und Finanziers zu einer Filmexpedition nach Amazonien auf. Zuerst begleitete sie Edgar Eichhorn, E. Anders oder Jungblut und Arthur Heye. Wirklichkeit mischte sich mit Phantasie, Pseudonyme mit richtigen Namen. Paola Brückner, die angeblich so treffsicher schoß, daß sie mit dem Revolver eine kleine Giftschlange zur Strecke bringen konnte, schrieb nach dem Tod ihres Mannes ein herzzerreißendes Buch mit dem Titel «Eine Frau geht in den Urwald». Die Brückners reisten mit Indioboy und träumten von den ungehobenen Schätzen des jungfräulichen Landes, das seiner Erschließung harrte. Paolas Mann starb am Fieber – der amazonische Heldentod! E. Anders brachte das Ableben des Filmers jedoch mit dessen Trinkgewohnheiten in Verbindung. Arthur Heye fing Schlangen und verkaufte sie nach Europa. Und alle Übriggebliebenen der Gruppe waren wild auf Piranhas, wollten sie beim Fressen filmen und die Besucher der Filmtheater am Kurfürstendamm das Gruseln lehren. Sie kauften Schweine auf den Märkten

Beléms, und im Inland schossen sie, was ihnen vor die Flinte kam, und ließen es für die Zuschauer im Wasser zerfleischen. E. Anders – ein Pseudonym – inszenierte in der Steppe Marajós mit den Alligatoren der Insel, mit den *caboclos* und *vaqueiros* der Fazendas als Laiendarsteller einen abendfüllenden Spielfilm, in dem auch Naturgewalten wie Steppenbrände und die *pororoca*, die meterhohe Flutwelle, die bei Neumond im März in den Flüssen des Deltas hinaufraste, vorkamen. Die deutsche Expedition der Brückners endete als Konkurrenzkampf um die packendsten Bilder, und jeder Beteiligte veröffentlichte im eigenen Buch seine Sicht der mysteriösen Vorfälle.

«Jetzt sind die weißen Ökologen dran. Die sorgen für neue Schlagzeilen. Wenn wir das Geld hätten, das ihr mit Filmen und Schallplatten an Amazonien verdient, ginge es uns besser», sagte der Bibliothekar. «Sänger wie Sting, der Meeresforscher Jacques Cousteau; die Briten sind mit Prinz Charles auch wieder dabei. Für euren Kohl haben sie bei Manaus extra ein Baumhotel neu anstreichen lassen.» Der Bibliothekar hatte es in der Zeitung gelesen.

«Multimillionär Forbes kam mit seiner Jacht an den Ver-o-peso, sein Trinkwasser hat er mitgebracht. Alle sind wild darauf zu sehen, was wir in Amazonien treiben. Und wenn einer von uns ein Streichholz anzündet, dann sprechen eure Spionagesatelliten an. Sollten wir euch mit Satelliten beobachten...», der Bibliothekar zischte mehr, als daß er sprach, «... dann würdet ihr den nächsten Golfkrieg anzetteln!»

Ich sagte nichts, schlug das Buch zu, gab ihm die Hand und rannte durch den Wolkenbruch zur Bushaltestelle. Was hätte ich dem Bibliothekar entgegnen sollen? Daß ich nichts weiter als die Rolle des Flaneurs spielte – oder daß Amazonien für mich ein Stück Zuhause geworden war, ein Teil der Landschaft meines Lebens? Ich weiß nicht, ob er mir geglaubt hätte.

14. Unser Stein im Schuh

Nach einigen Tagen in Manaus griff die tiefe Lethargie dieser Stadt auch nach mir. Trübsinnig starrte ich auf touristische Angebote, Baumhotels mit Hubschrauberlandeplatz im Dschungel, Urwaldherbergen mit eingesperrten Tapiren und flügellahmen Papageien im Hotelzoo, oder zu Luxusherbergen umgebaute *gaiolas*. Das nächtliche Abenteuer mit *jacaré* und Lampe mußte nicht im Boot mit zwanzig Touristen, unbeweglich in die Schwimmweste gezwängt, wiederholt werden. Das Boot eines vermeintlichen Guerillero, der jahrelang in den peruanischen Anden Regierungstruppen bekämpft haben wollte und mich und andere auf unbekannte Pfade in den Urwald am Rio Negro einlud – für einhundertfünfzig Dollar pro Tag – stellte sich als Seelenverkäufer heraus: keine Kühltruhe für Bier, eine schmuddelige Pantry mit Kakerlaken und ein gelangweilter Bootsmann, der alle Urwaldtouristen für bescheuert hielt. Aus Schaufenstern im Geschäftszentrum starrten mich blödsinnig zwanzig eingeschweißte Godzillas zum Aufziehen an, dahinter standen Videorecorder, türmten sich Kassetten, Fernsehgeräte, Einwegkameras, Anrufbeantworter und Faxgeräte, elektronische Waagen, Walkmans und Kugelschreiber mit eingebauten Minirechnern. Diese Insignien des Fortschritts wurden steuerbegünstigt von multinationalen Unternehmen in Manaus hergestellt. Bislang waren die Gutverdiener Brasiliens familienweise aus den Großstädten des Landes angereist, hatten den Sondermüll der Zukunft steuerfrei kaufen dürfen und den Manausbesuch allerhöchstens mit einer Tagestour auf dem Rio Negro gekrönt. Aber damit war es vorbei. Die Fußgängerzone war bis auf Verkäufer und Ausländer menschenleer, die Kosten für Flug und Hotel wogen die Preisersparnis beim Kauf von elektronischen Überflüssigkeiten in Manaus nicht mehr auf.

Ich fand keinen Gefallen daran, im warmen, dunklen Wasser des Rio Negro zu baden, was wegen der Abwässer nur oberhalb der Stadt möglich war. Wieso ließ sich die Stadt im Ausland, im Gegensatz zu Belém, so gut vermarkten? Der Traum der Urwaldmetropole hielt sich, neue Generationen träumten ihn. Die Vermarktung geschah sicherlich im Glauben, daß sich Touristen an die vorgeschriebenen Pfade halten würden, an Luxushotels, die überall mit dem gleichen Frühstücksbuffet langweilten und am Pool Caipirinha servierten, als sei der Drink aus *cachaça* und Limonen erst gestern erfunden worden, an klimatisierte Busse für Stadtrundfahrten und nicht in ein aus dem Urwald herausgehauenes Elendsviertel mit Landflüchtlingen stolperten. Aus der Ferne war das Elend, waren die Pfahlbauten am Steilufer von Manaus pittoresk, aus der Nähe so traurig wie die Märkte am Ufer des Stroms. Von seiten der Reiseveranstalter war nicht mit Aufklärung zu rechnen. Die *morros* von Rio de Janeiro, die Elendsviertel auf den Hügeln in der Hand von Drogenhändlern, gehörten dort bereits zum Reiseprogramm. Damit ließ sich Geld verdienen. Wie wunderbar grauenhaft, wenn jemand erzählen könne, er habe eine Vergewaltigung aus der Ferne beobachtet, oder einen Mord an Straßenkindern? Das wäre eine Bildungsreise für Sozialarbeiter und Psychologen. Dummes Zeug, was ich mir in meiner schlechten Laune zurechtphantasierte. Es lag an der Hitze, der Schweiß lief den Rücken herab, Manaus zog mich runter.

Ich kaufte mir eine Fahrkarte nach Presidente Figueiredo. Das war der Name des vorerst letzten Militärpräsidenten Brasiliens. Er hatte die zivilen Politiker wieder mitspielen lassen, nachdem seinen Kameraden die Luft und die Phantasie ausgegangen war und sie Amazonien als Rohstoffreserve in die Weltwirtschaft integriert hatten. Dem Gesetz nach durfte keine brasilianische Stadt den Namen eines lebenden Menschen tragen.

«Presidente Figueiredo ist keine Stadt, sondern ein Drecknest. Was wollen Sie dort?» fragte der Mann am Schalter des menschenleeren Busbahnhofs.

Ich faselte etwas vom General, von Amazonien als Herausforderung und letzter Grenze und verschwieg besser, daß ich Eugidio Schwade kennenlernen wollte. Der Missionar sollte herausgefunden haben, auf welche Weise die Waimiri-Atroari beim Bau der Bundesstraße 176 von Manaus nach Boa Vista im Roraima fast ausgerottet worden waren.

Bereits beim ersten Besuch von Manaus war ich froh gewesen, die Stadt hinter mir zu lassen, die drückende Hitze, die verschlossenen Menschen mit undurchdringlichen Gesichtern, den Lärm, Gestank und tropischen Zerfall. Was durfte hier anderes gedeihen als Schlingpflanzen und Piranhas? Als ich meinen Sitzplatz in der ersten Reihe des Busses einnehmen wollte, saß da ein Junge und pöbelte mich an: «Scheiße, hier gibt's keine numerierten Plätze. Verschwinde, Gringo! Schieb deinen Arsch nach hinten, oder setz dich auf den Boden.» Beifallheischend sah er sich um. Dem blöden Ausländer hatte er es gezeigt. Woher sollte der Junge wissen, daß ich jedes Wort verstanden hatte?

«*Escuta urubú*, hör zu, du kleiner Aasgeier. Wenn du dich nicht sofort verpißt, dann schmeiße ich dich durchs Fenster in den Matsch da draußen», knurrte ich und verbiß mir mühsam das Lachen. Entgeistert räumte der Junge den Platz. Der Bengel quetschte sich durch den Mittelgang und streckte den schadenfroh lachenden Mitreisenden die Zunge heraus.

So alt und klapprig wie sein Fahrer war auch der Bus, ein Gefährt für knapp sechzig Passagiere. Er sollte in der Lage sein, die siebenhundertfünfzig Kilometer bis nach Boa Vista durch Schlammlöcher, das Reservat der Waimiri-Atroari und über einstürzende Holzbrücken zu meistern? Trotz meiner Bedenken sprang der Motor an. Am Stadtrand ließen wir Autowracks und Motels, wo mangels anderer Räumlichkeiten das Liebesleben der unaufhörlich von Familienmitgliedern bedrängten Brasilianer stattfand, hinter uns, und nach einer Viertelstunde war Manaus vorbei – leider nach einer weiteren Viertelstunde auch der Asphalt. In den nächsten Wochen sollte ich ihn sehr schätzen lernen. Die Temperatur stürzte von fünfzig auf dreißig Grad, und fröstelnd legte ich mir ein Handtuch um. Wolken hatten sich zusammengezogen, hingen tief über bewaldeten Hügeln. Der Regen begann. Würde meine Reise zu den Yanomami im Schlamm steckenbleiben? Ich wandte mich an meinen Nebenmann: «Wie ist die Straße nach Boa Vista?»

«Keine Ahnung, war noch nie da. Über Kilometer 47 bin ich nicht hinausgekommen.»

Auf den Sitzen hinter mir wußte auch niemand Bescheid.

«Bis zum Indianerreservat ist die Straße gut», beruhigte der Fahrer. «Sie wird für die Lastwagen der Mine von Pitinga instand gehalten und für das Personal vom Stausee Balbina. Danach kann man sie vergessen. Bin neulich ganz gut durchgekommen, aber das kann morgen ganz anders sein.»

Also war es an Land auch nicht anders als auf dem Wasser. «Hat die Regenzeit in Roraima schon eingesetzt?» erkundigte ich mich.

Der Fahrer hob den Finger, als würde er mir drohen, aber es war die Geste der Verneinung. Roraima hatte ein anderes Klima als das übrige Amazonien. Es wurde vom Klima der Großen Savanne Venezuelas beeinflußt, deren Tafelberge an Brasilien heranreichten.

Der Fahrer schlug mehrmals auf den nicht funktionierenden Tachometer, der beim Gerüttel auf den Querrillen stehengeblieben war. «Inzwischen soll es viel geregnet haben.» Konnte sein, konnte auch wieder nicht sein, dachte ich, gähnte und lehnte mich zurück. Als der Regen stärker wurde, begann der Bus auf der Piste zu schlingern. Rote, eisenhaltige Erde legte sich wie eine zähe Paste um die abgefahrenen Reifen.

Bei Kilometer 70 hielten wir vor einem Rasthaus. Neben der Veranda stand eine alte Schreibmaschine mit einem doppelt so breiten Wagen auf einem rostigen Ölfaß. Der Sprühregen schlug sich auf dem blaßgrünen Gehäuse nieder, und einzelne Tropfen rannen traurig daran herunter. Ihr Anblick stimmte mich so melancholisch, wie es das Wetter tat.

«Früher haben wir viel auf ihr geschrieben», sagte die Bedienung hinter dem Tresen, als wolle sie sich entschuldigen, daß sie die Schreibmaschine dem Regen aussetzte, «bis die Ratten das Farbband gefressen haben. Ich wußte gar nicht, daß Ratten so was vertragen.» Langsam goß sie *cachaça* in mein Erfrischungsgetränk.

«Ich will sie pur, sie soll wärmen», sagte ich und zog das Handtuch über den Schultern zusammen, dummerweise besaß ich weder eine Jacke noch einen Pullover. Die Fahrgäste sprachen nicht miteinander, mürrisch kletterten sie wieder in den Bus, und wir zockelten in die sternenlose Nacht. Selten kam uns ein Fahrzeug entgegen. Irgendwann roch es nach verbranntem Gummi oder Kunststoff, der Bus wurde langsamer und hielt mitten auf der Fahrbahn. Bitte keine

Panne! Der Fahrer zwängte sich hinter dem Steuer hervor. «Die Bremse scheint festzusitzen», knurrte er uns an und stieg aus.

Ich folgte ihm in der Schar der Neugierigen, die mit guten Ratschlägen nicht sparten. Außerdem war ich der einzige, der eine Taschenlampe besaß. Ich ging zur Klappe an der Seite des Busses, hinter der mein Gepäck verstaut war. Der Verschlußhebel hatte sich gelöst, die Klappe war nur angelehnt. Mir wurde ganz anders bei dem Gedanken, daß mein Gepäck jetzt irgendwo ausgeschlachtet an der Landstraße im Regen liegen würde. Als ich die Klappe anhob, fiel mir die Tasche entgegen. In der nächsten Linkskurve wäre sie von allein herausgefallen. Ich stutzte. War es Glück oder Zufall, daß es nicht geschehen war? Hatte Exú die Bremse festgezogen? «Laroyê, Exú, sei gegrüßt!» murmelte ich. Er hatte aufgepaßt.

Im ersten Gang und mit qualmender Bremse erreichten wir Presidente Figueiredo. Was ging es mich an, ob der Bus die restlichen sechshundertfünfzig Kilometer nach Boa Vista durchhalten würde.

Das Haus des Missionars Eugidio Schwade sollte ganz in der Nähe sein. In einer Billardbar gab man mir obskure Hinweise, trotzdem fand ich den Weg. Die blonden Kinder des Missionars schoben eine Seifenkiste über die schräge Auffahrt zum Haus. Der Missionar, dem die brasilianische Regierung auf Lebzeiten verboten hatte, jemals wieder ein Indianerreservat zu betreten, ruhte in einem Schaukelstuhl. Ich setzte mich zu ihm und bekam von seiner Frau eine Tasse dampfenden Kräutertee.

Schwade arbeitete seit 1963 in Amazonien in den Staaten Mato Grosso, Rondônia und jetzt im Staat Amazonas. Er war geschäftsführender Sekretär des missionarischen Indianerrates und hatte eine Widerstandsorganisation für die Waimiri-Atroari gegründet. Schwade war etwas verschrumpelt, ein Typ, dem zuviel Sonne nicht guttat. Er hatte deutsche Vorfahren, kam aus dem Süden, beäugte mich vorsichtig durch seine Brille. Die Frau im verwaschenen Kleid brachte das jüngste der fünf Kinder, den sechs Monate alten Säugling, und trug ihn wieder hinaus, um das von Mückenstichen entstellte Kind zu beruhigen. «Es hat das Moskitonetz heruntergerissen», entschuldigte sie sich.

Schwade sprach lange über die Tätigkeit des brasilianisch-japanischen Unternehmens Paranapanema und die Ausbeutung der Mine

Pitanga. Über das, was mich mehr interessierte, wie die brasilianische Regierung die Indigenas ausgerottet hatte, weil sich der als kriegerisch bekannte Stamm dem Straßenbau in den Weg gestellt hatte, erzählte er mir erst am anderen Tag, nachdem ich eine Art Verhör durch einen seiner Mitarbeiter über mich hatte ergehen lassen.

Der Mitarbeiter und ich unterhielten uns in einem Nebengebäude. Das Holzhaus war so etwas wie eine örtliche Zentrale der Partei der Arbeiter.

«Lieber wäre ich Kanonenkugel im Libanon als Aktivist bei der Arbeiterpartei – hier am Arsch der Welt», stöhnte der bärtige Mann, der den Eindruck gewann, daß ich weder im Auftrag der Regierung noch der Elektrizitätsgesellschaft oder der Firmenleitung der Minenbetreiber unterwegs war, um die Parteizelle oder was auch immer auszuhorchen.

«Unser Kampf ist aussichtslos. Die Betreiber der Mine haben die besseren Karten. Sie machen mit den Indigenas und mit der Natur, was sie wollen, sie kaufen die Leute einfach. Hier sind alle so arm, daß der Preis niedrig ist. Sie können es sich leisten, jemanden, der aufmuckt, fürs Nichtstun in der Verwaltung anzustellen. Da hilft auch die kämpferischste Haltung nichts, wenn die Frau ewig mekkert, daß man nicht genug Geld nach Hause bringt», grollte er, als spräche er aus Erfahrung, und schlug vergeblich nach den Mücken, die uns um die Ohren summten. «Seit wir ein eigenständiger Landkreis sind und eine Gemeindevertretung haben, kontrollieren die auch das. Presidente Figueiredo gibt es nur wegen der Mine. Wir sind vom Straßenbau übriggeblieben.»

«Was wird da eigentlich abgebaut?»

«*Kassiterita*», antwortete der frustrierte Kämpfer für die Arbeiterklasse Amazoniens, «Zinnerz. So heißt es zumindest offiziell. In Wirklichkeit sind es strategisch wichtige Metalle, die sie ausbeuten. Alles wird in geschlossenen Containern abtransportiert. Sie müßten die Wagen gesehen haben.»

Ich nickte. «Die Container werden nicht kontrolliert?»

«Nichts wird kontrolliert. Nein, sie kommen direkt aufs Schiff – und ab nach Japan.»

«Wo ist die Dusche, bitte», fragte ich gegen Mitternacht, als ich

Hängematte und Moskitonetz in einem kleinen, stickigen Raum aufgehängt hatte.

«Abends gibt es kein Wasser. Es ist rationiert. Gute Nacht.» Schwade weckte mich um halb sechs zum Frühstück. Weshalb mußten Kirchenleute immer so früh aufstehen? Und wie in allen christlichen Häusern war das Frühstück wenig luxuriös. Der Missionar empfing mich freundlich, der Mitarbeiter hatte ihn wohl von meinen guten Absichten überzeugen können, und begann sofort gegen den Staudamm von Balbina zu wettern.

«Weit über eine Milliarde Dollar sind ausgegeben worden, nur um den Baufirmen Aufträge zu verschaffen.»

Mochte Schwade auch wegen mangelnder Entfaltungsmöglichkeiten etwas fanatisiert wirken, in diesem Punkt hatte er bestimmt recht. Der Direktor des Energieversorgungsunternehmens Eletronorte, der für den Bau verantwortlich gewesen war, hatte mir bei einem Gespräch in Brasilia versichert, daß Balbina nach dem heutigen Wissensstand nicht mehr gebaut werden würde. «Anfang der achtziger Jahre wußten wir nichts von Ökologie, von möglichen Schäden für die Natur. Und die Kosten sind uns weggelaufen», hatte er gesagt, und ich hatte es für eine plumpe Ausrede gehalten. Ein Mann, der danach fünf Jahre lang Brasiliens Interesen bei der Weltbank in Washington vertreten hatte, durfte sich solche Schnitzer nicht erlauben – oder doch? «Und die Waimiri-Atroari?» fragte ich Schwade.

«Als wir hierherkamen, da wußte ich zwar, daß es Gewalt gegen die Indigenas gegeben hatte wie überall in Brasilien. Aber das meiste erfuhr ich erst, als ich mit ihnen arbeitete.»

Schwade verscheuchte zwei Hühner, die vom Hof in die Küche vordrangen. In den Bäumen ringsum sangen die Vögel, ein zahmer Papagei riß die Wäsche von der Leine, und das Wasser, das am Morgen wieder zu fließen begonnen hatte, entlockte der Leitung schrillere Töne, als sie der Papagei auszustoßen vermochte.

«Wir begannen 1985 mit einer Alphabetisierungskampagne in einem Dorf mit dreißig Bewohnern. Was uns gleich stutzig machte, war die Tatsache, daß niemand älter als vierzig Jahre alt war und kaum verwandtschaftliche Beziehungen bestanden. Gut – wir begannen mit der Arbeit, ließen die Erwachsenen und Kinder, alles

Analphabeten, erst einmal ihre Welt zeichnen. Es waren ungelenke Bilder, krakelig, aber mit der Zeit lernten sie es. Sie malten den Wald, Wasserfälle, Pfeil und Bogen und ihre Hütten. Und als sie mit den Stiften und Farben umgehen konnten, tauchten plötzlich andere Motive auf, die gar nicht in ihre Erfahrungswelt paßten. Flugzeuge, die etwas abwarfen, Hubschrauber – Lärm war ihr Wort dafür. Es war erstaunlich, so etwas konnten sie nicht kennen. Wir forschten weiter, ermunterten sie, damit sie sich erinnerten. Sie taten es nicht gern. Die nächsten Bilder, die entstanden, zeigten Straßen, Jäger und danach Tote. Sie interpretierten ihre Bilder selbst. Es waren Erinnerungen an den Bau der Bundesstraße 176. Ein Bild, ich erinnere mich gut, zeigte Männchen, die sich in einer Reihe an einem Baufahrzeug festhielten. In dem Dorf, wo die Zeichnungen entstanden, waren die Überlebenden aus fünf Dörfern zusammengezogen worden.»

Ich verstand Schwade nicht. «Überlebende wovon?»

«Es war die Zeit der Militärdiktatur, es war ein Krieg, den das BEC, das Ingenieurbataillon und die Armee gegen die Waimiri-Atroari führten. Sie wehrten sich gegen den Straßenbau in ihrem Land, sie hatten immer gegen die Weißen gekämpft. So ein Verhalten ist völlig normal. Wir haben dann Statistiken verglichen. 1972 hat die Indianerbehörde etwa dreitausend Waimiri-Atroari gezählt. Zwei Jahre später gab es nur noch tausend von ihnen. Ihre Zahl sank dann bis auf dreihundert – inzwischen sind es wieder fünf- bis sechshundert.»

«Und wie wurden die Waimiri-Atroari umgebracht?»

«Das sagten uns die Bilder. Die Menschenkette am Baufahrzeug rührte daher, daß die Baufahrzeuge nachts unter Strom gesetzt wurden. Und wer da anfaßte, um sie zu zerstören, blieb kleben, und die, die sie wegziehen wollten, auch. Flugzeuge warfen Chemikalien ab; was es war, wissen wir nicht. Die Hubschrauber könnten verseuchte Kleidung abgeworfen haben. Und die Jäger in der Gegend haben sicherlich viele Indigenas erschossen. Die Waimiri-Atroari störten den Fortschritt, den Zugang zur Mine für die Japaner und zur Baustelle für den Stausee. Da mußten großangelegte Vermessungsarbeiten durchgeführt werden.»

«Gibt es dafür Zeugen?»

«Klar, die Indigenas, die Bilder sind Dokumente. Aber sonst gibt es hier niemanden. Hier lebt keiner. Und das Zeugnis eines Indigenas gilt nichts.» Schwade ereiferte sich zusehends. Er hatte in seinem weltfernen Dorf endlich einen Zuhörer. Sonst mochte wohl niemand die Geschichte hören. Sie war alt, und es war einfach, Schwade als Fanatiker oder Verrückten mit einer fixen Idee abzutun, wenn er immer wieder mit den gleichen Geschichten kam.

«Mit den Zeichnungen hatten wir unwiderlegbare Beweise. Die Quittung erhielten wir prompt. 1986 mußten wir das Reservat verlassen. Jetzt existiert dort eine Schule, sie bringen den Indigenas den gleichen Quatsch wie unseren Kindern bei.»

Im Zentrum von Presidente Figueiredo, neben dem Restaurant, wo ich ausgestiegen war, lag die Baracke des Gemeinderates. Einige Männer unterhielten sich vor der Tür, und ihre Anzüge und Krawatten wirkten vor der Wiese – auf die Lastwagen Sandhaufen schütteten, als hätten sie sonst nichts zu tun – mehr als lächerlich. Die Männer waren gut aufgelegt und wirkten wie Jungen, die von einem Fußballspiel kamen. Sie debattierten darüber, wo sie essen gehen sollten.

Das waren Schwades Widersacher. Ich wollte sie kennenlernen, denn ich war mir nicht sicher, ob der Außenposten im Nirgendwo den Missionar wunderlich gemacht hatte und er hinter jedem Busch Feinde sah. Jovial nötigten mich die Ratsmitglieder zum Essen. Wie sich später zeigte, waren alle in der Mine oder am Staudamm angestellt.

«Seit wann sind Sie hier?» wollte einer aus der Tischrunde wissen und wunderte sich, wie jemand freiwillig nach Presidente Figueiredo kommen konnte.

Meine Antwort erstaunte sie. «Seit gestern», sagte ich wahrheitsgemäß und wartete auf die nächste Frage.

«Und wo haben Sie übernachtet, etwa in dieser Bruchbude von Hotel?» Der Frager schlug sich vor Lachen auf die Schenkel. Es war mir klar, daß sie mich das fragen würden, und ich war auf ihre Reaktion gespannt. Ich machte eine Kunstpause und zog die Antwort in die Länge, wollte sie mir auf der Zunge zergehen lassen. «Nein. Bei Eugidio Schwade.»

Die Reaktion der Tischrunde übertraf meine Erwartung. Erschrocken fuhren sie zurück, als hätten sie auf eine Korallenschlange getreten. Schwade mußte tatsächlich ein Ärgernis für die Mächtigen der Paranapanema und des Staudamms sein, der Teufel in Person. Krampfhaft bemühten sie sich, Fassung zu bewahren. Um ihnen eine Brücke zu bauen, sagte ich: «Gestern habe ich mich lange mit ihm unterhalten. Ein interessantes Gespräch. Heute bin ich bei Ihnen. Vielleicht haben Sie genausoviel zu erzählen.

«Hä, hä», eines der Ratsmitglieder lachte dümmlich. «Schwade, hä, hä...», er verstummte, als ihn der Rippenstoß eines Kollegen traf. «Äh, Schwade, ja. Das ist... äh, für uns nur ein Stein im Schuh – verstehen Sie? Man spürt ihn beim Gehen, aber man ist zu faul, um stehenzubleiben und sich den Schuh auszuziehen und ihn auszuschütteln.» Erleichtert stimmten alle anderen zu.

Schwade hatte es anders gesehen: «Wenn sie mich fertigmachen könnten, dann würden sie es tun.» Ich bezweifelte es. Ein Großgrundbesitzer, der Chef einer Goldgrube oder ein Politiker arbeitete möglicherweise mit bezahlten Killern. Aber nicht ein Unternehmen, das zur Hälfte der Industrial Bank of Japan gehörte. Da war ich mir sicher. Daß die Interessen der Bank zum Tod vieler Menschen führen konnten, zur Verarmung ganzer Landstriche, zu Aufständen, dafür hielten sie sich niemals verantwortlich.

Die Ratsmitglieder packten meinen Teller voll, bombardierten mich mit Fragen, ließen mir keine Zeit, selbst Fragen zu stellen, vermieden jede Diskussion über Technik oder Umwelt und Auslandskapital. Alle waren zufrieden. Die Firma hatte den Waimiri-Atroari sogar Rinder gegen Land überlassen. Die Tischrunde zerbröselte unter meinen Blicken, ein freundlicher Ratsherr blieb übrig, und er zeigte mir den Wasserfall Cachoeira da Onça. Er trug mir sogar noch eine Brieffreundschaft an, betrat ein Haus und verschwand durch die Hintertür. Alle hatten sich elegant aus der Affäre gezogen.

Schwade winkte, als ich in der Dunkelheit in den Bus nach Boa Vista stieg. Ein Besessener? Ein Fanatiker? Jemand, der eine gerechte, aber längst verjährte Sache vertrat? Etwas wirr war sein Blick. Kein Wunder, dachte ich, man muß verrückt sein, sich am Arsch der Welt niederzulassen, fünfhundert Indigenas zu verteidigen und ein Bergbauunternehmen herauszufordern. Konnte er letztlich mit dem Schutz seiner Kirche rechnen? Niemand kannte Presidente Figueiredo, niemand wußte, wo dieses Dorf lag. Also mußte Schwade nicht ganz normal sein, ein Weltverbesserer, einer, der die Hoffnung am Leben erhielt, eine ehrliche Haut. Deshalb mochte ich ihn und seine Frau.

Der Bus rollte in die Nacht. Wenn Schwade auf Menschen treffen würde, die sich genauso für andere einsetzten, dann ... wäre er sicher nicht so verschroben. Er war eigentlich nicht sonderbar, er war nur auf verlorenem Posten und etwas eigensinnig – wie sonst hätte er es hier ausgehalten?

Ich richtete mich auf meinem Sitzplatz ein und begann mit dem Wesen neben mir, das sich gänzlich in ein Tuch eingewickelt hatte, den Kampf um die Armlehne.

«Sie können lange schieben, ich schlafe nicht», brummte eine angenehme Frauenstimme unter dem Tuch.

Eine Hand suchte den Weg aus dem Knäuel und zog das Tuch über den Kopf, so daß die Haare wie Hörner zu Berge standen. Ein Lachen rutschte mir heraus, die Sitznachbarin lachte mit, wenn auch die dunklen Augen verschlafen blinkten, und ohne daß ich mich wehren konnte, traf es mich wie ein Blitz. Ich schluckte. «Fahren Sie nach Boa Vista?» fragte ich in der Hoffnung, dieses liebliche Wesen möglichst lange an meiner Seite haben und vielleicht sogar in Boa Vista wiedersehen zu können. Die junge Frau beunruhigte mich auf angenehmste Weise.

«Nein, ich steige vorher aus.»

Was für eine Enttäuschung. Aber Brasilien hatte mich flexibel gemacht, mir schnelle Entscheidungen abgenötigt. Die Fahrt ließ sich ohne weiteres unterbrechen, ich konnte die Fahrkarte verfallen lassen, es würde sich bestimmt lohnen. Ich mußte mir etwas einfallen lassen, ich wollte dieses verschlafene Wesen kennenlernen. Ruhe – sagte ich mir, Ruhe. Wer weiß, vielleicht ist sie verheiratet, hat drei Kinder, zehn Brüder, ist auf der Reise zu ihrem Verlobten ...

«... ich arbeite im Reservat der Waimiri-Atroari für die Funai, die Indianerbehörde.»

Mein Gott, das war schlimmer als zehn Brüder oder eine Mutter mit Blick auf das Einkommen des potentiellen Schwiegersohns. Aussichtslos. Sei realistisch, sagte ich mir, ins Reservat darfst du nicht. Oder doch? Brasilien war das Land der Hoffnung: «Kann ich Sie im Reservat mal besuchen?»

«Ja, sehr gern. Holen Sie sich in Brasilia eine Genehmigung. Für den Besuch müssen Sie einen plausiblen Grund angeben», sagte sie lächelnd, denn ihr war nicht entgangen, was mit mir geschah. Ich glaube, meine Ohren waren rot geworden.

«Sie brauchen ein ärztliches Attest, müssen eine Untersuchung über sich ergehen lassen, die Lunge wird geröntgt, Aids-Test ist obligatorisch. Die Bearbeitung des Antrags wird wohl drei Monate dauern. Wenn Sie dann noch Lust haben...? Zur Zeit werden die Anträge verschleppt, die Indianerbehörde will sich nicht in die Karten sehen lassen. Die Arbeit mit den Indigenas gestaltet sich immer schwieriger. Unsere Kompetenzen werden beschnitten, Geld haben wir auch nicht mehr, jetzt hat man uns den Gesundheitsdienst aus der Hand genommen...»

«... dann wird die Leitung der Funai zweimal jährlich ausgetauscht», setzte ich den Satz fort, «es gibt keine Kontinuität. Jeder neue Chef macht alles anders.»

«Woher wissen Sie das, arbeiten Sie auch bei der Funai?»

«Nein, aber die Behörden sind alle gleich.»

«Was wollen Sie in Boa Vista?»

Ich holte Luft. «Hm, so genau weiß ich das auch nicht.»

«Der Goldrausch ist fürs erste vorbei, aber die Goldgräber sind längst wieder ins Yanomamigebiet zurückgekehrt. Die lassen nichts in der Erde. Wollen Sie dahin?»

«Wenn möglich. Wenn nicht, dann habe ich eben Pech gehabt.»

«Haben Sie eine Besuchserlaubnis?»

«Nein. Ihre Kollegen in Belém haben mir dasselbe gesagt wie Sie.» Ich sah meine Nachbarin an. Oh, sie machte mich verrückt, in diese Augen hätte ich mich fallen lassen können, ein Mund zum Verlieben, die schlanken Hände, die das Tuch zusammenrollten. «Ich habe den Rat bekommen, mich mit Goldgräbern anzufreunden und mit ihnen ins Yanomamiland zu fliegen.»

«Ist wohl die beste Lösung. Da sind Tausende illegal drin. Es sind Verbrecher, aber...»

«Wieso Verbrecher?» unterbrach ich sie. «Es sind Menschen, die auf irgendeine Art ihren Lebensunterhalt verdienen.» Was redete ich für Blödsinn. Ich hätte ihr viel lieber durchs Haar gestrichen.

«Sie bringen die Yanomami um! Goldwaschen ist keine normale Arbeit. Es ist eine Krankheit! Ich habe sie gesehen. Ich war in einem Außenposten, als sie mit ihren Booten vorbeifuhren. Wir durften sie darauf hinweisen, daß es illegal war, hier zu schürfen, aber aufhalten durften wir sie nicht. Ich bin vor lauter Angst vor den Männern mit einem Gewehr rumgelaufen. Mich haben sie respektiert, aber die Yanomami-Frauen waren wie Vieh für sie. Zuerst waren die Goldgräber noch freundlich zu den Indigenas. Aber als sie die Yanomami sahen, wie sie ihnen das Wild wegschossen, die Fische fingen, die Flüsse versauten, da nahmen die Konflikte zu.»

Meine Nachbarin sah mich nicht mehr an. Sie redete sich in Rage, starrte die Lehne des Vordersitzes an, und ihre wunderschönen Hände umkrampften das Tuch.

«Es ist der Auswurf unseres Landes, der Dreck, der wird in den Urwald gefegt. Die Gier treibt die Menschen, wegen Nichtigkeiten bringen sie sich gegenseitig um. Wenn ihr eigenes Leben schon nichts gilt, wie soll dann das eines Yanomami etwas bedeuten.»

Der Bus begann zu bocken. Der gute Teil der Straße lag hinter uns. Ich hatte die Abzweigung zur Mine und zum Staudamm verpaßt. Wie ließ sich die Unterhaltung in eine angenehmere Richtung lenken? «Was machen Sie im Reservat?» «Ich bin Ärztin, kümmere mich, so gut es geht, um die Leute, versuche irgendwie zu helfen. Ohne Medikamente und Labor ist das schwierig. Spenden aus dem Ausland, aus der Ersten Welt, wären mir sehr recht. Sie sind doch von dort, ja? Dafür, daß ihr unsere Bodenschätze, all diesen Plunder, so billig bekommt, könntet ihr eure Geldbörsen ein wenig öffnen. So – da ist das Reservat!»

Vor uns flackerten Feuer im Wald. Unter den Bäumen standen Fahrzeuge und baumelten Hängematten. Eine Schranke versperrte den Weg zwischen Zäunen, die sich in der mondlosen Finsternis verloren. Aus dem Schilderhäuschen kam ein Soldat im Kampfanzug und ließ sich vom Fahrer die Passagierliste geben.

«Ab 18 Uhr dürfen keine Fahrzeuge mehr ins Reservat. Es sind hundertzwanzig Kilometer bis zur anderen Seite. Die Straße bleibt bis sechs Uhr früh geschlossen. Die Waimiri-Atroari sollen in Ruhe jagen dürfen», erklärte meine Nachbarin. Der Zoo wird um 18 Uhr geschlossen, schoß mir durch den Kopf. Lächerlich, geradezu absurd nach dem, was Schwade ans Tageslicht gebracht hatte, eine Maßnahme wie eine Narkose vor der Hinrichtung. Der Soldat des Straßenbaubataillons, das die Piste instand hielt und die Waimiri-Atroari bewachte, brachte die Passagierliste zurück. Von uns wurde niemand gesucht. Mein Verliebtsein schwand langsam, das Unvermeidliche mußte eben akzeptiert werden.

«Wer pinkeln will, soll sich beeilen», rief der Fahrer. «In den nächsten drei Stunden im Reservat dürfen wir nicht halten.»

Der Schlagbaum hob sich. Was war ein Reservat anderes als eine künstliche Welt, in der eine Lebensform, die sich längst überholt hatte, am Leben gehalten wurde. Wirkliches Leben war es nicht, mehr ein Gnadenerlaß. Das ursprüngliche Leben der Waimiri-Atroari war zerstört, der Aluminiumtopf hatte sich gegen das Tongeschirr durchgesetzt, Transistorradios hatten die monotonen Gesänge ausgestochen, Macheten die Steinäxte überflüssig gemacht. Die Trefferwahrscheinlichkeit und die Tragweite von Schrot war größer als die eines Pfeils – alles praktische Überlegungen, überzeugende Argumente, denen die Indigenas zugänglich waren. Sie weiterhin Pfeil und Bogen schnitzen zu lassen hieße, sie für dumm zu verkaufen. Außerhalb des Reservats hatte die Welt eine andere Geschwindigkeit, mit der nicht einmal wir Weißen einigermaßen Schritt halten konnten. Und dann wollten Indianerschützer die Weltuhr anhalten, zurückdrehen, wo die Reservate von allen Seiten angegriffen wurden? Aber die Reservate abzuschaffen wäre auch keine Lösung, dachte ich, als wir auf einer Dammstraße durch die Ausläufer des Balbinastausees ratterten. Es hätte den baldigen Tod der zweihunderttausend Indigenas Brasiliens bedeutet.

Blitzen gleich zuckten die abgestorbenen Bäume in Ufernähe im Licht der Scheinwerfer. Ein See voller Gerippe, ein apokalyptischer Anblick.

Für die Indigenas war der Erhalt der Reservate wichtig. Es war eine Schonzeit, eine Anpassung an die unvermeidliche, weil mächtigere und gewalttätigere Welt der Weißen. Für den Sprung in ein neues Zeitalter waren sie auf Unterstützung und Hilfe angewiesen.

Der Bus hielt an einer Brücke. Der Fahrer weckte die Ärztin neben mir, und sie wühlte sich aus ihrem Handtuch und schenkte mir ein letztes Lächeln. «Besuchen Sie mich mal, aber heimlich, ich würde mich freuen.»

Ich küßte sie auf beide Wangen, sie waren noch warm vom Schlaf. «Schade, daß Sie aussteigen müssen.»

«Ja, manches endet, bevor es beginnt. Aber es ist das Prinzip von Exú, verstehen Sie das?»

Sie nahm ihren Rucksack und ging nach unten zum Fluß, wo zwei Waimiri-Atroari neben einem Kanu warteten.

15. Timbó

In der Straße der Goldhändler traf ich den ersten Yanomami. Er war klein und mager und trug Jeans und ein kurzärmeliges Oberhemd wie die Goldhändler, die ihn als Ausstellungsstück vorzeigten. Niedergeschlagen und verstört stand der Yanomami mir gegenüber.

«Sprechen Sie mit ihm», drängte mich einer der Händler, während er wie gewohnt die Straße nach Lieferanten absuchte. Vergeblich. Niemand hatte Gold zu verkaufen. Die Digitalwaagen seiner Agentur blieben ungenutzt. Aber das Offensichtliche konnte täuschen. Außerdem war es Tag, man wurde gesehen. Der Goldhändler wie der Verkäufer konnten gleichzeitig als Spitzel für die Bundespolizei arbeiten und den Markt überwachen. Die Männer in der Straße der Goldkäufer glichen Schlangen, warteten zusammengerollt auf Beute, belauerten sich gegenseitig und verhungerten dabei. So schien es auf den ersten Blick.

Die Goldsuche im Reservat der Yanomami war verboten, die Goldgräber von der Luftwaffe ausgeflogen, die Landepisten von der Armee gesprengt. Lächerlich. Wer wollte und konnte sie kontrollieren? Das Reservat, das auf internationalen Druck hin an der Grenze zu Venezuela im Gebirge der Serra da Parima abgesteckt worden war, wo bereits Spanier und Holländer das El Dorado ihrer Träume vermutet hatten, war so groß wie Portugal. Gold hatten damals die wenigsten gefunden – statt dessen den Tod. Abenteuerfilme wirkten putzig im Vergleich zur Wirklichkeit. «Erst dann, wenn die Erde Blut bekommt, gibt sie das Gold her», sagten die Goldgräber, menschliche Gier wurde zum Naturgesetz erklärt, der Kapitalismus machte sie zur Wissenschaft vom Markt. Es gab ein solches Gesetz, die Gier spürten alle, die vom Goldfieber infiziert waren, mal mehr, mal weniger, bei allen auf der Straße der Goldaufkäufer, bei den

Mädchen in den Bars, bei Taxifahrern und den Händlern für Hochdruckpumpen und Schaufeln, bei den Piloten, die jetzt ihr letztes Geld in den Hotels von Boa Vista verpokerten und das Leben riskiert und Goldgräber ins Gebirge geflogen hatten. Und das Denkmal aus grobem Zement gegenüber vom Bischofssitz ehrte die Verlierer – ein über seine Goldwaschschüssel gebeugter Mann, den Hut in den Nakken geschoben.

Der Vorzeigeyanomami nannte sich Perí Yanomami und kam vom Oberlauf des Mucajaí. Er mochte mir nicht in die Augen sehen und blickte beim Sprechen zu Boden. «Wir Yanomami, die portugiesisch sprechen, finden es nicht gut, daß die Goldgräber nicht arbeiten dürfen. Sie helfen uns. Sie nehmen uns in ihren Flugzeugen mit. Wenn ein Verwandter krank ist, geben sie uns Medizin.» Er leierte den oft wiederholten Text herunter. «Wir bekommen zu essen. Und wir haben alle Kleidung.» Und als wäre es Teil des Vortrags, für den er anschließend ein miserables Honorar einstreichen würde, kam der obligatorische Angriff auf die Indianerbehörde: «Wir, die portugiesisch sprechen, akzeptieren nicht, daß die Funktionäre der Funai nur drei Tage bei uns bleiben. Sie sollen mit uns leben, drei Jahre lang. Sie sollen uns zeigen, wie die Zivilisierten ihre Felder bestellen, damit wir pflanzen können und genauso viel ernten ...»

Eine jammervolle Gestalt, die Worte abspulte, als stünde sie unter Drogen. Was war er? Ein Indio, wie Kolumbus ihn genannt hätte, ein Indianer, der romantische Held, der edle Wilde, oder ein Indigena, der Eingeborene, Mensch dieser Erde, wie er sich in Südamerika zunehmend nannte. Der Yanomami mußte eine Gehirnwäsche hinter sich haben, sonst hätte er sich selbst nicht für unzivilisiert gehalten. Aber der Unterschied zu vielen Brasilianern war nicht besonders groß, wenn sie von sich als unterentwickelt sprachen und ihre Umgebung zur Dritten Welt erklärten. Die Dritte Welt war die Arroganz der brasilianischen Elite, die dem *caboclo* einreden wollte, daß er arm sei und im Urwald ein miserables Leben führe. Ich hörte dem Yanomami nicht mehr zu. Es war, als sprach jemand vom Verband der Goldsucher auf einer Pressekonferenz, um die zivilisatorischen und entwicklungspolitischen Zielsetzungen der Goldgräber hervorzuheben. Ich wußte nicht, in wessen Namen der Yanomami sprach.

Außer ihm gab es noch andere in der Rua Araujo Filho. Sie knatterten auf japanischen Geländemaschinen vorbei, das Haar der Freundin auf dem Sozius flatterte im Fahrtwind. Ein anderer Yanomami – oder ein Taurepang, ein Macuxí oder ein Wapixana – verkaufte in der Bude gegenüber Hot dogs. Eine Indigena schob einen Kinderwagen an uns vorüber und machte erste Gehversuche auf Stöckelschuhen. Eine Ingarikó? Die Welt hatte nur Augen für die Yanomami, sie lieferten mit dem Tod von tausend Stammesgenossen die Schlagzeilen. Auch ich hatte, bevor ich nach Roraima gekommen war, nur von Yanomami gehört, bis Schwade erzählt hatte, daß Macuxí beim Bau der Straße durch das Gebiet der Waimiri-Atroari geholfen hatten. Und gestern erst hatte mich Bischof Dom Aldo Mongiano mit Namen von längst untergegangenen Stämmen verwirrt. Waiumara, Sapará, Purucotos, Monoiró. Sie waren in anderen Stämmen aufgegangen, nach Aufständen von Strafexpeditionen niedergemacht oder zwangsweise in andere Landesteile umgesiedelt worden.

Der Besuch beim Bischof war enttäuschend gewesen. Er hatte die Welt beim ersten Ansturm der Goldsucher auf die Yanomami informiert. Zwei Jahre später rollte die zweite Welle an: Vierzigtausend waren nicht aufzuhalten. Der Bischof hatte gewettert. Daraufhin hatten Hunderte seinen Kopf verlangt und wollten die Gebäude der Diözese niederbrennen. «Am lautesten keiften die Frauen», hatte sich der Bischof gewundert. Nichts, was er mir erzählt hatte, war nicht längst in irgendeiner Zeitung erschienen. Aber es mußte etwas Unbekanntes geben, sagte mir mein Gefühl, ich blieb dem weißhaarigen und mit leicht italienischem Akzent sprechenden Mann gegenüber mißtrauisch, der zuvor achtzehn Jahre lang in Mosambik gewesen war. Die Spritze des Diamantensuchers auf dem Amazonas tat ihre Wirkung. Der Bischof hielt etwas zurück, er war glatter als Schwade. Was interessierte ihn an den Yanomami? Priester wollten das Evangelium verkünden, für Schwade bedeutete es die Frohe Botschaft. Doch die Botschaft des Katholizismus war in Lateinamerika niemals froh gewesen. Schwade hatte sie als die Botschaft vom Selbstvertrauen, vom Stolz und vom Widerstand definiert.

«Wenden Sie sich an die Goldgräber, wenn Sie zu den Yanomami wollen», hatte der Bischof empfohlen, statt mich in die Mission

Catrimani mitzunehmen, wo Missionare seit zwei Jahrzehnten mit den Yanomami lebten.

Die Goldaufkäufer vor den grell bemalten Läden, deren Wände das Wort OURO – GOLD in riesigen Lettern zierte, ermunterten ihren Yanomami zu neuen Lobhudeleien. Statt dessen fiel der arme Kerl zusehends in sich zusammen. Was für ein armes Schwein, dachte ich, ohne Land, ohne Heimat, und seine Stammesgenossen werden ihn als Kollaborateur verachten. Die Männer ringsum spielten mit ihm. Der Yanomami verschwand. Kopfschütteln war die Antwort auf die Frage, ob jemand wüßte, wie ich zu den Yanomami kommen könne. Sechshundert Dollar verlangten die arbeitslosen Piloten für den Flug. Zu teuer. Zudem verwies mich der örtliche Chef der Bundespolizei auf den vergilbten Aushang neben der Anmeldung im Polizeigebäude: «Wer als Goldgräber angetroffen wird, wird auf Grund des Gesetzes 7805/89, Artikel 21, sofort festgenommen; Flugzeuge werden beschlagnahmt.»

Da blieb mir nur noch Timbó aus Ceará. Ein Funaibeamter in Belém hatte ihn als Kenner der Berge empfohlen, als Goldgräber und Händler, als guten Piloten. «Überlege dir gut, was du ihm sagst», hatte der Beamte geraten. «Timbó heißt das Gift, mit dem man Fische im Wasser töten kann.»

Timbó wohnte am Steilufer des Rio Branco über einer weiten Kurve des Flusses, wo die beiden Enden des Hufeisens, das die Grundlinie der Reißbrettstadt bildete, an den Fluß stießen. Auf mein Klopfen öffnete niemand. Ich setzte mich auf das Geländer der Brüstung und blickte auf die gelben Sandbänke im Fluß. Nach einer Stunde Warten in der heißen Nachmittagsluft hielt ein Wagen in der Einfahrt. Als ich auf ihn zuging, stiegen vier Männer aus und nahmen einen von ihnen in die Mitte, Hände hoben sich auf Gürtelhöhe. Der in der Mitte mußte Timbó sein. Er hatte das intelligenteste Gesicht von allen.

«Federico aus Belém schickt mich», sagte ich zur Begrüßung.

«Federico?» Der kleine, schlanke Mann mit flinken Augen erinnerte sich nicht.

«Federico von der Funai, er trägt immer eine Mütze.»

Jetzt dämmerte es Timbó. «Ja, er nimmt die Mütze nicht mal im Bett ab.» Timbó zog mich zur Seite. «Was willst du?»

«Ich will ins Yanomamigebiet, ich will wissen, was hier passiert, und ich will sehen, wie Gold geschürft wird.»

«Willst du kaufen oder verkaufen?»

«Weiß ich noch nicht, kommt darauf an...»

«Ich werde darüber nachdenken. Komm am Montag in meine Agentur in der Rua Araujo Filho.» Er drehte sich um, ich war entlassen.

Im Eingang von Timbós Agentur standen zwei Schlägertypen. Von der Wand, die den Schmelzöfen für Gold gegenüberlag, beobachtete mich eine Videokamera. Ein weiterer Wächter meldete mich über die Gegensprechanlage im Inneren der Festung an. Im Vorderzimmer musterten mich zwei wenig vertrauenerweckende Männer von oben bis unten. Timbó bat mich ins Büro. Nach dem Gespräch über Familie, Kinder, Mütter, über Fußball und Frauen begann er die Verteidigungsrede der Goldgräber in einer überzeugenderen Fassung als der Yanomami. Aber die Argumente ähnelten sich. Gold war ein Meilenstein auf dem Wege des Fortschritts Amazoniens, Goldgräber waren Wegbereiter der Kultur, Stoßtrupp der Entwicklung. Beim Sprechen zählte Timbó Dollarnoten. «10000 Yanomami wiegen 40000 Goldgräber auf. Die Regierung hat die Entscheidung gegen uns getroffen. Die Regierung erläßt Gesetze, statt uns zu helfen. Die Bundespolizei hat unsere Flugzeuge beschlagnahmt. Viele Goldgräber sind noch in den Bergen, sie werden verhungern, aber das interessiert die Regierung nicht. Sie werden ihrem Schicksal überlassen. Was meinst du – wiegt das Leben eines Yanomami das von vier Goldgräbern auf?»

Die Frage war nicht an mich gerichtet. Timbó ließ auch keine Zeit für eine Antwort. «Die Yanomami werden sich eines Tages sowieso assimilieren. Sie wollen Häuser, bei denen es nicht durchregnet. Sie wollen vernünftige Werkzeuge und Ärzte...»

Einer der Wächter meldete einen Besucher. «Soll reinkommen», befahl Timbó in der üblich unfreundlichen Art. Gefühle hatte dieser Mann nicht. Er bewegte sich automatenhaft, lachte nicht, kein Muskel regte sich in seinem glatten Gesicht. Er war höchstens fünfunddreißig Jahre alt.

Ich schickte mich an zu gehen.

«Bleib! Da siehst du, wie es zugeht. Es ist noch Gold in den Bergen, verdammt viel Gold. Wir wissen, wo es liegt, und wir werden es uns holen!»

Der Besucher setzte sich und zog eine Plastiktüte aus der Hosentasche. «Zweihundertsechsundfünfzig Gramm», sagte er. Der Wächter nickte. «Ist geprüft. Kein Quecksilber drin, kein Kupfer.»

Timbó ließ die Rechenmaschine rattern, riß den Zettel ab und reichte ihn über den Schreibtisch. Sein Gegenüber stimmte dem Preis zu. Timbó nahm ein Bündel Cruzeiros aus der Schublade, sie war bis obenhin mit Geldscheinen gefüllt, es war mehr als an einem Bankschalter.

Ich wunderte mich, daß der Goldverkäufer Cruzeiros verlangte. «Weshalb nehmen Sie keine Dollars? Cruzeiros haben morgen schon ein Prozent vom Wert verloren.»

«Ich bin *fazendeiro*, ich kaufe Vieh, dazu brauche ich Bargeld», erklärte der Mann offen.

Als er gegangen war, stellte mich Timbó im Nebenzimmer seinem Teilhaber vor. «Das ist Salvador, er ist für Diamanten zuständig.»

Der Teilhaber war älter als Timbó, das Gesicht schmal, das Haar war glatt zurückgekämmt, er war teuer gekleidet, und seine Fingernägel trugen farblosen Lack. Der Teilhaber nahm die Lupe vom Auge. Im Ausschnitt des Hemdes baumelte an einer schweren Goldkette ein massiv goldenes Dollarzeichen in der Größe einer Zigarettenschachtel, die Ränder waren mit Diamanten gefaßt. Vor ihm lagen auf einer weißen Pappe vier Häufchen verschieden großer Rohdiamanten.

Während Salvador erklärte, daß die Steine von den Tafelbergen kamen, die bei klarem Wetter vom Stadtrand aus zu sehen waren, betraten zwei junge Brüder das schmucklose Zimmer mit Möbeln aus den fünfziger Jahren. Einer der beiden wickelte aus einem Fetzen zerknülltem Zeitungspapier einen daumennagelgroßen Stein aus. Blasiert warf er ihn auf die Pappe. Salvador schüttelte den Kopf. «Nichts Besonderes, *amigos*. Ist zwar groß und schwer», er wog ihn in der Hand, klemmte dann die Lupe ins Auge, «aber keine besondere Qualität.» Nachdem er den Stein gewogen hatte, machte er sein Angebot: «Zweitausendachthundert Dollar!»

Die Enttäuschung war den Brüdern anzusehen. «Wir wollen

aber mindestens dreitausendvierhundert», nörgelte der Jüngere, «das ist er wert.»

Salvador strich sich langsam durchs Haar und setzte eine Leidensmiene auf. «Gestern sind die Preise gefallen. So was werde ich schlecht wieder los. Geht woandershin. Ihr werdet sehen, mehr bekommt ihr nicht, eher weniger.»

Mißmutig verließen die Brüder das Büro. Salvador griff zum Telefon und rief einen anderen Händler an: «Biete nicht mehr als zweisieben. Ich will den Stein auf jeden Fall. Du bist mir einen Gefallen schuldig.» Ohne weitere Worte legte er auf. «Der Stein gehört mir bereits, die beiden wissen es nur noch nicht», meinte er selbstsicher und grinste. «Wer bei mir groß reinkommt, geht ganz klein wieder raus.»

Den ganzen nächsten Tag über ließ Timbó mich bei seinen Geschäften dabei sein. Zwei Kilo Gold wechselten den Besitzer. Wenn außer uns niemand im Zimmer war, wurde Timbó persönlich, erzählte von seiner Ankunft in Roraima, von seinem Leben als Habenichts in Ceará. Erst als er begriffen hatte, daß er unter Wölfen lebte, daß sein Leben einen Scheißdreck wert war und daß ihn jeder für ein paar Gramm über den Haufen schießen würde, machte er Karriere.

Am Abend trug ich meine Bitte vor: «Kannst du mich in eine Goldgrube mitnehmen, irgendwohin, wo geschürft wird?»

Nachdenklich schob Timbó die Unterlippe vor – er tat das immer, wenn er nachdachte – und sah mir mit Eiseskälte in die Augen. «Weshalb sollte ich das tun?»

«Wieso nicht», antwortete ich genauso. «Du hast ein Flugzeug und fliegst trotz Verbot weiter.»

«Woher weißt du das?»

«Ich weiß es nicht, aber es wird viel geredet. Außerdem wurde vor zwei Wochen deine Maschine beschlagnahmt.» Ich hatte es in einer alten Zeitung gelesen.

«Ich werde darüber nachdenken. Heute abend treffe ich Freunde, kannst uns begleiten. Ich hole dich vom Hotel ab.»

Meine Frage blieb offen. Alles brauchte Zeit, und die hatte ich glücklicherweise. In einem menschenleeren Lokal aß ich zu Abend und ging dann durch die vereinsamte Stadt zum Hotel. Der Portier hielt mich zurück: «Es war heute nachmittag jemand da, ein Ernesto oder so. Er sagte, daß Sie ihn geschickt hätten, er solle etwas aus Ihrem Zimmer holen.» Ich erschrak, ließ mir aber nichts anmerken. Wer spionierte mir nach? «Das ist in Ordnung», sagte ich und tippte nach der Beschreibung, die der Portier mir gab, auf einen von Timbós Schlägertypen.

«Tut mir leid. Wußte nicht, daß Sie ihn kennen. Ich habe ihn nicht reingelassen, man darf niemandem trauen. Er ist beleidigt abgezogen.»

Timbó gegenüber erwähnte ich den unbekannten Besucher nicht, als wir abends mit seinen beiden Freunden zu einer *boite* fuhren. In der Nachtbar waren wir die einzigen Gäste. Auf der Tanzfläche bewegte ein Mädchen gelangweilt ihre Hüften, und die Reflexe der Spiegelkugel über der Tanzfläche zogen scharfe Furchen in ihr dunkles Gesicht. Die Kolleginnen reckten sich auf den Barhockern wie Aufziehpuppen und streckten uns ihre Hinterteile unter Latexröckchen entgegen. Wahrscheinlich funktionierte so was nur bei Männern, die nach vier Monaten ausgehungert aus den Bergen kamen. Timbó wurde wie ein alter Bekannter begrüßt, wir anderen kurz taxiert. Kunden mit Geld? Eins der Mädchen mit einem Kleid aus Bändern, das ihre Nacktheit noch unterstrich, lehnte sich rückwärts über ein Sofa zu mir: «Wenn du Gesellschaft willst, brauchst du es nur zu sagen.» Ihr Lächeln entglitt ihr und wurde zur Fratze. Als die Whiskyflasche auf den Tisch gestellt wurde, gesellten sich drei andere zu uns.

«Willst du auch?» fragte Timbó, als er aufstand, um die Mädchen im voraus zu bezahlen. Du bist eingeladen.»

«Nein, danke, mein Typ ist nicht dabei.»

Kurz darauf verließen Timbós Freunde mit drei Mädchen den Tisch.

«Wir können gehen.» Timbó zahlte den Whisky. «Diese Welt kotzt mich an. Immer dasselbe. Eine Frau ist wie die andere, alle riechen gleich, alle kann man sich kaufen. Das wird mit der Zeit langweilig. Wenn ich hier kein Geld machen könnte, wäre ich längst abgehauen. Ich bleibe auch nicht mehr lange. Willst du Koks?»

Ich wehrte ab: «Das Zeug macht nervös und schmeckt ekelhaft, der Hals ist so betäubt, als wenn man einen Zahn gezogen bekommen hat.»

«Ansichtssache.» Timbó verschwand für einen Moment in einem Hinterzimmer, das in ihr Kleid gefesselte Mädchen folgte ihm, aber er war so schnell wieder draußen, daß es auch für einen noch so kurzen Liebesakt nicht gereicht hätte. Dafür besserte sich seine Laune, seine Augen glänzten, er wurde gesprächig, und wir verbrachten den Rest der Nacht in einem Restaurant mit einer guten Band und tanzten bis zum Morgengrauen.

Fünf Tage später lag im Hotel eine Nachricht. «Morgen 4.30 Uhr. Consolata/Bittencourt. T.»

Pünktlich stand ich an der Straßenkreuzung in der Dunkelheit. Ich erschrak, als plötzlich ein Wagen vor mir hielt und die Tür aufgerissen wurde. Einer von Timbós Typen winkte aus dem Inneren. «Kein Tonband, keine Kamera – hat der Chef gesagt.» Er kramte in meiner Umhängetasche und gab sie mir zurück. Ich kannte die Spielregeln. Wir fuhren stadtauswärts, passierten einen Polizeiposten, ohne aufgehalten zu werden, bogen mehrmals ab, und ich verlor die Orientierung. Weit vor Boa Vista hielten wir auf einer Wiese neben einem Lieferwagen. Daneben stand ein zweimotoriges Flugzeug. Die Kennung am Rumpf war mit Klebestreifen verändert worden. Der Morgen war kalt, die Wiese feucht, der Kaffee, den einer der Männer brachte, wärmte und machte mich munter. Timbó entschuldigte sich: «Die Sicherheitsmaßnahmen sind leider notwendig. So kommst du nicht in Versuchung, und unsere Freundschaft leidet nicht darunter. Steig ein, und schnall dich an!»

Er winkte mich auf den Sitz des Co-Piloten. Die beiden Sitze dahinter waren frei, die Ladefläche leer. Dafür steckte ein Revolver in Timbós Gürtel. Die Motoren sprangen an, Timbó ließ sie warmlaufen, rollte zum Ende der Wiese und zog die Gashebel, hielt aber die Bremse. Als er sie löste, machte die Maschine einen Satz nach vorn und hob rasch in einem flachen Winkel ab. In geringer Höhe und weitem Bogen umflogen wir Boa Vista und den Flugplatz der Stadt. Die Positionslichter schaltete er nicht ein. Timbó stellte das Funkgerät auf die entsprechende Frequenz. «Wir haben unseren eigenen Code, mit dem wir uns verständigen.» Also mußte es noch andere Piloten geben, die trotz des Verbotes flogen.

«Sind wir nicht auf dem Radarschirm des Flugplatzes?»

Timbó lachte zum ersten Mal, seit ich ihn kannte. «Wozu hat der Mensch Freunde?»

Ein leichter Schimmer zog über den *lavrado*, die rote, grasbewachsene Steppe. An einigen Stellen glommen Feuerstreifen, Brände fraßen sich langsam durch die trockene Ebene. Schwarz hoben sich Tafelberge und Serras vom Horizont ab. Als Silberband schlängelte sich der Rio Branco nach Süden, auf dem Fluß dauerte die Reise von Manaus Wochen, und langsam schälten sich die Konturen der Berge aus dem Dunkel. Als gelbe Punkte standen Buritípalmen entlang den Wasserläufen, und auch die Caimbébäume des *lavrado* gewannen Farbe. Auf der linken Seite erhob sich mächtig die Serra da Lua. «Sie hat wunderschöne Wälder, die Serra», schwärmte Timbó. «Ich bin dort oft herumgeklettert.» Die Höhenluft oder das Fliegen tat dem Geldwechsler, Goldhändler und Piloten gut.

«Auf Goldsuche?»

«Meinst du etwa, daß ich aus Spaß in den Bergen herumlaufe? Ich bin nicht verrückt wie ihr Europäer. Dazu habe ich keine Zeit. Rechts liegt die Serra Grande, da fliegen wir nachher dran vorbei.»

Timbó hielt die Maschine gefährlich tief. Mir war nicht klar, ob er das Radar unterfliegen wollte oder ob er sich am Boden orientierte. Im Grunde genommen konnte es mir gleichgültig sein. Timbó traf die Entscheidungen, ich hatte mich darauf einzustellen. Und wenn jemand soviel Geld verdiente und das Ende des Goldrausches von Roraima überlebt hatte, dann konnte er nicht dumm sein – oder war er nichts weiter als ein skrupelloser Verbrecher? Aber das mußte kein Gegensatz sein.

«Was sagt man in deinem Land eigentlich über uns», fragte Timbó.

«Wenig. Die Leute wissen nur, was in den Zeitungen steht: daß die Polizei Straßenkinder umbringt, daß der Regenwald niedergebrannt wird. Karneval in Rio und die *mulatas* machen sich immer gut. Aber viele haben Angst vor der Kriminalität in Rio. Daß eure Politiker korrupt sind, erfährt man auch.»

«Und eure Politiker sind nicht korrupt?»

«Schon, aber sie füllen sich noch nicht ganz so ungeniert die Taschen.»

Nach einer Rechtskurve über den Rio Mucajaí setzten wir zur Landung an und rollten zwischen den Gebäuden einer Farm aus. Als die Motoren abgestellt waren, rissen ein *vaqueiro* die Tür auf und zwei Weiße, einer von ihnen, mit grauem Vollbart, dunkler Brille und Schaftstiefeln, trat humpelnd auf die Maschine zu.

«Was hinkst du, alter Mann?» Timbó lugte aus der Kabinentür.

«Schlangenbiß, *cascavel*, die Klapperschlange hat mal gerade die Haut geritzt.»

«Hast wohl zu spät geschossen, du wirst alt.»

«Wer ist das?» fragte der Bärtige unfreundlich, als er mich sah.

«Ein *amigo*», blaffte Timbó zurück.

«Den kenne ich», sagte der zweite Mann und kam näher. Es war der *fazendeiro*, den ich in der Agentur getroffen hatte.

«So war das nicht besprochen», fuhr der Bärtige auf.

«Laß das meine Sorge sein», beruhigte ihn Timbó.

«Du mußt wissen, was du tust. Jedesmal fällt dir was anderes ein. Du brichst dir noch das Genick. Die Schweinerei mit deinem Flugzeug war ärgerlich genug. Du hast uns fast mit reingeritten. Ich hoffe, du läßt dich nicht wieder erwischen.»

«Wenn dir meine Nase nicht paßt, dann such dir einen anderen Piloten», brauste Timbó auf. «Und mach die Tür wieder zu.»

«So habe ich das nicht gemeint...»

«Also. Packt die Kiste voll, ihr Tiere!» rief er den *vaqueiros* zu. «Es ist bereits hell.»

Öl- und Benzinfässer wurden in die Maschine gewuchtet, Kisten mit Lebensmitteln und Maschinenteile, Nachschub für die Goldgräber.

Als die Männer und *vaqueiros* zum Haus gingen, zog Timbó sich ein Löffelchen Kokain in die Nase. Er sah meinen mißbilligenden Blick. «Dafür ziehst du den Schnaps weg wie nichts. Das würde ich nicht aushalten. Setz dich nach hinten, ich will den Graubart neben mir haben. Ich traue dem Pack nicht. Und halt die Fresse. Kein Wort auf dem Flug, keine Frage, verstanden?»

Die beiden Männer kamen zurück, beide mit einer Waffe, und stiegen ein. Der einzige Unbewaffnete in diesem Spiel war ich. Einen besseren Schutz gab es nicht. Der Graubart schnallte sich neben Timbó an. Der *fazendeiro* an meiner Seite wich meinem Blick aus.

«Dein *amigo* wiegt zuviel», schimpfte der Graubart.

«Du gehst mir auf den Sack. Es ist nichts liegengeblieben, wir haben alles an Bord. Basta. Hast wohl wieder Streit mit deiner Frau?»

Wir rollten über die Wiese. Diesmal brauchte die Maschine lange, um vom Boden wegzukommen. Schweigend flogen wir auf die dunklen Berge zu, die Sonne ging hinter uns auf. Unter uns glänzte der Rio Mucajaí. Oder war es ein anderer Fluß? Zumindest hatte er dieselbe braune Farbe. Auf dem Kompaß lagen 270 Grad an, als sich das Parimagebirge aus dem Dunst schälte. Es war sechs Uhr. Eine Stunde später flogen wir über Urwaldberge und durch Regenwolken. Unter uns lagen immer wieder Pisten, die teilweise zugewachsen waren, andere schienen gesprengt zu sein, andere wurden wieder benutzt. Rundhütten lagen im Urwald inmitten einer Pflanzung. Hellblau leuchteten die Plastikplanen, die die Yanomami über die Dächer der mit Palmstroh gedeckten *malocas* gezogen hatten. Der Müll der Goldgräber half ihnen auf dem beschwerlichen Weg aus der Steinzeit in die Postmoderne. Timbó schlängelte sich zwischen zwei Bergen durch, folgte im Sinkflug einem trübgelben Flußlauf – ein untrügliches Zeichen für die Anwesenheit von Goldgräbern, die das Flußbett durchwühlten. Unsere Landebahn entdeckte ich erst Sekunden vor dem Aufsetzen. Das Leitwerk streifte die Bäume, und Timbó knallte die Maschine auf den Sand.

«Das hast du auch mal besser gemacht», schimpfte der Graubart. «Du kokst zuviel.»

«Und du redest zuviel», konterte Timbó. Es hörte sich aggressiv an, aber es war wohl die übliche Art ihres Umgangs.

Vier Männer rannten aus dem Wald auf uns zu, zwei Schwarze, zwei Mulatten, abgerissen, schlammverkrustet, geradewegs der Hölle entsprungen. Die Motoren standen still, dafür dröhnten die Dieselmotoren der Hochdruckpumpen.

Die Goldgrube im Urwald war ein ordinärer Anblick; eine Allegorie der Habgier, der Trostlosigkeit und Zerstörungswut. Nichts zählte hier, nur Gold. Kein Baum, kein Tier, kein Mensch, nur Gold. Nicht das Wasser, die Erde, die Indigenas. Was zählte und wog, war der golden glänzende Flimmer. Vom Wasserstrahl aus dem Erdreich gerissen, über mit Sackleinen bespannte Schütten gespült, blieb es zuletzt am Boden in einer Goldwaschpfanne, bevor es in Timbós Schreibtisch verschwand. Mit Gold ließ sich alles kaufen: der Flug raus aus dieser Hölle, Tabletten gegen Malaria, der Schnaps fürs Vergessen, eine Frau, die daran erinnerte, daß es noch anderes zum Berühren gab als Schaufeln, Schläuche und den kalten Stahl der 38er Revolver.

Zwischen den Unterkünften aus Plastikplanen und Baumstämmen, getarnt mit Zweigen und Gestrüpp standen kaputte Motoren. Timbó fragte, ob jemand in letzter Zeit Yanomami gesehen hatte.

«Bis vor einigen Wochen haben sie um Lebensmittel und Essen gebettelt», sagte eines der Höllenwesen, das die Maschine entlud. «Wir haben ihnen was gegeben, damit sie uns in Ruhe lassen. Aber sie sind wohl weitergezogen. Es gibt auch kein Wild mehr in der Umgebung.»

«Ich weiß, wo sie sind», raunte Timbó mir zu, nahm eine Machete und zerrte mich am Arm ins Schummerlicht eines kaum benutzten Pfades in den Urwald. Der Stahl klang hell, als Timbó mit der Machete lustvoll auf die Bäume einschlug. Wir kletterten bergauf, zogen uns an Lianen weiter, schlidderten auf dem Hintern durch den Matsch und über nasse Blätter. Ich achtete genau darauf, wo ich hinfaßte, und sah im letzten Moment die Stacheln der giftigen Raupe, die sich fast perfekt an das Grau und Grün eines Astes angepaßt hatte. Der Pfad war lange nicht benutzt worden, es mochte aber auch erst vier Wochen her sein. Die Dieselpumpen waren nicht mehr zu hören, auch die Kettensägen, mit denen die Bäume auf dem nächsten Claim, dem *barranco*, gefällt wurden, verstummten. Timbó ging langsamer, blieb ab und zu stehen, lauschte. Schweißüberströmt traten wir auf eine Lichtung. Verlassene Pflanzungen, eine große, in der Mitte offene *maloca*, das Gemeinschaftshaus.

«Da ist niemand mehr, sie sind fort. Gut so.»

Ich sah sofort die Schlange auf dem Baumstamm in der Sonne. Sie sah uns und floh. Die *maloca* war groß, ehemalige Feuerstellen malten graue Punkte auf den braunen, festgestampften Boden. An den Dachbalken hatten die Hängematten der Yanomami gehangen. Unter dem Dach hatten sich bereits Fledermäuse eingenistet. Wir fanden Tonscherben, einen undichten Aluminiumtopf und Tragekörbe, die vom Schimmel angefressen waren.

«Wer weiß, was die Goldgräber angestellt haben. Normalerweise ziehen die Yanomami nicht so schnell weiter. Die Felder sehen noch gut aus, da sind noch Maniokwurzeln in der Erde.»

«Und das Wasser? Mit den Dreckpumpen haben sie den Fluß versaut. Es ist nur noch Schlamm, da kann kein Fisch mehr drin leben.»

Timbó nickte. «Woher weißt du so was?»

Ich zuckte mit den Achseln. «Gelesen.» Ich freundete mich mit Antworten an, die nur aus einem Wort bestanden. Es war so bequem.

«Gehen wir zurück. Die anderen werden sich fragen, wo wir geblieben sind, ob wir vielleicht einen neuen *barranco* aufmachen. Seitdem weniger Gold gefördert wird, wittert der Graubart überall Verrat. Er ist mit den Nerven am Ende.»

Ich sah mich im Halbdunklen der *maloca* um, sah die Hütte für eine Sekunde lang bevölkert, Yanomami in Hängematten, darunter ihre Feuer. Die Frauen kochten, die Männer schwatzten, Kinder hingen an ihren Müttern. Ich erinnerte mich an den Vorzeigeyanomami in der Straße der Goldhändler – das Bild verschwand. Dafür erschienen Goldgräber, dreckig, zerlumpt, hoffnungslos.

Der Graubart war unzufrieden, als die Maschine beim Start auf den Urwald am Ende der Piste zuraste und knapp über die Baumkronen strich. «Diese *barrancos* geben nichts mehr her. Dreihundert Gramm in zwei Wochen. Früher habe ich in drei Monaten zwölf Kilo rausgeholt. Ich werde die Arbeit einstellen.»

«Wann soll ich die Männer und das Material abholen?» fragte Timbó unbewegt.

«Die Männer sollen sehen, wie sie da rauskommen. Sie werden den Weg schon finden oder verrecken. Dich bezahle ich nur für den Transport vom Material.»

Timbó ließ die Maschine in die Sonne steigen. «Die Männer kommen da niemals alleine raus! Aber – was geht's mich an...»

16. Chicos Land

Die Stewardeß riß mich mit ihrer rauchigen Mikrofonstimme aus der Betrachtung des Urwaldes. «Noch einen Bourbon? Noch einen Kaffee?»

«Beides, bitte», stotterte ich. Nach der Zeit in der Wildnis von Roraima war der Anblick einer gutaussehenden Frau immer eine Wohltat. Roraima hatte mich in dieser Hinsicht nicht verwöhnt. Die Männer, mit denen ich umging, hatten ihre Frauen versteckt und sich mit anderen vergnügt, die unterhalten werden mußten, darauf warteten, daß man ihnen beim Setzen den Stuhl unterschob, sie zum Lachen brachte, die Tür aufhielt, das Glas füllte, jede Rechnung zahlte... Seit ich im Flugzeug saß, wich langsam die Spannung Roraimas, der Druck des dauernden Versteckspiels, des gegenseitigen Mißtrauens, der Gefahr und ständigen Selbstkontrolle. Ein Wort zuviel hätte mir Unannehmlichkeiten eintragen und die Reise abrupt beenden können.

«Bleiben Sie in Rio Branco, oder fliegen Sie weiter?» fragte ich die Stewardeß.

«*Meu Deus*, in Rio Branco bleiben? *Nem morta*, um keinen Preis.» Sie schüttelte sich. «Kennen Sie die Stadt? Nein? Na, dann viel Spaß.» Entschuldigend schob sie den Servierwagen weiter.

Ich starrte auf den Plastikimbiß und wieder auf den Urwald. Seit wir den Amazonas unter uns gelassen hatten, folgten wir dem Rio Purus nach Südwesten. Fast verzweifelt suchte ich in dem Blumenkohldickicht – oder war es Broccoli? – unter uns nach einer *clareira*. Nichts. Keine Lichtung, nicht ein Baum fehlte, keine Straßen zerschnitten den Urwald, keine Dörfer lockerten ihn auf, geschweige denn geheime Landepisten. Der tropische Regenwald war hier so unberührt wie auf der nördlichen Amazonasseite zwischen dem Hauptstrom und der kolumbianischen und venezolanischen

Grenze. Keine Fazenda weit und breit, die Holzfäller hatten sich bisher zurückgehalten. Nach einer halben Stunde Flug schälte sich aus dem dichten Grün ein feiner, roter Strich: Die Transamazônica, die längste und unnützeste Straße, die je gebaut worden war. Sie führte vom Nichts ins Nirgendwo, ein Strich vom Atlantik quer durch den Kontinent bis an die bolivianische Grenze. Als wir darüber hinaus waren, änderte sich das Bild, und je näher wir der Erde kamen, desto deutlicher zeigte sich das Ausmaß der Kolonisierungswut. Bläulicher Dunst lag weit vor Rio Branco über abgeholztem Gelände. Qualm. Graubraune Stämme bedeckten lose und trocken die aus dem Urwald gehauenen Flächen, als hätte jemand eine Streichholzschachtel achtlos ausgeschüttet. Schneisen klafften als offene Wunden, Straßen waren wie die Adern, über die der Holzreichtum abfloß: Je tiefer die Boeing 373 sank, desto deutlicher zeigte sich die Inbesitznahme Amazoniens durch Menschen, die weder ein Heimatgefühl noch das Wissen um die Sensibilität von Ökosystemen mit Amazonien verband. Nehmen, was man kriegen kann, rausholen, was die Erde gibt, jeder für sich und Gott gegen alle: *salvase quem puder* – rette sich, wer kann.

«Sehen Sie sich die Stadt an», sagte die Stewardeß, als ich auf die Gangway trat. «Sie bietet nichts, was sich lohnen könnte.»

Die Hitze war ein Hammerschlag auf den Kopf, die Luft zu heiß zum Einatmen.

«Seit Monaten hat es nicht geregnet», stöhnte der Schaffner im Bus, als ich mich durch das Drehkreuz hinter dem Einstieg zwängte. Kaum hatte ich bezahlt – es strengte den Schaffner unmäßig an, mir das Wechselgeld herauszugeben, fiel sein Kopf nach vorn. Im Bus sprach niemand, Staub erstickte die Worte. Sogar die Schüler blieben nach Schulschluß still auf ihren Plätzen. Am Busbahnhof stieg ich aus, ich wollte weiter nach Xapuri.

Ein Polizist scheuerte sich wie ein Schwein mit dem Rücken am Zeitungskiosk. Die grüne Holzbude mit drei alten Illustrierten, zwei Comics und einer Modezeitschrift wackelte gefährlich. Nur keine Bewegung zuviel. Allein den Arm zu heben und sich das schweißnasse Haar aus der Stirn zu streichen war dem Polizisten zu anstrengend. Seine blaue Drillichuniform war mit einem andersfarbigen Faden geflickt, und den Plastikstiefeln fehlten die Schnürbänder.

der. Müde strich sein Blick über die zusammengesunkenen Gestalten auf den Bänken. Ein Schuhputzer schlief über seinem Kasten mit Bürsten und Lappen, der Klomann gähnte mit dem Schrubber im Arm in der Tür zu den Toiletten. Der einzig Wache war ein Wahnsinniger, der auf den Münzfernsprecher einredete. Alle halbe Stunde, wenn der Stadtbus gegenüber durch die Schlaglöcher fuhr, wirbelte er Staubwolken auf. Der feine Sand hatte bis zum nächsten Bus eine halbe Stunde Zeit, sich zu legen, auf Bäume, Häuser, schlafende Hunde und Menschen. An einer Wand las ich eine verblichene Parole: «Chico Mendes, dein Tod bleibt nicht ungesühnt».

Nicht? Ein frommer Wunsch. Bislang hatte sich niemand gefunden, der an den Mördern Darci und seinem Vater Darly Alves da Silva Rache genommen hätte. Die für den Mord am Führer der Gummizapfer von Xapuri Verurteilten waren inzwischen aus dem Gefängnis ausgebrochen und in der Weite Brasiliens untergetaucht. Viele Brasilianer sympathisierten mit den Mördern. Sie würden sie mit Waffen, Geld und Papieren versorgt haben: *fazendeiros*, Holzhändler, Goldgrubenbesitzer, Politiker und Polizisten, die jeden Umweltschützer haßten.

Die Parole war von der Zeit gefressen und von der Wirklichkeit überholt, Gras war auch auf den Gräbern der anderen Toten von Xapuri gewachsen. Staub legte sich von neuem über die Schrift, als der nächste Bus vorüberfuhr, und ich sackte mit dem Kopf auf die Knie, verbrachte schlafend die Zeit zwischen der Einnahme von Erfrischungsgetränken.

Mein Sitznachbar im Bus nach Xapuri erzählte vom Kampf der Gummizapfer. Er vermutete, daß der Gouverneur die Flucht der Mörder begünstigt hatte. «Der Alves-Clan ist groß und mächtig, er hat mehr als vierzig Mitglieder. Und Darly hatte fünf Frauen für sich allein. Die Jüngste hat Selbstmord begangen, nachdem sie Darly bei einem Polizeiverhör belastet hat. Sie wußte zuviel», jammerte der alte Mann.

Wir ließen die Stadt, das Provisorium aus rohem Zement, Holzbuden und Wellblechdächern, diese Siedlung des Übergangs vom Nichts in die Leere, hinter uns. Niemand würde weinen, wenn Rio Branco an den steilen Ufern des Rio Acre abgerissen würde. Oder sollte die Unesco die Stadt zum Kulturgut der Menschheit erklären, als Beispiel der mißglückten Besiedlung des Amazonasraums? Bald müßte der Urwald beginnen – dachte ich. Aber er blieb weit hinter den Schlieren des Abends verborgen. Tot, blutig und still stand die Sonne in Rauchschleier gehüllt über grünen Wiesen mit schwarzen Skeletten verkohlter Urwaldriesen. Ein niedriges Feuer von mehreren hundert Metern Breite näherte sich rasend der von Erosion zerrissenen Piste. Der Rauch biß im Hals, trocknete den Mund – der Bus wich auf den Parkplatz eines Rasthauses aus.

Neben uns kletterten abgerissene Männer, die wer-weiß-wofür ihr Geld bekamen, auf die Ladefläche eines Lastwagens. Ich stutzte, glaubte, einen von ihnen zu kennen... nein, der, an den ich dachte, konnte nicht hier sein, wenige Kilometer vor der bolivianischen Grenze. Doch, ich kannte ihn, den schwarzen Krauskopf, an den sich die Haut meiner Füße erinnerte, der mir selbstgedrehte Zigaretten angeboten hatte und der auf die Hoffnung baute. Ich stürzte auf ihn zu: «Dionisio!»

Der Krauskopf wandte sich müde um.

Ich zögerte, unsicher geworden: «Dionisio?»

Die dunklen Augen in tiefen Höhlen begannen zu flackern, der Mann öffnete den Mund, wollte etwas sagen. Ich glaubte, er würde fallen, und packte ihn an den Schultern. Er fühlte sich kalt an. «Was ist passiert? Rede, Mann!»

Dionisio – abgerissen, ein Tagelöhner, ein *peão*, von seinen Ballons keine Spur. Einen Augenblick lang dachte ich, er würde heulen. Er sah zu mir auf und starrte trocken zu Boden.

«Mensch, was ist los?»

«Alles Scheiße, es hat keinen Zweck. Ich bin verdammt.»

«Wo sind die Ballons?»

«Geklaut, alles andere auch.»

«Und deine Sachen, die Tasche, Geld?»

Dionisio schämte sich. Er besaß nichts mehr.

«Du bist krank, nicht wahr?»

Dionisio preßte die Lippen zusammen.

«Gelbsucht? Malaria? Amöben? Sag was, Mann!»

«Malaria», krächzte er verzweifelt. «Alle haben Malaria, warum nicht auch ich. Ich hasse Amazonien – es ist die Hölle.»

«Was machst du hier?» Ich zeigte auf den Laster.

«Wälder roden, sie bezahlen mich dafür. Bäume fällen, ich mache alles, wofür man mir Geld gibt. Ich will nach Hause.» Er sank in sich zusammen wie ein Häufchen Asche. «Sie haben mir alles geklaut. Alles. Ich hatte aus Porto Velho meinen Eltern das letzte Geld geschickt. Als ich in den *dormitorio* kam, war nichts mehr da, keine Ballons, kein Gepäck. Und die Bank wollte mir das eingezahlte Geld nicht zurückgeben.» Ein gutaussehender Mann in Stiefeln und einem silbrig glänzenden Hemd kam aus dem Rasthaus und ging zu einem japanischen Geländewagen, der neben dem LKW parkte.

«Das ist der *patrão*, unser Boß», flüsterte Dionisio. «Ich arbeite für ihn im Sägewerk und im Wald. Eine Bestie.»

«Du hast Fieber, du brauchst einen Arzt», sagte ich besorgt.

«Wovon bezahlen? Ich habe nichts. Sie haben mir alles geliehen. Ich muß es bei dem da abarbeiten. Und der andere da, mit dem Hut, das ist der Vorarbeiter.»

Der Mann mit dem Hut kam auf uns zu. «Los, es geht weiter, ihr werdet nicht fürs Rumstehen und Schwätzen bezahlt…»

«… der Mann hier ist krank», fiel ich ihm ins Wort.

«Was geht Sie das an. Viele sind krank, ich auch, ich hab Filzläuse.» Beifällig lachten die Arbeiter auf der Ladefläche. «Steig auf, *nordestino*. Und Sie scheren sich zum Teufel. Patricio!» rief er einen anderen. «Der Typ hier stört den Betrieb.»

Der Angerufene, ein Schlägertyp, trat zwischen mich und Dionisio, der ängstlich zurückwich: «Machen Sie, daß Sie wegkommen!»

In mir kochte die Wut hoch: «Du hältst die Klappe, sonst hast du gleich die Bundespolizei auf dem Hals und die Finanzbehörde. Du hast nicht einen Arbeitsvertrag, zahlst keine Sozialversicherung. Und dein Kollege kriegt eine Anzeige wegen illegalen Waffenbesitzes. Dem fällt gleich der Revolver aus der Arschritze…»

Diese Reaktion hatte der Mann nicht erwartet. Ich hatte geblufft, ohne zu wissen, was für Karten ich hatte.

Sein Chef kam verbindlich lächelnd auf mich zu. «*Tudo bem*, alles klar, alles bestens. Worum geht es?»

«Ihr Mann hier hat Malaria», ich zeigte auf Dionisio.

«Seine Schuld, wenn er ohne Moskitonetz schläft.»

«Ich habe kein Geld», entschuldigte sich Dionisio.

Ich suchte alle Cruzeiros zusammen, die ich entbehren konnte, und drückte Dionisio die Scheine in die Hand. Dann holte ich meine Malariatabletten.

«Heute abend drei, morgen zwei, übermorgen eine. Hast du verstanden? Und kauf dir ein Moskitonetz.»

Dionisios Arbeitgeber wurde ungeduldig, sein Fahrer hupte.

«Nicht viel trinken, kein Fett essen, das Geld reicht für eine Weile...»

Mein Busfahrer hupte ebenfalls, schlug die Tür zu, setzte den Bus zurück. Ich rannte los und winkte Dionisio noch einmal zu und sprang auf. Der Bus tauchte in die Staubwolke zwischen Feuersbrunst und Abendrot.

Ein Gespenst, dachte ich. Dionisio sah aus wie ein Gespenst und seine Chefs wie Sklavenhalter. Sie machten es mir schwer, dieses Volk zu lieben. Haß wuchs in mir und gleichzeitig ein Gefühl von Ohnmacht. Mir dämmerte immer mehr, weshalb so viele Männer mit einem Revolver herumliefen. Als wir in Xapuri ankamen, war es dunkel geworden, und ich erwachte aus meiner Starre. Auf dem Platz im Zentrum der Kleinstadt spielte die Jugend Volleyball im Licht der Flutlichtanlage. Xapuri war nicht das elende Dorf, als das es eine deutsche Wochenzeitung beschrieben hatte. Neben dem Spielfeld saßen knutschende Pärchen, und kichernd trafen sich Mädchen in Schuluniform mit den Jungen. In der Tür des Gewerkschaftshauses der Gummizapfer wurde geplaudert, alte Leute saßen auf Bänken des Platzes neben Imbißbuden. Blühende Gärten umgaben die Häuser am Platz, dazu wiegten sich Kokospalmen im Abendwind, der den Brandgeruch noch nicht bis Xapuri getragen hatte. Aber auf diesem friedlichen Platz hatte es Tote gegeben, Demonstrationen und Schlägereien.

Es war nicht einfach, ein Hotel zu finden. Die Herberge ohne Zimmerdecke war mir lieber als eine mit Kakerlaken. So nahm ich an allen Gesprächen und nächtlichen Geräuschen der Hoteliers und Gäste teil. Ich ließ mich auf die durchgelegene Matratze fallen, sah einer Spinne zu, die sich vom Dachstuhl aus auf mich abseilte und dachte an Dionisio. Im Nebenzimmer furzte jemand schamlos.

Malaria konnte Dionisio umbringen, es kam auf die Art der Parasiten an, die sich in seiner Leber eingenistet hatten. Ob er sich von dem Geld untersuchen lassen würde? Der *patrão* würde ihn nicht zum Arzt gehen lassen, ihn höchstens mittellos in einem dreckigen *dormitorio* absetzen. Da erwartete ihn der nächste Schlepper. Ich hätte bei Dionisio bleiben sollen. Und dann? Er hätte mich zu seinem *patrão* gemacht. So wie da Costa für seine *vaqueiros* wäre ich für Dionisios Leben verantwortlich geworden. Das soziale Gewissen eines Mitteleuropäers vertrug sich schlecht mit Amazonien. War das Land nicht so, wie die Menschen es haben wollten?

«Wenn Sie noch duschen wollen, dann jetzt», rief der Wirt über die Mauer. «Das Wasser wird gleich abgestellt.»

Mit dem Staub wusch ich mir die Erinnerung an Dionisio von der Haut, an die verlassenen Goldgräber in Roraima, an Schwade, an die Ärztin im Bus. Das Wasser pladderte aus einem Rohr auf meinen Kopf, in dem immer neue Bilder aufbrachen. Sie verschwammen erst, als es mich auf der Suche nach einem Essen auf die Straße trieb. Im Licht roter Glühbirnen über fleckigen Billardtischen warteten zahnlose Frauen mit eingefrorenem Lächeln in den Bruchbuden zwischen Straße und dem Abhang zum Fluß. In den Lebensmittelläden auf der anderen Straßenseite drängelten sich die Kunden. Musik dröhnte über die Straße; es war Samstag, Zeit, sich zu amüsieren. Ich setzte mich auf die winzige Terrasse einer Bar über dem Fluß. Der junge Besitzer ließ es sich nicht nehmen, eigens für mich zu kochen und schickte einen Jungen nach Fleisch und Gemüse; Bohnen und Reis ließ er von zu Hause holen. Reiter näherten sich dem anderen Flußufer. Weiter hinten schwelten in der zum Teil bewaldeten Ebene einzelne Brände. Der Wind stand gegen Feuer und Rauch, aber die Bedrohung blieb. Johlend trieben die Reiter ihre Pferde in den Fluß und jagten im Galopp hindurch, hoch spritzte das Wasser, und mit der Peitsche trieben sie die Pferde die steile Böschung hinauf und klapperten die Straße entlang zu den roten Glühbirnen. Hinter mir schleppten Träger Gummiballen die Böschung hinunter zu einem Boot; hier roch ich zum ersten Mal den eklig säuerlichen Geruch von Latex. Er nahm mir fast den Appetit. Der Wirt hatte gut gekocht, das Essen duftete stärker, und der Wirt setzte sich zu mir.

«Wollen Sie die Kneipe kaufen? Ist billig.»

«Was soll ich damit. Ist hier kein Geschäft zu machen?»

«Doch, es geht, nur nicht für mich. Die Kneipe gehört meinem

Bruder. Sie sind nicht von hier, da kann ich es Ihnen sagen: Er mußte Xapuri verlassen.»

Noch eine Räuberpistole. Ich runzelte ungläubig die Stirn.

«Sie glauben mir nicht? Von der Familie Alves da Silva haben Sie gehört, die Mörder von Chico Mendes. Die haben noch andere Leute umgebracht. Acht oder zehn. Zuletzt zwei Drogenhändler an der bolivianischen Grenze, denen sie das Kokain abgenommen haben.»

«Was haben Sie damit zu tun? Kannten Sie Chico Mendes?»

Der Wirt hob abwehrend die Hände. «Mein Bruder hat sich in ein Mädchen verliebt, wollte sie heiraten. Aber ihr Clan, die Alves da Silva, die waren dagegen. Sie haben meinem Bruder den Umgang mit dem Mädchen verboten. Er sollte aus Xapuri verschwinden, andernfalls würden sie ihm die Kneipe anzünden.»

«Was hatte der Clan gegen die Hochzeit?» Die Geschichte war interessant, vertrieb mir gut die Zeit beim Essen.

Der Wirt zuckte mit den Achseln. «Mein Bruder war für sie ein armer Hund – nichts für die Tochter eines *fazendeiro*.»

«Und dann gleich mit Gewalt?»

«Vorher habe ich die Gummizapfer nicht verstanden. Jetzt ist mir vieles klargeworden. Aber Chico Mendes ist fast vergessen.»

Der Sonnenaufgang war klarer als der Sonnenuntergang, der Qualm hatte sich über Nacht verflüchtigt. Im Gewerkschaftshaus der Gummizapfer duftete Kaffee. Gumercindo saß bereits am Telefon. Er war groß und hager, harte Falten zeichneten sein Gesicht; er war einer der radikalsten Führer des Widerstands gegen *fazendeiros* und Holzfäller gewesen, die alle Gummizapfer vertreiben wollten. Ihre Zapfgebiete mit großen Beständen an *seringeiras* und *castanheiras*, an Kautschuk- und Paranußbäumen, wollte der Alves-Clan in Weideland verwandeln und das wirtschaftlich nutzbare Holz verscherbeln. Gumercindo war das Haar ausgefallen, die Falten hatten sich tiefer eingegraben, als ich es von seinen Fotos her kannte. Er war hart und verbissen und flößte im Gegensatz zu dem kleinen, gemütlichen Chico Mendes wenig Vertrauen ein.

Gumercindo mißtraute jedem, und er litt darunter. Er langweilte mich mit Analysen der sozialen Lage Brasiliens und seiner Arbeiterklasse im Kauderwelsch der Sozialisten – offenbar gehörte er der

Arbeiterpartei an. Würden sich die Arbeiter anders verhalten als die korrupten Politiker, wenn sie erst an der Macht wären?

Ich trat ans Fenster des Versammlungsraums. Auf der Straße stand Ilzamar. Auch sie kannte ich von Fotos, die Witwe von Chico Mendes. Ein Fotograf des britischen «Observer» schickte sie nach Hause, sie solle die grüne Bluse gegen eine gelbe eintauschen – was wiederum dem Fotografen aus São Paulo mißfiel, der sie wieder die grüne anziehen schickte.

Ilzamar war jetzt eine interessante, wenn nicht sogar reiche Frau. Nach dem Tod ihres Mannes war die Chico-Mendes-Stiftung gegründet worden, Geld kam aus dem Ausland, «um die Erinnerung an Chico Mendes wachzuhalten und die Gummizapfer zu unterstützen». Wer sich da wohl wieder die Taschen füllt, dachte ich. Dreißig Prozent des Geldes waren für Familienmitglieder bestimmt, und mit der Witwe und einem Vertreter der Stiftung war ein Filmvertrag abgeschlossen worden.

Dustin Hoffman, Robert de Niro und Al Pacino waren für die Hauptrolle im Gespräch. Die 1,7 Millionen Dollar für Rechte und Honorare wirkten wie Sprengstoff auf die Bewegung der Gummizapfer. Nach Chicos Tod hatten dessen erste Frau und deren Tochter ihre Ansprüche auf das Vermögen der Stiftung angemeldet. Das hatte sich mit 40 000 Dollar aus der Welt schaffen lassen. Aber zur Zeit war noch ein Prozeß wegen der Erbschaft anhängig.

Ilzamar kam in der grünen Bluse zurück. Sollte ich mit ihr sprechen? Über ihren toten Mann? Sie hatte inzwischen einen neuen Gatten, hatte Geld, kannte jetzt Rom und New York und besaß eine kleine Farm mit Rindern und Pferden. Hätte ich mit ihr über die Angst sprechen sollen, die sie um Chico ausgestanden hatte oder die Verletzungen, die ihr die Blitzlichter beigebracht hatten, die indiskreten Fragen der Journalisten? Der Mord war angekündigt worden, Chico kannte seine Mörder so wie Santiago Nasar in der «Chronik eines angekündigten Todes» von García Márquez.

Ich ging zum Haus, in dem Ilzamar mit Chico gelebt hatte. Die Läden waren geschlossen, die Farbe vom Schild mit dem Hinweis auf den Helden abgeblättert, Laub lag auf den Treppenstufen; hier war lange niemand gewesen. Ich ging außen herum zum Hof und setzte mich auf die Stufen, die letzten, die der Gummizapfer betreten hatte. Hier hatten ihn die Schrotkugeln aus kurzer Entfernung erwischt. Links gab es freies Schußfeld, dort hatte der Schütze gestanden. Aber die Mörder hatten ihr Ziel nicht erreicht, sie hatten nicht mit dem Aufschrei der Weltpresse gerechnet. Die Regierung Brasiliens beeilte sich nicht sehr, die Mörder zu fangen und das Sammelreservat der Gummizapfer zu schützen.

Wofür hatte Chico Mendes den Umweltpreis der Vereinten Nationen bekommen? Wer hatte ihn protegiert? War er ein nützlicher Idiot für die Vereinigten Staaten von Amerika gewesen?

Solche Gedanken durften nicht geäußert werden. Europäer und brasilianische Umweltschützer hörten sich lieber selbst sprechen. Es ging in Acre um weit mehr als nur um die Verteidigung von Sammelreservaten. Gummizapfer behinderten den Bau von Straßen, die Verlängerung der Transamazônica durch Peru an den Pazifik. Auf ihr sollten Millionen von Tonnen brasilianischen Sojas und Holz via Peru oder Bolivien auf den japanischen Markt gelangen. Damit hätten die brasilianischen Produzenten den Preis der nordamerikanischen Farmer um mindestens einen Dollar pro Tonne unterbieten können.

Das Zapfreservat zu akzeptieren hatte noch einen weiteren Effekt: Den Gummizapfern war damit der Wind aus den Segeln genommen und die Bewegung der Völker des Regenwaldes lahmgelegt. Wer erreicht hat, was er will, der kämpft selten für andere weiter. Der Amazonier muß an sich selbst denken. Nur die einsamen, professionellen Kämpfer blieben übrig, die Gumercindos oder Manoel, der mich zum Mittagessen auf den Markt begleitete.

Er suchte einen Platz im hintersten Winkel der Halle. Eine gemauerte Wand schützte seinen Rücken, die Türen hielt er im Auge. Er und Gumercindo waren bereits angeschossen worden. Die Viehzüchter der Demokratischen Landunion scheuten sich nicht vor rechtsradikaler Hetze gegen Kleinbauern, Landbesetzer, Indigenas oder Gummizapfer, die ihre eigenen wirtschaftlichen Interessen verteidigten. Beamte des Umweltamtes waren verprügelt und Todeslisten aufgestellt worden. «Viehzüchter, Richter und lokale Militärs hängen so eng mit ihnen zusammen, daß nie einer belangt worden ist», schimpfte Manoel und blickte, über den Tellerrand gebeugt, zum Eingang. «Das ist die Gesellschaftsschicht, die unser Land regiert!» Gumercindo brachte die Nachricht, daß ich am nächsten Tag zur Kooperative Cachoeira der Gummizapfer mitfahren konnte, und setzte sich dazu. Er hatte inzwischen mit dem Präsidenten des Nationalen Rates der Gummizapfer telefoniert, der mich aus Bonn kannte und für mich bürgte. Ohne Freunde lief nichts.

«Ihr seid vorsichtiger als die Goldgräber in Roraima», frotzelte ich.

«Müssen wir auch sein», verteidigte sich Manoel. «Im Gegensatz zu denen legen wir niemanden einfach um. Nimm Lebensmittel mit nach Cachoeira. Da hat keiner viel zu essen.»

Die Straße nach Cachoeira war eine Piste, die Piste ein Feldweg und der Feldweg eine Katastrophe. Wo der Pick-up fast umstürzte, gingen wir zu Fuß, überquerten im Gänsemarsch die morschen Brücken. Glücklicherweise mußten wir sie nicht erst aufbauen, wie später auf der Transamazônica. Wir zockelten durch weithin abgebranntes Land, durch grüne Wiesen mit kohlschwarzen Baumstümpfen. Erst am Reservat wurde der Wald dicht und kühl. An einer Schlucht wurde die Fracht abgeladen und zu den mit Holzschindeln gedeckten Häusern und Schuppen auf die grasbewachsene Lichtung gebracht. Maultiere würden die Fracht zu den im Wald verstreut liegenden Häusern der Gummizapfer bringen.

Freundliche und neugierige Menschen sahen mir entgegen, Dona Cecilia und ich schlossen uns sofort gegenseitig ins Herz. Güte umgab die alte Dame wie eine Aura. Sie strahlte und wirkte beruhigend auf jeden, der mit ihr sprach. Dazu hatten wir in der folgenden Woche oft genug Gelegenheit. «Sie können gegenüber im Schulhaus wohnen», bot sie mir an. «Da haben Sie Ruhe und ein ganzes Haus für sich. Das Gepäck lassen Sie lieber hier, sonst kramen die Kinder darin herum.» Sie bot mir Wasser an, Kaffee, eine Bank zum Ausruhen, aber ich war nicht müde.

«Wo führt dieser Weg hin?» wollte ich wissen und zeigte auf den Pfad, der quer über die große Lichtung auf den Wald zuführte.

«In vier Stunden, wenn Sie schnell gehen, sind Sie in Bolivien.»

«Dann bis später. Ich werde mich umsehen.»

«In zwei Stunden ist es dunkel», rief sie mir besorgt nach.

Der Wald war angenehm kühl, die Bäume standen weit auseinander, die Äste waren kaum von Epiphyten bewachsen und der Boden von braunem Laub bedeckt. Es war nicht der verwachsene Urwald Marajós mit Schlingpflanzen, nicht die düsteren und Feuchtigkeit ausschwitzenden Berge Roraimas. Der Wald von Acre schien aufgeräumt und gepflegt. Ich folgte dem Pfad, der sich zwischen den mächtigen und hohen Stämmen hindurchwand. Pfade zweigten ab, die *estradas* der Gummizapfer, die in Bögen an allen nutzbaren Kautschukbäumen vorbeiführten. Ihre Rinde war in einem Fischgrätenmuster eingeschnitten, weißer Latexsaft rann zu den Schnittpunkten und tropfte in ein Schälchen.

Raschelnd fielen Blätter ab, unsichtbare Vögel schrien in den Wipfeln, und plötzlich spürte ich die Schlange. Sie war hier, ich wußte es. Meine Augen rasten über den Boden, das Laub diente allem und jedem als Tarnung. Wo war das Biest? Vorsichtig ging ich weiter, jede Faser des Körpers angespannt, ich riß die Augen auf, damit mir nur ja keine Bewegung entging. Die Schlange kroch nicht über den Boden, sie floß, grau und dick wie mein Oberarm. Ihren Kopf sah ich nicht, wagte mich auch nicht sehr nah heran, doch ich blieb ruhig. Mit einem Mal war sie verschwunden und auch das Gefühl, das sie angekündigt hatte. War das der Effekt der Impfung in Pacoval? Da nahmen schwarze Eichhörnchen meine Aufmerksamkeit in Anspruch. Sonst ließ sich kein Tier blicken, und vor Jaguaren hatte mich niemand gewarnt.

Am Ende eines breiten Weges, auf dem mir eine Frau mit Kindern und Maultieren entgegenkam, stand mitten in einer Lichtung das Haus der Lehrerin. Links lag ein See, und ich überraschte Kinder beim Baden.

«Kannst ruhig ins Wasser gehen. Es gibt nur einen kleinen *jacaré*, aber der tut nichts», beruhigten sie mich. Ich versprach, am nächsten Tag wiederzukommen und setzte den Waldspaziergang fort. Der Rückweg war einfach zu finden, mittlerweile hatte ich einen Blick für die Umgebung, mir Formen und Farben eingeprägt, erinnerte mich an die Linien eines Baums und die Wölbung seiner Krone, gebrochene Äste und herabgefallene Palmwedel, an Blüten und Samen auf dem Boden. Ich nahm Unterschiede wahr, wogegen mir der Urwald zuerst als gleichförmig grüne Masse entgegengetreten war, als formloses Dickicht. Auf den Paranußbäumen auf der großen Lichtung hatten sich in der Dämmerung Schwärme von Papageien und Reihern niedergelassen, und Sittiche umkreisten laut schreiend die Bäume. Die kleinen hellgrünen *piriquitos* wurden Unkundigen auf den Märkten als junge Papageien angeboten. Mit dem letzten Licht des Tages verschwanden die Vögel zu ihren Schlafbäumen.

Dona Cecilia war hocherfreut, als ich ins Haus trat. «Die Männer haben sich Sorgen gemacht», sagte sie. «Sie haben befürchtet, daß sie heute nacht den Fremden im Wald suchen müßten. Aber es hat sich keiner getraut, Sie aufzuhalten.»

Das Haus von Dona Cecilia war Treffpunkt, Gemeinschaftsküche, und hier wußte man alles, was im Sammelreservat geschah. Wer etwas fand oder abzuliefern hatte, ließ es in Obhut der grundehrlichen Frau. Das Abendessen mit ihrem altersschwachen Mann, der sich von der Malaria nicht mehr erholte, und anderen Gummizapfern, verlief mit Geschichten von Leuten, die sich verlaufen und aus Angst vor Jaguaren auf Bäumen genächtigt hatten. Ich erholte mich unter diesen Menschen, brauchte nicht diplomatisch zu sein, nicht so zu tun, als sei ich genauso verschlagen wie alle anderen, konnte offene Fragen stellen und bekam offene Antworten. Alle begleiteten mich zu meinem Nachtlager in der Hängematte über den Bänken des Schulhauses.

Ein Rind steckte am nächsten Morgen seinen Kopf durchs Fenster und weckte mich. Beim Frühstück steckte Dona Cecilia alle mit ihrer guten Laune an. Nur der Ehemann saß kränkelnd auf der Bank in der Ecke. Dafür sprühte Dona Cecilia vor Energie und Lebenslust. Ihre Augen blitzten, und stolz erzählte sie von ihren achtzehn Kindern. «Fünfzehn habe ich groß bekommen, alle habe ich verheiratet. Und meine Enkel füllen eine ganze Schulklasse», sagte sie mit der Leidenschaft der Begründerin eines Geschlechts. Ihre Familie war während des Gummibooms vor der Jahrhundertwende aus dem Nordosten gekommen, eine zivilisatorische Welle, die sich zwischen Bäumen ausgelaufen hatte.

«Meine Mutter ging nach Bolivien, so wie vierzigtausend andere Gummizapfer auch. Die Landherren, für die wir dort arbeiteten, waren nicht so brutal. In Brasilien war unser Leben ein Sklavendasein, wir waren total von den Kautschukaufkäufern abhängig.»

«Haben Sie mit Ihrem Mann zusammen gezapft?»

«Viele Frauen taten das, tun es heute noch, aber ich habe das nicht gemacht. Nachts habe ich genäht, tags auf dem Feld gearbeitet, die Kinder..., dann kamen die Demonstrationen. Chico Mendes ist... nein, er war, mein Neffe. Wenn ich von ihm spreche, dann schmerzt mein Herz.» Dona Cecilia faßte sich an die Brust und lächelte traurig. «Wir waren immer arm, wir waren eben arme Leute, ich wollte gar nicht reich sein, nur für meine Kinder genug haben – und gesund bleiben, bis Gott mich ruft...»

Sebastião, einer ihrer Söhne, betrat das Haus und setzte sich zu mir. Er war mittelgroß und schlank, hatte freundliche, aber energische Züge, und die ersten grauen Haare zeigten sich. Er wußte längst von meiner Anwesenheit. «Komm, ich zeige dir unser Reservat. Gut zu Fuß bist du ja.» Mein gestriger Spaziergang war nicht unkommentiert geblieben. Nach der Woche mit ihm hätte ich wahrscheinlich jeden Gehwettbewerb gewonnen, wenn kein Gummizapfer daran teilgenommen hätte. Sebastião scheuchte mich durch den Wald. Wir rannten, eilten, liefen und verschnauften nur, wenn er mir etwas erklärte oder der Weg abschüssig oder steil wurde. «Jeder von uns hat in der Nähe seiner *colocação*, seiner Hütte, drei Straßen, die in Schleifen an den *seringeiras* vorbeiführen.» Er führte mich zu einem dicken, zwanzig Meter hohen Baum, nahm das Messer vom Gürtel und machte mit der u-förmig gebogenen Klinge einen schräg nach unten verlaufenden Schnitt in der Rinde. «Pro Woche bringe ich drei Schnitte an, nicht zu tief, sonst verblutet der Baum. Er braucht Ruhephasen.» Weißer Latex quoll aus der Wunde. «Latex dickt ein, das Wasser fällt aus, und wenn sich in den Schälchen genug gesammelt hat, dann sammeln wir die Klumpen und pressen sie. Wenn er flüssig bleiben soll, geben wir Manioksaft dazu. Es gibt noch eine Räuchermethode, bei der der Saft über einem Feuer eingedickt wird, dadurch bleibt er elastischer, aber es ist ungesund. Außerdem hat dafür niemand mehr Zeit. Versammlungen, Diskussionen, die Verwaltung der Kooperative, Preise, Weltmarkt, das ist fast zuviel für uns, aber wir lernen.»

«Du kanntest Chico gut?» fragte ich beim Weiterrennen.

Sebastião blieb stehen. «Er war mein Freund und mein Vetter. Wir haben viel zusammen gemacht, die Blockaden gegen Holzfäller, meine Mutter war immer in der ersten Reihe.» Wir hetzten weiter, vorbei an einer Schlucht. Sebastião hob eine schwere braune

Kapsel auf. «Davor brauchst du dich nicht in acht zu nehmen, die Paranußkapseln fallen erst nach der Regenzeit, und dann auch nur nachts. Wenn dir so ein Ding auf den Kopf fällt, bist du wahrscheinlich mausetot.» In der Kapsel lagen Paranüsse, angeordnet wie die einzelnen Stücke einer Apfelsine. Ich stolperte weiter über Wurzeln und durch Pfützen, über umgestürzte Bäume. Wenn sie zu dick waren und den Weg versperrten, waren Stufen hineingeschlagen worden. Ein Schnitt im Baum, weiter zum nächsten, ein weiterer Schnitt, von Sonnenaufgang bis Sonnenuntergang rannten die Gummizapfer durch ihr Reservat. Glücklicherweise blieben wir die ganze Zeit über im Schatten. Drei Stunden brauchten wir bis zu einer *colocação*, dem Haus inmitten einer Pflanzung. Es war eine interessante Konstruktion auf kurzen Pfählen. Vorn war eine Veranda, dahinter lagen zwei Räume zum Wohnen und Schlafen, daran schloß die Küche an. Die Wände bestanden aus längst geschälten Stämmen der Puxiubapalme. Pflanzenfasern dienten als Verbindung, dadurch entstand eine Art geschlossener faseriger Wand, das Dach war mit Holzschindeln gedeckt. Alle Materialien wuchsen ringsum.

Ich setzte mich auf den Boden der Veranda und ließ die Beine baumeln. «Wer hat das Haus gebaut?»

«Ich natürlich, mit anderen zusammen – und meine Frau.»

Sebastiãos Lebensgefährtin begrüßte mich so herzlich wie einen Freund der Familie. Sie war die schönste Indigena, die ich je getroffen hatte. Das Kaffeekochen glich einem Tanz. Als sie sich zu uns setzte und Sebastião ansah, schien sie die verliebte Achtzehnjährige zu sein, die sie gewesen war, als sie vor zwanzig Jahren ihren Mann kennengelernt hatte. «Der Krieg mit den *fazendeiros* begann, als einer von uns seine *colocação* an Darly Alves verkaufte. Es war eine große mit sechs Straßen. Alves wollte das Gelände abholzen und eine Straße durch unser Gebiet bauen. Damit steigt der Grundstückspreis, nur deshalb wurden Straßen gebaut, die nirgends hinführen.»

«Wieso kann jemand seine *colocação* verkaufen? Ich denke, hier gibt es nur Nutzungsrechte?»

«Richtig, die Rechte kann man verkaufen. Darly Alves, der Mörder von Chico, hat sich wie ein Eigentümer aufgeführt, obwohl er die Regeln kannte. Er hat Bäume gefällt und wollte Zäune ziehen, die reine Provokation. Wir haben uns wie immer mit Frauen und Kindern in den Weg gestellt, Chico hat das alles organisiert.

«Sie kamen mit der Militärpolizei», erinnerte sich Maria, Sebastiãos Frau. «Wir Frauen stellten uns in die erste Reihe, da hatten sie Hemmungen, uns zu verprügeln. Wir sangen die Nationalhymne – da zogen sie ab. Danach wurde es nur schlimmer. Alle hatten Angst. Ilzamar, Chicos Frau, durfte nicht mitmachen. Sie mußte mit den Kindern in Xapuri wohnen, Chico fürchtete die Rache.» Versonnen blickte Maria zum Waldrand. «Möglicherweise ist sie deshalb mit der Gewerkschaft und der Kooperative zerstritten. Was nützt es ihr, mit einem Märtyrer verheiratet zu sein. Sie ist jung, sie sieht gut aus, sie muß leben. Und Chico hätte...», jetzt rollten Tränen über ihr Gesicht.

Sebastião trat hinter sie und legte ihr die Hände auf die Schultern. «Du mußt uns verstehen. Manchmal ist es so, als wenn es erst gestern gewesen wäre.»

«Und dann wurden Jair und José erschossen...»

«Das ist vorbei, Mama», rief der älteste Sohn, der sich ins Haus geschlichen hatte. «Wir haben das Reservat, es ist abgesteckt, wir können bleiben...»

Der Vater fuhr auf: «Und all die anderen, die nichts haben? Im Munizip gibt es acht Sammelreservate, fünf sind verwüstet, drei bleiben übrig. In ganz Acre könnten es dreißig sein, das ist Arbeit für viele Menschen. Ich bin gerne hier, ich fühle mich frei, alle arbeiten zusammen. Und wenn ich will, setze ich mich auf einen Baumstamm und sehe den Ameisen zu. Wir haben unser Feld, unseren Garten...»

Am Nachmittag konnte ich Sebastiãos Eilschritt kaum noch folgen. Abrupt blieb er stehen, zeigte mir ein *mutum*, eine Vogelspinne, und einen giftigen Tausendfüßler. Wir nahmen einen kaum begangenen Pfad, und wie ein Affe klettere Sebastião einen Abhang hinab. «Ein Abkürzung. Wer schlecht zu Fuß ist, kann als Gummizapfer nicht überleben.»

Wir traten auf einen freien Platz vor der Hütte. An einem Pfahl hing der Schädel eines Jaguars. Noch hatten ihn die Ameisen nicht blankgefressen. Der Rachen war aufgerissen, die Fangzähne so lang wie mein Zeigefinger.

«War ein schönes Tier», brummte plötzlich jemand hinter mir. Erschrocken fuhr ich herum. Sebastião hatte den Mann kommen hören.

«Meine Hunde hatten ihn auf einen Baum gehetzt, da habe ich ihn vorgestern runtergeschossen. Drei Kugeln.»

«Was hängt er hier in der Sonne?»

«Als Warnung für seine *compadres*. Meine Kinder müssen durch den Wald, wenn sie zur Schule gehen.»

Als wir zu Dona Cecilia zurückkamen, schwärmten die Kinder der Gummizapfer lärmend aus der Schule, und die Kinder, die ich am See getroffen hatte, erinnerten mich an mein Versprechen, mit ihnen baden zu gehen.

Sebastião verabschiedete sich. «Morgen hole ich dich wieder ab. Einmal zeige ich dir den Weg noch, dann wirst du dich wohl allein zurechtfinden.» Er hatte den stundenlangen Heimweg vor sich.

Der Tag war nicht anstrengend gewesen, sondern mörderisch. Niemals zuvor war ich so weit und so schnell gelaufen wie an diesem Tag. Ich sehnte mich nach einem Bad.

«Nach Sonnenuntergang erwarte ich dich zum Essen», rief mir Dona Cecilia nach, als ich auf den Waldrand zuschlenderte. Die Stunde der Mücken und Jaguare war noch nicht gekommen. *Cigarras*, fingerlange Zikaden, schnarrten ohrenbetäubend. Sie kündigten den Sonnenuntergang an. Papageien keckerten unsichtbar in den Baumkronen. Ich folgte einem häufig benutzten Pfad zum Bach, zog die Schuhe aus und kühlte die schmerzenden Füße. Sollte ich ein Bad nehmen? Ich sah mich um. Blödsinn, wer sollte mich beobachten? Das Unterholz war licht, das Bachbett sandig – also kein gutes Versteck für Anakondas, sie zogen trübe Gewässer vor. Ich ließ mich im kühlen Wasser auf den weichen, sandigen Grund gleiten.

In der Nähe fuhr ein Windstoß in die Bäume. Eine Bö, dachte ich und tauchte unter. Als ich auftauchte war mir, als würde der Wind auch in die nahen Bäume fahren. Nein, das war kein Wind. Hemd und Hose lagen griffbereit am Ufer, nackt fühlte ich mich angreifbar und schutzlos. Ringsum raschelten die Wipfel, Zweige bogen sich und schnellten wieder hoch. Mir sträubten sich die Haare. Ich sah ein braunes Etwas durch die Luft springen, noch eins, überall. Affen! Eine ganze Horde, nicht größer als Katzen, und sie schnatterten und zischten, als sie die Beobachtungsposten bezogen.

Ich hörte zu zählen auf, als ich bei zwanzig angelangt war. Überall entdeckte ich neue. Das Geschrei wurde lauter, sie rückten vor, und der erste Affe warf mit einer harten Frucht nach mir. Andere machte es ihm nach. Holz und Samen klatschten neben mir ins Wasser.

Ich schlug aufs Wasser und warf ihre Geschosse zurück, aber das stachelte sie noch mehr auf. Sie deckten mich mit Wurfgeschossen ein, als wollten sie mir bedeuten: Verschwinde, du hast hier nichts zu suchen!

17. Dreißig Minuten sind genug

Der Sitz des Busses ließ sich weit nach hinten klappen. Die Armlehnen waren breit, nur drei Sitze standen in einer Reihe nebeneinander, und der Abstand zum Sitz vor mir ließ mich die Beine ausstrekken. Die Bezüge der Kopfkissen dufteten frisch. Es war ein *leito*, ein Erste-Klasse-Bus, ein Wunder in Rio Branco. Ich verschränkte die Arme hinter dem Kopf und sah aus dem Fenster.

Am Abend hatte die Polizei von Rio Branco zu tun: Uniformierte traten an die Tür jedes ankommenden Fahrzeugs und inspizierten die Gesichter der Aussteigenden, die sich den Staub abklopften. Der Schuhputzer wienerte hochhackige Stiefel. Der Klomann verfolgte einen Bauern, der die Gebühr nicht bezahlen wollte. Das Telefon war besetzt, der Wahnsinnige mußte warten, um seinen Monolog mit dem Gerät fortzusetzen. Ich suchte einen anderen. Dionisio ging mir nicht aus dem Sinn. Trotz unserer flüchtigen Begegnung auf der *Fé em Deus* war eine Verbindung zu ihm entstanden. Ich sah Hände, die den kranken Dionisio auf den Lastwagen zogen, es waren die gleichen Hände, die sich mit Keksen und Mineralwasser in Plastikflaschen dem Busfenster entgegenstreckten.

«Der Sitz ist dreckig», kreischte eine Frau in der vordersten Reihe des Busses. «Eine Schweinerei. Tu was», herrschte sie ihren Mann an. Der schaute peinlich berührt weg. «Und die Air-condition funktioniert auch nicht. Wie soll einer das bei dieser Hitze aushalten. *Caralho*», schimpfte die Frau, «wir hätten fliegen sollen. Dabei zahlen wir den doppelten Fahrpreis.»

Obwohl alle Reisenden sie zu beruhigen suchten, schimpfte sie weiter, bis wir gegen Mitternacht den Rio Madeira erreichten und auf die Fähre warten mußten. In der Ferne schimmerten die Positionslichter der Fähre, und aus einem Haus am Ufer fiel zaghaft ein gelber Lichtschein auf die Wellen. Die Fähre legte an und entlud ihre

Fracht. Der Staub auf dem Lack der Fahrzeuge war ein gutes Zeichen, die Strecke war also trocken und in gutem Zustand. Als unser Fahrer den Bus auf der Fähre, einem Ponton mit einem daran vertäuten Schlepper, eingeparkt hatte, erzählte ich ihm von meinem Plan, bis zur Erzmine von Carajás auf der Transamazônica zu fahren. «*Loucura*, heller Wahnsinn. Sie sind total verrückt. Auf so eine Idee kommt nur ein Ausländer. Das sind zweieinhalbtausend Kilometer!»

«Na und? Wofür ist die Straße da?»

«Das schaffen Sie nie. Bis Porto Velho ist die Straße gut, bis Humaitá auch noch. Vielleicht kommen Sie sogar bis nach Jacareacanga. Das ist Goldgräbergebiet, von dort aus müssen Sie fliegen und mit Gold bezahlen. Hinter Itaituba ist die Transamazônica zur *estrada da onça* verkommen, zum Buschpfad. Da laufen nachts die Jaguare rum.»

Ich bezweifelte es. Würde ich drei verschiedene Personen fragen, ich bekäme vier Antworten. «Wann sind Sie zuletzt die Strecke gefahren?» fragte ich.

Der Fahrer dachte nach. «Vor sechs oder sieben Jahren.»

Na also, er hat keine Ahnung, dachte ich. Es sollte aber ganz anders kommen. Neben uns gurgelte das Wasser des Rio Madeira, des längsten Nebenflusses des Amazonas, mehr als doppelt so lang wie der Rhein. Auf dem Rio Madeira hatten vor zweihundert Jahren die Portugiesen ihre Kanonen bis hinunter ins Pantanal transportiert, um die Südgrenze Brasiliens gegen die Spanier in Paraguay zu sichern, ein Wasserweg von mehr als sechstausend Kilometern.

Eine Sternschnuppe fiel ins Wasser, und ich wünschte mir etwas, und das Sternenlicht der *Tres marias*, des Orion, funkelte kalt im Strom. Wer sie zufällig sah, durfte sich auch etwas wünschen: Möglichst heil in Carajás ankommen! Am jenseitigen Ufer lagen *dragas* an der kahlen Böschung, die Flöße der Goldtaucher. Auf rostigen Pontons ein Gewirr von Pumpen und Schläuchen, Maschinen und Trossen. Hängematten baumelten nicht unter dem Dachgestänge. Die *dragas* waren verlassen. In den Hütten am Ufer brannte kein Licht – eine Geisterstadt. Der Goldrausch war auch am Rio Madeira vorbei. Der Weltmarktpreis für Gold war gefallen, außerdem hatte die Marine das Schürfen im Flußbett verboten. Die Taucher hatten durch das Hochpumpen des Sandes die Unterwasserfauna und damit die Lebensbedingungen aller Lebewesen im Wasser zerstört. Zehntausend *dragas* hatten den Rio Madeira heimgesucht, den Holzfluß. An seinem Ufer stand nicht ein einziger Baum. Bei Morgengrauen rollten wir auf glattem Asphalt durch endlose Sojafelder, niedrige grüne Pflanzen auf knallroter schutzloser Erde unter dem fahlblauen Himmel. Sattelschlepper kamen von vorn, von hinten, in endloser Kolonne, Soja für Europas Schweine – für die Kälbermast in Japan, wenn die Straße zum Pazifik fertig sein würde. Ob es einen Bus nach Itaituba gäbe, fragte ich, als wir Porto Velho erreichten. Die Antworten waren niederschmetternd: «Nein! Weiß ich nicht. Fragen Sie in Humaitá, da trifft die Straße Porto Velho – Manaus auf die Transamazônica. Wo wollen Sie hin? Jacareacanga? Nie gehört.»

«Itaituba?»

«Ja! Nehmen Sie das Flugzeug», empfahl der Uniformierte am Fahrkartenschalter. So wie er mir nachsah, mußte er mich für einen Narren halten. Also blieben mir nur Etappenziele. Humaitá als nächstes. Der Bus fuhr mittags. Wenn ich gewußt hätte, daß ich bald wieder in Porto Velho sein würde, hätte ich mir die eilige Taxifahrt zur Stadtbesichtigung erspart. In Humaitá waren kaum noch Fahrgäste im Bus, und wer ausstieg, verschwand auf einer der staubigen Straßen rings um den Busbahnhof. Die Fahrkartenschalter waren geschlossen, ein Aushang klärte mich auf, daß der nächste Anschluß am Abend nach Manaus bestand.

Ein Hotel? «Nein, gibt es bei uns nicht», nuschelte ein Taxifahrer hinter seiner Zeitung und räkelte sich ausgiebig. Busse auf der Transamazônica? «In 'ner Woche, wenn er denn kommt.» Der Taxifahrer fiel vornüber aufs Lenkrad. Eine Mitfahrgelegenheit? «Auf der Straße? Die Brücken sind kaputt. Hundert Kilometer am Tag. Wenn denn einer sein Auto verschrotten will...» Nach Jacareacanga? «Niemals!» Der Taxifahrer brach hinter seiner Zeitung zusammen.

Nicht einer, der an der Tankstelle auf irgend etwas wartete, wußte Rat. «Ich bin hier viele Jahre gefahren», bequemte sich ein Mann im Overall zu antworten. «Da geht nichts mehr. Erosion hat alles zerstört, die Straße ist aufgegeben. Auf den ersten fünfzig Kilometern, da läßt der Bürgermeister vor Wahlen eine Planierraupe langfahren. Nach der Regenzeit ist alles schlimmer als vorher. Das interessiert die Straßenbaubehörde nicht. Den Bürgermeister sowieso nicht, der denkt nur an Geld, der klaut alles, was er kriegen kann. Wir haben nicht einmal mehr Diesel für den Generator, nachts sitzen wir im Dunkeln. Der Vize versorgt die Gegend mit Lebensmitteln. Der ist auch nicht besser.»

«Fahren Sie zurück nach Porto Velho, und fliegen Sie nach Itaituba», riet mir ein Lieferwagenfahrer. «Wer weiß, ob Sie da lebend wieder rauskommen.» Er musterte mich von oben bis unten. «Bei Ihnen ist was zu holen.»

Auch die Frau, die in der Imbißbude Hamburger über die Heizplatte schob, munterte mich nicht auf: «Sie sind am Ende der Welt. Hier ist nichts, gar nichts, noch nicht einmal das. Wenn ich zehn Coca am Tag verkaufe, ist das viel.»

Ich ließ mir zwei Hamburger geben, mit Salat und Ei und Käse, und ein Bier. «Und wie schlagen Sie sich durch?»

«Sie war früher fett und wird jetzt jeden Tag ein bißchen dünner», feixte der Lieferwagenfahrer.

Die Frau lachte mit. Was blieb ihr anderes übrig, wenn sie an der Tankstelle ihr Geschäft machen wollte. «Ich werde ins *garimpo* gehen, in die Goldgruben, als Köchin oder so...» Der Lieferwagenfahrer nahm den Faden wieder auf. «Humaitá ist nicht das Ende der Welt. Ihr kennt Labrea nicht, hundert Kilometer weiter nach Westen. 1975 war ich zum ersten Mal da, als es noch zu essen gab. Inzwischen gibt es morgens keinen Kaffee mehr, geschweige denn Bohnen.»

Neuankömmlinge verstärkten unsere Runde, die sich mangels anderer Tätigkeiten, mit denen sie dem Nachmittag entgehen konnten, über den Zustand der Transamazônica ereiferten. «Die Regierung hat versprochen, daß sie asphaltiert wird.»

«Mit dem Versprechen hat der Bürgermeister die letzte Wahl gewonnen. Er wollte gleich nach dem Wahlsieg anfangen – und hat es sofort vergessen.»

«Was soll auch geschehen?» fragte der Lieferwagenfahrer. «Hier gibt es nichts, hier wächst nichts, hier ist die Erde unfruchtbar, Wasser fehlt, den Fluß haben die Goldgräber versaut...»

«Weiß einer, was der Bürgermeister auf der anderen Seite vom Fluß macht?» fragte die Besitzerin der Imbißbude und wirbelte mit dem Spachtel zwischen Rindfleisch, geschmorten Tomaten und Bacon. Alle, die zum Reden kamen, bestellten etwas, um die Zeit totzuschlagen.

«Was hat es mit dem Bürgermeister auf sich?» Ich wurde hellhörig.

«Amazonien ist groß, zu groß», unkte der Fahrer, «du weißt nie, wozu einer seine Fazenda benutzt. Plötzlich hat er Geld. Wir haben Fälle von Sklaverei gehabt. Irgendwelche armen Schweine haben sie aus den *dormitorios* ausgelöst oder betrunken in ein Flugzeug geladen und zum Bäumefällen in den Urwald gebracht. Niemand weiß, wo so ein Kerl dann bleibt, er weiß nicht, wie er da rauskommt. Nachts wurden die Leute sogar angekettet. Weiße Sklaverei nennen wir das.»

Ich hatte genug von Gruselgeschichten und wollte weiter: «Wie komme ich nach Jacareacanga?»

«Gehen Sie zur Fähre, und fragen Sie, wenn jemand vorbeikommen sollte, ob er Sie mitnimmt», empfahl einer. «Da ist ein Laden, da kriegen Sie Lebensmittel. Essen ist knapp auf der Transamazônica.»

«Wir kommen heute abend vorbei und sehen, ob Sie noch da sind», kündigte der Lieferwagenfahrer an. Ein neues Gesicht in Humaitá versprach Abwechslung. «Bei uns ist nichts los. Und zu allem Übel haben wir keinen Strom, aber der Ladenbesitzer hat einen Generator.»

«Seine Nichte sollten Sie sich ansehen», sagte ein anderer. Mit dem Lieferwagen brachte mich der Mann zum Rio Madeira und setzte mich vor dem Laden ab. «Ein Taxi hätte Sie ein Vermögen gekostet. Bei uns ist alles doppelt so teuer wie in Porto Velho.»

Rings um den Laden zog sich eine Veranda. Hier sollte sich der Fährmann aufhalten. Zwei Männer hoben die Köpfe, als ich die Veranda unter einem rostigen Wellblechdach betrat. Einer knurrte etwas Unverständliches, ein dritter schlief mit der Stirn auf dem Blechtisch, leblos hingen die Arme herunter. Ich trat an den Tresen, ließ den Blick über Ölsardinen und Trockenkekse streichen, Klopapier und Reis, Salz, Zucker, Speiseöl und *charque*, das eingesalzene und getrocknete fette Rindfleisch. Es hielt sich wochenlang ungekühlt. Damit waren die Grundbedürfnisse abzudecken.

Eine junge Frau trat aus der Küche, strahlte mich an, warf kokett das lange lockige Haar in den Nacken und legte die Hände auf den Tresen. Sie sah aus wie ein Mädchen, mochte zwanzig Jahre alt sein, aber ihr Lächeln war das einer Frau. Sie war eine *morena*, hatte europäische und afrikanische Züge. Ihr Gesicht war schmal, die Brauen gezupft, und ihre Augen sahen in mich hinein, sahen, daß sie mir gefiel. Wir sahen uns ein bißchen länger als nötig an. Am Rock der jungen Frau hing ein Kind, das die ersten Gehversuche gut überstanden hatte, ein etwas älteres kam ihr aus der Küche nachgelaufen. Verheiratet, dachte ich. Aber die Frau war zu hübsch, um in der verrußten Küche des Ladens zu vergammeln. War einer von denen auf der Veranda ihr Ehemann?

«Haben Sie etwas Kaltes zu trinken?» fragte ich mit Blick auf die Kühlbox in der Ecke.

«Soda, Coca, Guaraná, Pepsi, Fanta, Säfte: Orangen, Papaya, *abaraxi*, Avocado, *beringela*...»

«*Tudo bem*, ist gut. Ich nehme *abaraxi*, einen Ananassaft. Aber, bitte mit Mineralwasser. Und – gibt es etwas zu essen? Die Vorstellung von Ölsardinen mit Maniok war nicht gerade appetitanregend.

«Wir sind kein Restaurant, aber für Sie koche ich gern.»

«Machen Sie sich meinetwegen keine Arbeit...»

«Nein, ich koche gern – für Sie! Sonst gibt es ja gar nichts zu tun.» Sie schlug die Augen nieder, und ihr Gesicht bekam einen gleichgültigen Ausdruck, überdrüssig der Eintönigkeit um sie herum.

Von der Veranda holte ich einen Stuhl und stellte ihn in die Tür, so daß ich sowohl den Rio Madeira und die Fähre als auch die Frau in der Küche im Auge behielt. Der Rio Madeira war hier knapp fünfhundert Meter breit. Keine Welle, nur Strudel kräuselten die gleißende Fläche. Die Fähre ruhte und rostete, niemand brauchte den Fährmann. Es war derjenige, dessen Kopf auf dem Blechtisch lag. Ich kämpfte vergebens gegen den Schlaf an und erwachte erst, als meine Köchin ein frisches Tischtuch auflegte, von irgendwoher eine Blumenvase mit roten und gelben Hibiskusblüten herbeizauberte und den Tisch deckte. Das Essen kam: Geflügel, Fisch, Rindfleisch mit

Salat und den üblichen Beilagen. Ein Festmahl. Die Frau zog einen Stuhl heran und sah mir beim Essen zu, verfolgte neugierig meine Bewegungen, betrachtete meine Füße, die Beine, drehte den Kopf, um zu sehen, ob ich einen Bauch hätte, sie beobachtete, wie ich aß – ich wurde nervös. Ihr eindringlicher Blick verwirrte mich, ich fühlte mich wie ein exotisches Tier. Sie war die Biologin, ich der Falter, der sich zufällig auf eine Blüte gesetzt hatte. Sie lächelte mich herausfordernd an, strich sich das Haar mit beiden Händen aus dem Gesicht und streckte ihren Busen heraus. An der Bluse war ein Knopf zuviel geöffnet. Ich genoß das Essen. Gleichzeitig genoß ich den Anblick dieser Frau, solange es noch ging.

Sie nahm das Kind auf den Schoß. «Erzähl, erzähl aus deinem Leben!» Es kamen die Fragen nach Alter, nach Kindern und Geschwistern, ob meine Mutter noch lebe, wie oft ich verheiratet gewesen sei und wo ich geboren war, was mein Vater tat, welche Länder ich kannte. Nach einer Weile kam ich mir nackt vor.

«Jetzt bin ich mit Fragen dran. Sind das deine Kinder?»

«Sieht man das nicht?» Sie kraulte das Kind auf ihrem Schoß im Nacken. «Sie ist anderthalb, der Vater ist verschwunden, als ich schwanger war. Er ist rübergefahren», sie sah zum Fluß, «er ist niemals wiedergekommen. Du willst auch rüber? Tu es nicht!» Bittend sah sie mich an und wollte nach meiner Hand greifen, «du kommst auch nicht wieder...»

Ich sah mich nach den Männern auf der Veranda um. War einer von ihnen ihr Liebhaber?

«Du mußt wiederkommen.» Sie berührte meine Hand.

Diese Frau war genauso eine Überraschung wie das Essen. Nichts hatte ich in dieser Bruchbude erwartet, weder eine solche Erscheinung noch ein Menü mit fünf Gängen. Sogar die Salatsoße erinnerte mich an eine gute Vinaigrette. «Du kochst wunderbar...»

«Ich weiß. Alles, was ich mache, ist wunderbar.» Sie legte mir die Hand auf den Arm. Schnell stand sie auf und räumte den Tisch ab, brachte Obst und Kaffee. In Alenquer bei Senhora Monteiro hatte ich zum letzten Mal so gut gegessen.

Genüßlich zündete ich mir eine Zigarette an, sie nahm auch eine, und ich lehnte mich zurück, war zufrieden – mit Humaitá versöhnt, damit, daß kein Wagen kam, daß es zu heiß war, daß ich nicht wußte, wie ich nach Itaituba oder Jacareacanga oder wohin auch immer kommen sollte.

Miriam erzählte, daß der Vater ihrer Kinder, sie war nicht verheiratet gewesen, vom Goldfieber gepackt worden war. Er hatte sich davongemacht, von Reichtum geträumt, Luftschlösser gebaut und Miriam Hoffnung auf eine wunderbare Zukunft gemacht. Ein Wagen rollte auf die Fähre, ich stand auf.

«Geh nicht, bitte, geh nicht – oder nimm mich mit.»

«Ich kann niemanden mitnehmen. Außerdem – du bist sehr jung, und die Kinder...»

«Ich bin eine Frau, und zwei Kinder habe ich auch. Na und? Wozu soll ich zu jung sein, zum Kochen? Um deine Wäsche zu waschen, um mit dir in dein Land zu gehen – zu jung?» Miriam sah mich verständnislos an.

Der Fahrer des Wagens wollte nur zwanzig Kilometer weiter. Ich setzte mich wieder zu Miriam, und wir sahen schweigend in den Sonnenuntergang. Es entstand dieses seltsame Gefühl, den anderen lange zu kennen. Dabei wußte man nichts voneinander und würde den anderen auch niemals richtig kennenlernen.

Der Lieferwagen, der mich gebracht hatte, fuhr vor, und sein Fahrer schleppte zwei Freunde an, die die Transamazônica ebensogut oder genausowenig kannten wie er. Bis weit in den Abend, begleitet von ohrenbetäubendem Quaken der Frösche, erzählten sie von Überfällen, von Bergrutschen, von Kämpfen mit Indigenas und Betrügereien der Lokalpolitiker. Irgendwann langweilten sie mich, keiner hörte dem anderen zu, und ich wäre lieber mit Miriam allein gewesen. Sie saß in der Nähe und wartete, daß die Männer verschwanden. Im Moment lag mir nichts an der Weiterreise.

«Ein Verrückter ist seit Jahren auf der Transamazônica unterwegs», sagte der Lieferwagenfahrer. Das Bier machte seine Zunge schwer. «Er heißt Tempo Feio, so ein Intellektueller. Wenn er kommt, wird das Wetter so wie sein Name – nämlich ganz schlecht. Der Kerl ist so häßlich, daß es schmerzt, aber sehr anständig. Er verkauft Lebensmittel an der Transamazônica. Wenn du Glück hast, nimmt er dich mit.»

Nachdem die drei Männer mich mit der gewaltigen Zeche allein gelassen hatten, fragte ich Miriam, ob ich die Hängematte auf die Veranda hängen dürfe. Sie nickte, und als sei es die selbstverständlichste Sache der Welt, hängte sie ihre Hängematte neben meine. «Ich bin nicht zu jung. Aber vielleicht bist du zu alt...»

Am nächsten Tag ergriff Miriam Besitz von meinem Gepäck, wusch Wäsche, stopfte, nähte Knöpfe an und kochte.

«Nimm sie mit», bedrängte mich ihr Onkel, der Ladenbesitzer. Er kam aus Fortaleza am Atlantik und hatte Miriam nach dem Tod des Bruders zu sich genommen. «Nimm sie mit», wiederholte er eindringlich. Er beschwor mich beinahe. «Sie hat was Besseres verdient als dieses elende Nest, sie verschimmelt hier bei lebendigem Leibe. Sieh mich an, was ist von mir übriggeblieben. Nichts. Alle wollen Miriam haben, aber keiner will für sie sorgen.»

War es die Hitze oder die neue Wendung, die mir den Schweiß auf die Stirn trieb? Nichtstun war anstrengend, sich hinsetzen eine Last, das Aufstehen erforderte übermenschliche Kraft.

«Er kommt wieder», hörte ich den Onkel zu Miriam sagen, als mir ein Fahrer wieder eine abschlägige Antwort gab. «Er kommt nie nach Itaituba durch. Egal, wie weit er kommt, er muß über Humaitá zurück.»

Der Abend kam und mit ihm ein Lastwagen. Ein dünner, rothaariger, sommersprossiger Mann mit verbrannter Nase kletterte aus dem Führerhaus und trat in den Laden. Der Mund des Mannes war schief, die Nase irgendwann einmal eingeschlagen worden, ein Auge etwas größer als das andere: Tempo Feio – Schlechtes Wetter – ehemals Professor für Geschichte an einer Universität in São Paulo. Vom Militär verhaftet, gefoltert, mit Berufsverbot belegt. Nach dem Militärputsch hatten Offiziere den Geschichtsunterricht übernommen.

«Miriam, mein Schätzchen, dich würde ich viel lieber mitnehmen als diesen Typ», rief Tempo Feio in die Küche. «Aber ich bin ihr zu häßlich. Kann ich gut verstehen, deshalb besitze ich keinen einzigen Spiegel.» Tempo Feio lachte wie eine Ziege. «Mein Kompagnon», er legte den Arm um die Schultern eines stämmigen Schwarzen, der mich an den Sänger Milton Nascimiento erinnerte. «Er erträgt mich nur, weil er immer geradeaus gucken und auf den Weg achten muß, *não é,* nicht wahr, Negão? Wir sind ein gutes Gespann. Ich nehme dich mit, Gringo. Du mußt nur gut aufpassen, daß du uns nicht verlierst, ich bin so weiß, daß man mich bei Tag nicht sieht, und der Schwarze macht sich nachts unsichtbar.» Wieder ließ er ziegenartiges Gelächter vernehmen. «Ich bin der häßlichste Mann in Amazonien», sagte Tempo Feio galant und faßte Miriam unters Kinn. «Ich bin so häßlich, daß die Frauen schon wieder auf mich stehen.»

«Vor dir gruselt sich sogar der *jacaré*. Er ist jetzt mein Mann», Miriam zeigte auf mich.

«Wenn das so ist –» Tempo Feio zog die Luft hörbar ein.

«Miriam mag dich! Gut, dann nehme ich dich sogar mit in die Hölle. Aber man muß wohl ein Scheißgringo sein, damit sie ihr Herz verschenkt.» Tempo Feio drehte sich zu mir um. «Jacaré ist weit, von dort aus kannst du mit dem Boot oder dem Flugzeug nach Itaituba weiter. Hast du eine Waffe? Nein? Miriams Onkel leiht dir eine. Ich geb sie ihm auf der Rückfahrt wieder. Okay? Laß ihm hundert Dollar als Pfand da. Das ist dann der Fahrpreis für dich. Ich hole sie mir ab.»

Es wurde eine Fahrt in die Hölle. Was hatte der Lieferwagenfahrer zum Abschied gesagt? «Wer auf die Transamazônica geht, der muß zum Leiden bereit sein!»

Ich erinnerte mich an den Film «Lohn der Angst». Die Straßen waren fast ebenso schlecht. Glücklicherweise hatten wir kein hochexplosives Glyzerin geladen, sondern Schnaps, Konserven, Speiseöl und Salz, und oben auf der Ladung stand ein Käfig mit lebenden Hühnern. Tempo Feios Partner, dos Santos, erklärte mir den Grund: «Tempo Feio wird verrückt, wenn er kein Rührei zum Frühstück bekommt. Ohne Macke kommt eben keiner durchs Leben.»

Zuerst kamen wir zügig vorwärts, dreißig Kilometer in der Stunde – bis zur zweiten Brücke. Dos Santos stieg aus und ging zu Fuß über die Balkenkonstruktion, prüfte den Halt der durchgerosteten Eisenkrampen, die die Balken zusammenhielten, hüpfte über Bohlen, klopfte mit einem Brecheisen die Träger ab und rüttelte an Verstrebungen, eine Arbeit, die ich von ihm lernte, um sie dann in den nächsten Tagen selbst auszuführen. Hielten die Verstrebungen? Waren die Balken in der Höhe des Wasserspiegels angefault, oder hatte die Strömung die Rampe der Uferböschung unterspült? Jeder Irrtum wäre fatal. Der Laster hatte eine Seilwinde an der Stoßstange, verbogene Drahtgitter vor den Scheinwerfern. Mit den

Bordwerkzeugen ließen sich Bäume fällen und neue Brücken bauen. Auch für den Motor waren Ersatzteile vorhanden. Bis Jacaré, wie Tempo Feio den Namen der Goldgräbersiedlung abkürzte, wollte er mich auf jeden Fall mitnehmen, «oder bis ich die gesamte Ladung verkauft habe».

Immer, wenn wir eine Brücke überquerten, stellte sich dos Santos aufs Trittbrett. Am Nachmittag, am Rio Maici, war es genauso. Ein Teil der Brücke war erneuert worden. «Vor einiger Zeit ist ein Tankwagen von der Brücke gestürzt, vier Tage hat es gedauert, bis sie ihn wieder raushatten.» Tempo Feio zeigte auf den vier Meter tiefer gelegenen Fluß. Der Rio Maici war nicht besonders breit, aber das Flußbett war unzugänglich. Der Tankwagen hatte dem Bürgermeister von Humaitá gehört. «Sonst wäre er bis zum Jüngsten Gericht da liegengeblieben. Den Fahrer hat's erwischt, zum Krüppel ist er geworden. Er geht jetzt in Porto Velho betteln.»

Der Motor heulte, der Lkw quälte sich eine Steigung hinauf und rutschte in die Spurrillen, die Räder drehten durch. Dos Santos sprang ab und schob Bremsklötze unter die Reifen. Die Seilwinde zog uns raus.

Staub lag auf den Blättern der Bäume an der Straße. Von Regenwald und Feuchtigkeit keine Spur. Staub lag auch auf den zusammengebrochenen Hütten am Straßenrand. Was gebaut worden war, verfiel, Wiesen und Felder versteppten, oder der Urwald holte sich das geordnete Land zurück.

Ein entgegenkommendes Fahrzeug kündigte sich mit einer Staubwolke an. Es war jedesmal eine Sensation. Jeder kannte Tempo Feio, und er kannte jeden. Wir hielten. «Wie ist die Straße?»

«So wie dein Gesicht», knurrte der andere Fahrer und spuckte Staub. «Ihr werdet es schaffen. Aber einen Wolkenbruch hält die Strecke nicht aus, wenn nicht bald ein Schlepper auftaucht.»

«Möge Gott diesen Wunsch erhören.» Tempo Feio gab Gas. Als das Wetterleuchten begann, wurden sie schweigsam. Es sollte erst am nächsten Tag regnen, als ich nur noch an den Rückweg dachte.

Spät fanden wir einen Lagerplatz, wo Wasser zum Waschen und Kochen vorhanden war. Tempo Feio teilte die Wachen ein: Das Feuer mußte unterhalten werden, «wegen der Jaguare», wie er sagte, aber ich glaubte ihm nicht, und der Lkw mußte bewacht werden. Niemand hatte nach dem Tag in Schweiß und Staub Lust zum Reden. Der Staub brannte im Hals, machte das Schlucken unangenehm. Wir würgten Reis und Trockenfleisch und Bohnen runter. Danach war es nur noch die Hängematte, an die es sich zu denken lohnte – auch ohne Miriam.

Ich hatte die erste Wache. Wir hätten weder Feuer noch das Gewehr gebraucht, geschweige denn jeder einen Revolver im Gürtel, bei dem ich fürchtete, daß er von allein losging. Tempo Feio schnarchte so gräßlich, daß sich weder Jaguarrudel noch Banditenhorden an uns herangemacht hätten. Fröstelnd und so schweigsam wie am Abend hockten wir morgens am Feuer. Der Kaffee wärmte, und als der Himmel hell wurde, dröhnte wieder der Motor, krachten die Achsen. Im Lauf des Vormittags wurde die Sonne zum Feind. Wir konnten ihr nicht ausweichen, bedeckten den ganzen Körper, hätten am liebsten zwei Sonnenbrillen aufgesetzt. Der schlechte Weg längs an abgerutschten Abhängen, vorsichtig die Hügel hinunter, langsam wieder hinauf, der Regenwald war ein Meer von Hügeln und selten eine ebene Fläche, nahm den Fahrtwind. An der nächsten Brücke schleppten wir Bohlen, nahmen sie hinter dem Wagen auf und legten sie vorne davor, rückten langsam weiter. «Wer sich auf die Transamazônica wagt, lernt Schmerzen vergessen.» Nach dreißig Kilometern statt der Winde, statt des Hammers oder des Brecheisens die Schaufel. Scheiße. Dos Santos ging vorweg, dirigierte, winkte, gestikulierte. Tempo Feio kurbelte, griff in die Kupplung, trampelte auf den Pedalen herum, fuhr mit dem ganzen Körper. Seit zwanzig Jahren waren die beiden befreundet. Sie kannten sich aus der Polizeizelle in São Paulo, in der sie in derselben Nacht von denselben Polizisten verprügelt worden waren.

Der Wald kam mal näher, mal wich er weit von der Straße zurück. Er wuchs in die Höhe, spendete Schatten, rahmte einen Bach ein, in den wir uns angezogen hineinwarfen. Gestrüpp kroch über den Boden, suchte eine fruchtbare Krume, fand aber im rosa und weißen Kies keinen Halt und kroch weiter. Wir rollten einen Abhang hinab. Tempo Feio schätzte die nächste Steigung ein. «Da kommen wir nur mit Schwierigkeiten...»

Da krachte es. Ich wurde gegen die Scheibe geschleudert, und Tempo Feio flog über das Lenkrad. Dos Santos stürzte vom Trittbrett und kullerte in den Straßengraben. Er rappelte sich auf und kam zum Fenster, als sich Tempo Feio Blut von der Stirn wischte. «Jetzt bist du noch häßlicher als sonst.» Tempo Feio betrachtete das Blut in seiner Hand. «Früher war ich wenigstens Kommunist. Heute bin ich nur noch ein Stück Scheiße. *Porra*, Wichse!»

Auch ich rappelte mich auf und kroch unter den Wagen. Ich verstand absolut nichts von Autos, aber daß die Radaufhängung gebrochen war, konnte sogar ich sehen. Dann desinfizierte ich Tempo Feios Stirnwunde. «Ihr müßt eure Sonnenbrillen abnehmen, sonst kann ich mich darin sehen», scherzte er. Dos Santos holte die Motorsäge. «Stihl» stand in großen Lettern auf der Seite, eine deutsche Firma. Ich hatte den Namen oft bei Holzfällern gelesen und in der Goldgrube in Roraima. Ich sollte ihn auch auf Plakaten in Marabá an der Transamazônica lesen, wo der Regenwald zur Eisenerzverhüttung in Holzkohle verwandelt wurde. Stihl, der Präsident des Deutschen Industrie- und Handelstages, für den Regenwald bedeutete der Name soviel wie Heckler & Koch oder Kalaschnikow im Bürgerkrieg. Und das Unternehmen behauptete, daß ihre Sägen bei einem Marktanteil von siebzig Prozent fast ausschließlich zum Absägen ausgeforsteter Wälder benutzt wurden. Motorsägen waren nützlich, Keile ließen sich damit zurechtsägen, Hebel auf die richtige Länge schneiden und Klötze für ein Podest, um den Wagen aufzubocken. Wir verzichteten auf Flüche und sparten unsere Kräfte.

Zuerst einmal mußten wir abladen. Ein Siedler kam und bot seine Hilfe an und seine Hütte zum Übernachten.

«Negão, du fährst zurück und holst Ersatzteile. Ich bleibe bei der Ladung. Und du? Bleibst du hier, oder fährst du zurück zu deiner Miriam? Es kann Tage dauern, bis wieder ein Wagen kommt, der dich mitnimmt. Fahr besser zurück, und suche dir einen anderen Weg.»

Der Siedler war ganz aus dem Häuschen. Endlich jemand zum Reden außer der verbitterten und wortkargen Frau und den fünf Kindern. Endlich Schnaps. «Mein Haus», er meinte seine Hütte, «gehört euch. Fühlt euch wie zu Hause.»

Der Siedler besaß eine Pflanzung, Obstbäume, ging auf die Jagd, schoß mal einen kaninchengroßen *paca*, mal ein Reh, mal ein *aguti*.

Niemand hungerte, aber Geld war nicht vorhanden, dafür Feuerholz und gutes Wasser. Seine Frau kannte sich mit Heilkräutern aus, aber wenn eines der Kinder Durchfall bekam, schwebte es in Lebensgefahr.

«Der nächste Arzt wohnt in Humaitá. Alles haben sie uns versprochen, als wir hergebracht worden sind. Schule, Ärzte, technische Hilfe, Kredit. Und wo sind wir? Mitten in der Scheiße», schimpfte der Siedler.

Wir saßen vor einem Feuer, darüber in der Pfanne ein Huhn, das Tempo Feio geopfert hatte. *Cachaça* ging in der Blechtasse reihum. Von einer Bank sahen uns wortlos die Kinder und ihre Mutter zu.

«Im *sertão* haben uns Großgrundbesitzer enteignet, und damit wir keinen Ärger machen, haben sie uns in den Busch abgeschoben, in die Verbannung.»

«So kann man das sehen», stimmte Tempo Feio zu. «In Rußland kommt man nach Sibirien, hier nach Amazonien.»

«Wir waren voller Hoffnung», erzählte der Siedler, «als wir 1975 hier ankamen. Aber es fehlte an allem, nur nicht an Versprechungen. Zweitausend Kilometer sind wir auf Lastwagen gefahren, haben an die Zukunft geglaubt, nicht wahr, Frau?»

Sie nickte ergeben, und die Kinder schauten uns an.

«Die Kornkammer der Welt sollte Amazonien werden», sagte Tempo Feio. «Eine neue Lebensader haben sie die Transamazônica genannt, der General Médici, der härteste Kommunistenfresser. Dabei wußte er gar nicht, was Kommunismus ist. Die nordamerikanische Allianz für den Fortschritt, die der ach so geliebte Kennedy gegründet hatte, brachte die Generäle an die Macht.»

Der Siedler verstand nichts von Politik. «Wir wußten nicht, was wir mit dem Urwald machen sollten. Wir haben erst mal saubergemacht, alles abgeholzt und gepflanzt. Es hat zwei Jahre gedauert, bis wir begriffen haben, daß hier nichts außer Urwald wachsen kann. Der Regen, die Enge im Urwald, das hat uns fertiggemacht.»

Donner grollte, Tempo Feio horchte auf. «Gewitter, ich werde den Schwarzen ablösen. Ich schlafe beim Wagen, das ist sicherer. Begleiten Sie mich?» fragte er den Siedler.

«Haben Sie Batterien? Mein Radio funktioniert seit vier Monaten nicht mehr.» Die beiden Männer verschwanden in der Nacht.

Glühwürmchen schwirrten in den Halmen des Zuckerrohrs, die Hunde kamen mit dem anrückenden Gewitter näher an die Hütte. Die Frau des Siedlers holte die Hühner vom Baum und sperrte sie in einen Verschlag. Als der Wind aufbrauste, half ich ihr, alles ringsum einzusammeln, was wegfliegen konnte. Ihr Mann kam mit dos Santos zurück, als die ersten Tropfen fielen. Die Hunde krochen unters Bettgestell.

Wind peitschte den Waldrand, wehte uns Sand in die Augen, Äste brachen, der Wind zerrte am Strohdach der Hütte. Blitze erleuchteten den Hang, an dem die Hütte stand. Krachend fuhr einer in der Nähe in die Bäume, ein Blitz folgte auf den nächsten. Ich zurrte eine Plane über meiner Hängematte fest, aber an Schlaf war nicht zu denken. Doch es sollte in dieser Nacht der einzige trockene Platz in der Hütte sein. «Was hält Sie hier?» fragte ich den Siedler zwei Tage später, als ich mich verabschiedete. Tempo Feio hatte einen Lastwagenfahrer dazu bewegen können, mich nach Humaitá zurückzubringen.

«Niemand will hier Land kaufen. Und wenn wir es verkaufen könnten, dann würde das Geld nicht reichen, irgend etwas Neues anzufangen. Wo sollen wir hin?» Der Siedler stand auf und knetete verlegen die Hände. «Können Sie mir vielleicht die Plane dalassen? Die Regenzeit beginnt bald, wir könnten sie unter dem Dach aufspannen.»

Wie hätte ich ihm den Wunsch abschlagen können.

Für den Rückweg benötigten dos Santos und ich drei Tage. Sie machten mich zum Spezialisten im Brückenbau.

«Ich wußte, daß du nicht durchkommst.» Miriams Onkel ging lächelnd um die Theke, umarmte mich und nahm den Revolver entgegen. «Miriam erwartet dich. Sie ist in die Stadt gegangen, sie will sich neue Kleider schneidern lassen – für dich.»

Mir wurde unheimlich, ich sollte verheiratet werden, andere entschieden. Unterwegs hatte ich keine Zeit gefunden, an Miriam und die Zukunft zu denken. Wo zog Exú mich rein? Wenn er mich hier reingebracht hat, dann bringt er mich auch wieder raus – diesen Satz hatte ich schon mal irgendwo gelesen, nur wo? Ich ging ebenfalls in die Stadt, um mich mit dem Bürgermeister zu treffen.

«Er ist in Manaus, um den Gouverneur um Geld zu bitten», erklärte die gelangweilte Sekretärin in der Präfektur und ließ sich die Fingernägel maniküren. «Wir haben nicht einmal Geld für Öl für den Generator. Wenden Sie sich an den Vize, Sie finden ihn im Supermarkt ‹Nunes›. Er heißt Sebastião Luly.»

Der Vize saß an einer der Kassen und zählte Geld. Fünf Männer standen im Halbkreis hinter ihm, als wollten sie ihn schützen. Feindlich stierten sie mich an. «Kommen Sie morgen wieder! Ich habe keine Zeit, sehen Sie das nicht?» blaffte mich der Vize an.

Ich wollte ihm erklären, daß ich bereits eine Woche auf der Transamazônica verloren hatte und dringend weiter müßte.

«Das ist Ihr Problem», schnauzte er mich an. «Ich habe Wichtigeres zu tun, als meine Zeit mit Ihnen zu verplempern.»

Ich wurde wütend: «Und was ist das?» fragte ich und merkte sofort, daß ich zu weit gegangen war.

Die Augen des Vize wurden schmal und so rot wie die Augen des *jacaré*, als sie der Strahl aus der Lampe getroffen hatte. «Was wollen Sie überhaupt hier? He? Was schnüffeln Sie in meinem Munizip? Machen Sie, daß Sie wegkommen, verschwinden Sie. Wir wollen hier keine Ausländer, schon gar keine Spitzel oder Spione. Scheren Sie sich zum Teufel.» Der Vize flüsterte den Männern hinter sich etwas zu. Sie nahmen eine drohende Haltung ein, zwei machten einen Schritt auf mich zu: «Sie sollen sich verpissen, und zwar sofort!» Ich sah mich einer drohenden Mauer gegenüber. Der Vize blickte auf die Uhr, sah dann seine Mitarbeiter oder *pistoleiros* auffordernd an. Bei zwei waren die Hemden in Gürtelhöhe ausgebeult, sie trugen Revolver.

«Dreißig Minuten sind genug», sagte der Vize kalt. «Nehmen Sie Ihren Dreck, und verlassen Sie die Stadt. Haben Sie mich verstanden? Sie sprechen doch Portugiesisch. In dreißig Minuten sind Sie aus Humaitá verschwunden!»

Das war alles andere als lustig. Rückwärts ging ich zur Tür, verließ den Supermarkt, und als mich niemand mehr sehen konnte, schaute ich auf die Uhr. Dreißig Minuten! Das war nicht viel. Was hatte ich falsch gemacht? Hätte ich mich einschleimen sollen?

«Was ist passiert?» fragte Miriams Onkel, als ich vor dem Laden aus dem Taxi sprang.

«Dreißig Minuten, nein, es sind nur noch zwanzig... in zwanzig

Minuten soll ich aus Humaitá verschwunden sein – hat der Vize gesagt.»

«Weshalb legst du Idiot dich auch mit ihm an», schrie der Onkel, als ich an ihm vorbeirannte und mein Gepäck zusammensuchte. «Niemand legt sich mit ihm an! Der versteht keinen Spaß. Der ist einer der Reichsten hier in der Gegend, da muckt keiner auf! Aber du, du mußt hier rumschnüffeln, du Hurensohn. Ich dachte, du nimmst Miriam mit...»

Das war es, er hatte sie loswerden wollen. Miriam war noch nicht zurückgekommen, und ich sah sie nie wieder.

«Der nächste Bus nach Manaus fährt gegen Abend, alles ausverkauft», bedauerte der Fahrkartenverkäufer. «Der Bus nach Porto Velho ist gerade abgefahren.»

Ich rannte zur Tankstelle. Per Anhalter – das war die letzte Möglichkeit! Gegenüber hielt ein schwerer, alter Chevrolet. Ich erinnerte mich, daß Tempo Feio von so einem Wagen abgeholt und ins Gefängnis gebracht worden war. Polizisten mit schwarzen Sonnenbrillen lehnten sich aus den Fenstern und stierten mich an.

Zwei fabrikneue Geländewagen der Luxusklasse mit venezolanischen Nummernschildern kamen an die Zapfsäulen. In jedem Wagen ein Fahrer mittleren Alters, wohlgenährt und wohlhabend. «*Suba, por favor*, steigen Sie ein», sagte der eine Mann auf spanisch, und wir fuhren stadtauswärts. Der Venezolaner blickte in den Rückspiegel. «Ärger gehabt?» Belustigt musterte mich mein Retter.

Der Polizeiwagen blieb nach einigen hundert Metern zurück. «Der Bürgermeister mag mich nicht. Eine Frauengeschichte.»

«Kann passieren.»

An der Landstraße vor Humaitá wartete ein dritter Geländewagen mit auch nur einem Fahrer und schloß sich der Kolonne an. «Wo kommen Sie her? Wo wollen Sie hin?» fragte ich den Venezolaner.

«Fragen Sie nicht soviel. Dann bekommen Sie auch keinen Ärger. Kennen Sie den aktuellen Goldpreis? Wo kann man in Porto Velho Gold kaufen?»

Den Preis kannte ich nicht, aber Gold konnte man in der Hauptstraße kaufen.

«Kennen Sie Baseball, unser Nationalspiel?» Der Fahrer griff ins Handschuhfach und zerrte einen Handschuh heraus. Mit ihm kam eine 9-mm-Pistole zum Vorschein. Wo war ich jetzt wieder hineingeraten? Exú hatte mir zwei Retter geschickt, aber höchst zweifelhafte.

«Wir reden über Sport», befahl der Venezolaner und schwärmte vom Aufstieg seiner Mannschaft. Ich dachte an Miriam und fühlte mich elend und leer.

Auf der linken Straßenseite brannte Weideland, eine Feuerwand kam direkt auf uns zu und drohte auf die andere Straßenseite überzuspringen. Sie wälzte sich auf Hütten zu, Menschen standen davor mit Bündeln in den Armen, schemenhaft sah ich die Frauen, wie sie die Hände rangen und zum Himmel streckten, und Kinder brachten sich auf der Straße in Sicherheit. Das Feuer erfaßte die Hütten und loderte auf. Im Vorbeifahren hörte ich das Prasseln der Flammen.

«Haben Sie das gesehen?» stieß ich entsetzt hervor.

Der Venezolaner legte den Kopf an die Nackenstütze. «Ich habe gar nichts gesehen…»

18. Unter Goldgräbern

«Alles ausgebucht.» Der Angestellte der Fluggesellschaft spielte auf der Tastatur des Buchungscomputers. «Nichts zu machen. Erst in fünf Tagen können Sie fliegen.»

Ich nestelte zwei Zwanzig-Dollar-Noten aus der Tasche und schob sie in den Paß. «Sehen Sie noch mal nach. Ich muß heute weiter.»

Der Angestellte verließ den Raum mit dem Paß in der Hand. Fünf Minuten später kam er wieder und gab mir den Paß ohne Dollarnoten zurück. «Sie haben Glück. Sie fliegen morgen nach Rio Branco und von dort aus mit kurzem Aufenthalt über Manaus nach Santarém. Von da nehmen Sie am besten ein Lufttaxi nach Itaituba.»

Wunderbar – ein Umweg von zweitausend Kilometern. Ich zahlte und verließ das Büro der Fluggesellschaft. Vier Tage in einem Hotel in Porto Velho waren auf jeden Fall teurer als das Bestechungsgeld für den Mann am Counter. Es war Übungssache, sich die Skrupel abzugewöhnen. Anders kam man hier nicht zurecht. Als ich zum ersten Mal einem Polizisten einen Geldschein in die Hand gedrückt hatte, stand mir noch der Angstschweiß auf der Stirn, und ich sah mich in Handschellen auf der Wache. Es war nicht einfach, von gewissen moralischen Prinzipien Abschied zu nehmen.

Es war Sonntag, als ich in Itaituba ankam, und die Stadt flimmerte in der Mittagshitze. Die vierundsechzig Tonnen Gold, die in den vergangenen zehn Jahren aus der Erde ringsum gewaschen worden waren, hatten gerade gereicht, um kaum mehr als drei Straßen zu pflastern. Wer etwas verdient hatte, schaffte es möglichst schnell woandershin. In den rechtwinkligen Straßen stand die Hitze, glühten die Wände der einstöckigen Häuser, eine Stadt wie ein Backofen. Die Rolläden der Geschäfte waren heruntergelassen, und die Straßenköter hatten sich unter verbeulten Autos verkrochen.

Ein Bekannter von Ivo Preto begleitete mich zu dessen Agentur. Ivo Preto war ein Mulatte, ein wahrer Hüne, war Besitzer der Goldgrube «*O Rato*», die Ratte, und Arbeitgeber von fünfhundert Goldgräbern, die für ihn die Arbeit machten. Und seit Wirland Freire, mutmaßlicher Chef des organisierten Verbrechens, Bürgermeister geworden war, diente Ivo Preto dem Munizip als Beauftragter für Umweltschutz. Das war etwa so, als würde ein hungriger Jaguar die Kinder der Gummizapfer zur Schule bringen. Ivo Preto kannte ich von einem Umweltkongreß her, wo er in seiner Funktion als Vorsitzender des Goldgräbersyndikats lamentierte, daß alle Welt die Goldgräber für böswillige Umweltzerstörer hielt. Dabei seien sie von der Gesellschaft und vom System Ausgestoßene, die an den Grenzen Brasiliens ums Überleben kämpften. Er gefiel sich in seiner Jammernummer, aber er hatte mir auch gesagt, daß er jeden töten müßte, der in sein Schürfgebiet eindringe. Ivo war keineswegs die Ausnahme. Wer sich auf Gold einließ, mußte so denken. «Erst, wenn die Erde mit Blut getränkt ist...»

Ivo Preto war verreist. Wir trotteten durch den roten Staub zurück. Er knirschte zwischen den Zähnen und trocknete den Mund und die Lunge, kratzte in den Augen und vernebelte die Sicht. Im Staub schlingerte ein Jeep um die Ecke, der Fahrer sah meinen Begleiter und hielt, tastete sich durch den Staub vorwärts. Der Mann, vierschrötig, muskulös und mit glatzenhaftem Haarschnitt schüttelte meinem Begleiter die Hand und sah mich an. Sein Blick war ein Schlag ins Gesicht. Ich schlug zurück, hielt dem Blick stand. Was geschah zwischen uns? Verachtung für das maskenhaft starre Gesicht meines Gegenübers stieg in mir auf, ich biß die Zähne zusammen. War es Haß, der von mir Besitz ergriff? Wir waren Feinde, als sich unsere Augen voneinander lösten, obwohl ich nichts von ihm wußte, seinen Namen nicht kannte und ihn niemals vorher gesehen hatte. Er hatte die Augen des *jacaré*.

Jarico packte die Harpune, schwang den Arm weit nach hinten über den Kopf. «Halt dich fest! Jetzt...» Ich hatte keine Harpune, und Jarico war weit – die Hitze, der Staub...

«Was machen Sie in Itaituba», fuhr mich der Unbekannte an. Einschüchternd baute er sich vor mir auf.

«Ich interessiere mich für Goldgruben.»

«Wo kommen Sie her», fragte er hart.

«Aus Porto Velho.»

«Was haben Sie da gemacht?»

«Was geht Sie das an? Sind Sie bei der Polizei?»

«Wir sehen uns noch», drohte der Unbekannte und zog meinen Begleiter zum Wagen. Nach einem kurzen Wortwechsel schwang er sich in den Jeep.

«Was für eine Bestie!» entfuhr es mir. Die Reifen des Wagens drehten im Staub durch. «Ein Stück Eis, das niemals schmilzt. Der empfindet nur Lust, wenn er andere quält.»

«Sei vorsichtig», warnte mein Begleiter, «du hast ganz richtig getippt. Ein mächtiger Mann. Er kennt jeden in Itaituba. Leute mit Skrupeln passen nicht hierher.»

Leider sollte ich die Bestie noch häufiger treffen, aber wir wechselten nie wieder ein Wort, nickten uns nicht einmal zu. Es war das erste Mal in Brasilien, daß ich daran dachte, mir einen Revolver zu kaufen. Gleichzeitig erschrak ich über den heimlichen Anpassungsprozeß an die Gewalt.

Das Monstrum hielt sich von mir fern, denn ich war in der nächsten Zeit Gast des Coronels, des Ortskommandanten von Itaituba. Ich frühstückte in seinem Haus, trank mit ihm im Offiziersclub und plauderte gern mit seiner charmanten Gattin. Wie war der Coronel an diese freundliche und bescheidene Frau gekommen? Sie behandelte jeden Rekruten mit der gleichen Freundlichkeit wie die Offiziere des Standorts.

Ivo Petro blieb verschwunden, also hatte ich viel Zeit für den Coronel. Er war ein interessanter Gesprächspratner, konnte zuhören, war gebildet und wie die meisten brasilianischen Offiziere an Politik interessiert. Er las Bücher, schikanierte niemanden und schlug den Soldaten gegenüber fast einen familiären Ton an. Sie glichen einer Überlebensgemeinschaft, die mit schlechtem Gerät und geringsten Mitteln eine Art Kampfbereitschaft und sich selbst am Leben erhielt. Das Essen war knapp. Gemüse wurde auf dem Kasernengelände angebaut – und einen Feind gab es nicht mehr.

Der Coronel war klug, wiederholte nicht die abgedroschenen Phrasen vom Kampf gegen Kommunisten und subversive Elemente. Aber er teilte die Phobie, daß ausländische Mächte Amazonien der

Rohstoffe wegen besetzen könnten. Die Abneigung gegen Missionare, Umweltschützer und Gewerkschafter war ihm in Jahrzehnten eingeimpft worden. Deutlich sah er die Abhängigkeit Brasiliens von internationalen Banken und den Entscheidungen der Industrieländer. «Ich bin Nationalist», pflegte er zu sagen. «Zuerst kommt Brasilien für mich, die Nation, ihr sind wir verpflichtet, wir schützen die Verfassung. Das ist unsere Aufgabe. Wenn die Nation uns ruft, stehen wir bereit. Einer Regierung gegenüber sind wir nicht verpflichtet, am wenigsten einer aus korrupten Politikern.»

Obwohl der Coronel Berufssoldat war, hielt er die Demokratie für die beste aller Regierungsformen. «Uns beschimpft man, dabei haben wir erst die Demokratie ermöglicht. Meine Männer haben die Wahlurnen in die letzten Winkel des Munizips begleitet. Es ist immerhin halb so groß wie Deutschland. Sie haben nachts neben den Urnen geschlafen. Und für die Soldaten, die sich dabei Malaria geholt haben, hat unsere Nation nicht einmal Medikamente.»

Er hatte einen Gefreiten zur nächsten Apotheke geschickt und die Tabletten vom eigenen Geld kaufen lassen. So zeigte der Coronel gegenüber seinen Untergebenen die gleiche Verantwortung wie der *fazendeiro* da Costa den *vaqueiros* gegenüber. Wir saßen im Offiziersclub am Rio Tapajós, als der Coronel auf seinen militärischen Auftrag zu sprechen kam: «Tausende von Goldgräbern sind hier, Parias aus dem ganzen Land, der Abschaum und anständige Familienväter, Abenteurer, Mörder, Jugendliche mit einem Traum vom Leben. Wer vom schnellen Reichtum träumt, der kommt nach Amazonien, auch die, die nichts gelernt haben, denen niemand einen Job gibt. Auch gesuchte Drogenhändler flüchten hierher. Es ist ein Land ohne Gesetze. Die existieren nur auf dem Papier. Alles hängt von der Macht des einzelnen ab, von seiner Verschlagenheit, von seiner Fähigkeit, Bündnisse einzugehen oder Angst zu verbreiten. Wie werden die Menschen dazu gebracht, daß sie Gesetze befolgen?»

Ich stöhnte. «Ich weiß, worauf Sie hinauswollen – durch Strafen. Einsicht ist leider nicht sehr weit verbreitet.»

«Eben!» Der Coronel tippte hart mit dem Zeigefinger auf den Tisch. «Wir sind die einzige Institution, die einigermaßen funktioniert. Und hier liegt meine Aufgabe. Wir müssen die Goldgräber davon überzeugen, daß es ein übergeordnetes Interesse gibt, einen

Staat, der sie integriert, etwas von ihnen verlangt und sie nicht verurteilt. Der Schutz unserer Umwelt ist nicht Sache des Auslands!»

Am Abend, als wichtige Grubenbesitzer und Lokalpolitiker zu der vom Coronel einberufenen Versammlung in den Offiziersclub kamen, kritisierte einer der Grubenbesitzer die Einstellung des Coronels: «Ihr fordert von uns Rücksichtnahme, dabei hat der Staat unsere Schürfgebiete niemals garantiert. Keine technische Hilfe, keine Ärzte, keine Lehrer, keine Polizei, nur Forderungen – und Steuern.»

Alle Grubenbesitzer stimmten zu. Sie, die einst mit Schaufel, Goldwaschschüssel und Gewehr in den Urwald gezogen waren, hatten sich zu Unternehmern gemausert. Die Zeit der Abenteurer war vorbei. Aber jeder hatte eine Marotte aus den Pioniertagen beibehalten: eine Uhr aus massivem Gold, ein Kettchen mit einem Nugget daran. Einer konnte sich nicht von Gummilatschen trennen, einer sammelte Flugzeuge, ein anderer fühlte sich ohne den 38er Revolver nackt. Da stand die zwanzig Jahre alte Aktentasche unter dem Tisch, die jetzt Untersuchungen über die Verseuchung der Goldgräber mit Quecksilber enthielt, Untersuchungen darüber, wie Quecksilber, das zur Amalgamierung des Goldes diente, in die Nahrungskette gelangte, zu Sehschäden und Lähmungen führte, wie Öl und Seifenlauge Fauna und Flora der Flüsse vernichteten. All das verunsicherte die Männer. Im Urwald fühlten sie sich sicher.

Als sich die Versammlung auflöste, nahm mich ein Mitglied des Stadtrates vertraulich beiseite und bestellte Whisky. «Sie müssen unbedingt in eine Goldgrube! Sie müssen wissen, wie es dem einfachen Goldgräber geht, wie er bis aufs Blut ausgebeutet wird. Und die armen Frauen, die angeblich als Köchinnen arbeiten. Sklavinnen sind das, Verschleppte...»

Das Ratsmitglied wollte sich bei mir melden, wenn er ein Flugzeug hätte. Kaum war er aufgestanden, setzte sich ein anderer zu mir. «Der Mann, mit dem Sie eben geredet haben, hat neun Menschen ermorden lassen, zwei ganze Familien. Und so einen wählt das Volk.»

Ein Denunziant? «Weshalb erzählen Sie mir das?»

«Sie müssen die Wahrheit kennen, die Wirklichkeit...»

«So ist es zumindest gewesen, wollten Sie wohl sagen», denn ich erinnerte mich an eine zwei Jahre alte Zeitungsmeldung über ein Wochenende in Itaituba: «Ein Taxifahrer, stadtbekannter *pistoleiro*, wurde mit sechs Schüssen in seinem Wagen getötet; ein Rentner und sein Schwiegersohn wurden angeklagt, einen anderen Schwiegersohn des Rentners ermordet zu haben. Der Rentner wurde verhaftet; am Stadtrand wurde ein von Kugeln durchsiebtes Pärchen gefunden; Schießerei zwischen Bestattungsunternehmern um den Besitz eines Leichnams; die Gefangenen der örtlichen Polizeistation konnten ausbrechen.» Diese Zeiten waren vorbei, seit der Goldpreis gefallen war und die Goldgräber abwanderten.

Ivo Preto tauchte zwar auf, aber wollte mich nicht in seiner Goldgrube haben, auch das Ratsmitglied wollte von seinem Versprechen nichts mehr wissen.

«Machen wir uns ein nettes Wochenende», schlug der Coronel vor. «Morgen findet auf der Fazenda von Paulo Nougeira ein *churrasco* statt. Sie sind selbstverständlich eingeladen.» Kurz darauf erhielt ich die Nachricht, daß Armando Palla, Pilot und Grubenbesitzer, der seit zehn Jahren in Itaituba lebte, mich mitnehmen wollte.

Das Treffen bei Paulo Nougeira war eine illustre Männerveranstaltung. Gastgeber waren der wohlhabende Grubenbesitzer Paulo und sein Bruder, der seine Gewinne aus der Grube in Vieh angelegt hatte. Außer dem Coronel stellte sich ein Leutnant ein. Auf seinem Hemd prangten die Buchstaben UDR – Demokratische Landunion. Sie wurde der geistigen Urheberschaft des Mordes an Chico Mendes bezichtigt. Der dicke Bäcker, den es aus São Paulo nach Itaituba verschlagen hatte, stellte nachts Patronen her, seit ihn seine Frau verlassen hatte. Itaituba war nicht zu ertragen gewesen.

Die Gäste hatten ihre Lieblingswaffen mitgebracht, kurz- und langläufige Revolver, automatische Pistolen verschiedener Kaliber, Repetiergewehre und Winchester. Neben dem Farmgebäude stand ein langer Tisch mit Gläsern, Bier und Whiskyflaschen und Coca-Dosen; dazwischen legten die Männer ihre Waffen und Patronenschachteln ab. Erst wurde getrunken, Whisky wie Wasser, ich blieb beim Bier, dann stellten die Leibwächter oder Knechte des Gastgebers Blechdosen gegenüber vom Tisch unter die Bäume. Die ersten Schüsse dienten zum Aufwärmen. Sand spritzte, die Dosen schepperten und kullerten, von Schüssen getrieben weiter. Der Coronel führte das Kommando, achtete peinlich darauf, daß niemand in die Schußlinie lief und die Waffen beim Nachladen nach unten zeigten. Er schoß am besten. An Patronen herrschte kein Mangel.

Als die Reihe an mir war, hörte ich eine Wagentür klappen. Ich hielt den Arm mit der Waffe gestreckt, hatte den Hahn des langläufigen Revolvers gespannt und sah kurz zur Seite. Das Monstrum – durchzuckte es mich. Ich sah nach vorn, zielte und drückte ab, es war mein einziger Treffer mit dem Revolver. Der Coronel lobte mich: «Gut so, aber Sie müssen noch viel üben.»

«Scheint nicht so», knurrte das Monstrum grimmig, begrüßte die anderen herzlich und unterhielt sich besonders lange und angeregt mit dem Coronel.

Einer der Leibwächter entfachte Holzkohle, sein Kollege brachte das auf Spieße gesteckte Fleisch und drehte es über dem Feuer, während die Kugeln krachten. Von weitem mußte sich das Wochenendvergnügen wie ein haßerfüllter Kampf anhören. Niemand war entspannt, gelacht wurde nicht. Das Monstrum lud ein Magazin und schob es mit kaltem Grimm zurück, schoß, traf, schoß, traf... Er sah mich hochfahrend an, schoß wieder, traf wieder.

Dieser Mann verkörperte für mich das Böse schlechthin, der ewige Folterer, der immer wiedergeboren wurde. Er war in Argentinien zu Hause, in den Kellern der chilenischen Geheimpolizei wie im Bunker des früheren nicaraguanischen Diktators Somoza. Er hatte auch der Gestapo gedient und für General Franco Geständnisse erpreßt. Und jetzt? Wo würde sein nächstes Betätigungsfeld liegen? In Mexiko? Er wartete auf seine Stunde. Sie würde kommen – wie immer. Ich trat zum Tisch, griff einen Revolver, hob ihn, spannte den Hahn und sah das Monstrum an. Er sah mich, zuckte zurück – und für einen Moment flimmerte etwas wie Angst in seinen Augen. Dann funkelten sie wieder kalt.

Nach dem Essen wurden Gewehre gereicht.

«Du trinkst gar nicht», beschwerte sich der Gastgeber und drückte mir ein Glas in die Hand, von der anderen Seite bedrängte mich der Coronel: «Jetzt das Gewehr. Sie haben gedient, also zeigen Sie was.»

Ich tat ihm den Gefallen und traf jedes Ziel, das er mir anwies, einen Pfahl, eine Dose, ein Blatt im nahen Tümpel. «Seht mal», rief der Gastgeber den anderen zu. «Unser Freund aus Deutschland hat sich bisher bedeckt gehalten.» Aber die anderen waren inzwischen so betrunken und schießwütig, daß sie mir keine Aufmerksamkeit schenkten. «Ich werde den Ast absägen, ich werde ihn perforieren», schrie der Leutnant.

«Ja, gut so», rief das Monstrum. «Einen Schuß für die Ökologen», er warf mir einen Seitenblick zu, «einen für die Arbeiterpartei, peng, ha!»

«Vergiß Chico Mendes nicht», lachte der Gastgeber höhnisch und kam näher. Der Ast krachte herunter. «So wollt ihr uns sehen, nicht wahr? So könnt ihr eure Vorurteile über uns konservieren. Wir tun euch den Gefallen. Wir sind so, und so wollen wir bleiben, *porra*, verfluchte Wichse.»

Der Mann kotzte mich an, die ganze Veranstaltung war ekelhaft, eine Gewaltorgie ohne Tote, und ich schämte mich, daß ich dabei war. Sollte ich nach Itaituba zurücklaufen? Der einzige, der sich nicht gehen ließ, war der Coronel; auch ihm war das Gegröle peinlich. Ich ließ mir von einem der Leibwächter ein Pferd bringen. Der warme Körper des Tieres beruhigte mich ein bißchen. Ich saß auf und ließ den Haufen imaginärer Leichen zurück.

Armando Pallo hatte mit diesen Männern nichts zu tun. Der Pilot und Grubenbesitzer war aus anderem Holz, er gehörte auch nicht zur Creme von Itaituba. Er stammte aus einem der Elendsviertel Rio de Janeiros, hatte sich hochgearbeitet und durch Betrug alles verloren – bis auf den Flugschein. Als er in einer geliehenen Cessna nach Itaituba gekommen war, hatte er sich gegen die Mafia aus Grubenbesitzern, Flugsicherung, Polizei und *pistoleiros* durchsetzen müssen und das Fliegen richtig gelernt, hatte sich in unbekanntem Gebiet an den Farben der Flüsse orientiert und sich seine Karten selbst gezeichnet. Auch in der Regenzeit fand Armando eine von Bergen eingekeilte Piste von zweihundert Metern Länge und lieferte wie bestellt die fünfhundert Kilo Treibstoff. Daß zwischen Bergspitze und Wolkendecke nur zweihundert Meter zum Navigieren blieben, machte das Fliegen zwar gefährlich, hinderte ihn aber nicht, auch bei strömendem Regen an den Start zu gehen. Bruch machte er nur ein einziges Mal. Auf schleimiger, seifenglatter Piste kam er ins Schlingern, «tanzte Lambada» und riß sich am letzten Baum, der am Ende der

Piste stand, eine Tragfläche ab. An Bord hatte er ironischerweise die Kette, mit der eben dieser Baum umgerissen werden sollte.

Jetzt erholte sich Armando in seiner Villa über dem Ufer des Rio Tapajós von der letzten Malaria bei Chopin am Flügel. Neben ihm lag eine Plastiktüte mit Gold. Armando klappte den Klavierdeckel herunter und steckte die Tüte in die Hosentasche. «Bevor wir zum Flugplatz fahren, will ich zur Bank, ich brauche Bargeld.»

Wir verabschiedeten uns von seiner Frau, die am Computer Buchführung machte, und fuhren los. Armando kannte ich von der nächtlichen Versammlung im Offiziersclub. Er war einer der wenigen, der seinen Wohlstand nicht mit Goldketten zur Schau stellte. Aber er konnte sehr wohl Befehle erteilen und wartete nicht lange auf ihre Ausführung. Am Flugplatz hatten sich wie immer die Piloten versammelt und erwarteten neugierig die Linienmaschine aus Belém. Da war Pai Velho, der Alte Vater, ein Veteran mit dreißig Jahren Flugerfahrung. Der alte Gervasio war genauso lange dabei, war aber arm geblieben. Marcus hatte wie üblich Magenschmerzen, sein junger Bruder, der es lediglich bis zur Aufnahmeprüfung für das Bodenpersonal bei der VARIG geschafft hatte, träumte davon, seiner Mutter in der Uniform des Kapitäns eines Jumbojets unter die Augen zu treten. Er paukte täglich Wissen über Ladedruck, Steigwinkel und Kumulonimbuswolken in sich hinein. Aber ihm fehlte das Geld für den Pilotenschein. Clinger, sie nannten ihn E. T., den Außerirdischen, trottete stets müde zu seiner Maschine. Er hatte es wie seine sechs Brüder vom Flugzeugwäscher zum Piloten gebracht, aber zwei von ihnen waren abgestürzt, tot. Andere hatten Abstürze überlebt, der Rekord von Itaituba waren sechs. Hundertfünfzig Piloten sollten in den zehn Jahren des Goldrausches verschwunden sein. Vielleicht waren einige mit Flugzeugen getürmt und flogen jetzt Kokain nach Miami; es sollte gut bezahlt werden.

Paulos Bruder, dessen Bäume die Herrengesellschaft zerschossen hatte, kam auf mich zu. «*Tudo bem*? Alles klar? Fliegst du nach Belém?»

«Nein, er fliegt mit mir», unterbrach Armando, «nach Burití, in mein *garimpo*.»

«Das ist gut», freute sich der Bruder. «Versteh mich nicht falsch, nicht, daß ich dich nicht in die Goldgrube mitnehmen will. Aber wir haben sowenig zu tun. Die Kosten sind so hoch, daß wir jede Maschine bis an die Grenze der Tragfähigkeit beladen müssen.»

Armando winkte ab. «Das hast du immer gemacht, zweimal bist du bereits runtergefallen, und irgendwann...»

«... still, beschwöre nicht die Geister. Das passiert meistens mit der Minamato. Das Flugzeug taugt nichts...»

Andere Piloten lenkten das Gespräch in andere Richtungen. Es waren Männer dabei, denen nachgesagt wurde, mit illegalen Transporten viel Geld gemacht zu haben, anderen Papierschnitzel in den Tank gestopft und so Maschinen zum Absturz gebracht zu haben. Über manche wurde behauptet, daß sie jede der sechshundert Pisten im Munizip kannten. Die neue Linienmaschine der Fluggesellschaft TABA traf ein, der moderne Hochdecker «Dash 2000» mit Satellitennavigation. Dann landete eine lahme zweimotorige *bandeirante* mit klappernder Tür. Die Gesellschaft, für die sie flog, gehörte Bürgermeister Wirland Freire, der auch den Treibstoffhandel im Munizip kontrollierte. Sein Sohn saß als mehrfacher Mörder im Gefängnis.

«Hat der Sohn die Leute im Auftrag des Vaters umgebracht?» fragte ich Armando.

«Was weiß ich. Der wird bald wieder rauskommen, dafür sorgt der Vater», murmelte Armando, und wir schlenderten zu einem der Hangars, wo Armando junior den letzten Check an der zweimotorigen Navajo Shifter durchführte. «Ich habe ihm das Fliegen beigebracht. Als Junge habe ich ihn in der Luft ans Steuer gelassen, später durfte er auch starten und landen.» Die Navajo Shifter war die letzte von dreien, die Armando besessen hatte. Er selbst kümmerte sich um die Wartung. «Ich will kein Risiko eingehen, wenn mein eigener Sohn in der Maschine sitzt.»

Unsere Fracht unterschied sich lediglich in den zwei Sack gefrorener Hähnchen und einem Karton Medikamente von der, die Timbó in die Yanomamiberge geflogen hatte. Allerdings flogen wir nicht illegal, wenn diese Unterscheidung überhaupt Sinn machte, denn alle *garimpos* waren illegal, keine der Pisten von der Flugaufsicht abgenommen.

Wir rollten an den Start. «Der Lahme und der Blinde», bemerkte Armando junior maliziös, als uns zwei Uniformierte vom Tower aus beobachteten. «Die Flugsicherung von Itaituba. Wer mit ihnen kooperiert, den verschonen sie mit Kontrollen.» Heute übersahen sie, daß ich hinter den Piloten auf einer Kiste saß.

Sacht hoben wir ab, und Armando junior kippte die Navajo über die rechte Tragfläche nach Süden. Unter uns floß der Rio Tapajós in milchigem Grün, und golden schimmerten die Sandbänke. Ich hatte den Strom vor vielen Jahren klar und dunkel gesehen, als Klarwasserfluß, wie ihn die Wissenschaft nannte. Er trug keine Sedimente, wie sie der Weißwasserfluß Amazonas aus den Anden mitbrachte, und auch keinen Humus wie der Schwarzwasserfluß Rio Negro. Seit einigen Jahren war der Rio Tapajós zum Weißwasserfluß geworden, verursacht durch den Schlamm, den die Schaufelbagger und Flußtaucher bei der Goldsuche aufwühlten. Langsam stiegen wir in den blassen Himmel. Der Höhenmesser kletterte bis auf dreitausend Fuß. In dieser Höhe wurde es angenehm kühl.

«Früher war morgens der Himmel voller Flugzeuge», schrie Armando gegen den Lärm an. «Vierhundert Starts und Landungen täglich. Wenn das Gold versiegt, kommt auch alles andere zum Erliegen.»

Wattebäusche segelten auf uns zu, und zwischen den Wolken erkannte ich lediglich eine kleine Cessna, die sich an der Bundesstraße 163 nach Curitiba orientierte, von der die Transamazônica abzweigte. Sie verlor sich in der konturlosen Weite. In einigen Tagen werde ich da unten im Staub stecken, dachte ich, wenn die Regenzeit noch auf sich warten läßt. Sie schob sich von Westen her heran.

Das grüne Land wellte sich, die Kuppe eines in Jahrtausenden glattgeschliffenen Felskegels ragte aus dem Urwald. Ein Fluß blinkte gelb und schlammig, so daß die Stromschnellen jedes Glitzern verloren. Von weitem leuchteten die Einschnitte verlassener Landebahnen. Wo die Gruben aufgegeben waren, vernarbten die Wunden. An den *barrancos*, den Gruben entlang der Flußläufe, führte der Mensch Krieg gegen die Natur. Bombenkratern gleich zogen sich die vollgelaufenen Gruben durch Täler, als ob Bomber ihre tödliche Last in Reihen abgeworfen hätten. Bäume waren am Rand des Urwalds durcheinandergewirbelt, von der Gewalt des Luftdrucks detonierender Sprengkörper entwurzelt.

«Ein schauderhafter Anblick», gestand Armando, der an dieser Verwüstung teilhatte. Sein Sohn ließ die Maschine im Dunst und den Turbulenzen der aufsteigenden Mittagshitze sinken. Die Maschine wurde an den Tragflächen gepackt und durchgerüttelt. Es war, als säße ich wieder im Führerhaus neben Tempo Feio. Armando junior kippte die Maschine in einer steilen Kurve auf den Rio Surubim zu. Die Verwüstungen zeigten sich hier noch deutlicher. Da lebte kein *surubim* mehr und auch kein anderer Fisch. Krater lag an Krater, ein Flächenbombardement, Einschläge von Meteoriten, aber das Entsetzen wollte sich nicht einstellen, der Gewöhnungseffekt trat ein, und ich war neugierig, wie die Verwüstungen von unten aussehen würden. Was waren das für Menschen, die auf diesem Schlachtfeld arbeiteten? Einige kannte ich bereits. Der Coronel wollte den Raubbau in geordnete Bahnen lenken. Dem schießwütigen Paulo war alles egal, nach ihm die Sintflut, verbrannte Erde…

«Weshalb haßt ihr Goldgräber die Umweltschützer», schrie ich Armando ins Ohr.

«Ich hasse niemanden», schrie Armando zurück. «Umweltschützer sind wichtig, sie modernisieren das System, denn so geht es nicht weiter. Die anderen sehen das auch so, nur sagen sie es nicht. Sie haben Angst um den Profit.»

Die Maschine berührte jetzt fast die Bäume. Der Junior ließ mich die Front besichtigen, dann zog er die Maschine über einen Hügel und auf der Spitze der Tragfläche um einen Berg und nahm das Gas zurück, fuhr die Flaps ganz aus. Wir rasten wenige Meter über die Wipfel. «Affen erschrecken, nennen wir das», brüllte Armando.

Erst im letzten Moment vor dem Aufsetzen sah ich die Landebahn. Sie zog sich über zwei Absätze einen Hügel hinauf. Steine prasselten gegen Rumpf und Leitwerk, die Maschine hüpfte und verlor rasch an Fahrt, als sie auf der Piste den Berg hinaufraste. Junior stieg in die Bremsen und brachte die Navajo vor einer Baracke zum Stehen, dem Zentrum des *garimpo* – Bar, Laden, Erste-Hilfe-Station und Kantine, Büro. «Ein Bordell gibt es bei mir nicht, ich bin kein Zuhälter», lachte Armando und zwängte sich nach draußen. «Wer hier was braucht, der muß sich einen Ameisenbären suchen.»

Der Schritt aus der Kabine war ein Schritt in eine feuchtheiße Masse, die den Körper festhielt, die Arme lähmte; es war, als ob die Beine steckenblieben. Zu meinem Erstaunen ließ sich die Masse einatmen. Ich sprang in den roten Staub der Landebahn. Der Verwalter der Grube kam auf Armando zu. Statt ihm die Hand zu geben, streckte er ihm eine Pistolentasche entgegen.

«Wegen der Schlangen!» entschuldigte sich Armando. Die Waffe schien mir eher ein Machtsymbol zu sein, denn Armandos Goldgräbern war das Tragen von Waffen verboten. Hier war Armando Boß, die Waffe das Gesetz, das es nicht gab. Die Polizei oder gar der Coronel waren vierhundert Kilometer entfernt. Mit einer Machete hätte man eine Schlange sicherer erledigt.

In der Baracke lag eine alte Frau auf einer Strohmatte. Sie sah steif und tot aus. Ihr Mann trat auf Armando zu, der ungerührt Getränke aus der Kühltruhe holte. Der Mann zerknüllte verschämt den Hut in den Händen. «Die Frau», er deutete auf die am Boden Liegende, «meine Frau – sie ist krank, sehr krank.»

«Malaria?»

«Ich weiß nicht. Sie hat Fieber, seit Tagen, sie stöhnt nur noch. Können Sie... ich habe kein Geld... ich bin kein Goldgräber...», stammelte der Mann.

Armando fühlte Stirn und Puls, sah in die Augen der Alten, tastete Leber und Milz ab. «Mhm, Malaria! Kein Zweifel.»

Der Verwalter war der gleichen Meinung. «Wenn sie bald behandelt wird, hat sie eine Chance. Sie muß an einen Tropf.»

Tausende starben in Amazonien still vor sich hin. Sie wußten nicht einmal, woran sie starben. Ob sie an Malaria starben, hing davon ab, ob Unterernährung oder andere Krankheiten den Körper zusätzlich schwächten: Gelbsucht, Lepra, Cholera, Amöbenruhr. Die Frau war so mager, daß sie unter unseren Blicken zu schwinden schien. Sie nahm nicht mehr wahr, was um sie herum geschah.

Armando blieb gelassen. «Ich nehme sie auf dem Rückweg mit. In drei Stunden fliegen wir.»

«Ich habe kein Geld», stotterte der Mann wieder, «aber ich kann für Sie arbeiten...»

«Laß gut sein, *tudo bem.*» Armando hatte einen Freund fürs Leben gewonnen. Dankbar sah der Mann zu ihm auf.

Armando hatte so oft Malaria gehabt, daß er es gar nicht mehr zählte. Sein Sohn, der Verwalter, ich selbst hatte sie genauso überstanden wie die Männer in Armandos Grube. Das Fieber war so stark, daß es die Füße unter dem Körper wegriß und die Gliedmaßen unkontrolliert zittern ließ. Je nach Malariatyp kamen die Anfälle jeden zweiten oder fünften Tag wieder. In den *garimpos* wurden Medikamente gegen Malaria wie auch alle anderen Arzneimittel zu Horrorpreisen verkauft. Nur Armando nahm keinen Aufschlag. «Was nutzen mir Kranke oder Tote? Wenn sie sich zu sehr verschulden, dann hauen sie plötzlich ab. Es ist bestialisch, die Leute derart auszunutzen.»

Für einen Grubenbesitzer eine sehr ungewöhnliche Einstellung. Das war nicht das einzige, was Armando von anderen Grubenbesitzern unterschied. «Ich komme selbst aus dem Dreck, ich weiß, was es heißt, arm zu sein.»

Nach dem Essen trabten wir eine halbe Stunde lang durch den Wald, bestiegen ein Boot und fuhren auf dem lehmigen Rio Surubim flußabwärts durch eine verwüstete, mehrmals durchgesiebte Mondlandschaft. Der Fluß führte kein Wasser, sondern flüssigen Lehm. Meterhohe Holzgestelle ragten aus dem weißen, unfruchtbaren Sand. Der Rio Surubim wurde bereits oberhalb von Goldgruben aufgewühlt, deshalb die tote, undurchsichtige Brühe hier. An einer Sandbank vor dem Lager der Arbeiter stiegen wir aus. Unter blauen Plastikplanen war so etwas wie eine Feldküche eingerichtet. Zwei Köchinnen klapperten mit Töpfen, machten den Goldgräbern das Essen, wuschen Wäsche, schleppten Trinkwasser und teilten mit einem von ihnen, meist mit dem Vorarbeiter der Vierergruppe, die in einer Grube arbeitete, die Hängematte unter dem spröden Moskitonetz. Ein Radio plärrte, ein Feuer qualmte, ich dachte an Rita vom Schiff. In welchem *garimpo* mochte sie untergeschlüpft sein? Als Köchin in einem Lager? In einer der Baracken an der Piste der großen Goldgruben, wo sie für eine Stunde Liebe zehn Gramm Gold bekam? Oder hatten ihre Augen inzwischen den gleichen trüben Schein der Hoffnungslosigkeit wie Dionisios?

Das Dröhnen der Dieselpumpen klang vertraut. Die Männer arbeiteten in den Gruben zwischen Fluß und Waldrand. Zuerst war der Wald abgeholzt worden, danach die Erde mit einem Wasserstrahl unter Druck ausgespült worden bis hinab zur goldhaltigen Kiesschicht. Am tiefsten Punkt der Grube schwamm eine Dieselpumpe auf einem Floß, daneben saß ein Goldgräber im Schlamm und drückte ein Ansaugrohr ins Wasser, das abgesaugt und über eine mit Säcken und Teppichboden ausgelegte Rutsche gespült wurde. An den Fasern blieb nur etwa die Hälfte dess Goldes hängen, der Rest ging bei dieser Abbaumethode verloren. Seit einer Woche schon lief das Wasser über die Rutsche. Heute war der Tag, an dem die Grube geleert sein würde und die Säcke auf der Rutsche ausgewaschen wurden: der Tag der Wahrheit! Wieviel würde jede der lehmverschmierten und sonnenverbrannten Gestalten verdient haben?

Die Männer ließen die Arbeit sein, der Motor wurde abgestellt, die Grillen sorgten für die Geräuschkulisse. Der Vorarbeiter gab die weiteren Befehle: «Schlagt die Säcke aus, aber vorsichtig, ihr Hurensöhne, damit nichts verlorengeht. Dann wascht sie mit Waschpulver. Mach nicht soviel Wellen, Mann!»

Armando betrachtete enttäuscht den Goldfilm, der sich am Ende der Rutsche auf feinem schwarzem Sand abgesetzt hatte. «Viel ist das nicht. Es lohnt nicht mal den Flug hierher. Keine Nuggets. So was findest du nur im Gebirge.»

Ein Goldgräber schwenkte zum Schluß im knietiefen Wasser die Goldwaschpfanne. Der Vorarbeiter brachte das Fläschchen mit Quecksilber und goß etwas in die Schüssel. Es verband sich mit Gold zu Goldamalgam. Wieder und wieder wurde gewaschen und das Quecksilber zuletzt durch ein Tuch gedrückt, bis nur noch eine bröckelige silbrige Masse übrigblieb.

Es war Aufgabe des Verwalters, in einer halb geschlossenen Blechpfanne das Goldamalgam so lange zu erhitzen, bis alles Quecksilber verdampft war. Er tat es in der Küche der Baracke, wo unser Essen stand. «Bist du verrückt», fuhr ich ihn an, «willst du mich vergiften?»

«Wieso?» fragte der Verwalter verständnislos. «Wir machen das immer so!»

«Das Quecksilber verdampft und legt sich aufs Essen. Ihr eßt Quecksilber mit, und dann fallen euch die Haare aus und die Zähne, die Fingernägel, zum Schluß bist du gelähmt.»

Der Verwalter faßte sich in den dichten Schopf. «Mir fehlen keine Haare.»

«Wart's ab, noch nicht», sagte Armando und trat in die Tür. «Es stimmt. Ihr müßt es draußen machen.»

«Weshalb verwendet ihr keine Retorten, keinen geschlossenen Kreislauf, bei dem ihr das Quecksilber zurückgewinnt?»

«Weil die kleinen Retorten in Itaituba vom Markt verschwunden sind», sagte Armando. «Wahrscheinlich läßt sich mit Quecksilber mehr verdienen als mit Retorten.»

Die Goldgräber waren aus der Grube nachgekommen und umringten den Vorarbeiter. Es war ihr großer Tag. Hatte sich die Schinderei gelohnt? Siebzig Prozent der Ausbeute standen Armando zu. Dafür stellte er Maschinen und Treibstoff, Arbeitsgerät, Unterkunft und Essen. Daß es in seinem *garimpo* Geflügel und Fleisch gab, war eine große Ausnahme. Die Goldgräber in Roraima hatten sich mit Bohnen und Reis begnügen müssen.

Dreißig Prozent vom Gold erhielten die Arbeiter. Die wiederum zahlten den Köchinnen jeder zwanzig Gramm Gold. Soviel würden sie sonst nirgends in einem Monat verdienen.

Armando strich seinen Anteil ein und besprach mit dem Vorarbeiter, wo der nächste *baranco* angelegt werden sollte. «Füllt mit dem Abraum die Löcher, damit wir nicht noch mehr Brutplätze für Malariamücken schaffen.» Armando war einer der wenigen, die sich Gedanken machten, und er wollte versuchen, eine Retorte zu besorgen. Er ließ die Ölfässer und sogar den Müll ins Flugzeug schaffen. Die kranke Frau war vom Fieber inzwischen so steif wie ein Brett. Noch drei Männer hatten sich am Nachmittag in der Baracke eingefunden. Sie arbeiteten in der Nähe auf eigene Faust und wollten nach Itaituba zurück. Es kostete jeden zwölf Gramm, zum Wiegen ging man an den Tresen der Baracke. Aus Papiertütchen rieselten stumpf glänzende Körnchen auf die Waagschale.

«In ein paar Tagen hole ich dich ab», rief Armando mir zu, «falls etwas passiert, kannst du mich über Funk erreichen.» Er schloß das Fenster der Kanzel, der Junior startete.

Auch die Köchinnen kamen vom Lager herauf, genossen die Seifenoper im Fernsehen, und nachdem der aktuelle Goldpreis durchgegeben war, erzählten alle vom Leben, vom Tod, von der Liebe und vom Gold. «Wir haben aus einem *baranco* in zwei Wochen schon mal über ein Kilo rausgeholt», schwärmte einer der Männer.

Eine Köchin winkte beleidigt ab. «Das ist gar nichts gegen Julio de Deus Filho. Der hat den größten Klumpen in Brasilien gefunden: zweiundsechzig Kilo. Eine Million Dollar hat er dafür bekommen.» Träumend vom großen Fund redeten sie sich in die Nacht und schlurften durch die Dunkelheit zurück in ihre Notunterkunft.

Eine Woche später schlenderte ich durch die Hauptstraße von Itaituba. Ich kam aus der Agentur «Piranha», für die Armandos Schwiegersohn mit der großen Cessna «Caravan» Nachschub für die Goldgräber des reichen Grubenbesitzers Sabá transportierte. Ich wollte gerade die Straße überqueren, als eine Frau meinen Namen rief. Verwirrt drehte ich mich um. «Rita!» Sie winkte mir vom Schnellrestaurant an der Ecke zu. Ich lief zurück und wollte sie in die Arme nehmen. Sie wehrte sich: «Nein, nicht hier», und sah sich um. «Man kann uns sehen.»

«Na und? Warum nicht?» Was war mit Rita los?

Sie druckste: «Ich bin verheiratet. Mein Mann könnte uns sehen. Er bringt dich um – und mich vielleicht auch.»

«Na, dann herzlichen Glückwunsch!» Rita hatte es geschafft, war raus aus dem elenden Leben.

Zwei Tage später trafen wir uns heimlich in einer Kneipe am Stadtrand. Rita beugte sich vertraulich mir zu. «Du erinnerst dich bestimmt an den Jungen vom Tocantins. Er ist niedergestochen worden – von dem, mit dem er die Schlägerei an Bord angefangen hat.»

«Und, hat er überlebt?» fragte ich und machte mich bereits auf eine Schreckensnachricht gefaßt.

«Klar, der ist jung, so was muß ein Mann ertragen können. Und weißt du, was das Schärfste ist?»

Ich war gespannt, was jetzt kommen würde.

«Gaucho, dieser nichtssagende, hohle Typ, der Lackaffe aus dem Süden, den haben sie verhaftet. Er hat auf der *Fé em Deus* eine Ladung Äther nach Santarém gebracht – er wollte ein Kokainlabor aufmachen.»

Der Diamantensucher hatte den richtigen Riecher gehabt.

19. Die Brücke

Ob sie durchkommen werden? Woher soll ich das wissen. Die Sperrung bei Medicilândia jedenfalls ist aufgehoben. Das hat der Busfahrer berichtet, der gestern zurückgekommen ist. Das bedeutet, daß die Brücke repariert ist.»

Der Junge im Büro der Transbrasiliana gab mir die Fahrkarte nach Altamira und gähnte. Die Strecke sollte sogar gut sein, auch ganz ohne *atoleiros*, ohne Schlammlöcher. In Porto Velho, ja noch in Humaitá hatte es geheißen, daß die Transamazônica hinter Itaituba zur *estrada de onça* verkommen sei, zum Wildwechsel für Jaguare. Jetzt war davon keine Rede mehr.

Der Junge sackte auf dem Stuhl hinter dem Tresen zusammen und schlief ein. Sein Kopf fiel zurück, aber immer, wenn ein Arm oder Bein Gefahr lief, den Luftstrom des Ventilators zu verlassen, zuckte er oder es zurück. Mit dem Kopf war es nicht anders. Ich ließ den Jungen schlafen und trat auf die Straße. Das Licht schmerzte in den Augen, die Sonne brannte auf meine Kopfhaut, und ich beneidete die Brasilianer um ihr krauses, dichtes Haar. Hitze hatte die Menschen von der Straße vertrieben, sie hatten sich in ihren Häusern versteckt und sich zur Mittagsruhe begeben. Was hätte man zu dieser Tageszeit auch anderes tun können? Nur in der Hängematte war das Leben erträglich.

Weil Taxifahrer genauso dachten, mußte ich mein Gepäck zum Rio Tapajós schleppen. Bei jedem Schritt wurde es schwerer. Ich schaffte zwei Häuserblocks, machte Pause, dann einen, zuletzt war es mir egal, ob ich den Bus erreichen würde. Er fuhr von der anderen Seite des Flusses ab, wo die Transamazônica weiterging. Ein Eselskarren kam vorbei und nahm mich mit. Nur ein Esel strengt sich bei dieser Hitze an, dachte ich und stellte danach auch das Denken ein.

Die Autofähre hatte bereits abgelegt, und ich mußte in einem

Boot mit Außenbordmotor zum anderen Ufer übersetzen. Der zerlumpte Goldgräber vorn im Bug hatte keine Lust zu warten, bis alle sechs Plätze besetzt waren. «Fahr los, Fährmann! Ich zahle auch für die, die nicht mitfahren.» – «Du zahlst vor der Abfahrt. Woher soll ich sonst wissen, daß du Geld hast?»

Der Goldgräber öffnete die schmierige Umhängetasche, sie war randvoll mit Geldscheinen.

Der Fährmann staunte: «Scheinst Glück gehabt zu haben.»

Der Goldgräber lachte häßlich und verzog den zahnlosen Mund. «Kein Glück, Mann. Ich habe zwei Mann umgebracht, die Glück hatten. Haha.» Sein Lachen klang, als ob das stimmte. Weil es einfacher zu rechnen war, zahlte der Goldgräber für mich mit.

Die schnelle Fahrt über den Fluß machte die Hitze erträglich. Itaituba wurde kleiner, friedlicher. Die Hitze ließ die Stadt schrumpfen, und als wir den zwei Kilometer breiten Strom überquert hatten, war Itaituba weggeschmolzen. Dafür schleppte ich mich die Uferböschung hinauf nach Miritituba. Unter den Dächern der Holzhäuser mit Sidewalk wippten Männer auf ihren Stühlen und hatten die Füße in Cowboystiefeln auf die Geländer gelegt, die Hüte ins Gesicht gezogen. Statt Pferden standen Geländewagen vor den billigen Absteigen, wo mir niemand ein Zimmer vermieten wollte – ich hätte liegend auf die Abfahrt des Busses warten und ein Bad nehmen können. Man wollte mir noch nicht einmal einen Eimer Wasser verkaufen, den ich mir in irgendeinem Hof hätte über den Kopf gießen können. Da blieb nur noch der Fluß.

«In meinem Hof können Sie duschen», sprach mich ein Fremder an. «Es gibt genügend Wasser.» Sofort erwachte das Mißtrauen. Wieso diese Freundlichkeit? Der Fremde besaß einfach ein hilfsbereites Wesen. «Ich habe gesehen, wie Sie überall gefragt haben. Es ist schrecklich, wenn man sich nicht waschen kann.»

Also hatte er es weder auf Geld noch auf das Gepäck abgesehen, ganz im Gegensatz zu den Feuerameisen, die das kleine Badehäuschen im Hof überschwemmten. Das Abtrocknen hätte ich mir schenken können, denn nach wenigen Augenblicken war ich wieder schweißnaß, obwohl ich mich darauf konzentrierte, keine Bewegung zu machen. Bereits das Denken, die Konzentration darauf, sich nicht zu bewegen, war schweißtreibend.

Als der Fahrer die Bustür öffnete und uns einsteigen ließ, dachte ich, daß ich umkehren müßte, um mit dem Schiff nach Santarém zu fahren und von dort aus nach Belém zurückzufliegen. Keine zehn Minuten würde ich es in diesem Bus aushalten können. Nach einer halben Stunde hatte ich mich daran gewöhnt.

Der Bus stampfte und schlingerte auf Serpentinen aus dem tief eingewaschenen Stromtal des Rio Tapajós, schaukelte und schwankte derart in den Spurrillen, daß er jeden Moment umzukippen drohte. Aber es war einer mit großer Bodenfreiheit, gut gefedert und robust. Er knallte durch Schlaglöcher, kletterte die Höhenzüge hinauf, die uns in Wellen entgegenkamen. Auf freier, gerader Strecke ließ der Fahrer die Tachometernadel schon mal bis auf fünfzig Stundenkilometer emporschnellen.

«Man kann ihn nach dreißigtausend Kilometern wegschmeißen, sechsmal die Transamazônica rauf und runter, von Bolivien bis zum Atlantik», schrie der Busfahrer gegen den Lärm des Motors an, der mit schlechter Hitzedämmung das Leiden der im Mittelgang zusammengepreßten Fahrgäste zusätzlich erhöhte. Jedes Fahrzeug, das uns auf der schmalen Fahrbahn entgegenkam, nebelte uns in Staubwolken ein. Fenster schließen, Fenster öffnen, Fenster schließen war die Aufgabe derer, die einen Fensterplatz ergattert hatten. Mein Platz hinter dem Fahrer am Gang diente als kurzzeitige Ablage für Gepäckstücke und Kinder, meine Füße als Abtreter für Latschen und Gummistiefel. Dafür war die Sicht gut.

Die Kolonne der Tankwagen, in deren Staubschleppe wir blieben, bis wir endlich alle fünf Fahrzeuge überholt hatten, prägte mir für immer den leicht muffigen Geschmack des Staubs der amazonischen Trockenzeit ein. Der Bus war schneller als alles andere auf der Strecke. Es mangelte nicht an Überraschungen: Pferde, Kühe, Esel auf der Piste und Menschen, die so sperrige Lasten schleppten, daß sie sich nicht umschauen konnten. Brücken tauchten auf, die nur aus zwei Längsbalken bestanden. Wir kamen aus dem Staub gar nicht mehr heraus, und bald mischte er sich mit dem Schweiß zu einer juckenden Emulsion, die man nach einer Weile auch vergaß, wenn sich der Unterschied zwischen Wachen und Schlaf im Tagtraum verlor.

Je weiter wir uns vom Rio Tapajós entfernten, desto geringer wurde der Verkehr auf der «neuen Lebensader», wie sie die brasilianische Militärjunta in ihrem Größenwahn genannt hatte. Es war General Médici, der das gescheiterte Siedlungsprojekt zu verantworten hatte. Und die zivilisierten Industrieländer hatten Beifall geklatscht, und die Weltbank lieh den Generälen neues Geld für noch mehr Straßen.

Für die Transamazônica war ein siebzig Meter breiter Streifen Urwald gerodet worden, vierzig Meter hatten Pioniere von allem Buschwerk befreit und die acht Meter breite Piste befestigt, auf der zwei Laster aneinander vorbeischrammen konnten. Eine halbe Milliarde Dollar hatte der Spaß gekostet. Jetzt klatschten Zweige gegen die Frontscheibe, der Wald holte sich die Straße zurück. Der Fahrer erschrak, riß am Lenkrad, ein Fahrgast fiel zwischen die Sitze.

«Land ohne Menschen für Menschen ohne Land», hatte die Parole zur Besiedlung Amazoniens geheißen. Ebensogut, wie sechshunderttausend Familien im Urwald anzusiedeln, hätte irgendein verrückter Algerier vorschlagen können, die Sahara zu bepflanzen. Das üppige Grün täuschte. Die *caboclos*, die hier lebten, waren niemals nach ihren Erfahrungen befragt worden; die interessierten niemanden: Die Parole «Land ohne Menschen...» war von vornherein eine Lüge. Der Urwald und seine Flüsse hatten die Indigenas ernähren können. Aber wie sollte er entlang der Transamazônica zwei Millionen Menschen verkraften, die anderswo nicht mehr hatten überleben können?

Zu Beginn der fünfziger Jahre hatte es eine ähnliche Parole wie die vom Land ohne Menschen gegeben. Sie hatte «Fünfzig Jahre in fünf Jahren» gelautet. Nach der Nichterfüllung des Fünfjahresplans hatte Brasilien genauso ausgesehen wie zuvor. Es war nicht zum «Großen Sprung nach vorn» gekommen, wie ihn China propagiert und mit diktatorischen Mitteln durchgesetzt hatte.

Als die Hitze kaum noch zu ertragen war, bezog sich der Himmel. Regen würde den zentimetertiefen Staub der Piste in Schmierseife verwandeln und die berüchtigten *atoleiros* schaffen, die einen Tankwagen aufsaugen konnten.

«Euch kann man nichts recht machen», schrie der Fahrer, als er das Nörgeln hörte. «Dabei müßt ihr nur sitzen und aus dem Fenster gaffen. Den Ärger haben wir.» Er hielt, als jemand mit ausgestrecktem Arm aus dem Gebüsch trat. Bauern stiegen ein, Armut in den Gesichtern, in den Kleidern, abgearbeitet und mager, ein anderer Menschenschlag als die *caboclos* der Flußufer, den Kopf eher gesenkt als erhoben. Die Siedler hatten ihre Macheten am Gürtel, Flinten in der Hand, Säcke über dem Rücken. Sie nutzten den Bus als Transportmittel für Bananenstauden, Maniok, Kakao und Apfelsinensäcke. Wer sich in dieser Gegend einen kleinen Pick-up leisten konnte, war ein reicher Mann. Unsere Reisegesellschaft jedoch schien von Fellini zusammengestellt: zahnlose Greise, ein verkrüppeltes Mädchen, das vom Armaturenbrett her die Reisegesellschaft mit peinlichen Späßen unterhielt, verschiedene Ausgaben von Westernhelden, eine uralte Indigena mit schlohweißem Haar und einem Gesicht wie aus geschnitztem Holz, ein Mann mit einem Holzarm, Schwarze, Mulatten, Cafusos – die Mischung von Schwarzen und Indigenas –, Mamaelucos – die Mischung von Weißen und Indigenas –; sogar ein Chinese und ein Blinder waren an Bord. Der Bauer neben mir setzte mir plötzlich ein verschnupftes Kind auf den Schoß.

«Ihr Sohn?»

Der Bauer verneinte. «Ich weiß nicht, wem es gehört. Ich habe einen Bruch und kann das Gewicht nicht ertragen, sonst hätte ich es genommen.»

Später, als es dunkel wurde und mir eine Frau das Kind abgenommen hatte, fiel der Kopf des Bauern auf meine Schulter. Die Leute spuckten in den Bus, warfen Apfelsinen- und Bananenschalen auf den Boden und Kippen, und zwischen den Beinen der Stehenden suchte eine Frau, als sie mitten in der Einöde aussteigen wollte, nach ihren Schuhen.

Nach der Brücke zu fragen wäre sinnlos gewesen. So weit konnte niemand denken. «Wo soll sie sein? Bei Kilometer 130? Da war ich in meinem Leben nur einmal, als wir hier angekommen sind», sagte ein Siedler. «Äh – welche Brücke meinen Sie eigentlich?»

«Die bei Medicilândia.»

«Ach, davon habe ich gehört. Die gibt es nicht mehr, Indios haben sie niedergebrannt.»

«Und wie kommen wir weiter?»

«Was weiß ich. Ich steige in zwanzig Kilometern aus.»

Die Nacht glich einer jener mondlosen Nächte auf dem Amazonas.

Die Welt bestand nur aus dem Bus, einem Stück Feldweg mit Gestrüpp im Scheinwerferlicht mit dem großen Namen Transamazônica. Wer ausstieg, wurde ausgelöscht, wer einstieg, trat in die Wirklichkeit unseres Gesichtskreises. Wo all die anderen waren, die es noch gab, war so uninteressant wie die abgebrannte Brücke bei Medicilândia für meinen Sitznachbarn. Was rechts und links in den Wäldern, an den Feuern vor den Hütten geschah, das ging uns nichts an. Und sogar zu denen im Bus, die im Dunkel der letzten Reihe schliefen, war der Abstand riesig. Das Geschaukel ließ mich nicht schlafen. Ich setzte mich zum Fahrer, und angespannt starrten wir in die Wildnis. Die Bäume standen so dicht an der Strecke, daß der Eindruck entstand, durch einen Hohlweg zu rattern. Das Gelände wurde hügliger, kein Wegstück mehr ohne Steigung oder Gefälle, der Fahrer kurbelte wie wild, aber er kannte die Strecke gut. «Hier hat es mich letzten Winter erwischt. Drei Tage habe ich in einem Schlammloch festgesessen. Der Regen hatte die ganze Straße aufgeweicht, und dann kam noch ein Bergrutsch dazu. Die Straße ist überhaupt nicht befestigt.»

«Wie bist du rausgekommen?»

«Sie haben Raupenschlepper geschickt. Vor uns hing ein Lieferwagen mit Getränken fest. Der hat das Geschäft seines Lebens gemacht. Wir haben alles ausgesoffen. Jetzt ist die Straße ausgezeichnet, keine Schlammlöcher... Hier vorn war es, unterhalb der Böschung.»

Mehrere Fahrspuren hatten die Piste um den *atoleiro* riesenhaft verbreitert. Unser Bus schleuderte in den tiefen verkrusteten Spurrillen, rutschte mit dem Heck zur Seite – und steckte schräg im einzigen Schlammloch auf den achthundert Kilometern zwischen Itaituba und Altamira. Die Reifen drehten durch, der Bus rutschte weiter, neigte sich gefährlich zur Seite. Der Fahrer stellte den Motor ab, und ich schüttelte mich vor Lachen. Es steckte den Fahrer an, den Beifahrer, den ganzen Bus, und so wurden alle wach.

«Aussteigen, Leute, schieben, nur die Männer! Frauen und Kinder dürfen sitzen bleiben. Oder besser, ihr steigt alle aus, falls der Bus umkippt.»

Wer sich auskannte, zog Schuhe und Strümpfe, sofern er welche anhatte, bereits im Bus aus und krempelte die Hosenbeine hoch.

Wer ins Dunkel sprang, sank bis zu den Knöcheln in den Schlamm. Wir versammelten uns auf der linken Seite am Heck des Busses. Mir war klar, daß wir das Gefährt niemals würden halten können, sollte es kippen. Wir würden zweifelsohne zermalmt werden. Am Heck schien es mir sicherer. Wir waren fünfzehn Männer, und wir schoben und johlten und drückten den Bus aus dem Schlamm und sahen danach aus wie rotgesprenkelte Schweine.

Das Erlebnis hielt ein Weilchen wach, danach versickerte die Unterhaltung und kam auch nicht wieder hoch, als wir an ein Rasthaus kamen, wo gerade mal jeder zwischen den Zähnen herauspreßte, was er wollte, und sich mit dem glühendheißen Kaffee auf eine Holzbank verzog. Der Bus parkte neben einem strohgedeckten Schuppen ohne Wände. Unter dem Dach hingen wie auf der *Fé em Deus* die Hängematten einer wohl dreißigköpfigen Reisegesellschaft, die auf der Ladefläche eines Lastwagens reiste. *Pau de arara* nannten die Brasilianer diese Art der Fortbewegung, eine Papageienschaukel. So hieß aber auch eine Foltermethode, bei der das Opfer kopfüber mit den Kniekehlen an eine Stange gehängt wurde.

«Denen ist es zu kalt geworden auf der Ladefläche», meinte ein Mitreisender.

«Nee, die hatten Angst, daß sie ein Ast vom Wagen wischt», widersprach der Fahrer und machte Kniebeugen.

Ein Dritter sah das anders: «Die haben Angst vor Überfällen. Da braucht nur jemand einen Baumstamm über die Straße zu legen, ein Gewehr hat jeder ...»

«Du liest zuviel Zeitung», unterbrach ihn der Fahrer und hüpfte im Kreis um uns herum. «Was sollte bei den Leuten zu holen sein? Die sind alle so arm wie wir.»

«Glaube ich auch nicht, das mit den Überfällen. Bei uns geht es nur um Landbesitz und gefälschte Urkunden, da gibt es Tote.»

Der Bus rollte in die Nacht und in den Nebel. Als ich erwachte, zeigte sich der erste Schimmer des Tages. Letzte Nebelfetzen hingen noch in den Kronen mächtiger Bäume. Wir standen dicht hinter einem Lastwagen. Davor stand noch ein Lastwagen, davor ein Jeep, ein Viehtransporter – Stau im Urwald. Die Schlange endete irgendwo hinter dem nächsten Hügel. Ich tippte dem Fahrer auf die Schulter: «*Que passou*, was ist los?»

«Stau, ein Schlammloch, ein Unfall, wer weiß.»

«Willst du nicht nachsehen?»

«Und dann? Was ändert das?»

«Ich will wissen, was passiert ist», sagte ich und tippte den Beifahrer an, aber der gähnte und drehte sich auf seiner Liege zur anderen Seite, und so ging ich allein. Es war empfindlich kalt, es mußte geregnet haben, denn die Piste war aufgeweicht, und die schweren Fahrzeuge, Holz- und Viehtransporter hatten den Schlamm durchwühlt.

«Wo sind wir?» fragte ich einen der Fahrer, der steifgeforen aus dem Führerhaus kroch.

«Kilometer 130...»

«Ist die Brücke kaputt?»

«Genau, die Indios haben sie angezündet. Die Schweinebande wird immer frecher...»

Ich ließ ihn schimpfen und trottete weiter. Die Transamazônica machte einen Bogen an einem Abhang entlang und senkte sich auf einen Einschnitt zu, den Rio Mutum. Dort hätte die Brücke sein müssen, da war sie auch oder das, was von ihr übrig war: schwarze, angekohlte Balken, einige heruntergebrochen, andere gänzlich verbrannt. Ich hatte den Eindruck, daß Rauch in der Luft hing. Aber der kam von den Feuern, die die Fahrer angezündet hatten, um sich aufzuwärmen und Kaffee zu kochen. Bauersfrauen hatten aus Brettern und Plastikplanen Stände und Küchen improvisiert, verkauften Essen und Obst, und Motorradfahrer hatten die Stunde zu nutzen gewußt und einen Pendeldienst ins nächste Dorf eingerichtet, von wo aus eine Busverbindung nach Altamira bestehen sollte. Auf die gleiche Art, wie sich hier in den letzten Tagen ein reges Lagerleben entwickelt hatte, waren neue Ortschaften entlang der Transamazônica entstanden.

Wer von dem Schaden profitierte, der hoffte, daß er möglichst nicht behoben würde, aber die in der Schlange standen, ersehnten sich schnelle Abhilfe. Wer hatte die Brücke angezündet?

«Das waren die Indios!» wußte ein Fahrer. Nicht der Anflug eines Zweifels trübte seine Überzeugung.

«Ja, die Indios», stimmte ein Bauer aus der Umgebung zu. «Ich weiß es genau. Sie wollen damit die Regierung zwingen, daß ihr

Reservat anerkannt wird und die Grenzen gezogen und garantiert werden. Sie wollen auf ihre Situation aufmerksam machen.»

«Auf welche Situation? Was ist hier eigentlich los?»

«Wissen Sie nicht, daß wir hier mitten im Indianerreservat sind? Die Straße führt mittendurch. Der größere Teil», der Bauer zeigte auf den Urwald zu unserer Rechten, «der wird von den Araras bewohnt. Das waren mal zweihundert Familien, als sie entdeckt wurden, vor zwanzig Jahren...

«Wohnten Sie damals auch schon hier?»

Der Bauer winkte ab. «Damals wohnten hier nur Tapire und Brüllaffen...»

«... und die Araras», fügte ich hinzu.

«Meinetwegen. Aber wozu brauchen die paar Leute soviel Land. Die arbeiten gar nicht, die jagen nur und fischen und liegen bei ihren Weibern, das faule Pack.»

«Bist nur neidisch, daß du keine Frau hast», höhnte einer der Neugierigen.

«Indianerweiber sind nichts, die stinken...»

«... dafür sind sie unten rasiert.»

Die Runde johlte, die Männer klopften sich auf die Schultern, und plötzlich konnte jeder Erfahrungen mit Indianerinnen vorweisen. Sie sponnen das Thema weiter, ich zog den Bauern beiseite: «Wissen Sie, wie viele Araras hier leben?»

Der Mann kratzte sich am Kopf, andere Zuhörer kamen und bildeten einen neuen Kreis um uns.

«Es sind vielleicht noch achtzig Indios übrig, so ungefähr.»

«Wieviel Land haben die Indigenas?»

«Wer? Ach so, die Indios, äh, dreihundertfünfzigtausend Hektar – und wir, äh, die Landbesetzer, haben nur zwanzigtausend. Und sie haben keine Besitzurkunden.»

«Mit dem Indiopack sollte man kurzen Prozeß machen, so wie früher», schlug ein Zuhörer vor.

«Nee, *amigo*, die waren vor uns hier, das sind die wirklichen Brasilianer», meldete sich die einzige kritische Stimme aus der zweiten Reihe.

«Schwachsinn! Jetzt sind wir da. Der Stärkere gewinnt. Wofür brauchen Indios soviel Land? Und wir haben gar nichts, der gleiche

Quatsch wie bei den Yanomami. Die sollen sich verdammt noch mal anpassen.» Der Redner sah sich beifallheischend um, und die meisten stimmten ihm zu.

«Genau. Wer macht hier die Arbeit, wer hat die Transamazônica gebaut? Wer den Urwald gerodet, wer hat geschwitzt, Malaria gekriegt? Und wer sitzt jetzt hier fest? Wir!»

«Ja, wir», rief ein Schwarzer, «wir! Und die Araras zerstören unsere Brücke, unsere Arbeit...»

«Hat jemand schon mal gesehen, daß ein Neger arbeitet?» unterbrach ihn der Vorredner laut, und brüllendes Gelächter folgte. «Das war zuletzt vor 1888, bevor sie die Sklaverei abgeschafft haben, haha.» Der Sprecher schlug sich vor Begeisterung über sich selbst auf die Schenkel.

«Wir sollten gleich hingehen und diesem Indiozauber ein Ende machen», schlug jemand aus der Runde vor. «Es hat doch jeder von euch ein Gewehr im Wagen.»

Der Bauer wiegelte ab. «Das könnt ihr nicht machen, dann kommt die Militärpolizei.»

«Das macht nichts, die Jungs sind in Ordnung, die sind auf unserer Seite. Wie lange hängst du hier in diesem Loch?» fragte er einen der Zuhörer.

«Drei Tage. Zuerst war die Brücke nur gesperrt, dann haben sie sie angezündet.»

«Seht ihr? Drei Tage im Busch, ohne Wasser, nichts zu essen, keine Frau. So was dürfen wir uns nicht gefallen lassen!» Die Stimmung wurde bedrohlich. Der Fahrer, der die anderen aufhetzte, war ein fetter, vierschrötiger Mestize mit einem intelligenten Gesicht. Einige Fahrer ließen sich beeindrucken, von den Worten mitreißen: endlich einer, der Mut zum Handeln zeigte...

Als sich herumsprach, daß nicht die Indigenas, sondern die Landbesetzer die Brücke angezündet hatten, verschwand der Aufwiegler. Dafür traten andere an seine Stelle, die es den Siedlern zeigen wollten, besonders als die ganze Wahrheit des Konflikts durchsickerte. Die seit Tagen aufgestaute Wut suchte ihr Opfer.

Die Siedler, die vom Institut für Landreform alle ein Stückchen Erde erhalten hatten, waren von Großgrundbesitzern zum Verkauf ihres Landes überredet worden. Land gäbe es genug, sie brauchten es nur zu besetzen. Das war eine der üblichen Praktiken von *fazendeiros* oder Spekulanten. Die Siedler waren daraufhin vor Jahren ins Reservat der Araras eingedrungen. Nur, jetzt hatten die Araras genug, hatten sich mit Kriegsfarben bemalt und die Felder und Hütten der Siedler angezündet. Die wußten jetzt nicht mehr wohin. Niemand hatte sich um sie gekümmert, die Behörden taten nichts – und da hatten sie die Brücke angezündet.

Eine Stunde später schleppten wir unser Gepäck an der Kolonne vorbei, balancierten über die verkohlten Brückenreste und bestiegen auf der anderen Seite einen Bus, der aus Altamira gekommen war und dessen Fahrgäste mit unserem Bus weiter nach Itaituba fahren konnten, während wir ihren benutzten. Die Rüttelei wurde schlimmer, eine Hand brauchte jeder, um sich festzuhalten. Die nächsten Orte boten einen traurigen Anblick. Wo wir zum Frühstück hielten, gab es nichts zu essen, wo wir später eine Pause einlegten, gab es kein Wasser, und als ich am Nachmittag in Altamira endlich ein Hotelzimmer betrat, schloß ich sofort wieder die Tür. Kakerlaken, wo man hinblickte. Die zweite Herberge stank nach Schimmel, und so blieb nur das Hotel Bratröhre. Eine Nacht würde ich in dem aufgeheizten Betonklotz überleben.

Am nächsten Morgen schleppte ich mich müder als am Abend zum Busbahnhof. Aber nicht ein Bus stand unter dem Dach.

«Der nach Marabá ist längst weg», bequemte sich der Mann am Schalter zu sagen, stand auf, schloß die Tür ab und ging. Da war noch ein Junge der Transbrasiliana, an dem ich meine Wut auslassen konnte: «Wieso ist der Bus früher abgefahren?» schrie ich und fuchtelte mit den Armen in der Luft herum. Meine Nerven waren nicht mehr die besten.

Er sah mich an wie ein krankes Kind: «Er fährt tatsächlich um sieben Uhr ab, aber nicht von hier, sondern vom Stadtzentrum aus.»

«Und jetzt soll ich bis morgen warten und einen ganzen Tag vertrödeln auf diesem Scheißbahnhof?» Mir wurde sofort die Lächerlichkeit meines Satzes bewußt – wie viele Tage hatte ich in Amazonien vertrödelt, rumgesessen, gewartet, auf irgendwelchen Schiffen in der Hängematte gebaumelt und Löcher in den Himmel gestarrt, die Wolkenbilder bestimmen lassen, was in meinem Kopf geschah.

Was bedeuteten ein verlorener Tag, eine Woche, ein Monat? Und was bedeutete überhaupt verloren? Ich atmete tief durch.

Auf der Kühlerhaube seines Wagens saß ein Taxifahrer. Ich spurtete los, der Fahrer wußte, worum es ging, hatte mein Toben beobachtet, der Motor lief, kaum daß er hinter dem Lenkrad saß. «Der Bus nach Marabá?»

«Genau», keuchte ich, «wenn du ihn kriegst, zahle ich den doppelten Fahrpreis.»

«Okay – und festgehalten.»

Der Wagen machte einen Satz nach vorn, die Reifen drehten durch, und wir rasten in einer Staubwolke aufs Stadtzentrum zu. Wir würden es schaffen. Eine Baustelle kam dazwischen, Eselskarren, blöde Zeburinder, eine Umleitung, Kinder auf dem Schulweg. Da war der Bus, er setzte sich gerade in Bewegung, aber der Taxifahrer schnitt ihm den Weg ab und zwang ihn zum Bremsen. Ich sprang raus, der Busfahrer kannte das morgendliche Spielchen und ließ mich einsteigen. Ich sank erleichtert auf den Platz hinter ihm.

Jemand stieß von hinten gegen meinen Fuß. Ich sah nach unten. Da war ein nackter Fuß, dunkelbraun, der tastete suchend nach einem verlorenen Gummilatschen. Ich blickte auf – und wieder zu Boden. Der Fuß irritierte mich, einen solchen Fuß hatte ich noch nie gesehen. Irgend etwas daran stimmte nicht. Es waren schwarze Kringel auf der Haut, auf dem Spann eine Linie, Wellenlinien am Gelenk. An der Wade führten breite Linien nebeneinander bis zum Knie, darüber gingen sie weiter. Meine Augen glitten an dem Bein aufwärts. Auf dem Oberschenkel gab es gezackte Linien, und die verschwanden in einer grünen Turnhose. Aber oberhalb des Hosenbundes waren sie wieder da, neue Linien und Punkte. Striche erreichten eine nackte, haarlose Brust. Am Hals eine Kette aus roten Samen und gebogenen Tierzähnen. Mein Unterkiefer klappte herunter, überrascht starrte ich in das breite Grinsen eines Indigena. Meine Verwirrung war ihm nicht entgangen. Er hatte sich betrachten lassen, und meine Verwunderung machte ihm Spaß. Als ich noch immer nicht genau wußte, wen ich vor beziehungsweise hinter mir hatte, begann auch sein Nebenmann laut zu lachen – noch ein bemalter Mensch mit langem, schwarzem Haar.

«Das ist ein Verwandter von mir, *meu parente*», sagte der Indigena mit Fistelstimme und in einem Portugiesisch, das von seinen fehlenden Zähnen entstellt wurde. Bei den Indigenas waren alle verwandt, alles *parentes*.

Aperwú hieß der Mann mit dem bemalten Körper, und er war Kazike der Suriní. Mit seinem Vetter, dem Sitznachbarn, war er auf dem Weg zum Staudamm von Tucuruí.

«Die Völker des Waldes treffen sich dort bei einem Kongreß über Energiepolitik. Wir wollen wissen, was sie, die Weißen, für unsere Zukunft planen, wo neue Staudämme gebaut werden sollen. Wir Indigenas brauchen so was nicht.»

Die Völker des Waldes, Indigenas und Gummizapfer, an einem Tisch – wenige Jahrzehnte zuvor hatten sie sich gegenseitig umgebracht. Jetzt war eine neue Allianz entstanden, und gemeinsam diskutierten sie über die negativen Folgen von Staudämmen im Regenwald. Paranußsammler wurden zum Kongreß erwartet, Fischer und Kleinbauern. Sie alle fügten dem Regenwald mehr oder weniger Schaden zu, waren in anderen Zeiten Gegner oder Konkurrenten gewesen, konnten es auch wieder werden. Sie alle hatten gegeneinander gekämpft, um Land und Nutzungsrechte. Sie alle hatten die Indigenas als Sklaven benutzt. Indigenas standen im Ansehen am tiefsten, hatten am meisten gelitten und am meisten verloren. Aber ob jemand Indigena war oder Landbesetzer, spielte jetzt keine Rolle mehr, denn die Wassermassen der geplanten Staudämme würden alle gleichermaßen unter sich begraben. Und wer dem von der ach so fernen Regierung in Brasilia verordneten Fortschritt im Wege stand, wurde beiseite geräumt. Es war keine Frage der Religion, der Rasse oder Nation. Es war in Gorleben oder Wackersdorf nicht anders als in Tucuruí, dachte ich. Mord zumindest war im Konzept der Betreiber von Atomanlagen nicht vorgesehen, zumindest nicht der individuelle – der kollektive wurde billigend in Kauf genommen.

«Was kollert da in der Gepäckablage rum?» fragte der Fahrer. Sein Kollege stand auf und sah nach. «Eine Keule, sie gehört diesen beiden», antwortete er und zeigte auf die Suriní. Die grinsten frech und selbstbewußt.

«Sag ihnen, daß sie die Keule woanders verstauen sollen, sie kann bei diesem Geschaukel jemandem auf den Kopf fallen!»

«Dazu ist sie da», lispelte Aperwú und stellte sie wie ein Zepter senkrecht zwischen seine Beine. «Mit so einer Keule haben die Kayapó meine Großmutter erschlagen. Daran haben wir gesehen, was für eine furchtbare Waffe die Kayapó hatten, und da haben wir sie gleich nachgebaut. Jetzt können wir ihnen genauso auf den Kopf schlagen. Das schreckt sie ab.» Der Kazike rieb sich zufrieden die Hände. Er war zweifellos der freundlichste Mensch auf dieser Fahrt.

Im Rasthaus ließ sich Aperwú von mir zu einer Coca-Cola einladen und zog ein zerdrücktes Päckchen Zigaretten aus der Hosentasche: «Hollywood – das ist meine Marke, die rauche ich am liebsten.» Er lehnte sich zurück, zog den Zigarettenrauch tief ein und blies ihn mir ins Gesicht.

«Ihr Weißen seid komische Menschen. Wir haben nichts gegen euch. Aber ihr macht so viele Dummheiten. Ihr sägt die Bäume ab und verkauft sie, ihr braucht das Holz gar nicht. Ihr fangt Fische und eßt sie nicht einmal, ihr verkauft sie anderen. Ihr sucht Gold – und statt euch Schmuck daraus zu machen, verkauft ihr es. Ihr verkauft alles. Ihr verkauft auch eure Eltern, eure Kinder, eure Verwandten. Darum wollen wir euch nicht im Wald haben. Du kannst in unserem Reservat so viele Fische fangen, wie du willst, aber du mußt sie essen. Kannst dir mit unserem Holz ein Haus bauen, niemand hat was dagegen – aber du mußt die Geister des Waldes um Erlaubnis bitten und den Baum auch. Das alles habt ihr vergessen, und deshalb seid ihr auch krank – und immer unglücklich.»

Der Fahrer hupte, es war das Zeichen zur Weiterfahrt.

20. *Huxleys Traum*

Die Grenze lag im Dunkeln. Sie war nur in der Umgebung der Grenzstation durch einen Zaun gekennzeichnet, der sich irgendwo im Urwald oder in der Nacht verlor. Die Bewohner in der Umgebung der Grenzstation wußten nicht genau, wo die Grenze verlief. Wer auf die andere Seite hinüberwechselte, konnte sicher sein, entdeckt und von den Sicherheitskräften der Minengesellschaft nach Brasilien zurückgebracht zu werden. Die Erzmine von Carajás gehörte zur Ersten Welt, obwohl sie auf dem Boden der Dritten Welt lag. Am wenigsten hielten sich Goldgräber an das Gesetz, das Gelände der CVRD nicht zu betreten, der Companhia Vale do Rio Doce. Allgemein wurde sie nur VALE genannt nach dem Tal im südbrasilianischen Staat Minas Gerais, wo vor mehr als hundert Jahren der Staatskonzern mit dem Abbau von Eisenerz begonnen hatte.

Seit 1986 wurde von der VALE auch in Amazonien auf der Serra dos Carajás gesprengt, geschürft, gebaggert und Eisenerz außer Landes gebracht. Die vierhundertelf Hektar bewaldeter Gebirge gehörten dem brasilianischen Staat. Die Indigenas, die der Serra den Namen gegeben hatten, waren vor Urzeiten fortgezogen und ausgestorben, niemand erinnerte sich mehr an sie. Wer in aller Welt sollte auch wissen, an den Börsen oder in den Stahlkontors von Tokio oder Frankfurt, daß das Eisenerz, mit dem man handelte, aus diesen Bergen kam? Welche Frau, und sie brauchte nicht einmal die Mätresse der Konquistadoren Pizarro oder Cabrál zu sein, machte sich Gedanken, daß für ihr Armband vielleicht drei Yanomami hatten sterben und vier Goldgräber hatten verhungern müssen?

Carajás hatte mit dem wirklichen Brasilien oder gar mit Amazonien wenig oder gar nichts zu tun. Auf dem Gelände der VALE galten die Gesetze der VALE.

Eine der Bogenlampen über der Grenzstation flackerte. Ihr Licht war das billigste, das es gab. Es tauchte jeden Gegenstand in das schauerliche Gelb ehemals weißer Oberhemden. Der Beton, die Pfeiler der Dachkonstruktion über dem Kontrollposten zerbröselten unter den Strahlen der Lampen, die Wachtposten in den gläsernen Kabinen trugen den Schimmer von Gelbsucht im Gesicht. Wäre ich bei strahlendem Sonnenschein an die Grenze gekommen, so hätte ich länger gebraucht, das Absurde dieses pharaonischen Projekts zu erkennen. In der Finsternis, aufgehellt vom Flackern der Bogenlampen, lag die Zukunft dieser Berge. Hier sollte die Welt auf fünfhundert Jahre mit Eisenerz versorgt werden. Was mochte hier danach noch sein? Ein riesenhaftes Loch, ein abgekratztes und eingeschmolzenes Gebirge? Jenseits der Grenzen von Carajás wuchs kaum noch ein Baum.

Ein Wachtposten mit lackiertem Helm kam auf mich zu. Er hatte die Hundswache, von ein bis drei Uhr nachts. Aber es war sein Problem, daß er sich diesen beschissenen Job ausgesucht hatte. Vielleicht dachte er an Frau und Kind, an seinen Pensionsanspruch, um den Job zu ertragen. Er war bewaffnet, trug über der hellbraunen Uniform, der Hausfarbe der VALE, Stiefel und Koppel als Insignien der Macht, die ihm ein anderer Niemand aus der Personalabteilung verliehen hatte.

«Ihre Papiere, bitte!»

Mein Ausweis war ihm nicht genug. «Sie brauchen einen Passierschein, einen Werksausweis oder eine Einladung. Ohne diese Papiere muß ich Sie leider abweisen.»

Ich verwies darauf, daß ich mich angemeldet hatte. «Eigentlich wollte ich früher kommen, aber das Wetter...»

«Ich hole den Wachhabenden.»

Ich zahlte das Taxi, das mich von der Endstation der Erzbahn hergefahren hatte, legte mich auf eine Zementpritsche und schob mir eine Tasche unter den Kopf. Tropfen fielen vom Dach, klatschten neben mir auf die Betonschwelle, die jeden Wagen am Durchbruch der Grenze hinderte.

Ich glaubte, diesen Grenzübertritt und die bedrohliche Atmosphäre der Nacht bereits erlebt zu haben. Es war kein Deja vú, kein Traum, nein, auch keine Vision. Ich hatte es gelesen, ich versuchte mich zu erinnern – in den Spionageromanen von John Le Carré und bei Eric Ambler. Die Autoren hatten den Menschen gezeigt, wie er wehrlos der Staatsgewalt ausgeliefert ist. Auch ich kannte Situationen wie diese. Die Übelkeit, die mir in den Bauch kroch, erinnerte mich an die Autobahnstrecke Hannover–Berlin bei Nacht. Niemand im Wagen war locker gewesen, wenn wir uns den Grenzkontrollen von Helmstedt genähert hatten. Da waren die hohen Lampen, Uniformen, Wachmannschaften und kleinen Häuschen, in denen ein gesichtsloser Idiot saß, blaß und übelgelaunt, der entschied, ob man passieren durfte oder nicht. Anonyme Macht. Sie zeigte ihre gewaltsame Seite in Stacheldraht und leblosen Fertigbauten und ihren terroristischen Zug in den Handbewegungen der Grenzbeamten, die Stempel auf die Transitvisa druckten. Ein Apparat kennt keine Gnade, keinen *jeito*, die Lösung, bei der alle Seiten das Gesicht wahrten. Da war die Gewalttätigkeit der schießwütigen Kumpane aus Itaituba begreifbarer. Meine Magenverstimmung war eine Vorahnung auf das schrecklichste Erlebnis meiner amazonischen Jahre.

Die Nacht wurde kälter; je weiter die Uhr vorrückte, desto unangenehmer kroch die eisige Feuchtigkeit in die Kleidung. Nebelfetzen schwebten über die erleuchtete Zufahrtsstraße, der Zaun erinnerte mich an den Todesstreifen.

Als der Posten zurückkam, fiel mir sein gänzlich unmilitärischer Gang auf. Er schlenderte, kickte sogar ein Steinchen beiseite und verkniff sich gerade noch, ein Liedchen zu singen. Unter dem Helm steckte kein militärischer Charakter.

«Sie sollen zum Chef kommen, er will Sie sehen», forderte der Wachtposten mich freundlich auf und half mir sogar beim Tragen.

Der Wachhabende vor mir war klein, sein Haar schütter, er legte den Hörer zurück auf die Gabel des Telefons und rieb sich den Schlaf aus den blauen Augen. «In den Büros ist um diese Zeit kein Mensch mehr. Im Hotel meldet sich auch niemand. Wie soll ich da wissen, ob Sie tatsächlich eine Besuchsgenehmigung haben?» Mein Gegenüber seufzte und kratzte sich am Kopf. Die Handbewegung spiegelte vor, daß er nachdachte. «Warten Sie! Ja, warten Sie.» Ein blendender Einfall: Warten. Er war glücklich, einen Ausweg gefunden zu haben. Warten war immer gut. Der

Wachhabende stand auf. «Wir werden Ihr Problem lösen. Ganz bestimmt, *com certeza*. Haben Sie etwas zu lesen? Sie können gern in meinem Zimmer bleiben.» Er warf mir die Firmenpostille der Minengesellschaft zu und sprach draußen mit einem der Behelmten. Der blickte mich durch die Scheibe von weitem an und gab mir mit nach oben gestrecktem Daumen das Zeichen, daß alles in Ordnung sei. Wie beruhigend.

Nur wenige Fahrzeuge stoppten an den Kontrollpunkten. Fahrer und Insassen kramten Ausweise hervor und öffneten Motorhauben und Kofferräume. Es war verboten, außerhalb einzukaufen und oben in der werkseigenen Stadt dann Geschäfte zu machen. Dafür gab es die werkseigenen Apotheken und Supermärkte. Die Koksbriefchen und Marihuanatütchen, von denen später die Rede war, fielen niemandem auf.

Ich sah mich im Zimmer um. Der Raum war für Verhöre bestens geeignet: klein, fleckige Wände, ein Schreibtisch mit einer Lampe, zwei Stühle, ein Telefon. Von dieser Art gab es Tausende auf der Welt. In dieser Umgebung mußte man sich wie ein Spion fühlen, sie machte mich dazu. Die brasilianische Phobie, ausspioniert zu werden, übertrug sich auf mich.

Klar, die VALE mußte daran interessiert sein, in bestem Licht dazustehen, sie war Brasiliens größtes Unternehmen. In Amazonien benutzte auch niemand so häufig das Wort Umweltschutz wie dieser Konzern, der zerriebene Berge in Eisenbahnwaggons verladen ließ und an die Atlantikküste schaffte, wo der Frachter «Berge Stahl» darauf wartete, dreihundertfünfzigtausend Tonnen davon in einem Rutsch nach Rotterdam zu bringen. Niemand ließ sich gern in die Karten sehen. Was würde man mir zeigen wollen?

«Wo kommen Sie her? Was machen Sie hier? Wo ist Ihre Kamera? Mit wem haben Sie gesprochen? Was schreiben Sie da auf? Für wen arbeiten Sie? Wer sind Ihre Auftraggeber?» Seit Humaitá kriegte ich hin und wieder Anfälle von Paranoia, und ich sah den Vizebürgermeister wieder vor mir. Der Wachhabende stieß mich an. Ich fuhr erschrocken aus dem Schlaf auf. «Sie bekommen einen Fahrer, der bringt Sie ins Hotel. *Tudo bem*, alles klar, man hat Sie am Flugplatz erwartet. Niemand hat damit gerechnet, daß Sie auf dem Landweg anreisen.»

«Das hatte ich angekündigt...»

«Aber so was macht niemand. Sind Sie mit der Bahn gekommen?»

«Klar, wie hätte ich sonst fahren sollen.»

«Mit all diesen Leuten, dem... äh... Volk?»

«Es macht Spaß, besonders die Ameisenstämme zu beobachten, die in den Waggons mitreisen.»

Der Wachhabende ließ nicht zu, daß ich mein Gepäck selbst trug, und winkte den Posten herbei. Er öffnete mir auch den Wagenschlag. Ich setzte mich nach hinten. Die Grenzstation verschwamm im Nebel, die Straße führte steil bergan. Urwaldriesen rückten an den feucht glänzenden Asphalt.

Ich atmete auf, ich hatte es geschafft, war auf der anderen Seite. Die Nacht aber behielt ihren Schauder. Hier nun sollte der Fortschritt einziehen – das moderne, neue Brasilien mit Arbeitsplätzen, fließendem Wasser in jedem Haus, wo auch der Arbeiter keine Not litt und zum Arzt gehen konnte.

Der Fahrer stieg auf die Bremse und kam vor der quer über der Fahrbahn ausgestreckten *sucurijú* zu stehen. Die Anakonda rührte sich nicht. Reifenspuren führten über ihren Körper. Eine totgefahrene Schlange hatte ich auf der Transamazônica nicht ein einziges Mal gesehen. Der Fahrer stieg aus und zerrte sie an den Straßenrand. «Immer mehr Tiere sterben, die Leute fahren zu schnell auf dieser Strecke. Und so eine Schlange ist langsam. Niemand respektiert die Tiere. Dabei wird jeder rausgeschmissen, der ein Tier tötet.»

Wie es mit Käfern, Schaben, Mücken, Giftschlangen, Skorpionen und Jaguaren gehalten werde, wollte ich fragen. Aber was hätte ein armer Mensch, der mich nachts dreißig Kilometer in die Berge fahren mußte, antworten können?

Ohne Unterbrechung ging es aufwärts. Ein Schild mit der Aufschrift DIE NATUR IST NICHT UNBERÜHRBAR – ABER SIE VERLANGT UNSEREN RESPEKT huschte vorbei, Nebel legte sich dicht und naß auf die Windschutzscheibe, der Wischer trat in Aktion. Schemenhaft sah ich beiderseits der Straße breite, flache Flügel eines Tors. Wenn sie geschlossen worden wären, hätten sie die Straße dichtgemacht. «Was ist das? Die sehen aus wie Fluttore.»

«So was ähnliches. Die sollen die Goldgräber aufhalten, wenn die zum Demonstrieren raufkommen. Die haben vor Wut unten in Parauapebas, wo die Kontrolle ist, schon Häuser niedergebrannt und öffentliche Gebäude demoliert.»

«Vor Wut? Da steckt sicherlich was anders dahinter.»

Der Fahrer druckste und riskierte einen Blick in den Rückspiegel. «Die kamen von Serra Pelada, es waren mehr als die Hälfte der vierzigtausend Mann, die in dem Loch arbeiteten. Die Regierung hat ihnen das Schürfrecht entzogen..., die waren aufgehetzt und bewaffnet.»

«... und die VALE sollte die Schürfrechte bekommen?»

«Ja, so ungefähr.»

«Gibt es hier oben Gold?»

«Hier gibt es überall Gold. Man braucht nur mit einem Löffel im Boden zu buddeln, und man findet Mangan oder Zinnerz, Kupfer, Molybdän, was weiß ich, wie das Zeug heißt – da fragen Sie besser die Geologen. Ich arbeite nur hier.»

Im Hotel beobachteten mich die kalten Linsen von Videokameras. Morgen würde ich mich erkundigen, wen sie überwachen sollten – die Gäste oder das Personal, und wo sie überall angebracht waren. Es würde viel zu fragen geben.

Die Dame, die mich am nächsten Morgen abholte, war der erste Lichtblick dieses Tages. Der zweite war die grandiose Aussicht über die Urwaldberge der Serra do Carajás. Sogar bis über den türkisfarbenen Horizont hinaus erstreckten sich die grünen Kämme ins Nichts, Wellen eines urweltlichen Meeres, das vor fast drei Milliarden Jahren getost hatte. Wie die Behausungen eines Konzentrationslagers erschienen mir dagegen die grauen Baracken der Arbeiter, die Gebäude, Straßen und Förderanlagen gebaut hatten. Es waren immer wieder extreme Vergleiche, an die die Verhältnisse hier mich denken ließen. War es der Widerspruch zwischen der Natur, ihrer Schönheit und der Lächerlichkeit dieser Mine? Es schien mir grotesk, wie hier gebuddelt wurde, auch wenn das Ganze, inklusive der Eisenbahn nach São Luís an der Atlantikküste, dreieinhalb Milliarden Dollar gekostet haben sollte. Nichts als Sandkastenspiele.

Im Büro der Geologen stand das maßstabgetreue Modell des Eisenberges N 4 E, der gegenwärtig zu Pellets, einem kieselgroßen Granulat, verarbeitet wurde. Das Modell bestand aus Sperrholz und war in kleine Stücke geschnitten, jedes von ihnen stellte etliche hundert Tonnen Eisenerz dar. Waren sie abgebaut und verfrachtet, so konnte ein Sperrholzstückchen weggeworfen werden.

«Wenn der Berg N 4 E in dreißig Jahren abgetragen ist, Stück für Stück», erklärte der Geologe so stolz, als würde er sich freuen, wenn der Berg verschwunden wäre, «dann wird hier ein Loch sein, ein See vielleicht, zweihundertachtzig Meter tief, vier Kilometer lang und dreihundert Meter breit.»

«Und dann?»

«Dann machen wir uns an den nächsten Berg. Es liegen achtzehn Milliarden Tonnen Eisenerz hier oben. Von soviel wissen wir zumindest bis jetzt.»

Meine Begleiterin, Maria, der Lichtblick des Morgens, schaute aus dem Fenster ins Tal auf die rostbraune *canga*, die dürr und spärlich bewachsenen Hügel, und auf die Straße ins Tal. Sie hatte diese Zahlen zu oft gehört, um noch zu staunen. Es war ihr Alltag als Public-Relations-Betreuerin der Besucher. Sie war eine Weiße aus Minas Gerais, und Amazonien war für sie unbekanntes Entwicklungsland. Die VALE hatte sich ihre eigenen Leute mitgebracht, die waren linientreu und angepaßt. Amazonier? Nein. Wer verstand diese verschlossenen, stillen Menschen, die einen ganzen Tag mit Nichtstun verbringen konnten. Sie waren unberechenbar und nur für untergeordnete Tätigkeiten geeignet.

Maria schien weder glücklich noch unzufrieden, die Gefühlsregungen, die sie mir zeigte, schlugen weder nach oben noch nach unten aus. Sie hatte hier ihren Arbeitsplatz, und die besseren Aufstiegschancen hatten ihren Mann hierhergelockt. Sie war «mitgegangen», wie sie sagte. «Ich mache meinen Job», und sie machte ihn professionell, aber ohne Überzeugung, ein bißchen wie unter Valium.

Maria brachte mich mit den Fachleuten zusammen, die sich mit Produktionszahlen und Tonnagen nicht entdeckter Rohstoffe aufputschten: «Sechzig Millionen Tonnen Mangan haben wir hier, wir werden eine Seilbahn bauen», schwärmte der Geologe. «Dreihundert Millionen Tonnen abbaubarer Kupfererze, vierundvierzig Millionen Tonnen Nickel. Und wir vermuten Chrom...»

Maria achtete darauf, daß ich nicht zu nah an den Rand der Erzgrube trat, nicht in den Schwenkbereich des gigantischenSchaufelbaggers kam, der tonnenweise Erze auskratzte, oder nicht unter die mächtigen Reifen eines der Haul packs geriet, deren Achse ich mit ausgestrecktem Arm erreichte und die je Fuhre hundertsechzig Tonnen Erzbrocken in die Zertrümmerungsanlage brachten. Maria machte sich mit mir zusammen die Schuhe schmutzig, als wir durch den roten Schleim der Siebanlagen stapften und durch Schlammrückstände in der Waschanlage schlitterten. Am Silo über den Gleisen, wo die Züge mit gemahlenem Eisenerz beladen wurden, prangte das Warnschild für Radioaktivität. «Fördert ihr auch Uran?»

«Davon habe ich nie etwas gehört», sagte Maria überzeugt. «Sehen Sie ruhig nach, aber mit der nötigen Vorsicht – bitte.» Auf den Silo der Beschickungsanlage kam sie nicht mit. Ein Arbeiter informierte mich, daß dieses Schild vor einem mit Radioaktivität arbeitenden Meßinstrument warnte.

Auf der Gleisschleife vor der Kulisse ungerodeter Hänge rollten Erzzüge heran, jeder mehr als zwei Kilometer lang, Tag und Nacht, neun Züge in vierundzwanzig Stunden.

«Jeder vierte Wagen ist für Deutschland bestimmt, jeder zweite für Japan», sagte Maria. Sie nannte auch die Kunden: «Salzgitterwerke, Mannesmann, Thyssen.»

Das Rollen der Züge auf den Gleisen klang wie ferner Geschützdonner. Bei der Herfahrt hatte ich neben dem Personenzug an einem Ausweichstück gewartet, als ein solcher Erzzug in voller Geschwindigkeit vorbeidonnerte. Die Erde hatte gebebt, die Luft vibriert, mir hatte der Atem gestockt.

Später ließ mich Maria mit Biologen und Botanikern allein, die in der Umweltabteilung eine Nische für ihren Spaß an Orchideen und einen gutbezahlten Posten gefunden hatten. Die Biologen waren die guten Menschen, die Geologen die Bösen. Erstere versuchten das wieder zu bepflanzen, was letztere hatten aufreißen lassen.

Ich konnte mich ungestört mit Archäologen über die Höhlen unterhalten, die bei der Prospektion gefunden worden waren. Vor 8000 Jahren hatten Jäger und Sammler in diesen Bergen gelebt.

Als ich später mit den Kaufleuten über Weltmarktpreise sprach, setzte Maria sich in die Sonne. Sie erfüllte alle meine Wünsche; daher wußte sie rasch, wie ich dachte, ohne etwas von sich preiszugeben.

Am nächsten Tag zeigte sie mir, wo sie wohnte – in der schönen neuen Stadt für die Angestellten und deren glückliche Familien, die den Papi abends am Gartentor erwarteten. Die Geschäftsleitung war stolz auf ihr Werk und drückte jedem Besucher glänzende Prospekte mit tausendmal gesehenen Fotos in die Hand.

Maria zeigte mir alles, was sie mir zeigen mußte. Das andere erfuhr ich erst später. Die Siedlung war für siebentausend Bewohner aus dem Boden gestampft worden, Doppelhäuschen an den Straßen eines Schachbretts. Der Urwald war so nah, daß ein Briefträger auf dem Fahrrad von einem Jaguar angefallen worden war. Stellte sich in einer Familie Nachwuchs ein, so bestand das Anrecht auf ein mietfreies Haus mit einem Kinderzimmer; der Platz in der Krippe oder in der Hauptschule, wo die Kinder der Arbeiter und Direktoren dieselbe Schulbank drückten, war genauso obligatorisch wie das Bett im Hospital. Niemand hatte es weit zum Supermarkt, man fuhr mit dem Fahrrad zur Apotheke, zum Kino, zum Schwimmbad und zum Club. Samstags wurde dort getanzt.

«Jeden Samstag?» fragte ich.

«Jeden!»

Die Bücherei war nicht gut bestückt, aber bei Bedarf ließen sich Bücher oder Pornovideos per Post bestellen. Was fehlte in dieser schönen, neuen Welt, was hätte ein Brasilianer sich sonst noch wünschen können? Die Mittel gegen die tödliche Langeweile zwischen Schicht und Schlaf waren nur unter der Hand zu bekommen: Angeblich waren es die Arbeiter der Fremdfirmen, die den Drogenhandel organisierten.

Maria fuhr mit dem offiziellen Programm fort: «Umweltschutz wird bei uns ganz groß geschrieben.» Als sie mich grinsen sah, zuckte sie mit den Schultern. «Einmal monatlich wird der schönste Garten prämiert. Das Unternehmen stellt alle Pflanzen...»

«... und Töpferkurse, Batiken und Ausdruckstanz, wie ist es damit?»

«Ja, das gibt es alles», antwortete Maria befremdet. «Sie nehmen das nicht ernst.»

«Doch, sehr sogar. Gibt es Hunde in Carajás?» Ich sah mich um. Man konnte in diesem Plastikstädtchen unbesorgt einen Hamburger vom Boden essen. «Ich meine die Frage ernst», sagte ich schmunzelnd.

«Haustiere dürfen nicht gehalten werden. Ach, Sie machen sich über mich lustig.»

«Keineswegs. Aber – läßt sich das Leben hier oben überhaupt ernst nehmen?»

Maria sah mir direkt in die Augen. «Ja, wenn man keine Alternative hat.»

Am Ende des zweiten Besuchstages, als Marias unnahbare Art ins Wanken geriet, setzten wir uns in eine der künstlichen Eckkneipen. Merkwürdigerweise kam unser Fahrer mit an den Tisch. Mir war es sowieso recht, aber Maria hätte eigentlich Distanz wahren müssen. «Er weiß alles, er gehört wie ich zur spiritistischen Gemeinde.»

Ich wollte Bier bestellen, aber Maria winkte ab. «Vor 18 Uhr keinen Alkohol. Nur heimlich in der Wohnung. Und beim Trinken im Garten belauern einen die Nachbarn.» Sie bestellte die eklig süße Guaranábrause. «Ich hatte Probleme in meiner Ehe. Sie können sich vorstellen, das Leben hier ist hart. Arbeit – und der Rest ist genauso geregelt. Nirgends kann man sich austoben, nirgends seine Energie loswerden. Die VALE sorgt für alles. So stelle ich mir den Sozialismus vor. Jeder weiß über jeden Bescheid. Es gibt nichts Privates mehr. Überall war Streit und Zank, nichts als Klatsch und Eifersucht, bis die VALE uns Frauen ins Unternehmen integriert hat, als Lehrerinnen, Krankenschwestern oder eben in der Public-Relations-Abteilung. Es ist besser geworden. Wir versuchen unser Möglichstes. Zuerst hatten wir zwei Freiflüge pro Jahr nach Hause, jetzt müssen wir zuzahlen. Nur mein Sarg wird umsonst nach Minas Gerais überführt.»

Nach einer Pause sagte sie: «Am Sonntag ist kein Programm für Sie vorgesehen. Haben Sie etwas vor? Wollen Sie lange schlafen, oder haben Sie Mut für die Wirklichkeit?»

Der Ton ließ mich zögern. Aber wenn sie den Mut dazu hatte, wieso nicht auch ich. «Gut, ich komme mit. Wohin geht's?»

«Wir werden Sie abholen, um sechs Uhr morgens. Jetzt machen wir im Programm weiter.»

Ein Schwarzer, der die Straße fegte, bog um die Ecke, blieb stehen und sah uns beim Einsteigen böse an. Die Schwarzen von Pacoval hatten weder Haß noch Minderwertigkeitsgefühl in den Augen. Sie waren arm, aber sie hatten Freude am Leben.

«In Carájas gibt es keine Probleme!» Die Sozialarbeiterin nestelte ein Papiertuch aus der Hosentasche und prustete hinein. Sie ließ sich kaum Zeit zum Schneuzen. «Wir haben alles im Griff.» Sie nieste wieder und bekam Flecken im Gesicht. «Die Menschen arbeiten gern bei uns...», die Adern auf ihrer Stirn schwollen an, und sie kratzte nervös an der Flechte auf ihrem Handrücken. «Wenn die Mitarbeiter ein Problem haben, dann kommen sie zu uns. Wir Sozialarbeiter sind immer für alle da. Sie können jeden fragen, sie können mit jedem sprechen... alle sind zufrieden.»

Ich sah das von der Erkältung oder von einer Allergie verquollene Gesicht, die rotgeränderten Augen. Sollte ich glauben, was die Frau mir sagte, oder dem Augenschein trauen? Maria starrte wortlos auf einen Zettel. «Wir haben über alles nachgedacht, alles organsiert, die Kinder, die Ehen. Wir wollen, daß unsere Gemeinschaft zusammenwächst. Was uns noch Kopfzerbrechen bereitet, sind die Unverheirateten. Wir halten sie von den anderen getrennt, denn sie machen Krach, feiern nächtelang, trinken, und das stört die Familien, die Moral.»

Ich mußte die Frau provozieren. «Daß der gesamte Gewerkschaftsvorstand entlassen wurde, das stört nicht die Moral?»

«Wer hat Ihnen das gesagt?»

«Stand in der Zeitung. Auch, daß die Arbeiterführer vorübergehend festgenommen werden, wenn wichtige Besuche anstehen, damit keine Proteste stattfinden.»

Maria hätte mir am liebsten den Mund verboten, und die Sozialarbeiterin wurde frostig. «Hast du ihm schon unseren Zoologischen Garten gezeigt?» fragte sie Maria spitz.

Ich antwortete für sie: «Ja, den mit dem großen, hohen Zaun drumherum. Damit die gefangenen Tiere nicht von ihren freien Artgenossen gefressen werden. Kein Wunder, daß die Tiere dorthin fliehen, wo es noch Wald gibt, wenn außerhalb eures Geländes alles abgeholzt wird.»

«Mit Abholzungen haben wir nichts zu tun. Was außerhalb unseres Projektgebietes geschieht, darauf haben wir keinen Einfluß, und dafür tragen wir auch nicht die Verantwortung.»

Ich unterbrach sie: «Kennen Sie Aldous Huxley?»

«Nein. Arbeitet er auch bei der VALE?»

Maria legte wie unbeabsichtigt zwei Finger auf den Mund.

«Ein Schriftsteller, er hatte eine Vision, eine Welt ohne Probleme, in der alles geregelt ist, in der jeder seinen Platz kennt, von klein auf darauf vorbereitet wird...»

«Ja, so ist es bei uns. Jeder an seinem Platz, wir sind alle zufrieden..., fragen Sie die Mitarbeiter.»

«Es ist nicht zum Aushalten in Carajás», jammerte einer der Lehrlingsausbilder. «Wir sterben vor Heimweh. Und für die *mineiros*, für die Angestellten aus dem Süden, sind wir zweite Klasse – oder dritte.» Er stammte wie seine beiden Kollegen aus Belém. «Mir fehlt der Ver-o-peso, abends ein Bier am *Açai*-Markt», schwärmte er, «die Schiffe auf der Bucht, die Stadt, der Lärm, sogar der Gestank... alles fehlt uns. Sie kennen Belém? Tatsächlich?» Er stand auf und umarmte mich, und es fehlte nicht viel, er hätte geweint. Schweigend brachte der Fahrer Maria und mich weiter hinauf in die Berge nach N 1. Auf dieser *clareira*, der freien Fläche einer Bergkuppe, war der Carajás-Entdecker Breno dos Santos mit dem Hubschrauber gelandet. Es war weder Not- noch Zufall gewesen, wie die Zeitungen gerne schrieben. Die Entdeckung der *clareiras* war das Ergebnis elektromagnetischer Messungen bei der Suche nach Mangan – unter Leitung des nordamerikanischen Konzerns United States Steel. US Steel war später aus dem Projekt ausgestiegen und hatte sich großzügig abfinden lassen.

Etwas abgelegen standen zwei kleine flache Holzhäuser über einem steil abfallenden Hang. Eine Brüstung ragte bis an den Abgrund, und wir schwelgten still im Anblick der Täler und Berge. Der Nachmittag ging zu Ende, flach fiel das weiche Licht auf die Hänge und ließ die hellen Stämme der Urwaldbäume aufleuchten. Ihre Konturen traten hervor, die Linie eines Flusses im Tal war nur zu erahnen. Adler nutzten die Aufwinde und ließen sich bei ihren weiten Flügen tragen. Oder waren es Geier? Aber das konnte nicht sein, denn nirgends lag Abfall, es sei denn, daß ein Tier im Wald oder auf der Straße verendet war. Das Summen der Insekten an einem späten Sommertag umgab uns, in den Bäumen über uns zwitscherten Vögel. Kein Bagger, kein Erzzug störten die Stille. Warm lag das Sonnenlicht auf der Haut, und der Wind trug den süßen Duft eines blühenden Ipébaumes herauf. Der Fahrer zog sich zurück und ließ mich mit Maria allein. Diese Berge brauchten uns nicht, sie würden auch die nächsten drei Milliarden Jahre wunderbar ohne uns Menschen auskommen. Wir hingegen brauchten sie: die einen das Erz, die anderen – wir – die Schönheit der unberührten Welt.

Wir waren verliebt in dieses Tal, in den Blick über die Welt. Maria und ich, wir wagten nicht einmal, uns anzusehen, bis Maria die Spannung zerriß. «Der ehemalige Konzernchef hat sich dieses Haus bauen lassen. Nur für sich allein. Wenn er Carajás besuchte, hat er sich hierher zurückgezogen. Es war sein Lieblingsplatz. Er wußte, was wirklich schön ist. Alle anderen wohnen im luxuriösen Gästehaus, da führen sie sich gegenseitig vor, wie wichtig sie sind.»

«Er muß ein widersprüchlicher Mensch sein, ein seelischer Krüppel. Wie hätte er sonst diese Mine und den Konzern mit anderen Gruben, Schiffen, Eisenbahnen und Wer-weiß-was-noch kommandieren können.»

«Nein, kein Krüppel», sagte Maria gedankenverloren und kratzte den roten Lack von ihren Nägeln, «ein Teufel, denn er wußte, was er tat!»

Am Sonntag, als ich abgeholt wurde, gab es im Hotel noch kein Frühstück. Aber Maria hatte an alles gedacht: eine Thermoskanne Kaffee, belegte Brote und Früchte. Der Morgen war kalt und klar, als wir nach unten fuhren, vorbei am Flugplatz, an der Sperre gegen die Goldgräber. Der Wachhabende an der Grenzstation erkannte mich nicht, und als der Asphalt kurz hinter der Grenze in Schotter überging, hatte uns Brasilien wieder. Schlaglöcher, Staub, Bretterbuden am Straßenrand, dahinter Weiden und auf den Kegeln der Hügel verkohlte Stämme von *castanheiras* als Mahnung.

Wir folgten einem Weg durch das Städtchen Parauapebas. Kinder trotteten in die gleiche Richtung. Klein waren sie, zu klein für die ernsten Gesichter, zu klein für ihr Alter, zu klein für die Lumpen an ihren mageren Körpern. Die Zwölfjährigen führten Achtjährige, die wieder trugen die Dreijährigen im Arm. Wir hielten vor einem Hof. Das Tor war von Kindern umlagert. Im Hof saßen Kinder, so müde wie Greise, auf groben Holzbänken an langen Tischen; andere sahen schweigend den Frauen zu, die sich an rußigen Töpfen an der offenen Feuerstelle zu schaffen machten.

Unser Fahrer öffnete den Kofferraum. «Machen Sie sich nützlich», forderte Maria mich auf. «Stellen Sie die Kartons mit Lebensmitteln auf den ersten Tisch.»

Ich tat es und trug Nudeln, Kartoffeln und Fleischknochen in den Hof. Die Kinder sahen mich kommen, für den Bruchteil einer Sekunde gab es einen Hoffnungsschimmer in den kleinen, dunklen Augen, dann traten sie stumm zur Seite. Nicht eines hatte eine Puppe, kein Junge schob ein Plastikauto durch den Sand, nicht ein Kind zog eine Spielzeugente hinter sich her, nirgends ein Ball, niemand sang oder hüpfte. Die Kinder wandten die Augen nicht von den Lebensmitteln, aber keines rührte sie an. Manche Kinder trugen nur eine zerfetzte Hose, nicht einmal ein Hemdchen. Ab und zu nahm eine der Frauen oder Maria ein Kind auf den Schoß und streichelte die kleinen Hände, kämmte das Haar, flocht ein Zöpfchen, band eine bunte Schleife hinein. Es war, als wunderten sich die Kinder darüber, als erlebten sie so etwas zum ersten Mal – sie ließen es gern geschehen, ein Lächeln flackerte auf, aber es erstarb schnell in Apathie. Die älteren Mädchen halfen beim Gemüseputzen und Kartoffelschälen, die jüngeren standen neben den Erwachsenen und starrten sie an. Das waren keine Kinder, es war irgend etwas anderes. Ihre stumme Verzweiflung drückte mir den Hals zu. Maria war so ernst und verschlossen wie an keinem der Tage zuvor.

«Was – geschieht hier, Maria?» stammelte ich entsetzt.

«Ich zeige Ihnen nur die Wirklichkeit, die andere Seite unserer schönen, künstlichen Welt. Auch das ist Carajás. Die Kinder», sie blickte die Mädchen und Jungen an und wischte einem die triefende Nase, «bekommen heute die einzige warme Mahlzeit der Woche. Sie sind die Überbleibsel aus der Aufbauphase von Carajás: Es sind die Kinder der Prostituierten, die für die Arbeiter zur Verfügung standen. Für die Kinder oder ihre Mütter fühlt sich die VALE nicht verantwortlich.» Sie stöhnte. «Ach, wir sind so ein kinderliebendes Land.» Marias Lippen wurden schmal, sie drehte sich weg.

Ich schluckte, wußte nicht, wohin mit meinen Händen, stand auf, lief ziellos herum, und immer folgten mir Kinderaugen. Fragen las ich darin, verzweifelte Bitten, die sie nicht aussprechen konnten. Ich setzte mich zum Fahrer ans Tor. Ein Mädchen kam und wollte in den Arm genommen werden. Ein Junge lehnte sich an mich. Ich spürte die Wärme des kleinen, hungrigen Körpers. Eisenerz für

Mannesmann, schoß mir durch den Kopf, für Thyssen und Salzgitter...

«Dreiundzwanzigtausend Arbeiter von Fremdfirmen haben gerodet und die Mine angelegt, die Häuser gebaut, die Schienen verlegt.» Auch der Fahrer streichelte ein Mädchen. «Etwa zweitausend Prostituierte gab es in der Aufbauphase. Wer eine Frau brauchte, fuhr nach unten, nach Parauapebas. Als die Mine in Betrieb genommen wurde, oben, entließ man alle Arbeiter. Niemand brauchte sie mehr, sie zogen irgendwohin. Der Bürgermeister zahlte den Leuten die Rückfahrkarte nach Hause, wenn sie hier nach Arbeit suchten. Viele Prostituierte wissen nicht wohin. Sie haben Kinder gekriegt und kein Geld, um irgendwo was Neues anzufangen.» Der Fahrer schob das Mädchen sachte von sich. «Kommen Sie, ich zeige Ihnen, wo sie leben.»

Ich war dem Fahrer dankbar für den Vorschlag, denn ich wollte nicht, daß jemand sah, daß ich weinte.

Langsam rollte der Wagen durch Geisterstraßen. Die Bruchbuden, in denen die Arbeiter ihr Geld gelassen und sich ausgetobt hatten, zerfielen. In den Pfützen dazwischen faulten grünliche Abwässer. Die Farbe an den Bretterwänden der Salons «Zum Glück», zum «Palast der Freude, der Lust und Verschwendungssucht», war abgeblättert. Aus toten Fensterhöhlen sahen uns grell geschminkte Gespenster nach. Ein Kunde? Zahnlose Mädchen, in wenigen Jahren um Jahrzehnte gealtert, räkelten sich in den offenen Türen der Schuppen und winkten. Nirgends tönte Musik, keine roten Laternen, nur ein Fernseher flimmerte. Ausgemergelte Köter ohne Fell und voller Schwären hinkten durch den Sand.

Der Fahrer hielt am Ende der Straße und blickte zurück. «Wir Spiritisten sammeln die Woche über Essen und Kleidung oben in Carajás. Es ist schwer, wir sind nur sieben und bringen wenig zusammen. Die Leute in der neuen Stadt interessieren sich nicht für die Not anderer. Nur wenige geben etwas, obwohl alle mehr als genug haben. Ich verstehe das nicht. Sonntags fahren wir dann runter und verteilen das bißchen, das wir ergattert haben. Der Mensch braucht eine Aufgabe. Einfach nur so dahinleben? – kann ich nicht.»

Gegen Mittag war das Essen fertig. Bereits eine Stunde zuvor hatten sich die Kinder in Reihen aufgestellt, ein Tellerchen in der Hand, eine angeschlagene Schüssel oder nur eine Plastiktüte, weil noch nicht einmal ein Teller in der verfallenden Hütte war, den sie hätten mitbringen können. Aufregung machte sich breit. Die Kleinsten, die wegrannten, wurden eingefangen. Niemand drängelte. Die Köchinnen mußten mit dem Austeilen warten, bis die Suppe abgekühlt war. Die Kinder hätten sich vor Hunger sonst den Mund verbrannt.

21. *Zu den Sternen*

Die letzten Zeilen schreibe ich bei Kerzenlicht. Der flackernde Schein wirft übergroße Schatten an die leeren, weißen Wände. Im Raum ist nichts bis auf ein Bett, darüber ein Moskitonetz, der Stuhl, auf dem ich sitze, und vor mir der Schreibtisch. An der Wand zeichnet sich der weiche Schatten der Hängematte ab. Die Flügeltüren zum grasbewachsenen Dorfplatz unter meinem Balkon habe ich aufgeklappt.

Alcântara schläft, alles ist ruhig und dunkel, der Generator ist um 23 Uhr abgestellt worden. Unten, auf der Praça da Matriz mit der Kirchenruine, grasen drei Pferde. Ich höre, wie sie das Gras abrupfen, einen Huftritt, Schnauben. Ihre Silhouetten heben sich dunkel vor dem Hintergrund der portugiesischen Kolonialbauten ab. Der Himmel ist klar und weit, Sterne spiegeln sich in der Bucht von São Marcos. Nur einen schmalen Streifen kann ich von ihr sehen, zwischen dem Rathaus, einem früheren Gefängnis mit starken Mauern und Gittern vor den Fenstern, und dem zweistöckigen *sobrado* direkt am Hang. Der *sobrado* wird renoviert, von Grund auf. Die alten Balken haben mehr als zweihundert Jahre gehalten, die Galerien zum steil abfallenden Ufer hin ebenfalls – tropische Hölzer: *acapú* und *sucupira.* Die Leute vom Kulturministerium werden noch lange zu tun haben, denn ganz Alcântara steht unter Denkmalschutz. Zumindest haben sie endlich begriffen, daß ein Sobrado aus dem 18. Jahrhundert kein Neubau ist, wie in São Luís, der Stadt, die auf der anderen Seite der Bucht ihren Lichtschein von unten gegen ein paar verlorene Wolken wirft. Ein Stadthaus, nach portugiesischen Plänen von afrikanischen Sklaven hier am Rande Amazoniens gebaut, hat eigene Gesetze, seine besondere Linienführung, innen wie außen. Das Verhältnis von Fensterhöhe zur Breite der Vorderfront muß stimmen. Der *mirante* mit den beiden Fenstern wird genau über der Eingangstür auf das Dach gesetzt. Sie bauen das Haus zum dritten Mal um.

Senhor Lobato hat seine Bar geschlossen, die Tische und Hocker vom Gehweg geräumt. Wenn ich auf den schmalen Balkon trete und nach links blicke, sehe ich auch bei ihm Kerzenlicht. PR-Walter hat sich in seinen dicken Chevrolet geworfen und ist zurück ins Barackendorf bei der Baustelle gefahren. «Meine Frau macht mir die Hölle heiß», hat er gesagt. Als ich ihn fragte, warum er sie nicht mitbringt, abends zumindest, hat er das Thema gewechselt. PR-Walter ist einer von der ganz harten Sorte. Zwar kein Soldat, doch mit Attitüden, die denen der Offiziere des Raumflughafens sehr ähnlich sind. Er ist ein unangenehmer Macho, nicht männlich, nein, eher gewalttätig. PR-Walter liebt Schäferhunde, seinen hat er scharf gemacht, «wegen der allgemeinen Kriminalität in Brasilien». Angeblich hat er den Hund so weit gebracht, daß er nicht einmal zuckt, wenn er die Trommel des Revolvers neben dem Kopf des Tieres leerschießt. Nur ein Angeber? Dazu ist Walter zu intelligent. Die Luftwaffe hat sich schon den richtigen Mann ausgesucht, um in der Öffentlichkeit ihren Raumflughafen zu verkaufen, der hier gebaut wird. Irgendwann sollen die ersten Trägerraketen starten, die brasilianische ‹Sonda-4›, 17 Meter hoch, zwei Stufen. Aber daraus wird wohl nichts werden. Die Bauarbeiten kommen nicht voran, in der Regenzeit konnte nicht weitergearbeitet werden – und das Geld ist knapp. Wir haben uns für morgen verabredet. Seit Tagen hat Walter einen Rundflug mit dem Hubschrauber über die in den Südatlantik ragende Halbinsel von Cumã versprochen. Aber die Startrampe wollte mir Walter nicht zeigen, da wäre noch nichts. Warum zeigt er mir das Gelände nicht, wenn es da nichts zu sehen gibt? Also doch ein militärisches Geheimnis? Es wird in Alcântara viel spekuliert. Militärs tun immer geheimnisvoll und wichtig. Walter hat sich meinen Namen genau notiert. Wahrscheinlich fragt er beim Geheimdienst nach, wer ich bin. Und der wendet sich an die deutsche Botschaft in Brasilia usw.

Die Pferde haben sich ein Stückchen entfernt, sind näher zur Ruine getrabt, stehen jetzt fast vor der schlanken Säule, dem *pelourinho*. Als Brasilien noch der portugiesischen Krone gehörte, war die Säule das Symbol munizipaler Unabhängigkeit, danach Pranger für die

Afrikaner, die nicht die rechte Einsatzfreude beim Schuften zeigten. Die fünf Touristen, die sich heute durch die Vormittagshitze über den Platz schleppten, interessierten sich mehr für die Kirchenruine. Dann zwang sie die Hitze in den Schatten vor dem Restaurant an der Ecke, in Sichtweite der Post, wo immer heimlich die Briefe geöffnet werden. Jeder in Alcântara weiß das, doch niemand regt sich auf. Angeblich sollen sich Menschen an alles gewöhnen können.

Die Touristen habe ich heute früh schon gesehen, sie kamen von São Luís herüber – mit dem Schiff. Jeder, der in Alcântara Zeit hat, geht morgens zum Hafen und sieht beim Ausbooten zu. Nur die Fischer fahren bis ans Ufer und lassen die Boote im Schlick trockenfallen. Jetzt kommen die Schiffe oft mehrmals am Tag und bringen Arbeiter, *peões*, wie man sie nennt. Es werden immer mehr. Sie klettern in Massen auf lehmverschmierte Lastwagen und werden auf den Baustellen des «Centro de Lançamento Espacial des Alcântara» verteilt, dem zukünftigen Weltraumflughafen. Vorsichtshalber schließen Alcântaras Bürger nachts die Haustüren, die bisher offenstanden, als sich in Alcântara noch alle kannten. Mißtrauen ist eingezogen. Arbeiter, Militärs und Techniker haben neue Sitten mitgebracht – und neue Begierden.

In der Stille der Nacht höre ich Schritte, besonders wenn jemand einen so eigenartigen Gang hat wie Vaca. Er kommt aus der Rua Grande, geht am Teufelsbaum unter meinem Fenster vorbei und summt ein Liedchen. Mit dem Gummilatschen an einem Fuß schlurft er, den anderen Fuß mit dem Stiefel setzt er hart auf. Er hat sich am Strand eine Scherbe eingetreten. Die Dienstpistole läßt er abends zu Hause. Er bewacht die neue Bank. Die gibt es erst, seit die Luftwaffe sein Dorf erobert hat. Die Soldaten sind keine Bauern oder Fischer, sie weben auch keine Hängematten und flechten keine Matten aus Palmblättern, die sie untereinander tauschen könnten, wie man es früher in Alcântara machte. Geld muß erwirtschaftet werden. Dadurch wird alles abstrakt, die Menschen rücken auseinander, die Kinder verstehen den Vater nicht mehr. Wie ein Boot gebaut wird, das kann noch jeder begreifen. Der weißhaarige Tonico macht das jeden Tag am Strand, seit vierzig Jahren. Nur wenige sehen ihm dabei zu. Aber den Wächter vor einer Bank beobachten? Wie langweilig.

Vaca hat den Platz überquert und biegt jetzt um die Ecke in die Rua das Merces ein, die zum Generator führt und von dort weiter nach unten zum Hafen, die Alligatorsteige hinab, wo er wohnt. Mit seinen Schritten verhallt auch das Lied.

Niemand ist mehr auf den Beinen zu dieser Stunde. An das Licht in meinem Zimmer haben sich die Leute gewöhnt. Nur Fledermäuse segeln an der offenen Tür vorbei oder flattern ins Zimmer, drehen einige Runden unter der hohen Decke, bis sie durch eine der beiden Türen den Weg zurück ins Freie finden. Gestern kam sogar ein Käuzchen herein und setzte sich auf den Rand der Hängematte. Im Haus knarrt es, die Dielen sind alt, das Gemäuer arbeitet. Drei Jahrhunderte steht es hier. Ein portugiesischer Baron hat es sich bauen lassen, als Stadthaus. Jetzt heißt der Palast «Herberge zum Pelourinho». Damals, 1615, als die Tapuíos vom Steilufer vertrieben wurden, entstand Alcântara, entwickelte sich zur Stadt: Zucker, Viehzucht, Sklavenhandel.

Als Stadt kann man den Ort heute wohl kaum bezeichnen. Es ist ein Dorf, schwebend, vergessen zwischen den Welten. Zuviel liegt in Trümmern unter Palmen und Mangobäumen, überall ragen Ruinen von Palästen aus den wuchernden Büschen, Sinnbilder des Verfalls. Tausend Einwohner: Die Schwarzen, unten am Fluß in Lehmhütten, sind von Moskitos und Hochwasser bedroht; den Weißen, die nach Abschaffung der Sklaverei geblieben sind, gehören die Häuser an den gepflasterten Straßen. Negerköpfe heißen die Steine. Für Techniker und Militärs wird in unmittelbarer Nähe ihrer zukünftigen Arbeitsplätze ein Städtchen wie Carajás gebaut. Den Traumblick von dort über den Südatlantik hat PR-Walter mir nicht vorenthalten.

Die zwei jungen Soldaten, die vorhin aus dem letzten Bus stiegen, kommen zurück und setzen sich auf die Bank neben dem Rathaus. Streichhölzer flammen auf, sie rauchen. Seit ihrer Ausbildung im dreitausend Kilometer entfernten São José dos Campos bei São Paulo gefällt ihnen Alcântara nicht mehr. Neuerdings halten sie es für «rückständig», früher kannten sie das Wort nicht einmal. Die Altersgenossen machen sich über sie lustig, weil sie den ganzen Tag auf dem Pferd sitzen. Nicht als *vaqueiros*: Sie gehören zur Sicherheitstruppe, reiten die fünfhundertzwanzig Quadratkilometer ab, die von der Luftwaffe enteignet wurden. Die schönsten Strände liegen seitdem im Sperrgebiet. Andere Burschen beneiden sie um den Job, sie bringen Geld in die Familie, wenn es auch nicht gerade viel ist. Zumindest reicht es für Batterien, und sie können da auf der Parkbank Radio hören. Sie können heiraten, eine Frau ernähren, ein Kind, vielleicht zwei. Noch besitzt diese Nacht ihren Zauber, ist voller Magie und Geheimnisse. Wenn die Sonne hinter der Ilha do Livramento, der Insel der Befreiung, untergegangen ist, erwartet der Fremde in der Dämmerung den Gestalten vergangener Zeiten zu begegnen, in zeitgenössischem Gewand, einen Degen an der Seite, auf dem Weg zu einer heimlichen Verabredung in einem Palmenhain verschwindend.

Meine Augen gewöhnen sich jetzt rasch an die Dunkelheit. Die häßlichen Masten der Straßenlaternen kann ich gut erkennen. Sie sind glücklicherweise noch nicht angeschlossen. Das wird bald geändert. Dann werden nachts die Pferde nicht mehr kommen und die Physiker die Nacht zum lichtlosen Zustand erklären. Weiße Steine im Straßenpflaster haben bisher den Weg gewiesen. Und die Geister, von denen Dona Maria mir gestern im Laden ihres Bruders Cabelo Branco erzählte, werden sich zurückziehen. Natürlich habe ich ihr nicht geglaubt, aber sie hat mich neugierig gemacht. Als alles dunkel war und die Fernseher nicht mehr plärrten, ging ich die Rua Direita entlang. Von einem verwilderten Ruinengrundstück sprang mich etwas an, krallte sich in meinen Nacken. Der Schreck lief den Rücken herunter, bevor er den ganzen Körper erfaßte. Ich schlotterte. Als ich in meinem Zimmer anlangte und die Tür hinter mir schloß, war mir noch immer kalt. Heute bin ich bei Tag dagewesen. Da war nichts, was mir einen Schrecken hätte einjagen können. Nur Atracabäume, die mit ihren Wurzeln dickste Mauern aufsprengen, zertrümmerte Türeinfassungen und Friese aus Portugal.

Wilson ist bei Sonnenuntergang aus São Luís gekommen. Er winkte uns in Lobatos Bar zu. Seit es die Autofähre gibt, verbringt er jedes Wochenende hier. Er muß zwar weit fahren, einmal um die Bucht mit dem Erzhafen herum, aber das macht ihm nichts. Seinen Wagen kann ich nicht sehen, er steht hinter der verfallenen Kirche. Wilson bringt immer Freunde aus der Stadt mit, und meist sind sie ziemlich laut. Jetzt höre ich nichts, dann ist er wohl allein. Mit dem

Kauf der schönsten *sobrados* kommt er der Luftwaffe und dem Kulturministerium manchmal zuvor, wenn sie mit dem Enteignen nicht schnell genug sind. Den *sobrado* gegenüber der Bank hat er auch gekauft, den mit der gelb-blau gekachelten Fassade. Im Nebenhaus gibt es neuerdings ein Telefon – nur eine Leitung, man muß stundenlang anstehen. Wilson ist Juniorchef einer Baufirma. Die neue Entwicklung gefällt ihm nicht, er fühlt sich als alter Alcântarenser. «Die Militärs führen sich auf wie die Herren», schimpft er, «wie eine Besatzungsmacht.» So ähnlich muß es den Tapuíos gegangen sein, als die portugiesischen Landungskommandos kamen.

Geschossen wird zwar nicht, aber die ersten Verkehrstoten gibt es bereits, seit Straßen für Lastwagen angelegt wurden. Die Luftwaffe regelt alles mit Geld. Die «Sicherheitspolitik basiert auf dem psycho-sozialen Gleichgewicht der Bevölkerung, deren Einbindung und Zustimmung zum Projekt», hat der Kommandant des Raumflughafens heute nachmittag unter meinem Balkon den Fernsehkameras erklärt. Er sprach mit dem Gouverneur des Staates Maranhão. Ich stellte mich einfach dazu. Die Herren waren mit sich selbst und den Kameras zu beschäftigt, um mich überhaupt zu bemerken.

Obwohl Wilson ein Stadtmensch ist, geht er behutsam mit seinem Besitz um. Seine Häuser läßt er von Handwerkern aus Alcântara renovieren, geruhsam, so wie das Leben bisher hier immer war und wie es jetzt nur noch nachts ist. Der Himmel ist voller Sterne, so hell, daß auch ohne Mond die Pferde Schatten werfen. Die Sterne scheinen zum Greifen nahe. Mag sein, daß die Militärs sich deshalb für Alcântara als Standort für das brasilianische Raketenprogramm entschieden haben. In der Kommunikationsbaracke auf ihrem Gelände hat Walter mir alles erklärt. Die Erde dreht sich hier in Äquatornähe mit 1500 km/h. Daher benötigt eine Rakete fünfundzwanzig Prozent weniger Treibstoff als in Cape Kennedy. Das ist die Marktchance. Bei kommerzieller Nutzung der Raumfahrt ist international der Konkurrenzkampf entbrannt. Jeder will im Geschäft sein, auch Brasilien, obwohl die Sache achthundertfünfzig Millionen Dollar kosten wird – wahrscheinlich noch mehr. Der Ex-Präsident Sarney, der zur Zeit der Militärdiktatur Gouverneur von Maranhão war, hat von einer Chinareise Verträge mitgebracht. Das Land der Mitte will die Technologie liefern, hat einsatzbereite

Raketen, die Brasilianer liefern Alcântara aus. Die Spezialisten der NASA haben sich alles schon angesehen: Die Landebahn für den Space-Shuttle ist in den Plänen bereits eingezeichnet. Auch Frankreich mischt sich ein. Franzosen bedienen die Radareinrichtungen. Ihr Startplatz Kourou in Französisch-Guayana auf der anderen Äquatorseite könnte gefährdet sein, wenn die Menschen dort nach Unabhängigkeit vom Mutterland verlangen. Das erhöht die Kosten.

Als wir vorhin in Lobatos Bar über die militärischen Aspekte des Weltraumflughafens spekulierten, hat Walter geschwiegen, aber genau aufgepaßt. Vielleicht schreibt er jetzt einen Bericht für seinen Chef. Senhor Lobato hat immer kaltes Bier in seiner Bar, und seine Frau backt eine phantastische Krabbentorte. Nach einigen Flaschen Antarctica fallen einem die verrücktesten Sachen ein. Man braucht nur eins und eins zusammenzuzählen. Wenn in Zentralamerika die Lage wieder instabil wird – Kuba läßt sich mit Raketen von Alcântara aus beschießen. Nein, wie absurd. Im Südatlantik muß der Rohstoffnachschub für die Industrieländer gesichert werden, dazu wollen die USA ein südatlantisches Verteidigungsbündnis schaffen. Die riesigen Industrieprojekte Amazoniens und der Erzhafen von São Luís brauchen militärischen Schutz. Die neue Startbahn ist für Großraumtransporter und brasilianische Mirage-Jäger lang genug. Jeder in unserer Runde steuerte etwas zur Diskussion bei, keine Theorie war zu abwegig.

Alcântara erlangt strategische Bedeutung – auch als mögliches Ziel für Interkontinentalraketen. «Ach, Rußland ist fertig!» Seu Lobato macht sich nichts daraus. Seit die Soldaten gekommen sind, läuft sein Geschäft. Den Waffenhandel haben wir völlig vergessen. Die brasilianischen Neuentwicklungen können nicht ungetestet auf den Markt kommen. Hier fallen sie entweder ins Wasser oder den Bewohnern Alcântaras auf die Dächer. Die Trägerrakete der Luftwaffe funktioniert noch nicht so gut. Fünfhundert Kilo Nutzlast lassen sich damit nach oben schießen. Das sind zehn Sack Maniokmehl. Die schafft der Lastenträger José Copertino in weniger als einer Viertelstunde aus dem Frachtschiff mit einem Kahn an Land. Es war ein typisches Stammtischgespräch, Männer unter sich.

Von hier oben sieht alles sehr friedlich aus: die bizarre Ruine vor dem Nachthimmel. Im Teufelsbaum gegenüber rascheln Vögel.

Nur bei mir ist Licht. Es ist spät, weit nach Mitternacht. Insekten schwirren um die Kerze auf meinem Schreibtisch, versengen sich die Flügel an der offenen Flamme und fallen aufs Papier. Dädalos und Ikaros kommen mir dabei in den Sinn.

Ich kann mir nicht vorstellen, daß ein paar Kilometer von hier Weltraumraketen donnernd in den Sternenhimmel starten und künstliche Erdmonde auf ihre Position irgendwo vor dem Kreuz des Südens absetzen. In São José dos Campos, im Wissenschaftszentrum der Luftwaffe, sind vor Jahren die Pläne entstanden, die Alcântara von Grund auf umkrempeln. Von dort kommen auch die Forscher und Techniker mit ihren Familien, moderner Mittelstand, alles Weiße, die wie Touristen mit großen Augen in die bescheidenen Häuser starren und die schwarzen Bewohner der Stadt «die Bevölkerung» nennen.

Nie ist jemand gefragt worden, ob Raketen in Alcântara erwünscht sind. Nicht die Frauen, die ums Überleben kämpfen und jeden Tag auf dem Kopf das Wasser vom Brunnen holen. Nicht der Maler Babão, der immer wieder *sobrados* malt, und auch nicht die Bauern oder Fischer aus der Nähe. Sie sitzen nach der Enteignung ihres Landes und der Vertreibung vom Strand verstört vor den neuen Häusern in den von der Luftwaffe nach Richtlinien der Sozialhygiene angelegten Agro-Dörfern. Die Meinung des Lastenträgers José Copertino oder die der Schmiede Tatú und Jacaré, Gürteltier und Kaiman, interessieren nicht. Die rein schwarzen Gemeinden des afrikanischen Brasilien, die seit dem Ende der Sklaverei auf der Halbinsel Cumã zu Dorfgemeinschaften zurückgefunden haben, wissen nichts von Raumgleitern oder Countdowns, obwohl ihr eigener längst begonnen hat. Und doch orientiert sich ihr Leben an Mondphasen und den Konstellationen der Gestirne. Raketen kennen alle nur vom São-João-Fest, wenn diese in den Himmel zischen und mit einem Knall in bunte Sterne zerplatzen.

Ich werde jetzt noch einen Spaziergang machen, vorbei am Schutt und den Gewölben der Rua da Amargura, der Straße der Bitterkeit. Dann über die Rua das Merces, die Straße der Gnade, zur Rua Direita, der Rechten Straße. Mal sehen, ob die Geister wiederkommen.

Horizonte

Bruce Chatwin
In Patagonien *Reise in ein fernes Land*
(rororo 12836)
Bruce Chatwin hat auf einer langen Reise dieses malerisch schöne, wilde Land am Ende der Welt erkundet.

Jimmy Burns
Jenseits des silbernen Flusses
Begegnungen in Südamerika
(rororo12643)
Fünf Jahre lang lebte Jimmy Burns in Buenos Aires und bereiste Argentinien, Brasilien, Peru, Ecuador, Bolivien und Chile.
Burns war 1988 Preisträger des Somerset Maugham-Award.

Amos Elon
Jerusalem *Innenansichten einer Spiegelstadt*
(rororo 12652)

Eddy L. Harris
Mississippi Solo *Mit dem Kanu von Minnesota nach New Orleans*
(rororo 12646)

Katie Kickman
Im Tal des Zauberers *Innenansichten aus Bhutan*
(rororo 12651)
Es gibt nur noch wenige Gegenden auf der Erde, die Geheimnisse geblieben sind, und eine davon ist Bhutan. Als eine der ersten Europäerinnen gelang es Katie Hickman, das Land im Himalaya und das wilde Bergvolk der Bragpas zu besuchen.

Ursula von Kardorff
Adieu Paris *Streifzüge durch die Stadt der Bohème*
(rororo 13159)

rororo Unterhaltung

John Krich
Wo, bitte, liegt Nirwana? *Eine Reise durch Asien*
(rororo 12642)

John David Morley
Grammatik des Lächelns
Japanische Innenansichten
(rororo 12641)

Charles Nicholl
Treffpunkt Café «Fruchtpalast»
Erlebnisse in Kolumbien
(rororo 12582)
«Eines der spannendsten Reisebücher überhaupt – und brillant geschrieben!» *New York Times*
Im Goldenen Dreieck *Eine Reise in Thailand und Burma*
(rororo 13173)

Stuart Stevens
Spuren im heißen Sand
Abenteuer in Afrika
(rororo 12647)

Theodore Zeldin
«Ich liebe das Leben, und das Leben liebt mich» *Was es heißt, Franzose zu sein*
(rororo 12644)

3283/2

Literatur für KopfHörer

Wer nicht lesen will, kann hören - eine Auswahl von Rowohlt's Hörcassetten:

Simone de Beauvoir
Eine gebrochene Frau
Erika Pluhar liest
2 Toncassetten im Schuber
(66012)

Wolfgang Borchert
Erzählungen
Marius Müller-Westernhagen liest
Die Hundeblume. Nachts schlafen die Ratten noch. Die Küchenuhr. Schischyphusch
1 Toncassette im Schuber
(66011)

Albert Camus
Der Fremde
Bruno Ganz liest
3 Toncassetten im Schuber
(66024)

Truman Capote
Frühstück bei Tiffany
Ingrid Andree liest
3 Toncassetten im Schuber
(66023)

Roald Dahl
Küßchen, Küßchen!
Eva Mattes liest
Die Wirtin. Der Weg zum Himmel. Mrs. Bixby und der Mantel des Obersten
1 Toncassette im Schuber
(66001)

Louise Erdrich
Liebeszauber
Elisabeth Trissenaar liest
Die größten Angler der Welt
2 Toncassetten im Schuber
(66013)

Elke Heidenreich
Kolonien der Liebe
Elke Heidenreich liest
1 Toncassette im Schuber
(66030)

Jean-Paul Sartre
Die Kindheit des Chefs
Christian Brückner liest
3 Toncassetten im Schuber
(66014)

Henry Miller
Lachen, Liebe, Nächte
Hans Michael Rehberg liest
Astrologisches Frikassee
2 Toncassetten im Schuber
(66010)

Vladimir Nabokov
Der Zauberer
Armin Müller-Stahl liest
2 Toncassetten im Schuber
(66005)

Kurt Tucholsky
Schloß Gripsholm
Uwe Friedrichsen liest
4 Toncassetten im Schuber
(66006)

rororo Toncassetten werden produziert von Bernd Liebner. Ein Gesamtverzeichnis der Reihe finden Sie in der *Rowohlt Revue*. Jedes Vierteljahr neu. Kostenlos in Ihrer Buchhandlung.

rororo

3298/1

Nahaufnahmen

Carola Stern
In den Netzen der Erinnerung
Lebensgeschichten zweier Menschen
(rororo 12227)
«Wie konnte man, als Deutscher, Nazi oder Kommunist – also mit (vielleicht) treuestem Herzen einem verbrecherischen System dienen? – Wie schwer sich zwei höchstgebildete, gewissenhafte Menschen mit der Bewältigung der Vergangenheit tun, das hat Carola Stern nun jedermann klargemacht. Nicht nur deshalb: ein liebenswertes Buch.»
Gerd Bucerius, Die Zeit

Ernst Toller
Eine Jugend in Deutschland
(rororo 4178)
Als begeisterter Freiwilliger zog er in den Ersten Weltkrieg und als humanitärer Pazifist kehrte er heim. Er schlug sich auf die Seite der Aufständischen und erkannte früh die tragische Grenze der Revolution. Das wahrscheinlich bedeutendste Werk des expressionistischen Autors Ernst Toller, der in Dichtung und Politik keinen unversöhnlichen Gegensatz sah.

Edith Piaf
Mein Leben
(rororo 859)
Die Autobiographie der Piaf, deren Stimme für die Welt zum Inbegriff des französischen Chansons wurde. Die Beichte eines Lebens, gezeichnet von Alkohol, Rauschgift und Liebe. Der Abschied eines großen Herzens – mit dem Fazit: ‹Je ne regrette rien.›

rororo Literatur

Anja Lundholm
Das Höllentor *Bericht einer Überlebenden. Mit einem Nachwort von Eva Demski*
(rororo 12873 und als gebundene Ausgabe)
Anja Lundholm kam 1944 ins Frauen–KZ Ravensbrück. Als eine von wenigen überlebte sie das Lager, in dem die Nazis Zehntausende weiblicher Gefangener zusammengepfercht hatten.
«Anja Lundholm erklärt nicht; sie kommentiert nicht. Sie entschuldigt nicht. Sie schreibt, was geschah.»
Die Zeit

3297/2